高等学校"十一五"规划教材·土木工程系列

建筑结构抗震设计

主编 吴 献

哈尔滨工业大学出版社

内 容 提 要

全书共分 8 章,分别介绍了地震与抗震概论、建筑场地与地基基础、地震作用与结构抗震验算、结构非弹性地震反应分析、混凝土结构房屋抗震设计、砌体房屋抗震设计、单层厂房抗震设计和隔震与消能减震设计。

本书可作为高等院校土木工程专业的教材,也可供从事建筑结构抗震设计、施工、科研及管理人员参考。

图书在版编目(CIP)数据

建筑结构抗震设计/吴献主编.—哈尔滨:
哈尔滨工业大学出版社,2009.12
ISBN 978-7-5603-2976-5

Ⅰ.建… Ⅱ.吴… Ⅲ.建筑结构-抗震设计
Ⅳ.TU352.104

中国版本图书馆 CIP 数据核字(2009)第 225242 号

责任编辑	郝庆多
封面设计	张孝东
出版发行	哈尔滨工业大学出版社
社　　址	哈尔滨市南岗区复华四道街 10 号　邮编 150006
传　　真	0451-86414749
网　　址	http://hitpress.hit.edu.cn
印　　刷	哈尔滨工业大学印刷厂
开　　本	787mm×1092mm　1/16　印张 17.75　字数 412 千字
版　　次	2009 年 12 月第 1 版　2009 年 12 月第 1 次印刷
书　　号	ISBN 978-7-5603-2976-5
定　　价	35.00 元

(如因印装质量问题影响阅读,我社负责调换)

前　言

我国位于世界两大地震构造系的交汇区域，是地震灾害最严重的国家，抗震设防烈度在6度以上的地区几乎遍及全国各个省份和自治区。地震灾害具有突发性和毁灭性，目前还不能准确预报，历次地震造成的生命财产损失十分巨大。5.12汶川大地震以来，国家出台了一系列政策措施，对抗震减灾工作起到了指导性的作用。本书以《建筑抗震设计规范》(GB50011—2001,2008年版)为依据进行编写，汲取了工程抗震方面的最新研究成果和由四川地震总结的经验，更新了部分内容和设计方法。

本书以该学科的基本理论、基本知识为核心内容，反映该学科科研新成果和发展趋势。为了便于读者理解和掌握实际技能，每章之首列出"学习要点"，并分为掌握、理解与了解三个层次，各章后设有习题，帮助读者复习该章内容，加深对所学知识的理解。本书注重知识与技能的结合，适应从知识型向能力型发展的需要，在内容上尽可能结合实际，突出规范的作用。

全书共分8章，分别介绍了地震与抗震概论、建筑场地与地基基础、地震作用与结构抗震验算、结构非弹性地震反应分析、混凝土结构房屋抗震设计、砌体房屋抗震设计、单层厂房抗震设计和隔震与消能减震设计。本书第1、2章由刘明执笔，第3章由王强、王广林、孙巍巍共同执笔，第4章由张延年执笔，第5章由吴献执笔，第6章由崔熙光执笔，第7章由张景玮执笔，第8章由张延年执笔。全书由吴献统稿。由于作者水平有限，书中难免存在不当或错误之处，敬请读者批评指正。

编　者
2009年12月

目 录

第 1 章 地震基本知识及抗震设防与概念设计 ················· 1
- 1.1 地 震 ················· 1
- 1.2 地震震级和地震烈度 ················· 3
  - 1.2.1 地震震级 ················· 3
  - 1.2.2 地震烈度 ················· 3
  - 1.2.3 地震烈度与震级的关系 ················· 6
- 1.3 地震地面运动的一般特征 ················· 7
  - 1.3.1 地面运动最大加速度 ················· 7
  - 1.3.2 地面运动的周期特性 ················· 8
  - 1.3.3 强震的持续时间 ················· 8
- 1.4 地震震害 ················· 9
- 1.5 抗震设防的基本概念 ················· 12
  - 1.5.1 地震基本烈度 ················· 13
  - 1.5.2 抗震设防烈度和地震影响 ················· 13
  - 1.5.3 建筑抗震设防分类 ················· 14
- 1.6 抗震设防目标和标准 ················· 15
  - 1.6.1 抗震设防目标 ················· 15
  - 1.6.2 建筑抗震设防的标准 ················· 15
- 1.7 抗震概念设计 ················· 16
  - 1.7.1 选择对抗震有利的场地、地基和基础 ················· 17
  - 1.7.2 有利的房屋体形和合理结构布置 ················· 17
  - 1.7.3 正确选择抗震结构体系 ················· 18
  - 1.7.4 重视非结构构件的设计 ················· 19
  - 1.7.5 保证结构材料和施工的质量 ················· 19
- 习 题 ················· 20

第 2 章 建筑场地与地基基础 ················· 24
- 2.1 概 述 ················· 24
- 2.2 工程地质条件对震害的影响 ················· 24
  - 2.2.1 局部地形的影响 ················· 24
  - 2.2.2 局部地质构造的影响 ················· 25
  - 2.2.3 地下水位的影响 ················· 26
- 2.3 场 地 ················· 26

2.3.1　场地条件对震害的影响 …………………………………………… 26
　　　2.3.2　场地土类型 ………………………………………………………… 27
　　　2.3.3　场地覆盖层厚度 …………………………………………………… 28
　　　2.3.4　场地类别划分 ……………………………………………………… 28
　　　2.3.5　场地选择 …………………………………………………………… 29
　2.4　地基基础抗震验算 ………………………………………………………… 29
　　　2.4.1　地基不验算的范围 ………………………………………………… 29
　　　2.4.2　地基土抗震承载力调整 …………………………………………… 30
　　　2.4.3　天然地基抗震验算 ………………………………………………… 31
　2.5　地基液化 …………………………………………………………………… 32
　　　2.5.1　砂性液化机理及影响液化的因素 ………………………………… 32
　　　2.5.2　液化的类别 ………………………………………………………… 33
　　　2.5.3　液化地基危害程度评价 …………………………………………… 35
　　　2.5.4　地基抗液化措施 …………………………………………………… 39
　2.6　桩基抗震设计 ……………………………………………………………… 40
　　　2.6.1　非液化土中桩基抗震验算 ………………………………………… 40
　　　2.6.2　液化土中桩基抗震验算 …………………………………………… 41
　习　题 …………………………………………………………………………… 42
第3章　地震作用与结构抗震验算 ………………………………………………… 45
　3.1　概　述 ……………………………………………………………………… 45
　3.2　单自由度弹性体系的地震反应 …………………………………………… 46
　3.3　单自由度弹性体系的地震作用计算的反应谱法 ………………………… 50
　　　3.3.1　单自由度弹性体系的水平地震作用 ……………………………… 50
　　　3.3.2　地震系数、动力系数 ……………………………………………… 50
　　　3.3.3　地震影响系数和抗震设计反应谱 ………………………………… 52
　　　3.3.4　建筑物的重力荷载代表值 ………………………………………… 55
　　　3.3.5　利用反应谱确定地震作用 ………………………………………… 55
　3.4　多自由度弹性体系的水平地震反应 ……………………………………… 56
　　　3.4.1　多自由度弹性体系的运动方程 …………………………………… 57
　　　3.4.2　多自由度弹性体系的自振频率与振型分析 ……………………… 58
　　　3.4.3　频率、振型特点 …………………………………………………… 60
　　　3.4.4　地震反应分析的振型分解法 ……………………………………… 61
　3.5　振型分解反应谱法 ………………………………………………………… 64
　　　3.5.1　多自由度体系的水平地震作用 …………………………………… 64
　　　3.5.2　地震作用效应的组合 ……………………………………………… 65
　3.6　底部剪力法 ………………………………………………………………… 66
　3.7　结构基本周期的近似计算 ………………………………………………… 69
　　　3.7.1　能量法 ……………………………………………………………… 69

    3.7.2 顶点位移法 ·················· 70
    3.7.3 基本周期的修正 ·············· 71
  3.8 平动扭转耦联振动时结构的抗震计算 ············ 73
  3.9 竖向地震作用计算 ······················ 76
    3.9.1 高层建筑的竖向地震作用计算 ········ 77
    3.9.2 大跨度结构的竖向地震作用计算 ······· 77
  3.10 结构抗震验算 ······················· 78
    3.10.1 结构抗震计算的一般原则 ········· 79
    3.10.2 截面抗震验算 ··············· 80
    3.10.3 多遇地震作用下结构的弹性变形验算 ···· 81
    3.10.4 罕遇地震作用下结构的弹塑性变形验算 ··· 81
  习 题 ···························· 84

第4章 结构非弹性地震反应分析 ················· 87
  4.1 概 述 ·························· 87
    4.1.1 非弹性地震反应分析的必要性 ········ 87
    4.1.2 非弹性地震反应分析方法 ·········· 88
  4.2 构件与结构的恢复力模型 ················ 90
    4.2.1 刚度退化二线型模型 ············ 90
    4.2.2 刚度退化三线型模型 ············ 93
  4.3 结构动力弹塑性分析 ··················· 95
    4.3.1 动力分析模型的建立 ············ 96
    4.3.2 刚度矩阵的形成 ·············· 99
    4.3.3 质量矩阵的形成 ·············· 106
    4.3.4 阻尼矩阵的形成 ·············· 106
    4.3.5 地震波选取和调整 ············· 106
    4.3.6 运动微分方程的直接积分方法 ······· 109
    4.3.7 拐点的处理 ················ 111
  4.4 结构静力弹塑性分析 ··················· 112
    4.4.1 水平加载模式 ··············· 113
    4.4.2 建立荷载-位移曲线 ············ 114
    4.4.3 结构抗震能力评估 ············· 114
    4.4.4 推覆分析法技术要点 ············ 117
  习 题 ···························· 118

第5章 混凝土结构房屋抗震设计 ················· 119
  5.1 震害及其分析 ······················· 119
    5.1.1 结构平面或竖向布置不当引起的震害 ···· 120
    5.1.2 共振效应引起的震害 ············ 120
    5.1.3 防震缝处碰撞引起的震害 ·········· 120

         5.1.4 框架柱、梁、节点的震害 …………………………………… 120
         5.1.5 抗震墙的震害 ………………………………………………… 121
         5.1.6 填充墙的震害 ………………………………………………… 121
     5.2 抗震设计的一般要求 ………………………………………………… 122
         5.2.1 建筑物高度和高宽比限制 …………………………………… 122
         5.2.2 抗震等级 ……………………………………………………… 122
         5.2.3 结构选型和布置 ……………………………………………… 124
         5.2.4 屈服机制 ……………………………………………………… 126
         5.2.5 基础结构 ……………………………………………………… 127
     5.3 框架内力和位移计算 ………………………………………………… 127
         5.3.1 水平地震作用的计算 ………………………………………… 127
         5.3.2 地震作用在结构各部分的分配和内力计算 ………………… 128
         5.3.3 截面设计和构造 ……………………………………………… 132
         5.3.4 框架节点核心区的设计 ……………………………………… 139
         5.3.5 预应力混凝土框架的抗震设计要求 ………………………… 142
     5.4 抗震墙结构的抗震设计 ……………………………………………… 143
         5.4.1 抗震墙结构的设计要点 ……………………………………… 144
         5.4.2 地震作用的计算 ……………………………………………… 144
         5.4.3 地震作用在各剪力墙之间的分配及内力计算 ……………… 148
         5.4.4 截面设计和构造 ……………………………………………… 149
     5.5 框架 – 抗震墙结构的抗震设计 ……………………………………… 152
         5.5.1 框架 – 抗震墙结构的设计要点 ……………………………… 152
         5.5.2 地震作用的计算 ……………………………………………… 152
         5.5.3 内力计算 ……………………………………………………… 152
         5.5.4 截面设计和配筋构造 ………………………………………… 160
     习 题 ……………………………………………………………………… 171

第6章 砌体房屋抗震设计 …………………………………………………… 177
  6.1 震害及其分析 …………………………………………………………… 178
  6.2 多层砌体房屋抗震设计一般规定 ……………………………………… 179
  6.3 多层砌体房屋抗震验算 ………………………………………………… 182
      6.3.1 水平地震作用计算 …………………………………………… 182
      6.3.2 楼层地震剪力在各墙体间的分配 …………………………… 182
      6.3.3 墙体截面抗震承载力验算 …………………………………… 188
  6.4 多层砌体房屋抗震构造措施 …………………………………………… 190
      6.4.1 多层砖房的抗震构造措施 …………………………………… 191
      6.4.2 多层砌块房屋的抗震构造措施 ……………………………… 195
  6.5 多层砖房抗震计算实例 ………………………………………………… 197
  习 题 ……………………………………………………………………… 203

第7章 单层厂房抗震设计 ······ 206
7.1 震害分析 ······ 206
7.1.1 钢筋混凝土单层厂房其主要震害表现 ······ 206
7.1.2 单层砖结构厂房 ······ 208
7.2 抗震设计的一般规定 ······ 209
7.2.1 单层钢筋混凝土柱厂房 ······ 209
7.2.2 单层砖结构厂房 ······ 211
7.3 单层厂房抗震计算 ······ 212
7.3.1 横向抗震计算 ······ 212
7.3.2 纵向抗震计算 ······ 218
7.4 构造要求 ······ 225
7.4.1 钢筋混凝土柱厂房的构造要求 ······ 225
7.4.2 砖柱厂房构造要求 ······ 229
习 题 ······ 231

第8章 隔震与消能减震设计 ······ 233
8.1 土木工程结构振动控制概述 ······ 233
8.1.1 土木工程结构抗震技术的演变与发展 ······ 233
8.1.2 土木工程结构振动控制的研究历史与发展 ······ 234
8.1.3 土木工程结构振动控制技术分类 ······ 236
8.2 隔震设计 ······ 239
8.2.1 隔震原理及设计要求 ······ 239
8.2.2 隔震装置简介 ······ 241
8.2.3 隔震装置的设计 ······ 243
8.2.4 隔震结构的设计与计算 ······ 247
8.2.5 隔震结构的构造要求 ······ 253
8.3 消能减震设计 ······ 254
8.3.1 消能减震原理及设计要求 ······ 254
8.3.2 消能减震装置简介 ······ 255
8.3.3 消能减震结构的设计与计算 ······ 262
习 题 ······ 264

附 表 ······ 266

参考文献 ······ 273

第1章 地震基本知识及抗震设防与概念设计

学习要点：了解地震基本知识和震害，掌握地震波、震级和地震烈度等概念，掌握建筑抗震设防分类标准，领会建筑抗震概念设计思想，深刻理解三水准设防目标和两阶段设计方法。地震是怎么回事？地震是如何分布的？地震地面运动的一般特征是什么？它可能带来的灾害有哪些？破坏性地震是一种自然灾害，目前，地震及结构所受到的地震作用还有许多规律未被认识。房屋建筑的抗震设计，只能以现有的科学水平和经济条件为前提，努力减轻地震造成的破坏，避免人员伤亡，减少经济损失。因此，合理确定抗震设防目标、抗震设防依据和抗震设防标准，是由国家防震减灾的总政策决定的。

1.1 地 震

地震和风、雨、雪一样是一种自然现象。地球上每天都有地震发生，一年中会发生五百多万次地震，大约有五万次才是人们可以感觉到的地震。其中约有二十次地震造成严重破坏，至于像唐山遭受到的那种大地震，大约每年发生一次。总之，地震的规律是：绝大多数的地震对人类不会造成危害，只有强烈的大地震才会造成人类生命和财产的严重损失。为什么会发生地震呢？地震是地球表层的的地壳构造运动的一种表现形式和结果，主要是由于地球上有八大板块，分别是亚欧板块、太平洋板块、印度洋板块、北美洲板块、南美板块、南极板块、非洲板块、Nazca 板块，此外，还有众多小板块，这些板块始终处在挤压、推拉的状态，这种状态下产生的应力就是使地壳发生断裂的力。在这种力的作用下，板块会以每年 5~10 cm 的速度缓慢移动，这种运动使地壳积累了巨大的变形能，地壳中的岩层产生很大的应力，当这些应力超过某处岩层的强度极限时，岩石突然破裂、错动，从而将积累的变形能转化为波动能传播出去，引起了地面的震动，将之前积累的能量释放出来，然后慢慢恢复平静。实际上，我们把这种由于地球内部扰动所释放的能量经由地层传到地表面引起的地面震动称为构造地震。

实际上，地震按其产生的原因，除构造地震外，还有火山地震、陷落地震。由于地下空洞突然塌陷而引起的地震叫陷落地震；而由于火山爆发、岩浆猛烈冲击地面引起的地面震动叫火山地震。一般火山地震和陷落地震强度低，影响范围小，而构造地震释放的能量大，影响范围广，造成的危害严重，工程结构设计时主要考虑构造地震的影响。

地震开始发生的地方叫震源(见图 1.1)，是指岩层断裂、错动的部位。震源正上方的地面位置称为震中，震中附近的地区称为震中区。震中至震源的垂直距离为震源深度。地面某处到震中的距离称为震中距。

地震引起的振动以波的形式从震源向各个方向传播，这就是地震波。在地球内部传播的波称为体波；仅限于在地球表面传播的波称为面波。地震波是一种弹性波。

体波中包括纵波和横波两种。纵波是由震源向外传播的疏密波,质点的振动方向与波的前进方向一致,使介质不断地压缩和疏松。所以纵波又称为压缩波、疏密波。如在空气中传播的声波就是一种纵波。纵波的周期较短,振幅较小。横波是由震源向外传播的剪切波,质点的振动方向与波的前进方向相垂直,也称为剪切波。横波的周期较长,振幅较大。还应指出,横波只能在固体内传播,而纵波在固体和液体内都能传播。

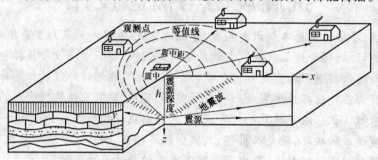

图 1.1 地震术语示意图

由于地球的层状构造特点,体波通过分层介质时,将会在界面上反复发生反射和折射。当体波经过地层界面多次反射、折射后,投射到地面时,又激起两种仅沿地面传播的面波,它们是瑞雷波和洛夫波。瑞雷波传播时,质点在波的传播方向和地表面法向所组成的平面内做与波前进方向相反的椭圆运动,而与该平面垂直的水平方向没有振动。故瑞雷波在地面上呈滚动形式。瑞雷波具有随着距地面深度增加而振幅急剧减小的特性,这可能就是在地震时地下建筑物比地上建筑物受害较轻的一个原因。洛夫波传播时使质点在地平面内做与波前进方向相垂直的运动,即在地面上呈现蛇形运动。洛夫波也随深度而衰减。面波的传播速度约为剪切波传播速度的 90%。面波振幅大而周期长,只在地表附近传播,比体波衰减慢,故能传到很远的地方。

地震现象表明,纵波使建筑物产生上下颠簸,剪切波使建筑物产生水平方向摇晃,而面波则使建筑物既产生上下颠簸又产生左右摇晃。一般是在剪切波和面波都到达时震动最为激烈。由于面波的能量比体波要大,所以造成建筑物和地表的破坏是以面波为主的。

地震按震源的深浅,可分为浅源地震(震源深度小于 60 km)、中源地震(震源深度在 60～300 km)和深源地震(震源深度大于 300 km)。一般来说,浅源地震造成的危害最大,发生的数量也最多,约占世界地震总数的 85%。当震源深度超过 100 km 时,地震释放的能量在传播到地面的过程中大部分被损失掉,故通常不会在地面上造成震害。我国发生的地震绝大多数是浅源地震,震源深度一般为 5～50 km。

从世界范围对地震进行历史性的研究,可以得出历史上地震的分布规律。世界上地震主要集中分布在下列两个地震带:一是环太平洋地震带,它从南美洲西部海岸起,经北美洲西部海岸、阿拉斯加南岸、阿留申群岛,转向西南至日本列岛,再经我国台湾省,到达菲律宾、新几内亚和新西兰,上述环形地带的地震活动性最强,全球约 80%～90% 的地震都集中在这一地带;二是地中海南亚地震带,它西起大西洋的亚速岛,后经意大利、土耳其、伊朗、印度北部、我国西部和西南地区,再经缅甸、印尼的苏门答腊与爪哇,最后与上述太平洋地震带相连接。此外,在大西洋、印度洋中也有呈条形分布的地震带。

我国地处两大地震带的中间,地震分布相当广泛。除台湾省和西藏南部分别属于上述环太平洋地震带和地中海南亚地震带之外,其他地区的地震主要集中在下列两个地带:**南北地震带**,北起贺兰山,向南经六盘山,穿越秦岭沿川西直至云南东部,形成贯穿我国南北的条带;**东西地震带**,西起帕米尔高原,向东经昆仑山、秦岭,然后一支向北沿陕西、山西、河北北部向东延伸,直至辽宁北部,另一支向南向东延伸至大别山等地。

1.2 地震震级和地震烈度

1.2.1 地震震级

地震震级是衡量一次地震释放能量大小的尺度,一次地震只有一个震级,地震震级越高,释放的能量越大,震级每升高一级,地震所释放的能量平均增大约 30 倍。震级的表示方法有很多,目前国际上常用的是里氏震级,其定义首先由里克特(Richter)于 1935 年给出,即

$$M = \lg A \tag{1.1}$$

式中　M——里氏地震等级;

　　　A——用标准地震仪(周期为 0.8 s,阻尼比为 0.8,放大倍数为 2 800)在距震中 100 km 处记录的以 $\mu m (= 10^{-6}$ m$)$ 为单位的水平最大地震震动位移振幅。

实际上,地震时距震中 100 km 处不一定恰好有地震观测台站,而且地震观测台站也不一定有上述标准地震仪,这时,应将记录的地面位移修正为满足式(1.1)条件的标准位移,才能按式(1.1)确定震级。

地震是由于岩层破裂释放能量引起的,一次地震所释放的能量称为地震能,用 E 表示。经统计分析,可得震级 M 与地震能 E(单位:尔格)之间关系为

$$\lg E = 1.5M + 11.8 \tag{1.2}$$

一般对于 $M < 2$ 的地震,人们感觉不到,称为微震;对于 $M = 2 \sim 4$ 的地震,人体有所感觉,称为有感地震;而对于 $M > 5$ 的地震,会引起地面工程结构的破坏,称为破坏性地震。另外,将 $M > 7$ 的地震习惯称为强烈地震或大地震,而将 $M > 8$ 的地震称为特大地震。

1.2.2 地震烈度

1. 地震烈度与地震烈度表

地震烈度是指地震对地表和工程结构影响的强弱程度,是衡量地震引起后果的一种尺度。地震烈度表是按照地震时人的感觉、地震所造成的自然环境变化和工程结构的破坏程度所列成的表格,可作为判断地震强烈程度的一种宏观依据。目前,我国使用的是 1980 年由国家地震局颁布实施的《中国地震烈度表》,见表 1.1。表中的量词个别表示 10% 以下;少数为 10% ~ 50%;多数为 50% ~ 70%;大多数为 70% ~ 90%;普遍为 90% 以上。

表 1.1 中国地震烈度表(1980)

烈度	人的感觉	一般房屋		其他现象	参考物理指标	
		大多数房屋震害程度	平均震害指数		水平加速度 /(cm·s^{-2})	水平速度 /(cm·s^{-1})
1	无感觉					
2	室内个别静止中的人感觉					
3	室内少数静止中的人感觉	门、窗轻微作响		悬挂物微动		
4	室内多数人感觉;室外少数人感觉;少数人梦中惊醒	门、窗作响		悬挂物明显摆动,器皿作响		
5	室内普遍感觉;室外多数人感觉;多数人梦中惊醒	门窗、屋顶、屋架颤动作响,灰土掉落,抹灰出现微细裂缝		不稳定器物翻倒	31 (22~44)	3 (2~4)
6	惊慌失措,仓惶逃出	损坏——个别砖瓦掉落、墙体微细裂缝	0~0.1	河岸和松软土上出现裂缝;饱和砂层出现喷砂冒水;地面上有的砖烟囱轻度裂缝、掉头	63 (45~89)	6 (5~9)
7	大多数人仓惶逃出	轻度破坏——局部破坏、开裂,但不妨碍使用	0.11~0.30	河岸出现塌方;饱和砂层常见喷砂冒水;松软土上地裂缝较多;大多数砖烟囱中等破坏	125 (90~177)	13 (10~18)
8	摇晃颠簸,行走困难	中等破坏——结构受损,需要修理	0.31~0.50	干硬土上亦有裂缝;大多数烟囱严重破坏	250 (178~353)	25 (19~35)

续表1.1

烈度	人的感觉	一般房屋		其他现象	参考物理指标	
		大多数房屋震害程度	平均震害指数		水平加速度 /(cm·s^{-2})	水平速度 /(cm·s^{-1})
9	坐立不稳,行动的人可能摔跤	严重破坏——墙体龟裂、局部倒塌,复修困难	0.51~0.70	干硬土上有许多地方出现裂缝,基岩上可能出现裂缝;滑坡、坍方常见;砖烟囱出现倒塌	500 (354~707)	50 (36~71)
10	骑自行车的人会摔倒;处不稳状态的人会摔出几尺远;有抛出感	倒塌——大部倒塌,不堪修复	0.71~0.90	山崩和地震断裂出现;基岩上的拱桥破坏;大多数砖烟囱从根部破坏或倒毁	1 000 (708~1 414)	100 (72~141)
11		毁灭	0.91~1.00	地震断裂延续很长;山崩常见;基岩上拱桥毁坏		
12				地面剧烈变化、山河改观		

2. 地震的宏观调查

对应一次地震,在其波及的地区内,根据地震烈度表可以对该地区内每一个地点评出一个地震烈度。中国科学院工程力学研究所于1970年调查通海地震灾害时,发现用地震烈度表评定一个村庄的烈度并保证精度在1度以内是不易的,而即使这样的精度也不能满足研究场地条件对烈度影响的要求。为此,提出了"震害指数"的概念,并在"中国地震烈度表(1980)"中得到应用。

用震害指数评价某地区烈度的具体步骤如下。

(1) 确定各类房屋的震害等级

根据建筑物的破坏程度(由基本完好到全部倒塌)分成若干等级,每级用震害等级 i 表示,见表1.2。

(2) 计算各类房屋的震害程度

某类房屋的震害程度用震害指数 I_i 表示为

$$I_i = \frac{\sum_{k=1}^{m}(i \cdot n_i)_k}{N_j} \tag{1.3}$$

$$N_j = \sum_{k=1}^{m}(n_i)_k \tag{1.4}$$

式中 i——震害等级；
n_i——被统计的某类房屋第 i 等级破坏的栋数；
j——房屋类型；
k,m——不同震害等级的序号和数量；
N_j——被统计的该类房屋总数。

式(1.3)的物理意义是表示该类房屋的平均震害程度。通过算出各类房屋的震害指数，可以对比各类房屋之间抗震性能的优劣。如某类房屋的震害指数 I_i 越大，则说明该类房屋抗震性能越差。

(3)计算该地区房屋平均震害指数

为了确定某地区房屋平均震害情况，就要求出该地区各类房屋(有代表性的房屋结构)的平均震害指数，即

$$I_m = \frac{\sum_j I_j}{N} \tag{1.5}$$

式中 $\sum I_j$——各类房屋震害指数之和；
N——不同类别房屋的类别数。

(4)根据表1.2给出的平均震害指数与烈度之间的对应关系，即可评定出该地区的地震烈度

表1.2 建筑物破坏级别与震害等级

破坏程度级别	破 坏 程 度	震害等级 i
Ⅰ	全部倒塌	1.0
Ⅱ	大部倒塌	0.8
Ⅲ	少数倒塌	0.6
Ⅳ	局部倒塌	0.4
Ⅴ	出现裂缝	0.2
Ⅵ	基本完好	0

1.2.3 地震烈度与震级的关系

地震烈度 I 和地震震级 M 是两个不同的概念。两者既相互联系，又有区别，两者的关系可以用炸弹来比喻，地震震级好比是炸弹的装药量，地震烈度则是炸弹爆炸后离爆炸源不同距离各处的破坏程度。对于一次地震，只能有一个地震震级。然而，由于同一次地震对不同地点的影响是不一样的，因此，烈度就会随震中距离的远近而有所不同。一般情况是离震中越远，地震烈度越小。震中区的地震烈度最大，并称之为"震中烈度"，用符号 I_0 表示之。对于震源深度为 15~20 km 的浅源地震，地震震级 M 和震中烈度 I_0 的对应关系，大致如表1.3所示。

表 1.3 地震震级 M 和地震震中烈度 I_0 的关系表

地震震级 M	2	3	4	5	6	7	8	>8
震中烈度 I_0	1~2	3	4~5	6~7	7~8	9~10	11	12

1.3 地震地面运动的一般特征

地震地面运动的一般特征,可用强震时地震运动加速度记录曲线来说明。图 1.2 给出了 1940 年 5 月 18 日美国加利福尼亚州帝谷(Imperial Valley)7.1 级地震在震中距为 9 km 的埃尔森特罗(El centro)测得的 N-S 方向地面运动加速度记录。图中的地震地面运动加速度的记录曲线由一系列非周期性的加速度脉冲所组成,初看起来似乎是极不规则的。从曲线外形来看,具有从开始震动、逐步增强、然后再衰减而趋于零的过程。一般可将这一现象称为地震的不平稳性,它取决于震级、震源特性、震中距和地震波传播介质的特性等因素。实际上,所有强震记录都具有如上的特点。研究表明,就建筑结构抗震设计而言,地震地面运动的一般特征可用地面运动最大加速度、地面运动周期特性和强震的持续时间三个参数来描述。

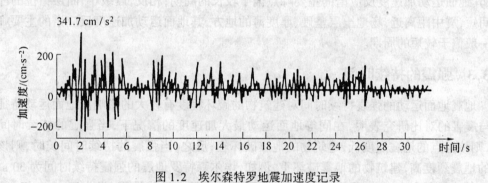

图 1.2 埃尔森特罗地震加速度记录

1.3.1 地面运动最大加速度

人们用静力学观点处理结构抗震设计问题时认为,强震时作用于结构的地震力是一种惯性力,其值主要取决于地面运动的最大加速度,所以地面运动最大加速度是地震地面运动的重要特征参数。另外,地面加速度也可视为地面震动强弱程度的量。实测与研究表明,地震烈度与地面运动最大加速度之间一般存在某种对应关系,所以我国地震烈度表已采用地面运动最大加速度作为地震烈度的参考物理指标。例如,埃尔森特罗地震加速度记录(见图 1.2)中的最大值为 341.7 cm/s²,由表 1.1 可知,该地区的地震烈度应为 8 度。

地面运动最大加速度无疑与震害有密切关系。一般来说,地面运动最大加速度值增大,则地面建筑震害加重。

1.3.2 地面运动的周期特性

地震地面运动的周期特性对结构地震反应具有重要的影响。人们已知任意建筑物都有其自振周期,假若地震地面运动周期以长周期为主,则它将引起长周期柔性建筑物的强烈地震反应;反之,若地震地面运动周期特性以短周期为主,则它对短周期刚性建筑物的危害大。这就是所谓的共振效应。地震地面运动的周期特性,一般可用地震加速度反应谱峰点周期来表示。一般认为,加速度反应谱曲线最高峰点所对应的周期为地震动卓越周期;有时也将相对较高的几个峰点所对应的周期都称为地震动卓越周期。例如,埃尔森特罗地震加速度反应谱中两个峰点对应的卓越周期分别约为 0.3 s 和 0.5 s,则埃尔森特罗地震的周期特性属于中等周期。

地震地面运动的周期特性,也可采用下列方法进行粗略的估计。地面运动加速度记录中两个相邻的零点之间的时间间隔作为半周期,并把相应的峰值加速度看做为振幅。加速度记录中最大峰值的波和相对应的周期对结构反应的影响较大,有时周期与相应加速度反应谱的峰点周期大致相对应。因此,地震地面运动加速度记录中最大峰值所对应的周期也可反映该地震地面运动的周期特性。

一般来讲,震级大,断层错位的冲击时间长,震中距离远,场地土层松软、厚度大的地方,其地面运动加速度反应谱的主要峰点偏于较长的周期;相反,震级小,断层错位的冲击时间短,震中距离近,场地土层坚硬、厚度薄的地方,其地面运动加速度反应谱的主要峰点则一般偏于较短的周期。

1.3.3 强震的持续时间

地震地面运动的强震持续时间对建筑物的破坏程度有较大的影响。地面运动特征参数与震害的对比研究表明,在同等地面运动最大加速度的情况下,当强震的持续时间短时,则该地点的地震烈度低,建筑物的地震破坏轻;反之,当强震的持续时间长时,则该地点的地震烈度高,建筑物的地震破坏重,例如,埃尔森特罗地震的强震持续时间为 30 s,则该地的地震烈度为 8 度,地震破坏较严重;而另一次日本松代地震(发生于 1966 年 4 月 5 日),其地面运动最大加速度略高于埃尔森特罗地震,但其强震持续时间比埃尔森特罗地震短很多,仅有 4 s,则该地的地震烈度仅为 5 度,未发现明显的地震破坏。

持续时间长的强烈地震将导致较重的结构破坏,可用结构的积累破坏来说明。建筑物从微小的局部开裂到全部倒塌,一般都要需要一个过程,完成这个过程的反复振动需要一段时间;而振动过程过短,则不能完成破坏过程。在地震地面运动作用下,当结构反应超过其弹性阶段后,建筑物将产生局部破坏,可能发生一些肉眼不能观察到的微裂缝,在这些微裂缝处,应力状态极其复杂,容易产生应力集中,在振动过程的下一个反复中,即使振动不再加强,微裂缝还可能继续发展;当建筑物的局部破坏严重时,结构体系将改变,在尔后的振动过程中各局部之间可能发生碰撞而产生进一步的破裂或很大的错位、移动或局部的倒塌,即建筑物在振动的前一阶段开裂破坏,而在振动的后期倒塌。只有当震动强度特别大时,可能在一刹那间摧毁一栋建筑物,过程极短;假若震动强度略小,一次持续时间短的振动可以使这个破坏过程开始,但不能使整个破坏过程完成。

在震源中的发震断层长度、错位的大小和震源冲击次数等对强震持续时间有较大影响。一次大地震往往伴随着很大的断层活动和多次连续震源冲击,因此不仅导致强震持续时间长,而且在一个很长的地震加速度曲线记录中出现多个峰点。另外,在离开震中比较远的地区或场地覆盖层很厚的地区,由于地震波在不同传播介质的多次反射和折射,也可能使强震持续时间增长。

由此可见,对于一次地震所造成的震害,不能仅依据一个地面运动特征参数值来评价,而不同时考虑地面运动周期特性和强震持续时间等其他特征参数的影响,则所得到的震害评价是不全面的,有时是不准确的。

1.4 地震震害

震害即强烈地震造成的灾害。强烈的地震是一种危害极大的突发性的自然灾害。研究过去地震产生的灾害,是为了防范未来的大震。目前在科学技术还不能控制地震发生的情况下,调查研究地震灾害的现状,分析地震灾害的规律,总结人们预防地震灾害和减轻地震灾害的经验,是抗震设防、保证人民生命财产安全的有效途径。因此有必要了解强烈地震造成的灾害。地震的震害主要表现在以下几个方面。

1. 地表的破坏现象

(1)地裂缝

在强烈地震作用下,常常在地面产生裂缝。根据产生机理的不同,地裂缝可以分为构造地裂缝和重力地裂缝。构造地裂缝与地质构造有关,是地壳深部断层错动延伸至地面的裂缝,图 1.3 为四川汶川地震后在什邡产生的地裂缝,裂缝宽度达到 20 cm。地裂缝与地下断裂带走向一致,规模较大,有时可延续几十公里,裂缝宽度和错动常达数十厘米,甚至数米。重力地裂缝是由于在强烈地震作用下,地面作剧烈震动而引起的惯性力超过了土的抗剪强度所致。

图 1.3 四川汶川地震后产生的地裂缝

(2)喷砂冒水

在地下水位较高、砂层埋深较浅的平原及沿海地区,地震的强烈震动使地下水压力急剧增高,使饱和的砂土或粉土液化,从地裂缝或土质松软的地方冒出地面,形成喷砂冒水。

严重的地方可造成房屋下沉、倾斜、开裂甚至倒塌,如图1.4所示。

图1.4 汶川地震造成的砂土液化地质灾害(四川省雅安市雨城区中里镇龙泉村)

(3)地面下沉

在强烈地震作用下,在大面积回填土、孔隙比较大的粘性土等松软而压缩性高的土层中往往发生震陷,使建筑物破坏,如图1.5所示。

图1.5 汶川地震造成的地面下沉

(4)滑坡、塌方

在强烈地震作用下,常引起河岸、陡坡滑坡,有时规模很大,造成公路堵塞及岸边建筑物破坏,如图1.6所示。

图1.6 汶川地震造成的滑坡和塌方

2.建筑物的破坏

建筑物的破坏是造成人员伤亡和经济财产重大损失的主要原因,按其破坏的形态及直接原因可分为以下几类。

(1) 结构丧失整体性

建筑物一般都是由许多构件组成的,在地震作用下,构件连接不牢,节点松动,支撑长度不够和支撑失效等都会引起结构丧失整体性而破坏,如图1.7所示。

图1.7 结构丧失整体性破坏

(2) 承重结构承载力不足而引起的破坏

在地震作用下,结构的内力和变形急剧增大,而且受力方式也常常发生改变,导致结构或构件承载力不足或变形较大而破坏,如图1.8所示。

图1.8 承重结构承载力不足而引起的破坏

(3) 地基失效

在强烈地震作用下,地裂缝、滑坡、地面下沉和场地土液化等,导致地基丧失稳定性或降低承载力,造成建筑物整体倾斜、拉裂以致倒塌破坏,如图1.9所示。

图1.9 滑坡造成建筑物整体倾斜、拉裂以至倒塌破坏

3. 次生灾害

地震次生灾害一般是指地震强烈震动后，以震动的破坏后果为导因而引起的一系列其他灾害。地震次生灾害的种类很多，主要有火灾、毒气污染、细菌污染、放射性污染、滑坡和泥石流、水灾；沿海地区可能遭受海啸的袭击；冬天发生的地震容易引起冻灾；夏天发生的地震，由于人畜尸体来不及处理及环境条件的恶化，可能引起"环境污染"和瘟疫流行。另外，震时有的人跳楼，公共场所的群众蜂拥外逃可造成称为"盲目避震"的摔、挤、踩等伤亡；大地震后或地震谣传或误传之后，由于恐震心理，还可出现不分时间、地区"盲目搭建防震棚"灾害；随着生产力的发展，一些新的次生灾害可能出现，如高层建筑玻璃损坏造成的"玻璃雨"灾害；信息储存系统破坏引起的称为"记忆毁坏"灾害等。在城市，尤其是大城市，由次生灾害造成的损失有时比地震直接产生的灾害造成的损失还要大。例如，1923年日本东京大地震诱发了火灾，震倒房屋13万幢，而烧毁的房屋达45万幢，死亡人数10万余人，其中被倒塌房屋压死者只不过几千人。

1.5 抗震设防的基本概念

抗震设防是各类工程结构按照规定的可靠性要求和技术经济水平所确定的统一的抗震技术要求，是对房屋进行抗震设计和采取抗震构造措施来达到抗震效果的过程。

国内外的地震经验教训反复表明，搞好新建工程的抗震设防，对原有未经抗震设防工程进行抗震加固等，是减轻地震灾害的最直接、有效的途径。这方面有很多成功的经验，2001年3月1日美国西雅图发生7.0级强烈地震，由于建（构）筑物和市政设施等具有很强的抗震能力，未发生任何房屋倒塌和人员伤亡，堪称奇迹。在我国新疆喀什地区，严格按抗震规范设计建筑的工程经历了近几年多次地震均未发生损坏；云南丽江地区经过抗震加固的房屋，经受了1996年的7.0级地震后仍完好无损；在四川汶川2008年5.12的8.0级地震后，成都市区的各种类型建筑仍完好无损，即使是在8~9烈度区的什邡市马祖新村和宏达新村的农村住宅，2006年和2007年建成的700多栋砌体结构房屋基本完好无损，图1.10为震后的什邡市落水镇宏达新村。

图1.10 震后的什邡市落水镇宏达新村

这些事实充分表明，虽然人类目前尚无法避免地震的发生，但切实可行的抗震计算和抗震措施使人类可以有效地避免或减轻地震造成的灾害。

抗震设防的首要问题就是要明确设计的建筑能抵抗多大的地震。而发生地震的确是一件随机性很强的事件,特别是地震的大小对抗震设防的要求和标准也不一样。为此,《抗震规范》明确了地震基本烈度、抗震设防烈度和地震影响等基本概念,提出建筑结构抗震设计的基本要求。

1.5.1 地震基本烈度

《抗震规范》用概率的方法来预测某地区在未来的一定时间内,可能发生的地震大小。根据地震发生的概率频度(50年发生的超越概率)将地震烈度分为"多遇烈度"、"基本烈度"和"罕遇烈度"三种,分别简称"小震"、"中震"和"大震"。

基本烈度是指某个地区今后一定时期内,在一般场地条件下,可能遭遇的最大地震烈度。《抗震规范》进一步明确了基本烈度的概念,将其定义为在50年设计基准期内,可能遭遇的超越概率为10%的地震烈度值(见图1.11),即"1990中国地震烈度区划图"规定的地震基本烈度或新修订的"中国地震动参数区划图"规定的峰值加速度所对应的烈度,也叫中震,《抗震规范》取为第二水准烈度。

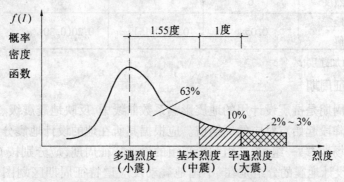

图1.11 烈度概率密度函数

小震应是发生机会较多的地震,因此,可以将小震定义为烈度概率密度函数曲线上的峰值(众值烈度)所对应的地震,或称多遇地震。如图1.11所示,在50年期限内超越概率为63%的地震烈度为众值烈度,比基本烈度约低一度半,《抗震规范》取为第一水准烈度。大震是罕遇地震,它所对应的烈度为在50年期限内超越概率为2%~3%的地震烈度,《抗震规范》取为第三水准烈度。当基本烈度6度时为7度强,7度时为8度强,8度时为9度弱,9度时为9度强。

1.5.2 抗震设防烈度和地震影响

抗震设防烈度是指按国家批准权限审定作为一个地区抗震设防依据的地震烈度。一般情况下,抗震设防烈度可采用中国地震动参数区划分的地震基本烈度(或与规范设计基本地震加速度值对应的烈度值)。对已编制抗震设防区划的城市,可按批准的抗震设防烈度或设计地震动参数进行抗震设防。

近年来地震经验表明,在宏观烈度相似的情况下,处在大震级远震中距下的柔性建筑,其震害要比中、小震级近震中距的情况重得多;理论分析也发现,震中距不同时,反应谱频谱特性并不相同。抗震设计时,对同样场地条件、同样烈度的地震,按震源机制、震级大小和震中距远近区别对待是必要的,建筑所受到的地震影响,需要采用设计基本地震加速度和设计特征周期来表达。

1. 设计基本地震加速度

设计基本地震加速度值定义为50年设计基准期超越概率10%的地震加速度的设计取值。7度0.10 g,8度0.20 g,9度0.40 g。抗震设防烈度和设计基本地震加速度取值的对应关系,应符合表1.4的规定。表1.4给出了设计基本地震加速度与抗震设防烈度的对应关系。这个取值与《中国地震动参数区划图A1》所规定的"地震动峰值加速度"相当:即在0.10 g和0.20 g之间有一个0.15 g的区域,0.20 g和0.40 g之间有一个0.30 g的区域,在表1.4中用括号内数值表示。这两个区域内建筑的抗震设计要求,除另有具体规定外,应分别按抗震设防烈度7度和8度的要求进行抗震设计。表中还引入了与6度相当的设计基本地震加速度值0.05 g。

表1.4 抗震设防烈度和设计基本地震加速度值的对应关系

抗震设防烈度	6	7	8	9
设计基本地震加速度值	0.05 g	0.10(0.15) g	0.20(0.30) g	0.40 g

注: g 为重力加速度。

2. 设计特征周期

设计特征周期是抗震设计用的地震影响系数曲线中,反映地震震级、震中距和场地类别等因素的下降段起始点对应的周期值。应根据其所在地的设计地震分组和场地类别确定。如对Ⅱ类场地,第一组、第二组和第三组的设计特征周期,应分别按0.35 s、0.40 s和0.45 s采用。设计地震的分组是在《中国地震动反应谱特征周期区划图B1》基础上略做调整,并考虑震级和震中距的影响后将建筑工程的设计地震分为三组。

我国主要城镇(县级及县级以上城镇)中心地区的抗震设防烈度、设计基本地震加速度值和所属的设计地震分组,可按《抗震规范》附录A采用。

1.5.3 建筑抗震设防分类

建筑物的抗震设防类别的划分,应符合国家标准《建筑工程抗震设防分类标准》GB 50223—2008的规定,主要是根据其使用功能的重要性来划分的,按其受地震影响产生的后果,将建筑分为4类。

(1)特殊设防类:指使用上有特殊设施,涉及国家公共安全的重大建筑工程和地震时可能发生严重次生灾害等特别重大灾害后果,需要进行特殊设防的建筑,简称甲类。

(2)重点设防类:指地震时使用功能不能中断或需尽快恢复的生命线相关建筑,以及地震时可能导致大量人员伤亡等重大灾害后果,需要提高设防标准的建筑,简称乙类。

(3)标准设防类:指大量的除1、2、4类以外按标准要求进行设防的建筑,简称丙类。

(4)适度设防类:指使用上人员稀少且震损不致产生次生灾害,允许在一定条件下适度降低要求的建筑,简称丁类。

1.6 抗震设防目标和标准

1.6.1 抗震设防目标

房屋结构的抗震设防目标,是对建筑结构应具有的抗震安全性的要求,即房屋结构物遭遇不同水准的地震影响时,结构构件的使用功能、设备的损坏程度及人身安全的总要求。《抗震规范》将抗震设防目标称为三水准的要求,简称为"小震不坏,中震可修,大震不倒"。

1. 第一水准要求——小震不坏

当遭受低于本地区抗震设防烈度的多遇地震影响时,一般应不受损坏或不需修理可继续使用,即小震不坏。

2. 第二水准要求——中震可修

当遭受相当于本地区抗震设防烈度的地震影响时,可能有一定的损坏,经一般修理或不需修理仍可继续使用,即中震可修。

3. 第三水准要求——大震不倒

当遭受高于本地区抗震设防烈度预估的罕遇地震影响时,不致倒塌或发生危及生命的严重破坏,即大震不倒。

实际上建筑物在使用期间,对不同频度和强度的地震应具有不同的抵抗能力。一般小震发生的频度较大,因此要求做到结构不受损坏,这在技术上、经济上是可以做到的;大震发生的概率较小,如果要求结构在遭受大震时不受损坏,这在经济上是不合理的,因此,可以允许结构破坏,但是在任何情况下,不应导致建筑物倒塌。

《抗震规范》实现三水准的设防目标采用了两阶段设计法。

第一阶段设计是承载力验算,取第一水准的地震动参数计算结构的作用效应和其他荷载效应的基本组合,验算结构构件的承载能力,以及在小震作用下验算结构的弹性变形,以满足第一水准抗震设防目标的要求。这样,既满足了在第一水准下具有必要的承载力可靠度,又满足第二水准的损坏可修的目标。对大多数的结构,可只进行第一水准设计,而通过概念设计和抗震构造措施来满足第二水准的设计要求。

第二阶段设计是在大震作用下的弹塑性变形验算,对特殊要求的建筑、地震时易倒塌的结构以及有明显薄弱层的不规则结构,除进行第一阶段设计外,还要进行薄弱部位的弹塑性层间变形验算,并采取相应的抗震构造措施,实现第三水准的抗震设防要求。

概括起来,"三水准,两阶段"抗震设防目标为"小震不坏,中震可修,大震不倒"。

1.6.2 建筑抗震设防的标准

1. 抗震设防标准的内容

抗震设防标准是衡量抗震设防要求的尺度,是由抗震设防烈度和建筑使用功能的重要性确定的,各抗震设防类别建筑的抗震设防标准,应符合国家标准《建筑工程抗震设防分类标准》GB 50223—2008 的要求。所涉及的内容包括计算地震作用和采取抗震措施两方面。

应当指出,抗震措施指除地震作用计算和抗力计算以外的抗震设计内容,包括抗震构造措施。而抗震构造措施是根据抗震概念设计原则为提高工程结构抗震性能而必须采取的细部构造措施,一般不需计算。

2. 各类建筑的抗震设防标准

各抗震设防类别建筑的抗震设防标准,应符合下列要求。

(1)标准设防类,应按本地区抗震设防烈度确定其抗震措施和地震作用,达到在遭遇高于当地抗震设防烈度的预估罕遇地震影响时不致倒塌或发生危及生命安全的严重破坏的抗震设防目标。

(2)重点设防类,应按高于本地区抗震设防烈度一度的要求加强其抗震措施;但抗震设防烈度为9度时应按比9度更高的要求采取抗震措施;地基基础的抗震措施,应符合有关规定。同时,应按本地区抗震设防烈度确定其地震作用。

(3)特殊设防类,应按高于本地区抗震设防烈度提高一度的要求加强其抗震措施;但抗震设防烈度为9度时应按比9度更高的要求采取抗震措施。同时,应按批准的地震安全性评价的结果且高于本地区抗震设防烈度的要求确定其地震作用。

(4)适度设防类,允许比本地区抗震设防烈度的要求适当降低其抗震措施,但抗震设防烈度为6度时不应降低。一般情况下,仍应按本地区抗震设防烈度确定其地震作用。

对于划为重点设防类而规模很小的工业建筑,当改用抗震性能较好的材料且符合抗震设计规范对结构体系的要求时,允许按标准设防类设防。

1.7 抗震概念设计

地震是一种随机事件,有着难于把握的复杂性和不确定性,要准确预测建筑物所遭遇地震的特性和参数,一时尚难做到;地震的破坏作用和建筑结构破坏的机理更是十分复杂的,人们应用真实建筑物的整体试验来研究地震破坏规律又受到各种条件的限制,因此,建筑物的抗震设计,还只能以总结历次大地震的实践经验为依据。20世纪70年代以来,人们把建筑物的抗震设计分为两大部分,即抗震计算设计与抗震概念设计。抗震计算设计是对地震作用效应进行定量计算;抗震概念设计则是对建筑结构进行正确的选型、合理的布置以及采取有效的抗震构造措施等。由于地震的不确定性和复杂性,以及结构计算模型的假定与实际情况的差异性,使得抗震设计很难能有效地控制结构在地震作用下的薄弱环节。在这种条件下,对结构的某一局部作过分精确的计算意义不大,因此,抗震概念设计比抗震计算设计显得更为重要,着眼于建筑总体抗震能力的概念设计,也愈来愈受到国内外工程界的普遍重视。

抗震概念设计是基于震害经验建立的抗震基本设计原则和思想,包括工程结构总体布置和细部构造。实践证明,在设计一开始,就把握好能量输入、房屋体形、结构体系、刚度分布、构件延性等几个主要方面,从根本上消除建筑中的抗震薄弱环节,再辅以必要的计算和构造措施,才有可能使设计出的建筑具有良好的抗震性能和足够的抗震可靠度。

我国的抗震工作者根据大量的宏观调查和对各类建筑物震害分析的结果,将有关概念设计的规律,总结为《抗震规范》中"抗震设计的基本要求"的内容。

1.7.1 选择对抗震有利的场地、地基和基础

地震造成建筑物的破坏,除地震直接引起结构破坏外,还有场地条件的原因,诸如地震引起的地表错动与地裂、地基土的不均匀沉陷、滑坡以及粉土和砂土液化等,因此地震区的建筑宜选择有利的地段,避开不利的地段,并不在危险的地段建设。

1. 选择对抗震有利场地的原则要求

选择建筑场地时,应根据工程需要,掌握地震活动情况、工程地质和地震地质的有关资料,对抗震有利、不利和危险地段作出综合评价。对不利的地段,应提出避开要求;当无法避开时应采取有效措施。对危险地段,严禁建造甲、乙类建筑,不应建造丙类建筑。

2. 地基和基础设计的原则要求

地基和基础设计应符合下列要求。
(1)同一结构单元的基础不宜设置在性质截然不同的地基上。
(2)同一结构单元不宜部分采用天然地基,部分采用桩基。
(3)地基为软弱粘性土、液化土、新近填土或严重不均匀土时,应估计地震时地基不均匀沉降或其他不利影响,并采取相应的措施。

1.7.2 有利的房屋体形和合理结构布置

震害分析表明,简单、对称的建筑在地震时表现出较好的抗震性能。建筑的立面和竖向剖面宜规则,结构的侧向刚度宜均匀变化,竖向抗侧力构件的截面尺寸和材料强度宜自下而上逐渐减小,避免抗震侧力结构的侧向刚度和承载力突变。为此,《抗震规范》规定建筑设计应符合抗震概念设计的要求,不规则的建筑方案应按规定采取加强措施;特别不规则的建筑方案应进行专门研究和论证,不应采用严重不规则的建筑方案。不规则的建筑方案主要有平面不规则和竖向不规则。

1. 平面不规则的类型

(1)扭转不规则,连续楼层的最大弹性水平位移(或层间位移)大于该楼层两端弹性水平位移(或层间位移)平均值的1.2倍。
(2)凹凸不规则,结构平面凹进的一侧尺寸,大于相应投影方向总尺寸的30%。
(3)楼板局部不连续,楼板的尺寸和平面刚度急剧变化,例如,有效楼板宽度小于该层楼板典型宽度的50%,或开洞面积大于该层楼面面积的30%,或较大的楼层错层。

2. 竖向不规则的类型

(1)侧向刚度不规则,该层的侧向刚度小于相邻上一层的70%,或小于其上相邻三个楼层侧向刚度平均值的80%;除顶层外,局部收进的水平向尺寸大于相邻下一层的25%。
(2)竖向抗侧力构件不连续,竖向抗侧力构件(柱、抗震墙、抗震支撑)的内力由水平转换构件(梁、桁架等)向下传递。
(3)楼层承载力突变,抗侧力结构的层间受剪承载力小于相邻上一楼层的80%。

这里"不规则"指的是超过上述规定的一项及以上的不规则指标;特别不规则,指的是多项均超过不规则指标或某一项超过规定指标较多,具有较明显的抗震薄弱部位,将会引起不良后果者;严重不规则,指的是体型复杂,多项不规则指标超过竖向不规则的上限值或某一项大大超过规定值,具有严重抗震薄弱环节,将会导致地震破坏的严重后果。

对于体型复杂、平立面特别不规则的建筑结构,可按实际需要在适当部位设置防震缝,形成多个较规则的抗侧力结构单元。防震缝应根据抗震设防烈度、结构材料种类、结构类型、结构单元的高度和高差情况,留有足够的宽度,其两侧的上部结构应完全分开。

当设置伸缩缝和沉降缝时,其宽度应符合防震缝的要求。

1.7.3 正确选择抗震结构体系

选择抗震结构体系要综合考虑,采用经济且合理的形式。因结构的地震反应同建筑场地的类别有密切的关系,场地的地面运动特性又同地震的大小、震中的远近有关,房屋的重要性及装饰水准对结构的侧向变形大小又有所限制,从而对结构选型提出不同的要求。因此,选择结构体系,应符合一定的原则要求。

1. 结构体系应符合下列各项要求

(1)应具有明确的计算简图和合理的地震作用传递途径。

(2)应避免因部分结构或构件破坏而导致整个结构丧失抗震能力或对重力荷载的承载能力。

(3)应具备必要的抗震承载力、良好的变形能力和消耗地震能量的能力。

(4)对可能出现的薄弱部位,应采取措施提高抗震能力。

同时,结构体系尚宜符合下列各项要求。

(1)宜有多道抗震防线。

(2)宜具有合理的刚度和承载力分布,避免因局部削弱或突变形成薄弱部位,产生过大的应力集中或塑性变形集中。

(3)结构在两个主轴方向的动力特性宜相近。

2. 结构构件应符合下列要求

(1)砌体结构应按规定设置钢筋混凝土圈梁和构造柱、芯柱,或采用配筋砌体等。

(2)混凝土结构构件应控制截面尺寸和纵向受力钢筋与箍筋的设置,防止剪切破坏先于弯曲破坏、混凝土的压碎先于钢筋的屈服、钢筋的锚固粘结破坏先于构件破坏。

(3)预应力混凝土的抗侧力构件,应配有足够的非预应力钢筋。

(4)钢结构构件应合理控制尺寸,避免局部失稳或整个构件失稳。

(5)多高层的混凝土楼、屋盖宜优先采用现浇混凝土板。当采用混凝土预制装配式楼、屋盖时,应从楼盖体系和构造上采取措施确保各预制板之间连接的整体性。

3. 结构各构件之间的连接,应符合下列要求

(1)构件节点的破坏,不应先于其连接的构件。

(2)预埋件的锚固破坏,不应先于连接件。

(3)装配式结构构件的连接,应能保证结构的整体性。

(4)预应力混凝土构件的预应力钢筋,宜在节点核心区以外锚固。

4. 装配式单层厂房的各种抗震支撑系统,应保证地震时结构的稳定性

支撑系统的不完善,往往导致构件失稳,屋盖系统倒塌,致使厂房发生灾难性震害。因此,在布置抗震支撑系统时,应特别注意保证屋盖系统和结构的稳定性。

1.7.4 重视非结构构件的设计

非结构构件,包括建筑非结构构件和建筑附属机电设备,自身及其与结构主体的连接,应进行抗震设计。

非结构构件的抗震设计,应由相关专业人员分别负责进行。

附着于楼、屋面结构上的非结构构件,以及楼梯间的非承重墙体,应与主体结构有可靠的连接或锚固,避免地震时倒塌伤人或砸坏重要设备。

框架结构的围护墙和隔墙,应考虑其设置对结构抗震的不利影响,避免不合理设置而导致主体结构的破坏。

幕墙、装饰贴面与主体结构应有可靠连接,避免地震时脱落伤人。

安装在建筑上的附属机械、电气设备系统的支座和连接,应符合地震时使用功能的要求,且不应导致相关部件的损坏。

1.7.5 保证结构材料和施工的质量

抗震结构对材料和施工质量有特别要求,此要求也是抗震概念设计中重要的内容,应在设计文件上注明。

1. 对结构材料性能指标的最低要求

(1)砌体结构材料应符合下列规定

①烧结普通砖和烧结多孔砖的强度等级不应低于MU10,其砌筑砂浆强度等级不应低于M5。

②混凝土小型空心砌块的强度等级不应低于MU7.5,其砌筑砂浆强度等级不应低于M7.5。

(2)混凝土结构材料应符合下列要求

①混凝土的强度等级,框支梁、框支柱及抗震等级为一级的框架梁、柱、节点核芯区,不应低于C30;构造柱、芯柱、圈梁及其他各类构件不应低于C20。

②抗震等级为一、二级的框架结构,其纵向受力钢筋采用普通钢筋时,钢筋的抗拉强度实测值与屈服强度实测值的比值不应小于1.25;且钢筋的屈服强度实测值与强度标准值的比值不应大于1.3;且钢筋在最大拉力下的总伸长率实测值不应小于9%。

(3)钢结构的钢材应符合下列规定

①钢材的屈服强度实测值与抗拉强度实测值的比值不应大于0.85。

②钢材应有明显的屈服台阶,且伸长率应大于20%。

③钢材应有良好的焊接性和合格的冲击韧性。

2. 结构材料性能指标,尚宜符合下列要求

(1)普通钢筋宜优先采用延性、韧性和可焊性较好的钢筋;普通钢筋的强度等级,纵向受力钢筋宜选用符合抗震性能指标的 HRB400 级热轧钢筋,也可采用符合抗震性能指标的 HRB335 级热轧钢筋,箍筋宜选用符合抗震性能指标的 HRB335、HRB400 级热轧钢筋。钢筋的检验方法应符合现行国家标准《混凝土结构工程施工及验收规范》GB50204—2003 的规定。

(2)混凝土结构的混凝土强度等级,9 度时不宜超过 C60,8 度时不宜超过 C70。

(3)钢结构的钢材宜采用 Q235 等级 B、C、D 的碳素结构钢及 Q345 等级 B、C、D、E 的低合金高强度结构钢;当有可靠依据时,尚可采用其他钢种和钢号。

3. 对施工的特殊要求

(1)在施工中,当需要以强度等级较高的钢筋替代原设计中的纵向受力钢筋时,应按照钢筋受拉承载力设计值相等的原则换算,并应满足最小配筋率、抗裂验算等要求。

(2)采用焊接连接的钢结构,当钢板厚不小于 40 mm 且承受沿板厚方向的拉力时,受拉试件板厚方向截面收缩率,不应小于国家标准《厚度方向性能钢板》关于 Z15 级规定的容许值。

(3)钢筋混凝土构造柱、芯柱和底部框架 – 抗震墙砖房中砖抗震墙的施工,应先砌墙后浇构造柱、芯柱和框架梁柱。

习 题

一、填空题

1. 地震按其成因可以分为三种主要类型:火山地震,塌陷地震和(   )。

2. 一个地区的基本烈度是指该地区今后一定时期内,在(   )条件下可能遭遇的最大地震烈度。

3. (   )是表示地震本身大小的一种度量,其数值是根据地震仪记录到的地震波来确定。

4. 某类房屋的震害指数越大,则说明该类房屋抗震性能越(   )。

5. 对于一次地震,在受到影响的区域内,根据地震烈度表对每一地点评定出一个烈度,烈度相同区域的外包线,称为(   )。

6. 《建筑抗震设计规范》GBJ11—89 及其 1993 年局部修订适用于抗震设防烈度为(   )度地区的一般建筑抗震设计。抗震设防烈度为 10 度地区和行业有特殊要求的建筑抗震设计,应按(   )规定执行。

7. 按国家批准权限审定作为一个地区(   )依据的地震烈度为抗震设防烈度。

8. 对于按《建筑抗震设计规范》设计的建筑,当遭受低于本地区设防烈度的多遇地震影响时,一般不受损坏或(   )仍可继续使用。

9. (   )类建筑的地震作用,应按本地区的设防烈度计算,但设防烈度为 6 度时,除规范有具体规定外,(   )进行地震作用计算。

10.( )类建筑应按本地区设防烈度采取抗震措施。

11.在第一阶段设计中,取( )的地震动参数计算结构的弹性地震作用标准值和相应的地震作用效应。

12.当建筑所在地区遭受的地震影响来自本设防烈度区或比该设防烈度大一度地区的地震时,抗震设计应按有关( )的规定执行。

13.当建筑场地为Ⅰ类场地时,建筑可按原设防烈度( )采取抗震构造措施,地震作用( )设防烈度计算,但( )时构造措施不应降低。

14.建筑的平、立面布置宜( ),建筑的质量分布和刚度变化宜( ),楼层不宜( )。

15.当设置防震缝时,应将建筑分成( )的结构单元。

16.抗震结构体系宜有( )抗震防线,应避免因部分结构或构件破坏而导致整个体系丧失抗震能力或对( )的承载能力。

17.抗震结构体系应具有明确的( )和合理的地震作用( )。

18.预埋件的( )承载力,不应低于连接件的承载力。

19.对主要受力钢筋不宜以强度等级比原设计高的钢筋代替,当需要替换时,应按钢筋( )的原则进行换算。

20.构造柱、芯柱和底层框架砖房的砖填充墙框架的施工,应先( )后( )。

二、选择题

1.关于基本烈度( )。
A.大体相当于30年超越概率约为2%~3%的烈度
B.大体相当于50年超越概率约为10%的烈度
C.大体相当于100年超越概率约为10%的烈度
D.大体相当于100年超越概率约为63%的烈度

2.位于下列何种地震烈度区划范围内的建筑应考虑抗震设防?( )
A.5~10度 B.5~9度 C.6~10度 D.6~9度

3.设防烈度( )。
A.是多遇烈度   B.是基本烈度
C.是罕遇烈度   D.一般情况下可采用基本烈度

4.现行抗震设计规范适用于下列哪种范围的抗震设计?( )
①设防烈度为6~9度   ②设防烈度为6~8度
③一般建筑   ④行业有特殊要求的建筑
A.①③   B.①③④   C.②③   D.②③④

5.关于抗震设防目标( )。
A."小震不坏"是指遭遇到基本烈度的地震影响时,房屋不坏
B."中震可修"是指遭遇到基本烈度的地震影响时,房屋可修
C."大震不倒"是指遭遇到基本烈度的地震影响时,房屋不倒
D."大震不倒"是指遭遇到任何地震房屋都不倒塌

6.抗震设计中,建筑重要性的划分是依据( )。

A. 建设规模
B. 建筑总高度
C. 建筑遇到地震而破坏所产生后果的严重性
D. 建筑是否设置地下室

7. 建筑采取抗震措施的原则是( )。
A. 甲类建筑应按本地区设防烈度提高一度采取抗震措施
B. 乙类建筑应按本地区设防烈度采取抗震措施,当设防烈度为9度时可适当提高
C. 丙类建筑应按本地区设防烈度采取抗震措施
D. 丁类建筑可不采取抗震措施

8. 建筑地震作用的计算原则是( )。
A. 甲类建筑应按本地区设防烈度提高2度计算地震作用
B. 乙类建筑应按本地区设防烈度提高1度计算地震作用
C. 丙类建筑应按本地区设防烈度计算地震作用,但设防烈度为6度时,除《抗震规范》有具体规定外,可不计算地震作用
D. 丁类建筑应按本地区设防烈度降低1度计算地震作用

三、判断题

1. 在建筑结构抗震设计中仅考虑构造地震下的建筑抗震设防问题。　　　( )
2. 震中是指地壳深处岩层发生断裂、错动的地方。　　　( )
3. 对一次地震而言,震级只有一个,而地震烈度在不同的地点却是不同的。( )
4. 地震波包括体波和面波,而体波又可分为纵波和横波,一般说来,纵波速度最快,横波波速次之,面波波速最慢。( )
5. 某类房屋的震害指数越大说明该类房屋的抗震性能越好。　　　( )
6. 众值烈度就是小震烈度。　　　( )
7. 设防烈度是指国家批准权限审定作为一个地区抗震设防依据的地震烈度。( )
8. 在进行建筑抗震设计时,应根据建筑物的重要性不同,采用不同的抗震设防标准。( )
9. 丙类建筑应按本地区设防烈度降低一度考虑采取抗震措施。　　　( )
10. 抗震设计是按两阶段设计法进行设计。第一阶段设计,首先按众值烈度的地震动参数,用弹性反应谱法求得结构在弹性状态下的地震作用效应;然后与其他荷载效应按一定的组合原则进行组合,对截面进行抗震设计或验算,以保证必要的强度。( )
11. 同一结构单元可部分采取天然地基,部分采用桩基。　　　( )
12. 抗震结构体系应具备必要的强度,良好变形能力和耗能能力。　　　( )
13. 框架-抗震墙结构体系中,框架是第一道防线,在一定烈度的地震作用下遭受可允许的破坏,刚度降低或部分退出工作,并吸收相当的地震能量,抗震墙部分起到第二道防线作用。( )
14. 构件的强度应低于其连接件的强度。　　　( )
15. 在钢筋混凝土结构的施工中,主要受力钢筋可以用强度等级比原设计强度等级高的钢筋代替。( )

16. 构造柱、芯柱应先砌墙后浇筑混凝土柱。   (   )

四、简答题

1. 简述地震震级和地震烈度。
2. 什么是震源、震中、震中距和震源距？
3. 简述建筑物在地震作用下的破坏现象。
4. 简述地震的破坏现象。
5. 什么是地震基本烈度、抗震设防烈度、设计近震和设计远震？
6. 三个水准烈度是根据什么划分的？
7. 什么是三水准设防要求和两阶段设计步骤？
8. 建筑按重要性分为哪几类？划分的依据是什么？
9. 如何根据建筑的重要性计算地震作用和采取抗震措施？
10. 什么是概念设计？
11. 对抗震建筑的平、立面布置有何基本要求？
12. 防震缝应按什么原则设置？防震缝的宽度与哪些因素有关？
13. 在确定抗震结构体系时，应考虑哪些因素？
14. 如何理解建立多道抗震防线的思想？
15. 对于抗震建筑的非结构构件应注意哪些问题？
16. 对用于抗震结构的块体、砂浆和混凝土最低强度等级是如何规定的？如何选择用于抗震结构的钢筋？
17. 应按什么原则进行主要受力钢筋的替换？
18. 砌体结构的构造柱、柱及纵横墙交接处的施工应注意什么问题？
19. 地基和基础设计的一般原则是什么？
20. 对抗震建筑的平、立面布置有何基本要求？

第2章 建筑场地与地基基础

学习要点：理解建筑场地类别的划分标准及影响因素，掌握地基基础抗震验算原则和天然地基抗震承载力验算方法，了解地基土液化概念、判别方法及抗液化措施。

2.1 概 述

场地是指工程群体所在地，其范围相当于厂区、居民小区和自然村或不小于 $1.0\ km^2$ 的平面面积。在地震作用下，场地下的土层既是地震波传播介质，又是结构物地基。作为传播介质，地震波通过地基传给结构物，引起结构物振动，导致上部结构破坏；作为结构地基，地面振动可以使地基土丧失稳定，发生沙土液化或软土震陷，因其结构倾斜倒塌。历史震害资料表明，建筑物震害除与地震强度、结构类型等有关外，还与场地的地质条件有关，因为地震对建筑物的破坏作用是通过场地、地基和基础传给上部结构的。

建筑物的震害按照破坏性质可以分成两大类：一类震害是由振动破坏引起的，即地震作用使结构产生惯性力，在与其他荷载的组合下，因结构承载力不足而破坏，大多数建筑物的震害属于这一类。减少这类灾害的主要途径是合理地进行抗震设计和采用抗震措施，加强结构的抗震能力。另一类建筑的震害是由地基失效引起的，即地震时首先是场地和基础破坏，从而引起建筑物破损并产生其他灾害。这类破坏数量相对较少，有区域性，但修复和加固非常困难，一般通过场地选择和地基处理来减轻这类灾害。

2.2 工程地质条件对震害的影响

2.2.1 局部地形的影响

从我国多次地震灾害的调查来看，局部地形条件对地震时建筑物的破坏有很大影响。位于局部孤立突出的地形，如孤立的小山包或山梁顶部的建筑，其震害一般较平地同类建筑严重，位于非岩质地基的建筑物又较岩质地基的震害严重。例如，1920年宁夏海原8.5级地震中，位于渭河谷地的姚庄的烈度为7度，而相距仅 2 km 的牛家山庄，坐落在高出河谷 100 m 左右的黄土山嘴上，地基土与姚庄相似，其烈度则达9度。1975年辽宁海城地震后，在市郊盘龙山高差 58 m 的两个测点上收到的强余震加速度记录表明，孤突地形上的地面加速度较坡脚下平均高出 1.84 倍。1976年唐山7.8级地震中，迁西县景中山山脚周围七个村庄的烈度普遍为6度，而高出平地 300 m 的山顶烈度为9度，所建的庙宇式建筑大多严重破坏和倒塌。

从宏观震害经验和地震反应分析结果可以归纳出高突地形地震反应的总体趋势：高突地形距离基准面的高度愈大，高处的反应愈强烈；离陡坎和边坡顶部边缘的距离愈大，反应相对减小;从岩石构成方面看,在同样地形条件下,土质结构的反应比岩质结构大;高突地形顶面 λ 愈开阔,远离边缘的中心部位的反应是明显减小的;边坡愈陡,其顶部的放大效应相应加大。

为了反映局部高突地形的地震放大作用,以突出地形的高差 H,坡降角度的正切 $\frac{H}{L}$ 以及场址距突出地形边缘的相对距离 $\frac{L_1}{H}$ 为参数,若取平坦开阔地的放大作用为1,而高突地形的放大作用为 λ,则 λ 可按下式计算

$$\lambda = 1 + \xi\alpha \tag{2.1}$$

式中　λ——局部突出地形顶部的地震影响系数的放大系数;

　　　α——局部突出地形地振动参数的增大幅度,按表 2.1 采用;

　　　ξ——附加调整系数,与建筑场地离突出台地边缘的距离 L_1 和相对高差 H 的比值有关。当 $\frac{L_1}{H} < 2.5$ 时,ξ 可取为 1.0;$2.5 \leq \frac{L_1}{H} < 5$ 时,ξ 可取为 0.6;当 $\frac{L_1}{H} \geq 5$ 时,ξ 可取为 0.3。L、L_1 均按距场地的最低点考虑。

表 2.1　局部突出地形地震影响系数的增大幅度

突出地形高度 H/m	非岩质地层	$H < 5$	$5 \leq H < 15$	$15 \leq H < 25$	$H \geq 25$
	岩质地层	$H < 20$	$20 \leq H < 40$	$40 \leq H < 60$	$H \geq 60$
局部突出台地边缘的侧向平均坡降(H/L)	$\frac{H}{L} < 0.3$	0	0.1	0.2	0.3
	$\frac{H}{L}$	0.1	0.2	0.3	0.4
	$\frac{H}{L}$	0.2	0.3	0.4	0.5
	$\frac{H}{L}$	0.3	0.4	0.5	0.6

综上所述,当需要在条状突出的山嘴、高耸孤立的山丘、非岩石的陡坡、河岸和边坡边缘等不利地段建造丙类及丙类以上的建筑时,除保证其在地震作用下的稳定性外,尚应估计不利地段对设计地振动参数可能产生的放大作用,其地震影响系数最大值应乘以增大系数。其值可根据不利地段的具体情况确定,但不宜大于 1.6。

2.2.2　局部地质构造的影响

局部地质构造主要是指断裂,断裂是地质构造上的薄弱环节,分为发震断裂和非发震断裂。与当地的地震活动性有密切关系,具有潜在地震活动的断裂通常称为发震断裂。地震时,发震断裂附近地表可能发生新的错动,使地面建筑物遭受到严重破坏。所以,当场地内存在发震断裂时,应对断裂的可能性和建筑物的影响进行评价。

一般来说,地震震级越高,出露于地表的断裂错动与断裂长度就愈大;覆盖层厚度愈大,出露于地表的断裂错动与断裂长度就愈小;断裂的活动性还和地质年代有关,对一般建筑工程只考虑全新世以来活动过的断裂,在此地质期以前已活动过的断裂不予考虑。《建筑抗震规范》规定:对符合以下规定之一的情况,可忽略发震层错动对地面建筑的影

响:抗震设防烈度小于8度;非全新世活动断层;抗震设防烈度为8度和9度时,前第四纪基岩隐伏断裂的土层覆盖厚度分别大于60 m和90 m。如果不符合上述情况,应避开主断裂带,其避让距离不宜小于表2.2对发震断裂最小避让距离的规定。

表2.2 发震断裂最小避让距离　　　　　　　　　　　　m

烈度	建筑抗震设防类别			
	甲	乙	丙	丁
8	专门研究	300	200	—
9	专门研究	500	300	—

工程上最常遇到的是非发震断裂,这类断裂与当地的地震活动性并没有必然的关系,在地震的作用下一般不会发生新的错动。对于非发震断层,过去比较保守的观点认为在强烈的地震影响下,在其破碎带上可能会出现较高的烈度。但从震害统计所反映的趋势来看,目前可以不考虑非发震断裂对烈度的增减影响。

2.2.3 地下水位的影响

地下水位对建筑物的震害有明显影响,水位越浅,震害越严重。当地下水位较深时,其影响程度很小。地下水位对震害的影响程度还与地基土的类别有关,软弱土层的影响程度最大,粘性土地基的影响程度次之,坚硬土地基的影响较小。在进行地下水影响分析时,需要结合地基土的情况全面考虑。

2.3 场　　地

2.3.1 场地条件对震害的影响

一般认为场地条件对建筑物震害影响的主要因素是场地土的刚度和场地覆盖层的厚度。在同一地震和同一震中距时,软弱地基和坚硬地基相比,软弱地基地面的自振周期长,振幅大,振动持续时间长,震害也重。震害调查还表明,在软弱地基上,柔性结构最容易遭到破坏,刚性结构则表现较好,这时建筑物有的破坏是由结构破坏所产生的,而有的破坏则是由于地基失效所产生;在坚硬地基上,柔性结构一般表现较好,而刚性结构的表现不一,这时建筑物的破坏通常是因结构破坏所产生。

不同覆盖层厚度上的建筑物,其震害表现明显不同。例如,1967年委内瑞拉加拉加斯6.5级地震中,在冲积层厚度超过160 m的地方,高层建筑破坏率很高;而建造在基岩和浅冲积层上的高层建筑,大多数无震害。我国1975年海城地震和1976年唐山地震中也出现过类似现象,即建筑物的震害随覆盖层厚度的增加而加重。

从震源传来的地震波是由很多频率不同的分量组成,其中在振幅谱中幅值最大的频率分量所对应的周期,称为地振动的卓越周期。在地震波通过覆盖土层传向地表的过程中,与土层固有周期相近的一些频率波群被放大,而另一些频率波群被衰减甚至被完全过滤掉。这样,地震波通过土层后,由于土层的过滤特性与放大作用,地表地振动的卓越周期在很大程度上取决于场地的固有周期。当场地的固有周期与地振动的卓越周期相接近时,由于共振作用,地振动的幅值将被放到最大,土层的这一周期成为土的卓越周期,或自振周期($T = 4\dfrac{H}{v}$,H 为场地覆盖层厚度,v 为土的剪切波速)。若建筑物的固有周期与场地的卓越周期相近,则共振效应使得地震效应明显增强。因此,坚硬场地土上自振周期短的刚性建筑物和软弱场地土上长周期柔性建筑物的震害均会加重。

2.3.2 场地土类型

土的类别主要取决于土的刚度。土的刚度可按土的剪切波速划分,取地面下 20 m 深度,且不大于覆盖层厚度范围内土层平均性质分类(见表 2.3)。场地只有单一性质场地土的情况很少见,一般由各种类别的土层构成,这时应按反应各土层综合刚度的等效剪切波速 v_{se} 来确定土的类型。等效剪切波速是以剪切波在地面至计算深度各层土中传播时间不变的原则定义的土层平均剪切波速,可按下式确定

$$v_{se} = \dfrac{d_0}{t} \tag{2.2}$$

$$t = \sum_{i=1}^{n} \dfrac{d_i}{v_{si}} \tag{2.3}$$

式中 v_{se} —— 土层等效剪切波速(m/s);

        d_0 —— 计算深度(m),取覆盖层厚度和 20 m 两者中的较小值;

        t —— 剪切波在地表与计算深度之间的传播时间(s);

        d_i —— 计算深度范围内第 i 层土的厚度(m);

        n —— 计算深度范围内土层的分层数;

        v_{si} —— 计算深度范围内第 i 层土的剪切波速(m/s)。

表 2.3 土的类型划分和剪切波速范围

土的类型	岩土名称和性状	土的剪切波速范围 /(m·s^{-1})
坚硬土或岩石	稳定岩石,密实的碎石土	$v_s > 500$
中硬土	中密、稍密的碎石土,密实、中密的砾、粗、中砂,$f_{ak} > 200$ 的粘土和粉土,坚硬黄土	$500 \geq v_s > 250$
中软土	稍密的砾,粗、中砂,除松散外的细、粉砂,$f_{ak} \leq 200$ 的粘性土和粉土,$f_{ak} > 130$ 的填土,可塑黄土	$250 \geq v_s > 140$
软弱土	淤泥和淤泥质土,松散的沙,新近沉积的粘性土和粉土,$f_{ak} \leq 130$ 的填土,流塑黄土	$v_s \leq 140$

注:f_{ak} 为荷载试验等方法得到的地基承载力特征值(kPa);v_s 为岩土剪切波速。

《建筑抗震规范》规定:对丁类建筑及层数不超过 10 层且高度不超过 30 m 的丙类建筑,当无实测剪切波速时,可根据岩土名称和性状,按表 2.3 划分土的类型,再利用当地经验在该表所示的剪切波速范围内估计各层土的剪切波速。

2.3.3 场地覆盖层厚度

场地覆盖层厚度是指从地表到地下基岩面的距离。从地震波传播的观点看,基岩界面是地震波传播途中的一个强烈的折射与反射面,当下层剪切波速比上层剪切波速大得多时,下层可当作基岩。《建筑抗震规范》按下列要求确定建筑场地覆盖层厚度。

(1) 一般情况下,应按地面至剪切波速大于 500 m/s 的土层顶面的距离确定。

(2) 当地面 5 m 以下存在剪切波速大于相邻上层土剪切波速 2.5 倍的土层,且其下卧岩土的剪切波速均不小于 400 m/s 时,可按地面至该土层顶面的距离确定。

(3) 剪切波速大于 500 m/s 的孤石、透镜体,应视同周围土层。

(4) 土层中的火山岩硬夹层应视为刚体,其厚度应从覆盖层中扣除。

2.3.4 场地类别划分

建筑场地类别是场地条件的基本表征,而场地条件对地震的影响已被多次大地震的灾害现象、理论分析结果和强震观测资料证实。划分场地类别的目的是在地震作用计算中定量考虑场地条件对设计参数的影响,确定不同场地上的设计反应谱,以便采用合理的设计参数和有关的抗震构造措施。《建筑抗震规范》根据土层等效剪切波速和场地覆盖层厚度将建筑按表 2.4 划分为四类,当有可靠的剪切波速和覆盖层厚度且其值处于表中所列场地类别的分界线附近时,应允许按插值方法确定地震作用计算所用的设计特征周期。

表 2.4 各类建筑场地的覆盖层厚度 m

等效剪切波速 /(m·s⁻¹)	场地类别			
	I	II	III	IV
$v_{se} > 500$	0	—	—	—
$500 \geqslant v_{se} > 250$	< 5	5	—	—
$250 \geqslant v_{se} > 140$	< 3	3 ~ 50	> 50	—
$v_{se} \leqslant 140$	< 3	3 ~ 15	15 ~ 80	> 80

【例 2.1】 已知某建筑物场地的地质钻探资料如表 2.5 所示,试确定建筑物场地的类别。

表 2.5 例 2.1 地质钻探资料

土层底部深度 /m	土层厚度 /m	岩石名称	土层剪切波速 /(m·s⁻¹)
2.5	2.5	杂填土	220
10.5	8.0	粉土	280
22.0	11.5	中砂	350
34.0	12.0	碎石土	520

【解】
(1) 确定场地覆盖层厚度

据地面 22 m 以下土层的剪切波速 $v_s = 520 > 500$,故覆盖层厚度 $d_{ov} = 22.0$ m > 20 m,计算深度 $d_0 = 20$ m。

(2) 计算等效剪切波速

按式(2.2)、(2.3) 有

$$t/s = \sum_{i=1}^{n} \frac{d_i}{v_{si}} = \frac{2.5}{220} + \frac{8.0}{280} + \frac{9.5}{350} = 0.067$$

$$v_{se}/(m \cdot s^{-1}) = \frac{d_0}{t} = 298.5$$

(3) 确定场地类别

500 m/s $> v_{se} >$ 250 m/s,且 $d_{ov} > 5$ m,由表 2.4 可知,该建筑场地为 II 类场地。

2.3.5 场地选择

建筑场地的地质条件与地形地貌对建筑物震害有明显影响,这已由大量的震害实例所证实;另外由于地基失效所造成的建筑物的破坏,单靠工程措施很难达到预防目的,或者所花代价昂贵。因此,需要合理地选择建筑场地,以减轻建筑物震害。

《建筑抗震规范》根据场地上建筑物的震害程度,按表 2.6 把建筑场地划分为对建筑抗震有利、不利和危险的地段;除非特殊需要,不得在抗震危险地段上建造工程结构。当确实需要在不利地段或危险地段建造工程时,应遵循建筑抗震设计的有关要求,进行详细的场地评价并采取必要的抗震措施。

表 2.6 有利、不利和危险地段的划分

地段类型	地质、地形、地貌
有利地段	稳定基岩,坚硬土,开阔、平坦、密实、均匀的中硬土等
不利地段	软弱土,液化土,条状突出的山嘴,高耸孤立的山丘,非岩质的陡坡,河谷和边坡的边缘,平面分布上成因、岩性、状态明显不均匀的土层(如枯河道、疏松断层破坏带、暗埋的塘滨沟谷和半填半挖地基)
危险地段	地震时可能发生滑坡、崩塌、地陷、地裂、泥石流等及发震断裂带上可能发生地表错位的部位

2.4 地基基础抗震验算

2.4.1 地基不验算的范围

从我国多次强烈地震中遭受破坏的建筑来看,只有少数建筑物是因为地基失效导致上部结构破坏的,而且,这类地震主要是可液化地基、易颤声震陷的软弱粘土地基和严重

不均匀地基。大量的一般性地基具有良好的抗震性能,极少发现因承载力不足而导致上部结构破坏的震害现象。这可能是由于一般天然地基在静力荷载作用下,具有相当大的安全储备;而且,在建筑物自重的长期作用下,地基产生固结,使承载力进一步提高;同时,由于地震作用历时较短,动荷载下地基动承载力也有所提高。因此,尽管地震时地基所受到的荷载会有所增加,但上述这些因素使地基遭受到破坏的可能性大为减少。基于这种情况,我国《建筑抗震规范》对于量大面广的一般性地基和基础不做抗震验算,而对于容易产生地基基础震害的液化地基、软土地基和严重不均匀地基,则规定了相应的抗震措施,以避免或减轻震害。

《建筑抗震规范》规定,下述建筑可不进行天然地基及基础的抗震承载力验算。

(1) 砌体房屋。

(2) 地基主要受力层范围内不存在软弱粘性土层的一般厂房、单层空旷房屋和不超过8层且高度在25 m以下的一般民用框架房屋,以及与其基础荷载相当的多层框架厂房。这里,软弱粘性土层是指设防烈度为7度、8度和9度时,地基土承载力的特征值分别小于80 kPa、100 kPa 和 120 kPa 的土层。

(3) 可不进行上部结构抗震验算的建筑。

2.4.2 地基土抗震承载力调整

天然地基基础的抗震验算只要求对地基进行抗震承载力验算。首先确定天然地基土的抗震承载力 f_{aE},然后进行天然地基基础抗震验算。

地震作用是附加于原有静荷载上的一种动力作用,其性质属于不规则的低频 (1~5 Hz)有限次数(10~40)的脉冲作用。地震作用下土的动力强度,一般是在一定静应力的基础上,再加上30次左右的循环动荷载,使土样达到一定应变值(常取静载的极限应变值)时的总作用应力。地基土在动荷载作用下的强度随土质条件的不同较静强度有所变化,一般情况下,稳定土的动强度均比其强度有所提高,其中粘性土的提高幅度大于非粘性土,软弱土地震时土体絮状结构受扰,其动强度略低于静强度。此外,在静荷载的作用下,地基土产生的压缩变形包括弹性变形和残余变形(或称永久变形),其中弹性变形可在短时间内完成,而永久变形则需要较长时间来完成。但由于地震持续时间很短,所以只能使土层产生弹性变形而来不及发生残余变形。所以在产生同等地基压应力的情况下,建筑物由于地震作用所引起的地基变形,要比建筑物由于静荷载所引起的地基变形小得多;或者说要使地基产生相同的压缩变形,所需的由地震作用引起的压应力要比静荷载压应力大,即一般土的动承载力比静承载力高。另外,考虑到地震作用的偶然性和短暂性以及工程的经济性,地基土在地震作用下的可靠度可以比静力荷载下有所降低。综合考虑上述两个因素,可以将地基土的静承载力乘以调整系数予以提高后,作为地基土抗震承载力。因此,《建筑抗震规范》规定,地基土抗震承载力按下式计算

$$f_{aE} = \zeta_a f_a \tag{2.4}$$

式中 f_{aE}——调整后的地基土抗震承载力;

ζ_a——地基土抗震承载力调整系数,应按表2.7采用;

f_a——深宽修正后的地基土静承载力特征值,应按现行国家标准《建筑地基基础

设计规范》GB50007—2003 采用。

对于十分软弱的地基土,在地震作用下变形很大,因此,在进行天然地基基础抗震承载力计算时,软弱土的抗震承载力不予提高。

表 2.7 地基土抗震承载力调整系数

岩土名称和性状	ζ_a
岩石,密实的碎石土,密实的砾、粗、中砂,$f_{ak} \geq 300$ 的粘性土和粉土	1.5
中密、稍密的碎石土,中密和稍密的砾、粗、中砂,密实和中密的细、粉砂,$150 \leq f_{ak} < 300$ 的粘性土和粉土,坚硬黄土	1.3
稍密的细、粉砂,$100 \leq f_{ak} < 150$ 的粘性土和粉土,可塑黄土	1.1
淤泥,淤泥质土,松散的砂,杂填土,新近堆积黄土及流塑黄土	1.0

2.4.3 天然地基抗震验算

地基基础的抗震验算,一般采用"拟静力法",即假定地震作用如同静力荷载恒定地作用在地基基础上。作用于建筑物上的各类荷载与地震作用组合后,认为其在基础底面所产生的压力是直线分布的,基础底面平均压力和边缘最大压力应符合下列各式要求

$$p \leq f_{aE} \tag{2.5}$$

$$p_{max} \leq 1.2 f_{aE} \tag{2.6}$$

式中 p——地震作用效应标准组合的基础底面平均压力;

p_{max}——地震作用效应标准组合的基础边缘最大压力。

另外,还需要限制地震作用下过大的基础偏心荷载,对于高宽比大于 4 的高层建筑,在地震作用下基础底面不易出现拉应力;其他建筑,基础底面与地基土之间的零应力区面积不应超过基础底面面积的 15%。根据这一规定,对基础地面为矩形的基础,其受压宽度与基础宽度之比则应大于 0.85(见图 2.1),即

$$b' \geq 0.85b \tag{2.7}$$

式中 b'——矩形基地底面受压宽度;

b——矩形基地底面宽度。

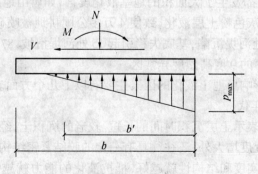

图 2.1 基底压力分布

2.5 地基液化

2.5.1 砂性液化机理及影响液化的因素

饱和砂土或粉土的颗粒在强烈的地震下土的颗粒结构趋于密实，如土本身的渗透系数较小，则孔隙水在短时间内排泄不走而受到挤压，孔隙水压力将急剧上升。当孔隙水压力增加到与剪切面上的法向压应力接近或相等时，砂土或粉土受到的有效压应力下降乃至消失，这时砂土颗粒局部或全部处于悬浮状态，土体丧失抗剪强度，形成犹如"液体"的现象，称为场地土的"液化"。

根据土力学原理，饱和砂土的抗剪强度可写成

$$\tau_f = \bar{\sigma} \tan \psi = (\sigma - u) \tan \psi \tag{2.8}$$

式中 τ_f——土的抗剪强度；

$\bar{\sigma}$——作用在剪切面上的有效压应力；

σ——作用在剪切面上的法向压应力；

u——孔隙水压力；

ψ——土的内摩擦角。

由式(2.8)可见，当 $u = \sigma$，即 $\bar{\sigma} = \sigma - u$ 时，$\tau_f = 0$，出现液化。这是因下部土层的水头比上部高，所以水向上涌，把土粒带到地面上来，出现喷水冒砂现象。随着水和土粒的不断涌出，孔隙水压力逐渐降低，当降至一定程度时，就会只冒水而不喷土粒。当孔隙水压力进一步消散，冒水终将停止，土粒逐渐沉落并重新堆积排列，压力重新由孔隙水传给土粒承受，砂土和粉土达到一个新的稳定状态，土的液化过程结束。当砂土和粉土液化时，其强度将完全丧失，从而导致砂土液化。砂土液化可引起地面喷水冒砂、地基不均匀沉陷、斜坡失稳造成建筑物破坏。根据国内外调查的结果，在各种由于地基失效引起的震害中，80%是因土体液化造成的。如1964年美国阿拉斯加地震和1964年日本新泻地震，都出现了大量由于饱和砂土地基液化而造成的建筑物不均匀下沉、倾斜甚至倒塌，其中最典型的震害现象是新泻某公寓住宅群的普遍倾斜，最严重的倾角竟达80°之多。在我国，1975年海城地震和1976年唐山地震也都发生了大面积的地基液化震害，如唐山地震中，距震中48 km的芦台地区因地面以下的灰色粉土层液化，致使4万多公顷耕地被喷砂覆盖了将近四分之一，铁路被喷砂淹没，35处河堤沉陷，基底失稳引起15处河堤滑坡，87%的建筑完全倒塌或严重破坏，成为8度区中的9度高烈度异常区。

震害调查表明，影响场地土液化的因素主要有以下几个方面。

(1) 土层的地质年代

地质年代的新老表示土层沉积时间的长短。较老的沉积土，经过长时间的固化作用和水化作用，除了密实程度增大外，还往往具有一定的胶结紧密结构。因此，地质年代越古老的土层，其固结度、密实度和结构性就越好，抵抗液化的能力就越强。宏观震害调查表明，国内外历次大地震中，尚未发现地质年代属于第四纪晚更新世(Q_3)及其以前的饱和土层

发生液化。

(2) 土的组成

就饱和砂土而言,由于细砂、粉砂的渗透性比粗砂、中砂低,所以细砂、粉砂更容易液化;就粉土而言,随着粘粒(粒径小于 0.005 mm 的颗粒)含量的增加,土的粘聚力增加,从而增大了抵抗液化的能力,理论分析和实践表明,当粉土中粘粒含量超过某一限值时,粉土就不会液化。此外,颗粒均匀的砂土较颗粒级配良好的砂土容易液化。

(3) 图层的相对密度

相对密实程度较小的松砂,由于其天然空隙一般比较大,故容易液化。1964 年的新泻地震中,相对密度小于 50% 的砂土普遍发生液化,而相对密度大于 70% 的土层,则没有发生液化。

(4) 土层的埋深

砂土层埋深越大,其上有效覆盖层就越大,则土的侧限压力也越大,就越不容易液化。调查资料表明,土层液化深度很少超过 20 m,多数浅于 15 m,更多的浅于 10 m。

(5) 地下水位的深度

地下水位越深,越不容易液化。对于砂土,一般地下水位 4 m 时易液化,超过此值后一般就不会液化;对于粉土来说,7 度、8 度和 9 度时,地下水位分别小于 1.5 m、2.5 m 和 6.0 m 时容易液化,超过此深度后几乎不发生液化。

(6) 地震烈度和地震持续时间

地震烈度越高,越容易发生液化,一般液化主要发生在烈度为 7 度及以上地区,而 6 度以下的地区,很少看见液化现象;地震持续时间越长,越容易发生液化,由于大震级远震中距的地方比同等烈度情况下中、小震级近震中距的地方地震持续时间要长,所以,前者更容易液化。

2.5.2 液化的判别

当建筑物的地基有饱和砂土或粉土时,应经过勘察试验来确定土层在地震时是否液化,以便采取相应的抗液化措施。由于 6 度区液化对房屋结构所造成的震害较轻,一般情况下可不进行判别和处理,但对液化沉陷敏感的乙类建筑可按 7 度的要求进行判别和处理,7～9 度时乙类建筑可按本地区抗震设防烈度的要求来进行判别和处理。

为了减少判别场地土液化的勘查工作量,《建筑抗震规范》采用"两部判别法"来判别可液化土层,即初步判别和标准贯入实验判别。凡经过初步判别定位不液化或不考虑液化影响的场地土,就可不进行标准贯入实验判别。

(1) 初步判别

《建筑抗震规范》给出了饱和砂土或粉土以地质年代、粘粒含量、上覆盖土层厚度和地下水位为指标的初步判别法。饱和砂土或粉土(不含黄土),当符合下列条件之一时,可初步判别为不液化或可不考虑液化影响。

① 地质年代为第四纪晚更新世(Q_3)及以前时,7 度、8 度时可判为不液化。

② 粉土的粘粒(粒径小于 0.005 mm 的颗粒)含量百分率,7 度、8 度和 9 度分别不小于 10%、13% 和 16% 时,可判为不液化土。其中用于液化判别的粘粒含量系采用六偏磷酸钠

作分散剂测定,采用其他方法时应按有关规定换算。

③ 天然地基上的建筑,当上覆非液化土层厚度和地下水位的深度符合下列条件之一时,可不考虑液化影响。

$$d_u > d_0 + d_b - 2 \tag{2.9}$$

$$d_w > d_0 + d_b - 3 \tag{2.10}$$

$$d_u + d_w > 1.5d_0 + 2d_b - 4.5 \tag{2.11}$$

式中　d_w——地下水位深度(m),宜按设计基准期内年平均最高水位采用,也可按近期内年最高水位采用;

d_u——上覆盖非液化土层厚度(m),计算时宜将淤泥和淤泥质土层扣除;

d_b——基础埋置深度(m),不超过 2 m 时应采用 2 m;

d_0——液化土特征深度(m),可按表 2.8 采用。

表 2.8　液化土特征深度　　　　　　　　　　　　　　　　　　m

饱和土类别	7 度	8 度	9 度
粉土	6	7	8
砂土	7	8	9

(2) 标准贯入试验判别

当初步判别不符合上述条件之一,即初判认为可能液化或需考虑液化影响时,应采用标准贯入试验判别法进一步判别其是否液化。

标准贯入实验设备如图 2.2 所示,它由标准贯入器、触探杆和重 63.5 kg 的穿心锤等部分组成。操作时,先用钻具钻至试验土层标高以上 15 cm 处,然后将贯入器打至标高位置,最后在锤落距为 76 cm 的条件下,连续打入土层 30 cm,记录锤击数 $N_{63.5}$。锤击数越大,说明土的密实程度越高,也越不容易液化。

一般情况下,只要判别地面下 15 m 深度范围内土的液化;但当采用的桩基或埋深大于 5 m 的深基础时,尚应判别 15～20 m 范围内土的液化。当饱和土标准贯入锤击数(未经杆长修正)小于液化判别标准贯入锤击数临界值 N_{cr},即 $N_{63.5} < N_{cr}$ 时,应判为液化土,否则即为不液化土。

在地面下 15 m 深度范围内,液化判别标准贯入锤击数临界值可按下式计算

$$N_{cr} = N_0[0.9 + 0.1(d_s - d_w)]\sqrt{\frac{3}{\rho_c}} \tag{2.12}$$

在地面下 15～20 m 范围内,液化判别标准贯入锤数临界值可按下式计算

$$N_{cr} = N_0(2.4 - 0.1d_w)\sqrt{\frac{3}{\rho_c}} \tag{2.13}$$

式中　N_{cr}——液化判别标准贯入锤击数临界值;

N_0——液化判别标准贯入锤击数基准值,应按表 2.9 采用;

d_s——饱和土标准贯入点深度(m);

ρ_c——粘粒含量百分率,当小于 3 或为砂土时,应采用 3。

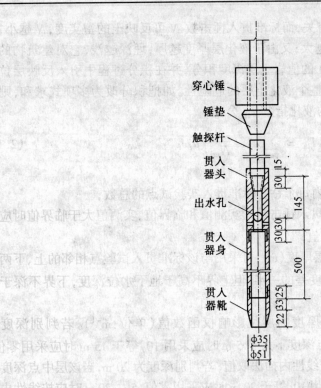

图 2.2 标准贯入实验设备示意图

从式(2.12)和式(2.13)可以看出,地下水位越浅,粘粒含量越少,地震烈度越高,标准贯入锤击数临界值就越大,土层越容易液化。

标准贯入试验实质上是对土的密实程度作出评价,由此间接地评价场地土液化的可能性。如果用其他手段也能对土的密实程度做出定量的评价,那么同样也可用来评价土层液化的可能性。所以,《建筑抗震规范》在指定用标准贯入试验作为判别土层液化依据的同时指出,当有成熟经验时,也容许采用其他判别方法。

表 2.9 标准贯入锤击数基准值

设计地震分组	7 度	8 度	9 度
第一组	6(8)	10(13)	16
第二、三组	8(10)	12(15)	18

注:括号内数值用于设计基本地震加速度为 0.15 g 和 0.30 g 的地区。

2.5.3 液化地基危害程度评价

上述判别是对地基液化的定性判别,不能对液化程度及液化危害做定量评价。同样判定可液化的地基,由于液化程度不同,对结构造成的破坏程度存在很大差异。因此,在判别地基为可液化或需考虑液化影响后,应进一步做液化危害的分析,对液化危害程度做定量评价。

震害调查表明,液化的危害主要在于土层液化和喷水冒砂引起建筑物的不均匀沉降。

土层的沉降量与土的密实程度有关,而标准贯入锤击数 N 可反映土的密实度,N 越小,即 $(1-N/N_{cr})$ 越大,其沉降量也越大;又由于液化层厚度越厚,埋深越浅,它对建筑物的危害就越大,因此可将 $(1-N/N_{cr})$ 的值岩土层深度积分,并在积分过程中引入反映层位影响的权函数,其结果就能够反映整个液化土层的危险性。如把积分改为多项式求和,则得到用来衡量液化地基危害程度的液化指数 I_{IE} 公式

$$I_{IE} = \sum_{i=1}^{n} \left(1 - \frac{N_i}{N_{cri}}\right) d_i \omega_i \tag{2.14}$$

式中　I_{IE}——液化指数;

　　　n——在判别深度范围内每个钻孔标准贯入实验试点的总数;

　　　N_i、N_{cri}——分别为 i 点贯入锤击数的实测值和临界值,实测值大于临界值时应取临界值的数值;

　　　d_i——i 点所代表的土层厚度(m),可采用与该标准贯入试验点相邻的上、下两标准贯入试验点深度差的一半,但上界不高于地下水位深度,下界不深于液化深度;

　　　ω_i——i 土层单位土层厚度的层位影响权函数值(单位:m^{-1})。若判别深度为 15 m,当该层中点深度不大于 5 m 时应采用 10,等于 15 m 时应采用零值,5~15 m 时应按线性内插法取值;若判别深度为 20 m,当该层中点深度不大于 5 m 时应采用 10,等于 20 m 时应采用零值,5~20 m 时应按线性内插法取值(见图 2.3)。

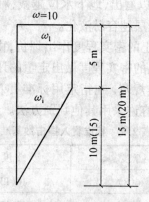

图 2.3　权函数图形

计算对比表明,液化指数 I_{IE} 与液化危害程度之间存在着明显的对应关系。一般地,液化指数越大,场地的喷水冒砂情况和建筑物的液化震害就越严重,因此可以根据液化指数 I_{IE} 的大小来区分地基的液化危害程度,即地基的液化等级,其分级结果和相应震害情况见表 2.10。

表2.10 液化等级和相应震害情况

液化等级	液化指数 I_{IE} 判别深度 15 m	液化指数 I_{IE} 判别深度 20 m	地面喷水冒砂情况	对建筑物的危害情况
轻微	$0 < I_{IE} \leq 5$	$0 < I_{IE} \leq 6$	地面无喷水冒砂,或仅在洼地、河边有零星的喷水冒砂点	危害性小,一般没有明显的沉降或不均匀沉降
中等	$5 < I_{IE} \leq 15$	$6 < I_{IE} \leq 18$	喷水冒砂可能性大,从轻微到严重均有,多数液化等级属中等	危害性较大,可能造成不均匀沉陷和开裂,有时不均匀沉陷可达200 mm
严重	$I_{IE} > 15$	$I_{IE} > 18$	一般喷水冒砂都很严重,涌砂量大,地面变形明显,覆盖面广	危害性较大,不均匀沉陷达200~300 mm,高重心结构可能产生不允许的倾斜,严重影响使用,修复工作难度增大

【例2.2】 某场地8度设防,设计基本加速度为0.02 g,工程地质年代为第四纪全新世(Q_4),设计地震分组为一组,拟在上面建造一丙类建筑,基础埋深2.0 m。钻孔深度15 m,地下水、土层顶面标高及各贯入点深度、锤击数实测值,如图2.4所示。试判别地基是否液化;若为液化土,求液化指数和液化等级。

图2.4 钻孔柱状图

【解】
(1) 液化判别

① 初步判别

地下水位深度 $d_w = 1.0$ m,基础埋置深度 $d_b = 2.0$ m,液化特征深度 $d_0 = 8$ m(查表 2.8),上覆非液化土层厚度 $d_u = 0$ m,则 $d_u = 0 < d_0 + d_b - 2 = 8.0$ m, $d_w = 1.0 < d_0 + d_b - 3 = 7.0$ m, $d_u + d_w = 1.0 < 1.5d_0 + 2d_b - 4.5 = 11.5$ m;均不满足液化条件,需进一步判别。

② 标准贯入试验判别测点

标准贯入锤击数基准值 $N_0 = 10$(查表 2.9),测点 1 标准贯入点深区度 $d_{s1} = 1.4$ m,粘性土含量百分率 ρ_c 取 3,测点 1 标准贯入锤击数临界值。

$$N_{cri} = N_0[0.9 + 0.1(d_{s1} + d_w)]\sqrt{\frac{3}{\rho_c}} = 10[0.9 + 0.1(1.4 - 1.0)] = 9.4$$

标准贯入锤击数实测值 $N_1 = 3 < N_{cri}$,为液化土,其余各点判别见表 2.11。

表 2.11 例 2.2 液化分析表

测点	贯入深度 d_{si}/m	实测值 N_i	临界值 N_{cri}	是否液化	液化土层厚度 d_i/m	中点深度 z_i/m	权函数 ω_i	i 层液化指数 $\left(1 - \dfrac{N_i}{N_{cri}}\right)d_i\omega$	液化指数 I_{IE}
1	1.4	3	9.4	是	1.1	1.55	10	7.49	
2	4.0	15	12	否	—	—	—	0	
3	5.0	8	13	是	1.0	5.0	10	3.85	13.67
4	6.0	16	14	否	—	—	—	0	
5	7.0	12	15	是	1.5	7.25	7.75	2.33	

(2) 求液化指数

① 求各标准贯入点所代表的土层厚度 d_i 及其中点深度 z_i

d_1/m = 2.1 - 1.0 = 1.1, z_1/m = 1.0 + 1.1/2 = 1.55

d_3/m = 5.5 - 4.5 = 1.0, z_3/m = 4.5 + 1.0/2 = 5.0

d_5/m = 8.0 - 6.5 = 1.5, z_5/m = 6.5 + 1.5/2 = 7.25

② 求 d_i 层中点所对应的权函数值 ω_i

z_1、$z_3 \leq 5.0$ m, ω_1、$\omega_2 = 10$; $z_5 = 7.25$ m, ω_3/m = 15 - 7.25 = 7.75

③ 求液化指数

$$I_{IE} = \sum_{i=1}^n \left(1 - \frac{N_i}{N_{cri}}\right)d_i\omega_i = (1 - 3/9.4) \times 1.1 \times 10 + (1 - 8/13)1.0 \times 10 + (1 - 12/15) \times 1.5 \times 7.75 = 13.67$$

(3) 判断液化等级

$5 < I_{IE} = 13.67 \leq 15$,由表 2.10 判断其液化等级为中等。

2.5.4 地基抗液化措施

地基抗液化措施应根据建筑物的抗震设防类别和地基的液化等级,结合具体情况综合确定。当液化土层较平坦且均匀时,宜按表 2.12 选用地基抗液化措施;尚可计入上部结构重力荷载对液化危害的影响,根据液化震陷的估计适当调整抗液化措施,并且不宜将未经处理的液化土层作为天然地基持力层。

表 2.12 抗液化措施表

建筑抗震设防类别	地基的液化等级		
	轻微	中等	严重
乙类	部分消除液化沉陷,或对基础和上部结构处理	全部消除液化沉陷,或部分消除液化沉陷且对基础和上部结构处理	全部消除液化沉陷
丙类	基础和上部结构处理,也可不采取措施	基础和上部结构处理,或更高要求的措施	全部消除液化沉陷,或部分消除液化沉陷且对基础和上部结构处理
丁类	可不采取措施	可不采取措施	基础和上部结构处理,或其他经济的措施

表 2.12 中全部消除地基液化沉陷、部分消除地基液化沉陷、进行基础和上部结构处理等措施的具体要求如下。

(1) 全部消除地基液化沉陷

① 采用桩基时,桩端伸入液化深度以下稳定土层中的长度(不包括桩尖部分),应按计算确定,且对碎石土,砾、粗、中砂坚硬粘性土和密实粉土尚不应小于 0.5 m,对其他非岩性土尚不宜小于 1.5 m。

② 采用深基础时,基础底面应埋入液化深度以下的稳定土层中,其深度不应小于 0.5 m。

③ 采用加密法(如振冲、振动加密、挤密碎石桩、强夯等)加固时,应处理至液化深度下界;振冲或挤密碎石桩加固后,桩间土的标准贯入锤击数不宜小于按式(2.12)和式(2.13)计算的液化判别标准贯入锤击数临界值。

④ 用非液化土替换全部液化土层。

⑤ 采用加密法或换土法处理时,在基础边缘以外的处理宽度,应超过基础底面下面处理深度的 1/2,且不小于基础宽度的 1/5。

(2) 部分消除液化地基沉陷

① 处理深度应使处理后的地基液化指数减少,当判别深度为 15 m 时,其值不宜大于 4,当判别深度为 20 m 时,其值不宜大于 5;对独立基础和条形基础,尚应不小于基础底面下液化土特征深度和基础宽度的较大值。

② 采用振冲或挤密碎石桩加固后,桩间土的标准贯入锤击数不宜小于相应的液化判

别标准贯入锤击数临界值。

③ 基础边缘以外的处理宽度,应符合上面全部消除地基液化沉陷的第5条要求。

(3) 基础和上部结构处理

① 选择合适的基础埋置深度。

② 调整基础底面面积,减少基础偏心。

③ 加强基础的整体性和刚度,如采用箱基、筏基或钢筋混凝土交叉条形基础,加设基础圈梁等。

④ 减轻荷载,增强上部结构的整体刚度和均匀对称性,合理设置沉降缝,避免采用对不均匀沉降敏感的结构形式等。

⑤ 管道穿过建筑处应预留足够尺寸或采用柔性接头。

2.6 桩基抗震设计

2.6.1 非液化土中桩基抗震验算

震害调查表明,承受竖向荷载为主的低承台桩基,当地面下无液化土层,且桩台周围无淤泥、淤泥质土和地基承载力特征值不大于 100 kPa 的填土时,在下列建筑中很少发生桩基失效,下列建筑可不进行桩基抗震承载力验算。

(1) 砌体房屋和可不进行上部结构抗震验算的建筑。

(2) 7度和8度时,一般单层厂房、单层空旷房屋和不超过8层且高度在 25 m 以下的一般民用框架房屋及与其基础荷载相当的多层框架厂房。

桩基如果不符合上述条件应进行抗震验算,对于非液化土中的低承台桩基,其抗震验算应符合下列规定。

(1) 单桩的竖向和水平向抗震承载力特征值,可均比非抗震计算提高 25%。

(2) 当承台周围的回填土夯实至干密度不小于《建筑地基基础设计规范》对填土的要求时,可由承台正面填土与桩共同承担水平地震作用,但不应计入承台底面与地基土间的摩擦力。

(3) 当地下室埋深大于 2 m 时,桩所承担的地震剪力可按式(2.15)计算。

$$V = V_0 \frac{0.2}{\sqrt[4]{d_f}} \sqrt{H} \tag{2.15}$$

式中 V_0——上部结构的底部水平剪力(kN);

V——桩承担的地震剪力(kN),当小于 $0.3V_0$ 时取 $0.3V_0$,当大于 $0.9V_0$ 时取 $0.9V_0$;

H——建筑地上部分的高度(m);

d_f——基础深度(m)。

关于不计桩基承台与土的摩阻力为抗震水平力组成部分的问题,主要是因为这部分摩阻力不可靠:软弱粘性土有震陷问题,一般粘性土也可能因桩身摩擦力产生的桩间土在附加应力下的压缩使土与承台脱空,欠固结土有固结下沉问题,非液化的沙砾则有震密问题等。所以,为了安全不考虑承台与土的摩擦抗阻。但对于目前大力推广应用的疏桩基础,如果桩的设计承载力按极限荷载取用,则因此时承台与土不会脱空,且桩、土的竖向荷载分担也比较明确,可不考虑承台与土间的摩阻力。

2.6.2 液化土中桩基抗震验算

采用桩基是消除和减轻地基液化危害的有效措施之一。然而,液化土层中的桩基承载力计算与液化土层有很大的不同,需要考虑地层液化后对桩支撑作用减少的因素。

对于液化土中的低承台桩基,其抗震验算应符合下列规定。

(1) 对一般浅基础,不宜计入承台周围土的抗力或刚性地坪对水平地震作用的分担作用,这一点是出于安全考虑,用来做为安全储备的。

(2) 当桩承台底面上、下分别有厚度不小于 1.5 m、1.0 m 的非液化土层或非软弱土层时,可按下列两种情况进行桩的抗震验算,并按不利情况设计。

① 主震时桩承受全部地震作用,桩承载力按非液化土层中的桩基采用,此时土尚未充分液化,只是刚度下降很多,所以,液化土的桩周摩阻力及桩水平抗力均应乘以表 2.13 的折减系数。

表 2.13 土层液化影响折减系数

实际标贯锤击数/临界标贯锤击数	深度 d_s/m	折减系数
≤ 0.6	$d_s \leq 10$	0
	$10 < d_s \leq 20$	1/3
0.6 ~ 0.8	$d_s \leq 10$	1/3
	$10 < d_s \leq 20$	2/3
0.8 ~ 1.0	$d_s \leq 10$	2/3
	$10 < d_s \leq 20$	1

② 余震时地震作用按水平地震影响系数最大值的 10% 采用,桩承载力仍按非抗震设计时提高 25%,但由于土层液化使得对桩基摩擦力大大减小甚至丧失殆尽,应扣除液化土层的全部摩阻力及桩尖下 2 m 深度范围内非液化土的桩周摩阻力。

③ 打入式预制桩及其他挤土桩当平均桩距为 2.5 ~ 4 倍桩径且桩数不少于 5×5 时,可计入打桩对土的加密作用及桩身对液化土变形限制的有利影响。当打桩后桩间土的标准贯入锤击数值达到不液化的要求时,单桩承载力可不折减,但对桩尖持力层作强度校核时,桩群外侧的应力扩散角应取为零。打桩后桩间土的标准贯入锤击数宜由试验确定,也可按下式计算

$$N_1 = N_p + 100\rho(1 - e^{-0.3N_p}) \tag{2.16}$$

式中 N_1—— 打桩后的标准贯入锤击数;

ρ—— 打入式预制桩的面积置换率;

N_p—— 打桩前的标准贯入锤击数。

另外,处于液化土中的桩基承台周围,宜用非液化土填筑夯实,若用粉土或砂土则应使土层的标准贯入锤击数不小于液化判别标准贯入锤击数临界值。液化土中桩基的配筋范围,应自桩顶至液化深度一下符合全部消除液化沉陷所要求的深度,其纵向钢筋应与桩顶部相同,箍筋应加密。在有液化侧向扩展的地段,距常时水线100 m范围内的桩基除应满足本节中的其他规定外尚应考虑土流动时的侧向作用力,且承受侧向推力的面积应按边桩外缘间的宽度计算。

习 题

一、填空题

1. 宜选择( ),避开( ),当无法避开时应采取适当的抗震措施,不应在危险地段建造( )类建筑。
2. ( )大体相当于厂区、居民点和自然村区域范围的建筑物所在地,应具有相近的( )。
3. 场地覆盖层厚度应按地面至剪切波速大于( )的土层或坚硬土顶面的距离确定。
4. 当丙、丁类建筑无实测剪切波速时,可按( )划分土的类型,并根据土的类型评定( )。
5. 建筑的场地类别应根据( )和场地覆盖层厚度划分为( )类。
6. 在式 $f_{SE} = \zeta_s f_s$ 中,f_{SE} 为( ),ζ_s 为( )。
7. 对于饱和土液化判别和地基处理,6度时,一般情况下可不考虑,但对液化沉陷敏感的( )可按7度考虑。
8. 影响土液化的主要因素有地质年代、( )、上覆非液化土层厚度和( )、土的( )以及地震烈度等。
9. 《抗震规范》要求:当初步判别认为需进一步进行液化判别时,应采用( )判别法进行判别。
10. 挖除( )液化土层属于全部消除液化沉陷措施中的一项。

二、选择题

1. 划分地段所考虑的因素为( )。
   ① 地质　　② 地形　　③ 地貌　　④ 场地覆盖层厚度
   ⑤ 建筑的重要性　　⑥ 基础的类型
   A.①②③　　　　　B.④⑤⑥
   C.①④⑤　　　　　D.②⑤⑥
2. 关于地段的选择( )。
   A.甲、乙类建筑应建造在有利地段上
   B.不应在危险地段建造房屋
   C.丙、丁类建筑可建造在危险地段上

D.在不利地段上建造房屋时,应采取适当的抗震措施
3.关于建筑场地(　　)。
A.场地土的类型是确定建筑场地类别的条件之一
B.场地土的类型应根据剪切波速划分
C.场地土的类型可根据岩土的名称和性状划分
D.场地覆盖层的厚度一般相当于基础埋深

三、判别题

1.土的类型即为场地土的类型。　　　　　　　　　　　　　　　　　　　(　　)
2.建筑场地的类别,是按场地土类型和场地覆盖层厚度划分的。　　　　　(　　)
3.砌体房屋、多层内框架砖房和底层框架砖房可不进行地基及基础的抗震承载力验算。　　　　　　　　　　　　　　　　　　　　　　　　　　　　　　　　(　　)
4.地质年代愈久的土层,抵抗液化的能力愈差。　　　　　　　　　　　　(　　)
5.土中粘粒含量增加,抵抗液化的能力增强。　　　　　　　　　　　　　(　　)
6.上覆非液化土层厚度愈厚,抵抗液化的能力愈强,当上覆非液化土层厚度超过一定限值时,可以不考虑土层液化的影响。　　　　　　　　　　　　　　　　　(　　)
7.烈度越高的地区,土层越容易液化。　　　　　　　　　　　　　　　　(　　)
8.液化等级是根据液化指数大小来划分的。　　　　　　　　　　　　　　(　　)

四、简答题

1.地段分为哪几类?应按什么原则选择地段?
2.什么是场地?如何确定场地覆盖层厚度?
3.如何划分场地土的类型和建筑场地的类别?
4.什么是场地的卓越周期与特征周期?
5.地基抗震验算是验算地基的承载力还是验算地基的变形?是否所有的建筑都应进行地基基础抗震验算?为什么?
6.为什么地基土抗震承载力设计值高于其静承载力设计值?
7.什么是土的液化?影响场地土液化主要因素有哪些?
8.抗液化措施的选用与哪些因素有关?试述各抗液化措施的主要内容?
9.如何进行土层液化判别?液化指数与液化等级之间有何关系?

五、计算题

1.表2.14为某场地钻孔地质资料,试确定该场地类别。
2.表2.15为某丙类建筑的场地钻孔资料(无剪切波速数据),试确定该场地类别。

表 2.14

土层底部深度 /m	土层厚度 d_i/m	岩土名称	剪切波速 v_S/(m·s^{-1})
2.50	2.50	杂填土	200
4.00	1.50	粉土	280
4.90	0.90	中砂	310
6.10	1.20	砾砂	500

表 2.15

土层底部深度 /m	土层厚度 d_i/m	岩土名称	静承载力标准值 /kPa
2.20	2.20	杂填土	100
8.00	5.80	粉质粘土	140
16.20	8.20	粘 土	160
20.70	4.50	中密细砂	—
25.00	4.30	基 岩	—

第3章 地震作用与结构抗震验算

学习要点：了解地震反应分析理论的发展和特点。熟练掌握振型分解反应谱法、底部剪力法、能量法、顶点位移法、强度验算和变形验算的基本内容和方法。

3.1 概　述

建筑结构抗震设计首先要计算结构的地震作用，然后计算结构、构件的地震作用效应。地震作用效应就是地震作用所产生的内力和变形，包括弯矩、剪力、轴向力和位移，再将地震作用效应与其他荷载效应进行组合，验算结构、构件的强度与变形，以满足"小震不坏，中震可修，大震不倒"的设计要求。

地震引起的结构振动称为结构的地震反应，它包括地震在结构中引起的速度、加速度、位移和内力等。结构地震反应分析属于结构动力学的范畴，与静力分析相比要复杂得多。这不仅是因为结构的地震反应随时间而变化，要求出在整个地震作用过程中每一瞬间的结构反应，而不像静力分析那样只有一个解；更重要的是，作为地震作用的惯性力是由结构变位引起的，而结构变位本身又受这些惯性力的影响。

根据计算理论不同，地震反应分析理论可划分为静力法、反应谱法（拟静力法）和时程分析法（直接动力法）三大类。

静力法是指将地震作用看成是作用在结构上的一个总水平力，并取为建筑物总重量乘以一个地震系数（1924年日本都市建筑规则首次增设的抗震设计规定中取地震系数为0.1；1927年美国《统一建筑规范》规定的地震系数为0.075～0.1），采用容许应力法进行结构构件的承载力设计。

反应谱法是指结构可以简化为多自由度体系，多自由度体系的反应可以用振型组合由多个单自由度体系的反应求得，单自由度体系的最大反应由反应谱确定。反应谱法采用加速度反应谱作为计算建筑结构地震作用的输入（震级、震中距、传播介质、场地等都对反应谱曲线的形状和谱值有影响），按房屋的最大加速度反应值确定惯性力，并以惯性力作为等效静力荷载进行结构分析。反应谱理论是对单质点体系作弹性地震反应分析，得到单质点 m 的最大速度反应值 S_a，于是可得惯性力

$$F_{Ek} = mS_a = \alpha G \tag{3.1}$$

这就是反应谱理论计算等效地震作用的基本表达式。

式中　F_{Ek}——地震过程中可能出现的最大水平惯性力；

　　　G——质点重量（$G = mg$）；

　　　α——地震影响系数（$\alpha = S_a/g$），α 与地面加速度、场地土类别、设计地震分组以及结构动力特性有关。

1954年，美国加州工程师协会的房屋建筑抗震设计规范首先采用了反应谱理论，并逐

步被各国抗震规范接受。

从20世纪60年代末开始,动力分析法,即时程分析法逐步成为结构地震作用和地震反应的计算方法,可以用于弹性结构,也可用于构件进入屈服的弹塑性结构。时程分析法是采用地震加速度时程作为输入,作用在结构底部固定端,通过逐步积分法(弹性结构也可以用振型叠加法)求解动力方程,得到结构随时间变化的动力反应,包括构件内力、变形、层间位移等,还能得到屈服构件的位置,塑性铰的发展过程等。

目前,还难以在建筑结构的抗震计算中普遍采用动力分析法,主要原因是:① 对于弹性结构,不同构件的最大内力值不在同一时刻出现,弹性时程分析得到的构件内力难以用于承载力计算。② 输入不同的地震加速度时程,结构的反应不同。③ 缺少便于工程应用的弹塑性时程分析程序。因此,目前我国规范仍主要采用反应谱法进行抗震分析,对于特别不规则建筑、甲类建筑及某些高层建筑,规范规定采用时程分析法进行补充计算。

3.2 单自由度弹性体系的地震反应

进行结构地震反应分析时,为了使问题简化,常常把具体的结构体系抽象为质点体系。某些工程结构,例如等高单层厂房、水塔(见图3.1(a)和(b))和公路高架桥等,因它们的质量大部分都集中于结构的顶部,故在进行结构的动力计算时,可将该结构中参与振动的所有质量全部折算至屋盖处,而将墙、柱视为一个无重量的弹性杆,这样就把结构简化为一个单质点体系。若忽略杆的轴向变形,当体系只作水平单向振动时,就形成了一个单自由度体系。

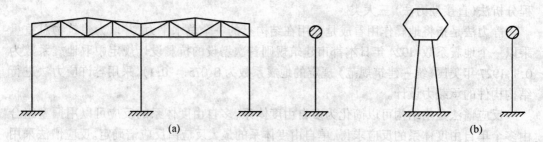

图3.1 单质点弹性体系计算简图

为了研究单质点弹性体系的地震反应,首先需要建立体系在水平地震作用下的运动方程。由于结构的地震作用比较复杂,故在计算弹性体系的地震反应时,一般不考虑地基转动的影响,而把地基的运动分解为两个相互垂直的水平方向和一个竖直方向的分量,然后分别计算这些分量对结构的影响。

图3.2表示地震时单质点弹性体系在地面一个水平运动分量作用下的运动状态。该体系具有集中质量m,由刚度系数为k的弹性直杆支承。其中,$\ddot{x}_0(t)$表示地面水平运动加速度,它可由实测的地震加速度记录得到;$x(t)$表示质点对于地面的相对位移或相对位移反应,是待求的未知量;$\ddot{x}_0(t)+\ddot{x}(t)$是质点的绝对加速度。

为了确定当地面加速度按$\ddot{x}_0(t)$变化时单自由度体系相对位移反应$x(t)$,我们从图3.2中取质点m为隔离体,则由结构动力学原理可知,作用在质点m上的力有三种:即惯性力

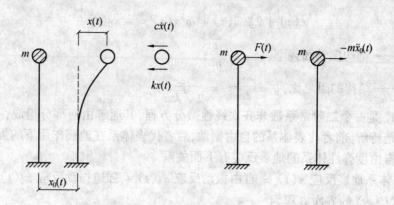

图 3.2 地震作用下单自由度弹性体系的振动

F、弹性恢复力 S 和阻尼力 R。

弹性恢复力是使质点从振动位置恢复到平衡位置的一种力,它由支承杆弹性变形引起,其大小与质点离开平衡位置的位移成正比,而方向与位移方向相反,即

$$S(t) = -kx(t) \tag{3.2}$$

式中　k——弹性直杆的刚度系数,即质点发生单位水平位移时在质点处所施加的水平力。

惯性力的大小与质点运动的绝对加速度成正比,而方向相反,即

$$F(t) = -m[\ddot{x}_0(t) + \ddot{x}(t)] \tag{3.3}$$

阻尼力为一种使结构振动不断逐渐衰减的力,即结构在振动过程中,由于材料的内摩擦、构件连接处的摩擦、地基土的内摩擦以及周围介质对振动的阻力等原因,使结构的振动能量受到损耗而导致其振幅逐渐衰减的一种力,称为阻尼力。在工程计算中通常采用粘滞阻尼理论,即假定阻尼力的大小与质点的相对速度 $\dot{x}(t)$ 成正比,而方向相反,即

$$R(t) = -c\dot{x}(t) \tag{3.4}$$

式中　c——阻尼系数。

根据达朗贝尔原理,在质点运动的任一瞬时,作用在其上的主动力、约束力和惯性力三者互相平衡。于是可列出质点运动方程为

$$S(t) + R(t) + F(t) = 0 \tag{3.5}$$

即

$$-m[\ddot{x}_0(t) + \ddot{x}(t)] - c\dot{x}(t) - kx(t) = 0 \tag{3.6}$$

移项整理后得

$$m\ddot{x}(t) + c\dot{x}(t) + kx(t) = -m\ddot{x}_0(t) \tag{3.7}$$

上述方程即为在地震作用下单自由度体系的微分方程,如将式(3.7)与单自由度体系在动荷载 $p(t)$ 作用下的强迫振动微分方程

$$m\ddot{x}(t) + c\dot{x}(t) + kx(t) = p(t) \tag{3.8}$$

经过比较可以发现,地面运动对质点的作用相当于在质点上加一个动荷载 $-m\ddot{x}_0(t)$ 的强迫振动。

为便于方程求解,将式(3.8)两边除以 m,得

$$\ddot{x}(t) + 2\zeta\omega\dot{x}(t) + \omega^2 x(t) = -\ddot{x}_0(t) \tag{3.9}$$

式中 ω —— 结构振动圆频率，$\omega = \sqrt{\dfrac{k}{m}}$；

ζ —— 结构的阻尼比，$\zeta = \dfrac{c}{2\omega m} = \dfrac{c}{2\sqrt{km}}$。

式(3.9)是一个二阶常系数非齐次线性微分方程，其通解由两部分组成，一个是齐次解，另一个是特解。前者代表体系的自由振动，后者代表体系在地震作用下的强迫振动。也就是说，单自由度弹性体系的地震反应有下面关系

$$\text{体系地震反应 } x(t) = \text{自由振动反应 } x_1(t) + \text{强迫振动反应 } x_2(t) \tag{3.10}$$

对应式(3.9)的齐次方程为

$$\ddot{x}(t) + 2\zeta\omega\dot{x}(t) + \omega^2 x(t) = 0 \tag{3.11}$$

根据微分方程理论，其通解为

$$x(t) = e^{-\zeta\omega t}(A\cos\omega't + B\sin\omega't) \tag{3.12}$$

式中 $\omega' = \omega\sqrt{1-\zeta^2}$；$A$ 和 B 为常数，其值可按问题的初始条件确定，当阻尼为零时，即 $\zeta = 0$，于是式(3.12)变为

$$x(t) = A\cos\omega t + B\sin\omega t \tag{3.13}$$

这是无阻尼单质点体系自由振动的通解，表示质点做简谐振动，这里 $\omega = \sqrt{\dfrac{k}{m}}$ 为无阻尼自振频率。对比式(3.12)和式(3.13)可知，有阻尼单质点体系的自由振动为按指数函数衰减的等时振动，其振动频率为 $\omega' = \omega\sqrt{1-\zeta^2}$，故 ω' 称为有阻尼的自振频率。

式(3.13)中，常数 A 和 B 可由运动的初始条件确定。设在初始时刻 $t = 0$ 时，初始位移 $x(t) = x(0)$，初始速度 $\dot{x}(t) = \dot{x}(0)$，由此可确定常数 A 和 B。

$$A = x(0), \quad B = \frac{\dot{x}(0) + \zeta\omega x(0)}{\omega'}$$

将所求得的 A、B 代入式(3.12)得

$$x_1(t) = e^{-\zeta\omega t}\left[x(0)\cos\omega't + \frac{\dot{x}(0) + \zeta\omega x(0)}{\omega'}\sin\omega't\right] \tag{3.14}$$

式(3.14)就是式(3.11)在给定初始条件的解。

由 $\omega' = \omega\sqrt{1-\zeta^2}$ 和 $\zeta = \dfrac{c}{2m\omega}$ 可以看出，有阻尼自振频率 ω' 随阻尼系数 c 增大而减小，即阻尼愈大，自振频率愈慢。当阻尼系数达到某一数值 c_r 时，也就是

$$c = c_r = 2m\omega = 2\sqrt{km}$$

即 $\zeta = 1$ 时，则 $\omega' = 0$，表示结构不再产生振动，这时的阻尼系数 c_r 称为临界阻尼系数。它是由结构的质量 m 和刚度 k 决定的，不同的结构有不同的阻尼系数，即

$$\zeta = \frac{c}{2m\omega} = \frac{c}{c_r} \tag{3.15}$$

表示结构的阻尼系数 c 与临界阻尼系数 c_r 的比值，所以 ζ 称为临界阻尼比，简称阻尼比。阻尼比 ζ 值可通过对结构的振动试验确定。

式(3.9)中的 $\ddot{x}_0(t)$ 为地面水平地震动加速度，在工程设计中一般取实测地震波记

录。由于地震动的随机性,对强迫振动反应不可能求得解析表达式,只能借助数值积分的方法求出数值解。

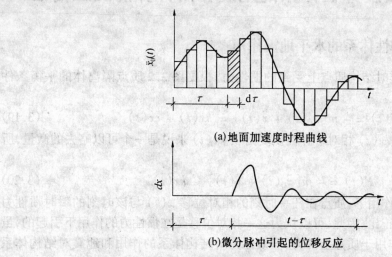

(a)地面加速度时程曲线

(b)微分脉冲引起的位移反应

图 3.3 地震作用下的质点位移分析

求单自由度弹性体系在水平地震作用下的运动方程的解时,可将 $-\ddot{x}_0(t)$ 看做是随时间变化的 $m=1$ 的"扰力",并认为它是由无穷多个连续作用的微分脉冲所组成,如图 3.3(a) 所示,并将其化成无数多个连续作用的瞬时荷载,则在 $t=\tau$ 时,其瞬时荷载为 $-\ddot{x}_0(t)$,瞬时冲量为 $-\ddot{x}_0(\tau)\mathrm{d}\tau$,如图 3.3(a) 中的斜线面积所示。

$$\ddot{x}(t) + 2\zeta\omega\dot{x}(t) + \omega^2 x(t) = -\ddot{x}_0(t) \tag{3.9}$$

在瞬时冲量 $-\ddot{x}_0(\tau)\mathrm{d}\tau$ 的作用下,即可求得时间 τ 作用的微分脉冲所产生的位移反应,如图 3.3(b) 所示,为

$$\mathrm{d}(x) = -\mathrm{e}^{-\zeta\omega(t-\tau)}\frac{\ddot{x}_0(\tau)}{\omega'}\sin\omega'(t-\tau)\mathrm{d}\tau \tag{3.16}$$

而体系在整个受荷过程中所产生的总位移反应即可由所有瞬时冲量引起的微分位移叠加得到。也就是说,通过对上式积分即可得到体系的总位移反应 $x(t)$ 为

$$x(t) = \int_0^t \mathrm{d}x(t) = -\frac{1}{\omega'}\int_0^t \ddot{x}_0(\tau)\mathrm{e}^{-\zeta\omega(t-\tau)}\sin\omega'(t-\tau)\mathrm{d}\tau \tag{3.17}$$

式(3.17)即为杜哈美(Duhamel)积分,它与式(3.14)之和就是微分方程(3.9)的通解。

当体系初始处于静止状态时,即初位移和初速度均为零,则体系自由振动反应 $x_1(t)=0$。另外,即使初位移和初速度不为零,由式(3.14)给出的自由振动反应也会由于阻尼的存在而迅速衰减,因此在地震反应分析时可不考虑其影响。对一般工程结构,阻尼比 $\zeta \ll 1$,约在 $0.01 \sim 0.10$ 之间,此时 $\omega' \approx \omega$。于是,体系的地震反应为

$$x(t) = -\frac{1}{\omega}\int_0^t \ddot{x}_0(\tau)\mathrm{e}^{-\zeta\omega(t-\tau)}\sin\omega(t-\tau)\mathrm{d}\tau \tag{3.18}$$

3.3 单自由度弹性体系的地震作用计算的反应谱法

3.3.1 单自由度弹性体系的水平地震作用

地震作用就是地震时结构质点上受到的惯性力,根据图 3.2 质点隔离体的平衡条件可以得到

$$F(t) = - m[\ddot{x}_0(t) + \ddot{x}(t)] = kx(t) + c\dot{x}(t) \tag{3.19}$$

工程中,阻尼力项 $c\dot{x}(t)$ 相对于弹性恢复力项 $kx(t)$ 来说是一个可以略去的微量,所以

$$F(t) = - m[\ddot{x}_0(t) + \ddot{x}(t)] \approx kx(t) \tag{3.20}$$

由此可知,在地震作用下,质点在任一时刻的相对位移 $x(t)$ 与该时刻的瞬时惯性力 $- m[\ddot{x}_0(t) + \ddot{x}(t)]$ 成正比。因此,可以认为这一相对位移是在惯性力的作用下引起的,虽然惯性力并不是真实作用于质点上的力,但惯性力对结构体系的作用和地震对结构体系的作用效果相当,所以可以认为是一种反映地震影响效果的等效力,利用它的最大值来对结构进行抗震验算,就可以使抗震设计这一动力计算问题转化为相当于静力荷载作用下的静力计算问题。

由式(3.20)确定的质点的绝对加速度为

$$a(t) = \ddot{x}_0(t) + \ddot{x}(t) = - \frac{k}{m}x(t) = - \omega^2 x(t) \tag{3.21}$$

将地震位移反应 $x(t)$ 的表达式(3.18)代入上式,即得

$$a(t) = \omega \int_0^t \ddot{x}_0(\tau) e^{-\zeta\omega(t-\tau)} \sin \omega(t - \tau) d\tau \tag{3.22}$$

由于地面运动的加速度 $\ddot{x}_0(t)$ 是随时间 t 而变化的,在结构抗震设计中,并不需要求出每一时刻的地震作用数值,而只需求出水平作用的最大绝对值。设 F 表示结构在地震持续过程中所经受的最大地震作用,则由上式得

$$F = m\omega \left| \int_0^t \ddot{x}_0(\tau) e^{-\zeta\omega(t-\tau)} \sin\omega(t - \tau) d\tau \right|_{\max} \tag{3.23}$$

或

$$F = mS_a \tag{3.24}$$

式中

$$S_a = \omega \left| \int_0^t \ddot{x}_0(\tau) e^{-\zeta\omega(t-\tau)} \sin \omega(t - \tau) d\tau \right|_{\max} \tag{3.25}$$

由此可知,质点的绝对最大加速度 S_a 取决于地震时的地面运动加速度 $\ddot{x}_0(t)$、结构的自振频率 ω(或自振周期 T)以及结构的阻尼比 ζ。然而,由于地面水平运动的加速度 $\ddot{x}_0(t)$ 极不规则,无法用简单的解析式来表达,故在计算 S_a 时,一般都采用数值积分法。

3.3.2 地震系数、动力系数

根据式(3.25),若给定地震时地面运动的加速度记录 $\ddot{x}_0(\tau)$ 和体系的阻尼比 ζ,则可

计算出质点的最大加速度反应 S_a 与体系自振周期 T 的一条关系曲线,并且对于不同的 ζ 值就可得到不同的 $S_a - \zeta$ 曲线,这种在给定的地震震动作用期间,单质点弹性体系的最大位移反应、最大速度反应或最大加速度反应随质点自振周期变化的曲线,就是地震反应谱。

为了便于应用,可在式(3.24)中引入能反映地面运动强弱的地面运动最大加速度 $|\ddot{x}_0(t)|_{max}$,并将其改写成下列形式

$$F = mS_a = mg\left(\frac{|\ddot{x}_0|_{max}}{g}\right)\left(\frac{S_a}{|\ddot{x}_0|_{max}}\right) = k\beta G \qquad (3.26)$$

式中 $|\ddot{x}_0(t)|_{max}$——地面运动加速度最大绝对值;
g——重力加速度;
G——质点的重力荷载代表值,$G = mg$;
k——地震系数;
β——动力系数。

(1) 地震系数

地震系数 k 是地面运动最大加速度与重力加速度之比,即

$$k = \frac{|\ddot{x}_0(t)|_{max}}{g} \qquad (3.27)$$

也就是以重力加速度为单位的地震动峰值加速度。即 k 值只与地震烈度的大小有关。一般地,地面加速度愈大,则地震烈度愈高,故地震系数与地震烈度之间存在着一定的对应关系。但必须注意,地震烈度的大小不仅取决于地面最大加速度,而且还与地震的持续时间和地震波的频谱特性等有关。

根据统计分析,烈度每增加一度,地震系数 k 值将大致增加一倍。我国《抗震规范》规定的对应于各地震基本烈度的 k 值见表 3.1。

表 3.1 地震系数 k 与地震烈度的关系

地震烈度	6度	7度	8度	9度
地震系数 k	0.05	0.10(0.15)	0.20(0.30)	0.40

注:括号中数值对应于设计基本地震加速度为 $0.15 g$ 和 $0.30 g$ 的地区。

(2) 动力系数

动力系数 β 为

$$\beta = \frac{S_a}{|\ddot{x}_0(t)|_{max}} \qquad (3.28)$$

它是单质点最大绝对加速度与地面最大加速度的比值,表示由于动力效应,质点的最大绝对加速度比地面最大加速度放大了多少倍。因为当 $|\ddot{x}_0(t)|_{max}$ 增大或减小时,S_a 也随着增大或减小,因此 β 值与地震烈度无关,这样就可以利用所有不同烈度的地震记录进行计算和统计。

将 S_a 的表达式(3.25)代入式(3.28)得

$$\beta = \frac{2\pi}{T}\frac{1}{|\ddot{x}_0|_{max}}\left|\int_0^t \ddot{x}_0(\tau)e^{-\zeta\frac{2\pi}{T}(t-\tau)}\sin\frac{2\pi}{T}(t-\tau)d\tau\right|_{max} = |\beta(t)|_{max} \qquad (3.29)$$

式中

$$\beta(t) = \frac{2\pi}{T} \frac{1}{|\ddot{x}_0|_{max}} \int_0^t \ddot{x}_0(\tau) e^{-\zeta \frac{2\pi}{T}(t-\tau)} \sin\frac{2\pi}{T}(t-\tau) d\tau \tag{3.30}$$

由式(3.29)可看出，影响 β 的因素主要有：① 地面运动加速度 $\ddot{x}_0(t)$ 的特征。② 结构自振周期 T。③ 阻尼比 ζ。

当给定地面加速度记录 $\ddot{x}_0(t)$ 和阻尼比 ζ 时，动力系数 β 仅与结构体系的自振周期 T 有关。对一给定的周期 T，通过式(3.30)可计算出在该周期下的一条 $\beta(t)$ 时程曲线，则该曲线中最大峰值点的绝对值即是由式(3.29)确定的 β 值。对每一个给定的周期 T_i，都可按上述方法求得与之相应的一个 β_i 值，从而得到 β 与 T 一一对应的函数关系。对于不同的 ζ 值，可得到不同的这种曲线。这类曲线称为动力系数反应谱曲线，或称 β 谱曲线。对于给定的地震记录，$|\ddot{x}_0(t)|_{max}$ 是个定值，所以谱曲线实质上是加速度反应谱曲线。

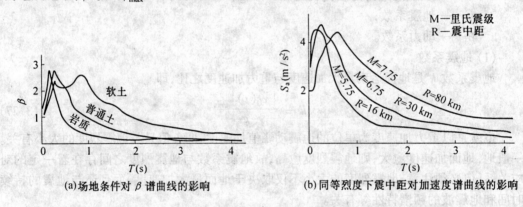

图 3.4　各种因素对反应谱的影响

β 谱曲线实际上反映了地震地面运动的频谱特性，对不同自振周期的结构有不同的地震动力效应。地震动的频谱特性决定了反映谱的形状，分析研究表明，β 谱曲线的形状取决于影响地震动的各种因素，如场地条件、震级及震中距等。图 3.4(a) 给出不同场地条件下的 β 谱曲线，由图可看出，对于土质松软的场地，β 谱曲线的主要峰点偏于较长的周期，而土质坚硬时则偏于较短的周期，同时场地土愈松软，并且该松软土层愈厚时，在较长周期范围内，β 谱的谱值也就愈大。

图 3.4(b) 即为在同等烈度下当震中距不同时的加速度反应谱曲线，由图可知，震中距远时 β 谱曲线的峰点偏于较长的周期，近时则偏于较短的周期。因此，在离大地震震中较远的地方，高柔结构因其周期较长所受到的地震破坏，将比在同等烈度下较小或中等地震的震中区所受到的破坏更严重，而刚性结构的地震破坏情况则相反。

3.3.3　地震影响系数和抗震设计反应谱

为了简化计算，将上述地震系数 k 和动力系数 β 的乘积用 α 表示，称 α 为地震影响系数，即

$$\alpha = k\beta = \frac{S_a}{g} \tag{3.31}$$

则式(3.26)可写为

$$F_{EK} = \alpha G \tag{3.32}$$

所以,地震影响系数 α 就是单质点弹性体系在地震时的最大反应加速度(以重力加速度 g 为单位)。另一方面,若将式(3.32)写成 $\alpha = \dfrac{F_{EK}}{G}$,则可以看出,地震影响系数 α 乃是作用在质点上水平地震力与结构重力荷载代表值之比。

《抗震规范》采用 α 与体系自振周期 T 之间的关系作为设计反应谱,作为抗震设计依据,其数值应根据地震烈度、场地类别、设计地震分组以及结构自振周期和阻尼比确定。

地震作用与一般静力荷载不同,它不仅取决于地震烈度、设计地震分组和建筑场地的情况,而且还与建筑结构的动力特性(自振周期、阻尼)有关。

(1) 地震烈度

地震的规律是地震烈度愈大,地面的破坏现象愈严重。其原因是当地震烈度愈大时,地面运动的加速度愈大,这时结构的反应加速度也随之增大,地震作用也就愈大。从式(3.31)可知,在结构的重力荷载一定的条件下,地震烈度愈大,地震系数 k 值亦大,则地震影响系数 α 也就愈大。

表3.2给出了《抗震规范》规定的截面抗震验算的水平地震影响系数最大值 α_{max} 与地震烈度之间的关系。

表 3.2 水平地震影响系数最大值

地震影响	6度	7度	8度	9度
多遇地震	0.04	0.08(0.12)	0.16(0.24)	0.32
罕遇地震	—	0.50(0.72)	0.90(1.20)	1.40

注:括号中数值分别用于设计基本地震加速度为 $0.15\ g$ 和 $0.30\ g$ 的地区。

图 3.5 是我国抗震规范给出的 α 值计算公式曲线。曲线分四段:① 直线上升段,周期小于 0.1 s 的区段。② 水平段,自 0.1 s 至特征周期的区段,应取最大值 α_{max}。③ 曲线下降段,自特征周期至 5 倍特征周期区段,衰减指数应取 0.9。④ 直线下降段,自 5 倍特征周期至 6 s 的区段,下降斜率调整系数应取 0.02。

η_2 为阻尼调整系数,按下式计算,当小于 0.55 时,应取 0.55。

$$\eta_2 = 1 + \frac{0.05 - \zeta}{0.06 + 1.7\zeta} \tag{3.33}$$

式中 ζ——阻尼比,一般情况下,对钢筋混凝土结构取 $\zeta = 0.05$,对钢结构取 $\zeta = 0.02$,当 $\zeta = 0.05$ 时,$\eta_2 = 1.0$;

η_1——直线下降段的下降斜率调整系数,按下式计算,小于 0 时取 0。

$$\eta_1 = 0.02 + \frac{(0.05 - \zeta)}{8} \tag{3.34}$$

(2) 建筑场地与设计特征周期

各类建筑场地都有自己的卓越周期,如果地震波中某个分量的振动周期,与场地的卓越周期接近或相等,则地震波中这个分量的振动将被放大而形成类共振现象。如果建筑物的自振周期又和场地的卓越周期相接近,又会引起建筑物与地面的类共振现象,这就形成了双共振现象(即地震波与地面共振,地面与建筑物共振)。双共振现象是在建筑物的自振

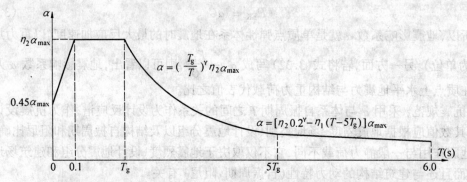

α—地震影响系数;α_{max}—地震影响系数最大值;η_1—直线下降段的下降斜率调整系数;γ—衰减指数;T_g—特征周期;η_2—阻尼调整系数;T—结构自振周期

图 3.5 地震影响系数曲线

周期与建筑场地的卓越周期接近时,地震波中周期与场地卓越周期接近的行波分量被放大两次的现象。

地震时,双共振的存在是引起建筑物严重破坏的重要原因。在抗震计算中,为了反映建筑场地对地震作用的这种影响,引入场地特征周期这个概念,并用符号 T_g 来表示。《抗震规范》将反映地震震级、震中距和场地类别等因素的下降段起始点对应的周期值定义为设计所用的地震影响系数特征周期(T_g),简称为特征周期。根据其所在地的设计地震分组和场地类别按表 3.3 确定。计算 8 度、9 度罕遇地震作用时,特征周期应增加 0.05 s。

表 3.3 特征周期值(s)

设计地震分组	场地类别			
	Ⅰ	Ⅱ	Ⅲ	Ⅳ
第一组	0.25	0.35	0.45	0.65
第二组	0.30	0.40	0.55	0.75
第三组	0.35	0.45	0.65	0.90

在抗震设计时,选择适当的场地或改变结构的类型,使结构的自振周期 T_1 远离场地的特征周期 T_g,即比值 T_g/T_1 远远小于 1,则结构遭遇的地震作用将会大大减小。按这个概念进行抗震设计将有利于提高结构抗震性能。按这个概念选择建筑场地或选择结构的类型,就属于抗震概念设计。

(3) 结构自振周期

从物体的振动规律可知,在结构的刚度与自振周期之间,存在着一种固定的关系,即结构的刚度愈大,其自振周期愈短;反之,结构的刚度愈小,其自振周期愈长。因此,工程上习惯于用结构的自振周期来反映刚度对地震作用的影响。于是,在计算结构地震作用的公式中,将出现反映结构刚度影响的物理量——结构的自振周期 T_1。

在一般情况下,当结构的质量一定,在遭受相同的地震时,结构的自振周期愈长,则其承受的地震作用将愈小。

3.3.4 建筑物的重力荷载代表值

在按式(3.32)计算地震作用时,将取建筑物的重力荷载代表值 G 来反映质量对地震作用的影响。G 中出现可变荷载组合值是考虑到地震发生时,结构承受永久荷载不会发生变化,而结构承受的可变荷载为满载的可能性极小,因此,以可变荷载的组合值来表示地震时可变荷载可能出现最大值。

计算地震作用时,建筑的重力荷载代表值应取结构和构配件自重标准值和各可变荷载组合值之和。各可变荷载的组合值系数,应按表3.4采用。

表 3.4 组合值系数

可变荷载种类		组合值系数
雪荷载		0.5
屋面积灰荷载		0.5
屋面活荷载		不计入
按实际情况计算的楼面活荷载		1.0
按等效均布荷载计算的楼面活荷载	藏书库、档案库	0.8
	其他民用建筑	0.5
吊车悬吊物重力	硬钩吊车	0.3
	软钩吊车	不计入

注:硬钩吊车的吊重较大时,组合值系数应按实际情况采用。

3.3.5 利用反应谱确定地震作用

利用反应谱确定地震作用,基本步骤如下。
(1) 根据计算简图确定结构的重力荷载代表值 G 和基本自振周期 T。
(2) 根据结构所在地区的设防烈度、场地条件和设计地震分组,按表3.2和表3.3确定反应谱的最大地震影响系数 α_{max} 和特征周期 T_g。
(3) 根据结构的自振周期,按图3.5确定地震影响系数 α。
(4) 按式(3.32)即可计算出地震作用 F 值。

计算出地震作用后,将此作用看做静力施加于结构,即可按一般结构力学的方法计算结构的地震作用效应(内力、位移等),从而根据其效应进行结构设计。

【例题 3.1】 如图3.6(a)所示单跨单层厂房,屋盖刚度无穷大,屋盖自重标准值为800 kN,屋面雪荷载标准值为210 kN,忽略柱自重,柱抗侧移刚度系数 $k_1 = k_2 = 3.1 \times 10^3$ kN/m,结构阻尼比 $\zeta = 0.05$,Ⅰ类建筑场地,设计地震分组为第二组,设计基本地震加速度为 $0.20\ g$。求厂房在多遇地震时水平地震作用。

【解】 因质量集中于屋盖,所以结构计算时可简化为图3.6(b)所示的单质点体系。
(1) 确定重力荷载代表值 G 和自振周期 T
由表3.4知,雪荷载组合值系数为0.5,所以

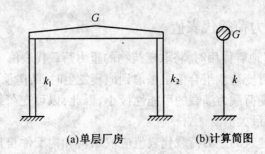

(a)单层厂房　　　　(b)计算简图

图 3.6　例题 3.1 图

$$G/\text{kN} = 800 + 210 \times 0.5 = 905$$

质点集中质量

$$m/\text{kg} = \frac{G}{g} = \frac{905 \text{ kN}}{9.8 \frac{m}{s^2}} = 92.35 \times 10^3$$

柱抗侧移刚度为两柱抗侧移刚度之和

$$k/(\text{kN} \cdot \text{m}^{-1}) = k_1 + k_2 = 6.2 \times 10^6$$

于是得结构自振周期为

$$T/\text{s} = 2\pi\sqrt{\frac{m}{k}} = 2\pi\sqrt{\frac{92.35 \times 10^3}{6.2 \times 10^6}} = 0.767$$

(2) 确定地震影响系数最大值 $\alpha_{\max}$ 和特征周期 T_g

当设计基本地震加速度为 $0.20\ g$ 时,抗震设防烈度为 8 度。

由表 3.2 查得,在多遇地震时,$\alpha_{\max} = 0.16$。

由表 3.3 查得,在 I 类建筑场地,设计地震分组为第二组时,$T_g = 0.30$ s。

(3) 计算地震影响系数 α 值

因 $T_g < T < 5T_g$,所以 α 处于曲线下降段

$$\alpha = \left(\frac{T_g}{T}\right)^\gamma \eta_2 \alpha_{\max} = \left(\frac{0.30}{0.767}\right)^{0.9} \times 1.0 \times 0.16 = 0.069$$

(4) 计算水平地震作用

$$F/\text{kN} = \alpha G = 0.069 \times 905 = 62.445$$

3.4　多自由度弹性体系的水平地震反应

在实际工程中,大多数结构是不能简化成单质点体系的,例如多层或高层房屋、多跨不等高单层厂房、烟囱等。对于这些质量比较分散的结构,为了能够比较真实地反映其动力性能,可将其简化成多质点体系,并按多质点体系进行结构的地震反应分析。例如,对于楼盖为刚性的多层房屋,可将其质量集中在每一层楼面处(见图 3.7(a));对于多跨不等高的单层厂房可将其质量集中到各个楼盖处(见图 3.7(b));而对于烟囱等结构,则可根据计算要求将其分为若干段,然后将各段折算成质点进行分析(见图 3.7(c))。对于一个多质点体系,当体系只做单向振动时,则有多少个质点就有多少个自由度。

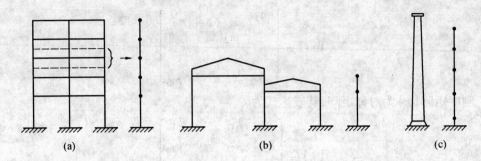

图 3.7 多质点体系

3.4.1 多自由度弹性体系的运动方程

在单向水平地面运动作用下,多自由度弹性体系的水平振动状态如图 3.8 所示。

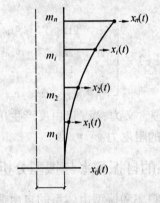

图 3.8 多质点体系的水平振动

根据达朗贝尔原理,在任一时刻,作用在质点上的惯性力、阻尼力和弹性恢复力应保持平衡。则其运动方程可以表示为

$$[m]\{\ddot{x}\} + [c]\{\dot{x}\} + [k]\{x\} = -[m]\{I\}\ddot{x}_0(t) \tag{3.35}$$

式中 $[m]$——质量矩阵;

$[c]$——阻尼矩阵;

$[k]$——刚度矩阵;

$\{I\}$——单位列向量;

$\ddot{x}_0(t)$——地面水平振动加速度;

$\{\ddot{x}\}$、$\{\dot{x}\}$、$\{x\}$——质点运动的位移向量、速度向量和加速度向量。

$$\{x\} = \begin{Bmatrix} x_1(t) \\ x_2(t) \\ \vdots \\ x_n(t) \end{Bmatrix}, \{\dot{x}\} = \begin{Bmatrix} \dot{x}_1(t) \\ \dot{x}_2(t) \\ \vdots \\ \dot{x}_n(t) \end{Bmatrix}, \{\ddot{x}\} = \begin{Bmatrix} \ddot{x}_1(t) \\ \ddot{x}_2(t) \\ \vdots \\ \ddot{x}_n(t) \end{Bmatrix} \tag{3.36}$$

式中,质量矩阵 $[m]$ 为对角矩阵,其表达式为

$$[m] = \begin{bmatrix} m_1 & & & 0 \\ & m_2 & & \\ & & \ddots & \\ 0 & & & m_n \end{bmatrix}$$

刚度矩阵$[k]$为对称矩阵,其表达式为

$$[k] = \begin{bmatrix} k_{11} & k_{12} & \cdots & k_{1n} \\ k_{21} & k_{22} & \cdots & k_{2n} \\ \vdots & \vdots & & \vdots \\ k_{n1} & k_{n2} & \cdots & k_{n4} \end{bmatrix}$$

式中　k_{ij}——刚度系数,$k_{ij} = k_{ji}$,其物理含义为:它表示当j自由度产生单位位移,其余自由度不动时,在i自由度上需要施加的力。

阻尼矩阵$[c]$可写为

$$[c] = \begin{bmatrix} c_{11} & c_{12} & \cdots & c_{1n} \\ c_{21} & c_{22} & \cdots & c_{2n} \\ \vdots & \vdots & & \vdots \\ c_{n1} & c_{n2} & \cdots & c_{n4} \end{bmatrix}$$

式中　c_{ij}——阻尼系数,其物理含义为:当j自由度产生单位速度,其余自由度不动时,在i自由度上产生的阻尼力。

3.4.2　多自由度弹性体系的自振频率与振型分析

多自由度弹性体系的自振频率和振型由体系的自由振动分析得到。研究自由振动时,不考虑阻尼的影响。此时体系所受外力为零,则由式(3.35)得多自由度自由振动方程

$$[m]\{\ddot{x}\} + [k]\{x\} = 0 \qquad (3.37)$$

设解的形式为

$$\{x\} = \{X\}\sin(\omega t + \varphi) \qquad (3.38)$$

式中　$\{X\}$——振幅向量,$\{X\} = \{X_1 \quad X_2 \quad \cdots \quad X_n\}^T$;
　　　ω——自振频率;
　　　φ——相位角。

将式(3.38)对时间t微分二次,得

$$\{\ddot{x}\} = -\omega^2\{X\}\sin(\omega t + \varphi) \qquad (3.39)$$

将式(3.38)、式(3.39)代入式(3.37),得

$$([k] - \omega^2[m])\{X\} = 0 \qquad (3.40)$$

因为在振动过程中$\{X\} \neq 0$,所以式(3.40)的系数行列式必须等于零,即

$$|[k] - \omega^2[m]| = 0 \qquad (3.41)$$

式(3.41)称为体系的频率方程或特征方程,可进一步写为

$$\begin{vmatrix} k_{11}-\omega^2 m_1 & k_{12} & \cdots & k_{1n} \\ k_{21} & k_{22}-\omega^2 m_2 & \cdots & k_{2n} \\ \vdots & \vdots & & \vdots \\ k_{n1} & k_{n2} & \cdots & k_{nn}-\omega^2 m_n \end{vmatrix} = 0 \quad (3.42)$$

将行列式展开,可得关于 ω^2 的 n 次代数方程,n 为体系自由度数。求解代数方程可得 ω^2 的 n 个根,将其从小到大排列,得体系的 n 个自振圆频率为 $\omega_1,\omega_2,\cdots,\omega_n$。将解得的频率值逐一代入振幅方程式(3.41),便可得到对应于每一个自振频率下各质点的相对振幅比值,由此形成的曲线形式,就是该频率下的主振型。体系的最小频率 ω_1 称为第一频率或基本频率,与 ω_1 相对应的振型称为第一振型或基本振型。对应于第二频率 ω_2 的振型称为第二振型。对 n 个自由度体系,有 n 个自振频率,也就有 n 个主振型的存在。

主振型可用振型向量表示,对应于频率 ω_j 的振型向量为

$$\{X\}_j = \begin{Bmatrix} X_{j1} \\ X_{j2} \\ \vdots \\ X_{jn} \end{Bmatrix} \quad (3.43)$$

由于主振型只取决于各质点振幅之间的相对比值,为了简单起见,常将振型进行标准化处理。在工程领域,最常用的办法是规定体系中某一质点的振幅值在每个振型中均取 1。

【例 3.2】 单跨两层框架如图 3.9(a)所示,楼面梁的刚度很大,可视为 $EI=\infty$,层质量为 m_1、m_2,层刚度矩阵为 k_1、k_2,已知 $m_1=m_2=m$,$k_1=k_2=k$,试求频率和振型。

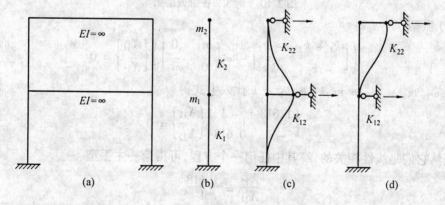

图 3.9 例 3.2 图

解 (1) 质量矩阵和刚度

$$[m] = \begin{bmatrix} m_1 & 0 \\ 0 & m_2 \end{bmatrix}$$

(2) 刚度矩阵

如设产生单位层间位移时,需要作用的层间剪力分别为 k_1、k_2,由刚度系数的物理含义和各质点上作用力的平衡可得刚度系数矩阵

$$[k] = \begin{bmatrix} k_1 + k_2 & -k_2 \\ -k_2 & k_2 \end{bmatrix}$$

(3) 频率

$$\begin{bmatrix} k_1 + k_2 & -k_2 \\ -k_2 & k_2 \end{bmatrix} - \omega^2 \begin{bmatrix} m_1 & 0 \\ 0 & m_2 \end{bmatrix} = 0$$

展开得

$$m_1 m_2 \omega^4 - [m_1 k_2 + m_2(k_1 + k_2)]\omega^2 + k_1 k_2 = 0$$

已知 $m_1 = m_2 = m$, $k_1 = k_2 = k$, 代入上式得

$$\omega_1 = 0.618\sqrt{\frac{k}{m}}; \omega_2 = 1.618\sqrt{\frac{k}{m}}$$

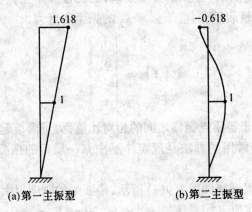

(a) 第一主振型　　(b) 第二主振型

图 3.10　例 3.2 各阶振型图

(4) 振型

$$\left(\begin{bmatrix} k_1 + k_2 & -k_2 \\ -k_2 & k_2 \end{bmatrix} - \omega_1^2 \begin{bmatrix} m_1 & 0 \\ 0 & m_2 \end{bmatrix} \right) \begin{Bmatrix} X_{11} \\ X_{12} \end{Bmatrix} = 0$$

将 $\omega_1, m_1 = m_2 = m, k_1 = k_2 = k$ 代入上式得

$$\begin{bmatrix} 1.618 & -1 \\ -1 & 0.618 \end{bmatrix} \begin{Bmatrix} X_{11} \\ X_{12} \end{Bmatrix} = 0$$

显然它们是线性相关的,解其中任何一个方程,可得第一主振型

$$\frac{X_{12}}{X_{11}} = \frac{1.618}{1}$$

同理,将 ω_2 代入得第二主振型

$$\frac{X_{22}}{X_{21}} = \frac{-0.618}{1}$$

3.4.3　频率、振型特点

1. 频率

由频率方程知,频率 ω 只与结构固有参数 $[m]$、$[k]$ 有关,与外荷载无关,因此 ω 称为

结构的固有频率。一旦结构形式给定，ω 即有其确定值，不会因荷载作用形式改变而改变。

2. 振型

由上面分析可知，振型 $\{X\}_j$ 只表示在频率 ω_j 下的振动形状。各质点的振型值并非代表其绝对位移值，而是反应各质点振幅之间的相对比值关系。同一振型下，各点的振幅比值不变。因此，各点幅值可按相同比例放大或缩小，而保持振动形状不变。

3. 主振型的正交性

主振型的正交性表现在两个方面。

(1) 主振型关于质量矩阵是正交的，即

$$\{X\}_j^T [m] \{X\}_k = \begin{cases} 0 & (j \neq k) \\ M_j & (j = k) \end{cases} \quad (3.44)$$

(2) 主振型关于刚度矩阵是正交的，即

$$\{X\}_j^T [k] \{X\}_k = \begin{cases} 0 & (j \neq k) \\ K_j & (j = k) \end{cases} \quad (3.45)$$

证明过程如下。

将式(3.40)改写为

$$[k]\{X\} = \omega^2 [m] \{X\} \quad (3.46)$$

上式对体系任意第 j 阶和第 k 阶频率和振型均成立，即

$$[k]\{X\}_j = \omega_j^2 [m] \{X\}_j \quad (3.47)$$

$$[k]\{X\}_k = \omega_k^2 [m] \{X\}_k \quad (3.48)$$

将式(3.47)两边左乘 $\{X\}_k^T$，式(3.14)左乘 $\{X\}_j^T$，得

$$\{X\}_k^T [k] \{X\}_j = \omega_j^2 \{X\}_k^T [m] \{X\}_j \quad (3.49)$$

$$\{X\}_j^T [k] \{X\}_k = \omega_k^2 \{X\}_j^T [m] \{X\}_k \quad (3.50)$$

将式(3.49)两边转置，并注意到刚度矩阵和质量矩阵的对称性得

$$\{X\}_j^T [k] \{X\}_k = \omega_j^2 \{X\}_j^T [m] \{X\}_k \quad (3.51)$$

将式(3.51)与式(3.50)相减得

$$(\omega_j^2 - \omega_k^2) \{X\}_j^T [m] \{X\}_k = 0 \quad (3.52)$$

若 $j \neq k$，则 $\omega_j \neq \omega_k$，于是必有如下正交性成立

$$\{X\}_j^T [m] \{X\}_k = 0 \ (j \neq k) \quad (3.53)$$

将式(3.53)代入式(3.50)得到关于刚度矩阵的正交性

$$\{X\}_j^T [k] \{X\}_k = 0 \ (j \neq k) \quad (3.54)$$

3.4.4 地震反应分析的振型分解法

振型分解法是求多自由度弹性体系动力响应的一种重要方法。由式(3.35)可知，多自由度弹性体系在水平地震作用下的运动方程为一组相互耦联的微分方程，联立求解有一定困难。振型分解法的思路是：利用振型的正交性，将原来耦联的多自由度微分方程组分解为若干彼此独立的单自由度微分方程，由单自由度体系结果分别得出各个独立方程

的解,然后再将各个独立解进行组合叠加,得出总的反应。

一般,主振型关于阻尼矩阵不具有正交关系。为了能利用振型分解法,假定阻尼矩阵也满足正交关系,即

$$\{X\}_j^T[c]\{X\}_k = \begin{cases} 0 & (j \neq k) \\ C_j & (j = k) \end{cases} \tag{3.55}$$

在分析中,通常采用瑞利(Rayleigh)阻尼矩阵形式,将阻尼矩阵表示为质量矩阵与刚度矩阵的线性组合,即

$$[c] = a[m] + b[k] \tag{3.56}$$

式中 a、b —— 比例常数。

将式(3.22)代入式(3.21)可得

$$\{X\}_j^T[c]\{X\}_k = \begin{cases} 0 & (j \neq k) \\ aM_j + bK_j & (j = k) \end{cases} \tag{3.57}$$

有了上述正交性后,就可推导振型分解法。根据线性代数理论,n 维向量$\{x\}$可表示为 n 个独立向量的线性组合。引入广义坐标向量$\{q\}$

$$\{q\} = \begin{Bmatrix} q_1(t) \\ q_1(t) \\ \vdots \\ q_n(t) \end{Bmatrix} \tag{3.58}$$

将位移向量$\{x\}$用振型的线性组合表示

$$(x) = [X]\{q\} \tag{3.59}$$

式中 $[X]$ —— 振型矩阵,是由 n 个彼此正交的主振型向量组成的方阵。

$$[X] = [\{X\}_1 \ \{X\}_2 \ \cdots \ \{X\}_n] = \begin{bmatrix} X_{11} & X_{21} & \cdots & X_{n1} \\ X_{21} & X_{22} & \cdots & X_{n2} \\ \vdots & \vdots & \cdots & \vdots \\ X_{1n} & X_{2n} & \cdots & X_{nn} \end{bmatrix} \tag{3.60}$$

矩阵$[X]$的元素 X_{ji} 中,j 表示振型序号,i 表示自由度序号。$\{x\}$也可按主振型分解形式写为

$$\{x\} = \{X\}_1 q_1(t) + \{X\}_2 q_2(t) + \cdots + \{X\}_n q_n(t) \tag{3.61}$$

将式(3.59)代入式(3.35)得

$$[m][X]\{\ddot{q}\} + [c][X]\{\dot{q}\} + [k][X]\{q\} = -[m]\{\ddot{x}_0(t)\} \tag{3.62}$$

对上式的每一项均左乘$\{X\}_j^T$,得

$$\{X\}_j^T[m][X]\{\ddot{q}\} + \{X\}_j^T[c][X]\{\dot{q}\} + \{X\}_j^T[k][X]\{q\} = \\ -\{X\}_j^T[m]\{\ddot{x}_0(t)\} \tag{3.63}$$

根据振型的正交性,上式各项展开相乘后,除第 j 项外,其他各项均为零。因此,方程化为如下独立形式

$$M_j\ddot{q}_j(t) + C_j\dot{q}_j(t) + K_j q_j(t) = -\ddot{x}_0(t)\sum_{i=1}^n m_i X_{ji} \tag{3.64}$$

或写为
$$\ddot{q}_j(t) + 2\zeta_j\omega_j\dot{q}_j(t) + \omega_j^2 q_j(t) = -\gamma_j\ddot{x}_0(t) \tag{3.65}$$

式中　M_j——第 j 振型广义质量；

$$M_j = \{X\}_j^T[m]\{X\}_k = \sum_{i=1}^n m_i X_{ji}^2 \tag{3.66}$$

K_j——第 j 振型广义刚度；

$$K_j = \{X\}_j^T[k]\{X\}_k = \omega_j^2 M_j \tag{3.67}$$

C_j——第 j 振型广义阻尼系数；

$$C_j = \{X\}_j^T[c]\{X\}_k = 2\zeta_j\omega_j M_j \tag{3.68}$$

γ_j——第 j 振型参与系数；

$$\gamma = \frac{\sum_{i=1}^n m_i X_{ji}}{\sum_{i=1}^n m_i X_{ji}^2} \tag{3.69}$$

ζ_j——第 j 振型阻尼比，若取瑞利阻尼，则由式(3.57)和式(3.68)知。

$$aM_j + bM_j = 2\zeta_j\omega_j M_j \tag{3.70}$$

于是有

$$\zeta_1 = \frac{1}{2}\left(\frac{a}{\omega_j} + b\omega_j\right) \tag{3.71}$$

式中系数 a、b 通常由试验根据第一、第二阶振型的频率和阻尼比，按下式确定

$$a = \frac{2\omega_1\omega_2(\zeta_1\omega_2 - \zeta_2\omega_1)}{\omega_2^2 - \omega_1^2} \tag{3.72}$$

$$b = \frac{2(\zeta_2\omega_2 - \zeta_1\omega_1)}{\omega_2^2 - \omega_1^2} \tag{3.73}$$

式(3.65)即相当于单自由度体系振动方程。取 $j = 1, 2, \cdots, n$，可得 n 个彼此独立的关于广义坐标 $q_j(t)$ 的运动方程，第 j 方程的振动频率和阻尼比即为原多自由度体系的第 j 阶频率和第 j 阶阻尼比。通过上述步骤，即实现了将原来多自由度体系的耦联方程分解为若干彼此独立的单自由度方程的目的。对每一方程进行独立求解，可分别解出 $q_1(t), q_2(t), \cdots, q_n(t)$。

将方程(3.65)与单自由度体系在地震作用下的运动方程可以发现，两个方程在形式上基本相似，只是方程(3.65)的等号右边多了一个系数 γ_j，因此方程(3.65)的解可以比照单自由度体系在地震作用下的运动方程的解，从而得到

$$q_j(t) = -\frac{\gamma_j}{\omega_j}\int_0^t \ddot{x}_0(\tau) e^{-\zeta_j\omega_j(t-\tau)} \sin\omega_j(t-\tau) d\tau = \gamma_j\Delta_j(t) \tag{3.74}$$

式中

$$\Delta_j(t) = -\frac{1}{\omega_j}\int_0^t \ddot{x}_0(\tau) e^{-\zeta_j\omega_j(t-\tau)} \sin\omega_j(t-\tau) d\tau \tag{3.75}$$

式(3.75)相当于自振频率为 ω_j、阻尼比为 ζ_j 的单自由度弹性体系在地震作用下的位移反

应,这个单自由度体系称作振型 j 相应的振子。

求出广义坐标 $\{q\} = \{q_1(t) \quad q_2(t) \quad \cdots \quad q_n(t)\}^T$ 后,即可按式(3.59)或式(3.61)进行组合,求得以原坐标表示的质点位移。其中第 i 质点的位移 $x_i(t)$ 为

$$x_i(t) = X_{1i}q_1(t) + X_{2i}q_2(t) + \cdots + X_{ji}q_j(t) + \cdots + X_{ni}q_n(t) = \sum_{j=1}^n q_j(t)X_{ji} = \sum_{j=1}^n \gamma_j \Delta_j(t) X_{ji} \tag{3.76}$$

在按振型分解法求解结构地震反应时,通常不需要计算全部。理论分析表明,前几阶振型对结构反应贡献最大,高阶振型对反应的贡献很小。对于一般多层房屋,通常只需要考虑前三阶振型即可满足工程精度要求,这样使计算大为简化。

3.5 振型分解反应谱法

振型分解反应谱法是在前述的振型分解法和反应谱法基础上发展起来的一种计算多自由度体系地震作用的方法,该方法的主要思路是利用振型分解法的概念,将多自由度体系分解成若干个单自由度体系的组合,然后引用单自由度体系的反应谱理论来计算各振型的地震作用。该方法较振型分解法更为简便实用,是抗震规范中给出的计算多自由度体系地震作用的一种基本方法。

3.5.1 多自由度体系的水平地震作用

由前述知识,单自由度体系的地震作用为

$$F(t) = m\omega^2 x(t) \tag{3.77}$$

根据反应谱理论,单自由度体系的最大水平地震作用为

$$F = \alpha G \tag{3.78}$$

对多自由度体系,第 j 振型第 i 质点的地震作用可写为

$$F_{ji}(t) = m_i \omega_j^2 x_{ji}(t) \tag{3.79}$$

由振型分解法可知

$$x_{ji}(t) = X_{ji}q_j(t) = X_{ji}\gamma_j \Delta_j(t) \tag{3.80}$$

将式(3.80)代入式(3.79),则有

$$F_{ji}(t) = \gamma_j X_{ji} m_i \omega_j^2 \Delta_j(t) \tag{3.81}$$

由式(3.75)知,式(3.81)中的 $\Delta_j(t)$ 为第 j 振型的单自由度振子,因此式(3.81)的后3项相当于单自由度体系的公式(3.77)。利用单自由度反应谱的概念,得第 j 振型第 i 质点的最大地震作用为

$$F_{ji}(t) = \gamma_j X_{ji} \alpha_j G_i = \alpha_j \gamma_j X_{ji} G_i \quad (i,j = 1,2,\cdots,n) \tag{3.82}$$

式中 F_{ji}——j 振型第 i 质点的水平地震作用;

α_j——与第 j 振型自振周期 T_j 相应的地震影响系数;

G_i——集中于质点 i 的重力荷载代表值;

X_{ji}——j 振型第 i 质点的水平相对位移;

γ_j——j 振型的参与系数,按式(3.69)计算。即

$$\gamma_j = \frac{\sum_{i=1}^{n} G_i X_{ji}}{\sum_{i=1}^{n} G_i X_{ji}^2} \tag{3.83}$$

式(3.83)即为按振型分解反应谱法计算多自由度体系地震作用的一般表达式,由此可求得各阶振型下各个质点上的最大水平地震作用。

3.5.2 地震作用效应的组合

按上述方法求出相应于各振型 j 各质点 i 的水平地震作用 F_{ji} 后,即可用一般结构力学方法计算相应于各振型时结构的弯矩、剪力、轴向力和变形,这些统称为地震作用效应,用 S_j 表示第 j 振型的作用效应。由于相应于各振型的地震作用 F_{ji} 均为最大值,所以相应各振型的地震作用效应 S_j 也为最大值,但结构振动时,相应于各振型的最大地震作用效应一般不会同时发生,因此,在求结构总的地震效应时不应是各振型效应 S_j 的简单代数和,由此产生了地震作用效应如何组合的问题,或称振型组合问题。

规范给出了根据随机振动理论得出的计算结构地震作用效应的"平方和开方"公式(SRSS 法),即

$$S_{EK} = \sqrt{\sum S_j^2} \tag{3.84}$$

式中 S_{EK}——水平地震作用效应;
S_j——j 振型水平地震作用效应,可只取前 2～3 个振型,当基本自振周期大于 1.5 s 或房屋的高宽比大于 5 时,振型个数应适当增加。

【例 3.3】 单跨两层框架,条件同例 3.2,设防烈度 8 度,场地条件为 Ⅱ 类(第一组),$G_1 = G_2 = 1\ 200$ kN,$k_1 = k_2 = 12\ 200$ kN/m。试用振型分解反应谱法计算该结构的水平地震作用效应。

解 (1) 结构的自振频率、周期及振型

$$\omega_1/\text{s}^{-1} = 0.618\sqrt{\frac{k}{m}} = 0.618 \times \sqrt{\frac{12\ 200 \times 9.8}{1\ 200}} = 6.17$$

$$\omega_2/\text{s}^{-1} = 1.618\sqrt{\frac{k}{m}} = 1.618 \times \sqrt{\frac{12\ 200 \times 9.8}{1\ 200}} = 16.15$$

$$T_1/\text{s} = \frac{2\pi}{\omega_1} = \frac{2 \times 3.14}{6.17} = 1.018$$

$$T_2/\text{s} = \frac{2\pi}{\omega_2} = \frac{2 \times 3.14}{16.15} = 0.389$$

$$\{X\}_1 = \begin{Bmatrix} 1 \\ 1.618 \end{Bmatrix}; \{X\}_2 = \begin{Bmatrix} 1 \\ -0.618 \end{Bmatrix}$$

(2) 振型参与系数

$$\gamma_1 = \frac{\sum_{i=1}^{2} G_i X_{1i}}{\sum_{i=1}^{2} G_i X_{1i}^2} = 0.73; \gamma_2 = \frac{\sum_{i=1}^{2} G_i X_{2i}}{\sum_{i=1}^{2} G_i X_{2i}^2} = 0.28$$

(3) 地震影响系数

查表得 $T_g = 0.35\text{ s}, \alpha_{\max} = 0.16$,则

$$\alpha_1 = \left(\frac{T_g}{T_1}\right)^{0.9} \alpha_{\max} = \left(\frac{0.35}{1.018}\right)^{0.9} \times 0.16 = 0.053$$

$$\alpha_2 = 0.127$$

(4) 水平地震作用

$$F_{11}/\text{kN} = \alpha_1 \gamma_1 X_{11} G_1 = 0.053 \times 0.73 \times 1.0 \times 1\,200 = 46.43$$
$$F_{12}/\text{kN} = \alpha_1 \gamma_1 X_{12} G_2 = 0.053 \times 0.73 \times 1.618 \times 1\,200 = 75.12$$
$$F_{21}/\text{kN} = \alpha_2 \gamma_2 X_{21} G_1 = 0.127 \times 0.28 \times 1.0 \times 1\,200 = 42.67$$
$$F_{22}/\text{kN} = \alpha_2 \gamma_2 X_{22} G_2 = 0.127 \times 0.28 \times (-0.618) \times 1\,200 = -26.37$$

(5) 层剪力及其组合

$$V_{11} = 121.55\text{ kN}, V_{12} = 75.12\text{ kN}, V_{21} = 16.30\text{ kN}, V_{22} = -26.37\text{ kN}$$

$$V_1/\text{kN} = \sqrt{V_{11}^2 + V_{21}^2} = \sqrt{121.55^2 + 16.30^2} = 122.61$$

$$V_2/\text{kN} = \sqrt{V_{12}^2 + V_{22}^2} = \sqrt{75.12^2 + 26.37^2} = 79.61$$

计算结果如图 3.11 所示。

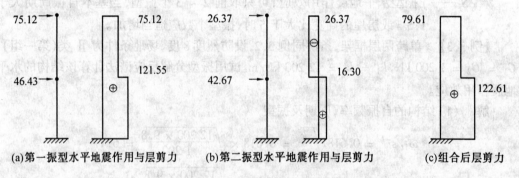

图 3.11 例 3.3 计算结果

3.6 底部剪力法

按振型分解反应谱法计算水平地震作用,特别是房屋层数较多时,计算过程十分冗繁。为了简化计算,规范规定,在满足一定条件下,可采用近似计算法,即底部剪力法。理论分析表明,对于质量和刚度沿高度分布比较均匀,高度不超过 40 m,并以剪切变形为主(房屋高宽比小于 4 时)的结构,振动时具有以下特点:①位移反应以基本振型为主。②基本振型接近直线。

根据其振动特点,体系任意质点的第一振型位移与其高度成正比,即

$$X_{1i} = \eta H_i \tag{3.85}$$

式中 η——比例常数；

H_i——质点 i 离地面的高度。

将式(3.85)代入式(3.83)，得

$$F_i = \alpha_1 \gamma_1 \eta H_i G_i \tag{3.86}$$

结构总水平地震作用标准值(底部剪力)为

$$F_{EK} = \sum_{i=1}^{n} F_i = \alpha_1 \gamma_1 \eta \sum_{i=1}^{n} G_i H_i \tag{3.87}$$

由式(3.87)得

$$\alpha_1 \gamma_1 \eta = \frac{F_{EK}}{\sum_{i=1}^{n} G_i H_i} \tag{3.88}$$

将式(3.88)代入式(3.87)，得出计算 F_i 的表达式为

$$F_i = \frac{G_i H_i}{\sum_{j=1}^{n} G_j H_j} F_{EK} \tag{3.89}$$

式中 F_{EK}——结构总水平地震作用标准值(底部剪力)；

F_i——质点 i 的水平地震作用标准值；

G_i——集中于质点 i 的重力荷载代表值；

H_i——质点 i 的计算高度。

式(3.90)即为按底部剪力法计算质点 i 水平地震作用的基本公式。由该式可定义看出，如果已知 F_{EK} 则可以方便地计算 F_i。为了简化计算 F_{EK}，我们可以根据底部剪力相等的原则，将多质点体系等效为一个与其基本周期相同的单质点体系，这样就可以方便地用单自由度体系公式计算底部剪力 F_{EK} 值，即

$$F_{EK} = \alpha_1 G_{eq} \tag{3.90}$$

式中 α_1——相应与结构基本自振周期的水平地震影响系数，按单自由度体系的水平地震影响系数的计算方法计算。对多层砌体房屋，底部框架和多层内框架砖房，易取水平地震影响系数最大值；

G_{eq}——结构等效重力荷载，即

$$G_{eq} = \beta \sum_{i=1}^{n} G_i \tag{3.91}$$

式中 β——等效系数。对单质点体系，取 $\beta = 1$；对多质点体系，经大量计算分析，β 值一般在 0.8～0.9 之间，抗震规范取 $\beta = 0.85$。

式(3.90)计算地震作用时，只考虑了第一振型的影响，并假定为直线倒三角形分布。对于自振周期比较长的多层钢筋混凝土房屋、多层内框架砖房，经计算发现，在房屋顶部的地震剪力按底部剪力法计算结果较精确法偏小。为了减小这一误差，规范采取调整地震作用的办法，使顶层地震剪力有所增加。对于上述建筑规范规定，当结构基本周期 $T_1 > 1.4 T_g$ 时，需在结构的顶部附加集中水平地震作用 ΔF_n，并保持结构总底部剪力不

变。

$$F_{EK} = \alpha_1 G_{eq}$$

$$F_i = \frac{G_i H_i}{\sum_{i=1}^{n} G_i H_i} F_{EK}(1 - \delta_n) \quad (i = 1, 2, \cdots, n) \tag{3.92}$$

$$\Delta F_n = \delta_n F_{EK} \tag{3.93}$$

式中 δ_n——顶部附加地震作用系数,对于多层钢筋混凝土房屋和钢结构房屋,按表3.5采用,对于多层内框架砖房可取 $\delta_n = 0.2$,其他房屋可取 $\delta_n = 0$;

ΔF_n——顶部附加地震作用。

大量震害表明,突出屋面的屋顶间(电梯机房、水箱间)女儿墙、烟囱等,它们的震害比下面主体结构严重。这是由于突出屋面的这些建筑的质量和刚度突然变小,地震反应随之增大的缘故,这种现象称为"鞭梢效应"。因此规范规定,采用底部剪力法时,对建筑物顶部这些结构的地震作用效应,宜乘以增大系数3,此增大部分不应往下传递。

表 3.5 顶部附加地震作用系数

$T_g(s)$	$T_1 > 1.4 T_g$	$T_1 \leq 1.4 T_g$
$T_g \leq 0.35$	$0.08 T_1 + 0.07$	
$0.35 < T_g < 0.55$	$0.08 T_1 + 0.01$	0.0
$T_g > 0.55$	$0.08 T_1 - 0.02$	

【例3.4】 单跨两层框架,层高 $h_1 = h_2 = 4$ m,其余条件同例3.2,使用底部剪力法计算该结构的水平地震作用。

解 (1)基底总剪力

$$F_{EK} = \alpha_1 G_{eq} = 0.053 \times 0.85 \times 1\,200 \times 2 = 108.12 \text{ kN}$$

(2) 各质点的水平地震作用

由于 $T_1/s = 1.018 \text{ s} > 1.4 T_g = 1.4 \times 0.3 = 0.42$

所以 $\delta_n = 0.08 T_1 + 0.07 = 0.08 \times 1.018 + 0.07 = 0.151$

$$F_1/\text{kN} = \frac{G_1 H_1}{\sum_{i=1}^{2} G_i H_i} F_{EK}(1 - \delta_n) = \frac{1\,200 \times 4}{1\,200 \times 4 + 1\,200 \times 8} \times 108.12 \times (1 - 0.151) = 30.60$$

$$F_1 = 61.20 \text{ kN}$$

$$\Delta F_n = \delta_n F_{EK} = 0.151 \times 108.12 = 16.33 \text{ kN}$$

计算结果及其与振型分解反应谱法的比较如图3.12所示。

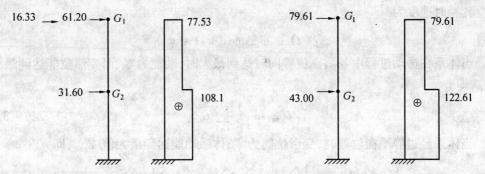

(a) 底部剪力法的水平地震作用及层剪力　　(b) 振型分解反应谱法的水平地震作用及层剪力

图 3.12　例题 3.4 图

3.7　结构基本周期的近似计算

按底部剪力法计算结构地震作用的最大优点是不需进行琐碎的频率和振型分析,但此时仍需知道结构的基本周期值。本节介绍两种常用的计算结构基本周期的近似方法:能量法和顶点位移法。

3.7.1　能量法

能量法又称瑞利法,是一种根据能量守恒原理确定结构基本周期的近似方法。

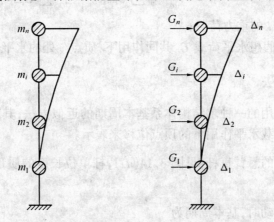

图 3.13　按能量法计算基本周期的计算简图

设一 n 质点弹性体系(见图 3.13),质点 i 的质量为 m_i,相应的重力荷载为 $G_i = m_i g$,g 为重力加速度。用能量法计算基本周期的准确度取决于假定第一振型与真实振型的近似程度,根据瑞利的建议,沿振动方向施加等于体系荷载的静力作用,由此产生的变形曲线作为体系的第一振型可得到满意地结果。如图 3.13 所示,假设各质点的重力荷载 G_i 水平作用于相应质点 m_i 上所产生的弹性变形曲线为基本振型,图中 Δ_i 为质点 i 的水平位移。于是,在振动过程中,质点 i 的瞬时水平位移为

$$x_i(t) = \Delta_i \sin(w_i t + \varphi_1)$$

其瞬时速度为

$$\dot{x}_i(t) = w_1 \Delta_i \cos(w_1 t + \varphi_1)$$

当体系在振动过程中各质点位移同时达到最大时,动能为零,而变形位能达到最大值 $U_{\max}$,即

$$U_{\max} = \frac{1}{2} \sum_{i=1}^{n} G_i \Delta_i \tag{3.94}$$

当体系经过静平衡位置时,变形位能为零,体系动能达到最大值 $T_{\max}$,即

$$T_{\max} = \frac{1}{2} \sum_{i=1}^{n} m_i (w_1 \Delta_i)^2 = \frac{w_1^2}{2g} \sum_{i=1}^{n} G_i \Delta_i^2 \tag{3.95}$$

若忽略阻尼力的影响,则体系没有能量损耗,总能量保持不变。根据能量守恒原理,令 $U_{\max} = T_{\max}$,则得体系基本频率的近似计算公式为

$$w_1 = \sqrt{\frac{g \sum_{i=1}^{n} G_i \Delta_i}{\sum_{i=1}^{n} G_i \Delta_i^2}} \tag{3.96}$$

体系的基本周期为

$$T_1 = \frac{2\pi}{w_1} = 2\pi \sqrt{\frac{\sum_{i=1}^{n} G_i \Delta_i^2}{g \sum_{i=1}^{n} G_i \Delta_i}} \approx 2 \sqrt{\frac{\sum_{i=1}^{n} G_i \Delta_i^2}{\sum_{i=1}^{n} G_i \Delta_i}} \tag{3.97}$$

式中　　G_i—— 质点 i 的重力荷载;

　　　　Δ_i—— 在各假想水平荷载 G_i 共同作用下,质点 i 处的水平弹性位移(m)。

3.7.2　顶点位移法

顶点位移法是常用的一种求结构体系基本周期的近似方法,其基本思路是将体系的基本周期用在重力荷载水平作用下的顶点位移来表示。

考虑一质量均匀的悬臂直杆(见图 3.14(a)),杆单位长度的质量为 $\bar{m}$,相应重力荷载为 $q = \bar{m} g$。

当杆为弯曲型振动时,基本周期为

$$T_b = 1.78 \sqrt{\frac{qH^4}{gEI}} \tag{3.98}$$

当杆为剪切型振动时,基本周期为

$$T_s = 1.28 \sqrt{\frac{\xi q H^2}{GA}} \tag{3.99}$$

式中　　EI—— 杆的弯曲刚度;

　　　　GA—— 杆的剪切刚度;

　　　　ξ—— 剪应力分布不均匀系数。

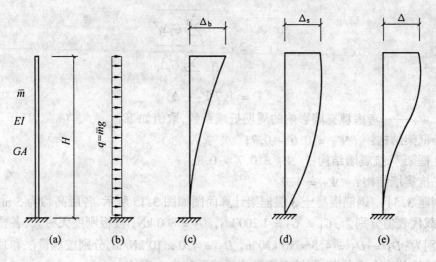

图 3.14 顶点位移法计算基本周期

悬臂直杆在均匀重力荷载 q 水平作用下(见图 3.14(b)),弯曲变形时的顶点位移为

$$\Delta_b = \frac{qH^4}{8EI} \tag{3.100}$$

剪切变形时的顶点位移为

$$\Delta_s = \frac{\xi qH^2}{2GA} \tag{3.101}$$

将式(3.100)带入式(3.98),得杆按弯曲振动时用顶点位移表示的基本周期计算公式为

$$T_b = 1.6\sqrt{\Delta_b} \tag{3.102}$$

将式(3.101)带入式(3.99),得杆按剪切振动时的基本周期公式为

$$T_s = 1.8\sqrt{\Delta_s} \tag{3.103}$$

若按弯剪振动,顶点位移为 Δ,则基本周期可按下式计算

$$T = 1.7\sqrt{\Delta} \tag{3.104}$$

上述各公式中,顶点位移的单位为 m,周期的单位为 s。对于一般多层框架结构,只要求得框架在集中于楼(屋)盖的重力荷载水平作用时的顶点位移,即可求出其基本周期值。

3.7.3 基本周期的修正

在按能量法和顶点位移法求解基本周期时,一般只考虑承重构件的刚度(如框架梁柱、抗震墙),并未考虑非承重构件(如填充墙)对刚度的影响,这将使理论计算的周期偏长。当用反应谱理论计算地震作用时,会使地震作用偏小而趋于不安全。因此,为使计算结果更接近实际情况,应对理论计算结果给予折减,对式(3.97)和式(3.104)分别乘以折减系数,得

$$T_1 = 2\Psi_T \sqrt{\frac{\sum_{i=1}^{n} G_i \Delta_i^2}{\sum_{i=1}^{n} G_i \Delta_i}} \tag{3.105}$$

$$T = 1.7\Psi_T \sqrt{\Delta} \tag{3.106}$$

式中 Ψ_T——考虑填充墙影响的周期折减系数,取值如下。

框架结构:$\Psi_T = 0.6 \sim 0.7$;

框架 – 抗震墙结构:$\Psi_T = 0.7 \sim 0.8$;

抗震墙结构:$\Psi_T = 1.0$。

【例题 3.5】 钢筋混凝土 3 层框架计算简图如图 3.15 所示,各层高均为 5 m,各楼层重力荷载代表值分别为:$G_1 = G_2 = 1\,200$ kN, $G_3 = 800$ kN;楼板刚度无穷大,各楼层抗移刚度分别为:$D_1 = D_2 = 4.5 \times 10^4$ kN/m, $D_3 = 4.0 \times 10^4$ kN/m。分别按能量法和顶点位移法计算结构基本自振周期(取填充墙影响折减系数为 0.7)。

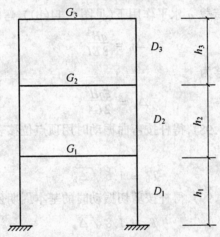

图 3.15 例题 3.5 图

解 (1)计算各楼层重力荷载水平作用于结构时引起的侧移值,计算结果列于表 3.6。

(2)按能量法计算基本周期

由式(3.105)得

$$T_1/s = 2\Psi_T \sqrt{\frac{\sum_{i=1}^{n} G_i \Delta_i^2}{\sum_{i=1}^{n} G_i \Delta_i}} =$$

$$2 \times 0.7 \times \sqrt{\frac{800 \times 0.135\,5^2 + 1\,200 \times 0.115\,5^2 + 1\,200 \times 0.071\,1^2}{800 \times 0.135\,5 + 1\,200 \times 0.115\,5 + 1\,200 \times 0.071\,1}} = 0.466$$

表3.6　例题3.5

层数	楼层重力荷载 /kN	楼层剪力 $v_i = \sum_i^n G_i$ /kN	楼层侧移刚度 D_i /(kN·m^{-1})	层间侧移 $\delta_i = V_i/D_i$ /m	楼层侧移 $\Delta_i = \sum_1^i \delta_i$ /m
3	800	800	40 000	0.020 0	0.135 5
2	1 200	2 000	45 000	0.044 4	0.115 5
1	1 200	3 200	45 000	0.071 1	0.071 1

(3) 按顶点位移法计算基本周期

由式(3.106)得

$$T_1/\text{s} = 1.7\Psi_T\sqrt{\Delta} = 1.7 \times 0.7 \times \sqrt{0.135\ 5} = 0.438$$

3.8　平动扭转耦联振动时结构的抗震计算

前面几节讨论的水平地震作用的计算方法适用于结构平面布置规则、质量和刚度分布均匀的结构体系。这时，结构可简化为质点系，即每一楼层简化为一个自由度的质点。当结构布置不能满足均匀、规则、对称的要求时，结构的振动除了平移振动外，还会伴随着扭转振动。大量震害调查表明，扭转将产生对结构不利的影响，加重建筑结构的地震震害。因此，我国抗震规范规定：对于质量和刚度分布明显不对称的结构，应通过计算计入水平地震作用的扭转影响。

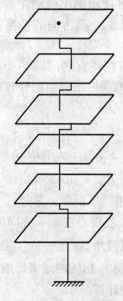

图3.16　平动扭转耦联振动时的串联刚片模型

综合分析，产生扭转的原因可分为外因和内因两个方面。

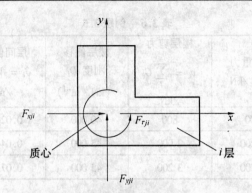

图 3.17 j 振型第 i 层质心处的地震作用

(1) 外因方面。地震动是一种多维随机运动,地面运动存在着转动分量或地面各点的运动存在相位差,导致即使是对称结构也难免发生扭转。

(2) 内因方面。结构自身不对称,结构平面质量中心与刚度中心不重合,存在偏心,导致水平地震下结构的扭转振动。此外,对于多层房屋,即使每层的质心和刚心重合,但各楼层的质心不在同一竖轴上时,同样也会引起整个结构的扭转振动。

对于上述原因的第一条,由于目前缺乏地震动扭转分量的强震记录,因而由该原因引起的扭转效应还难于确定。规范中采用如下规定考虑其影响:规则结构不进行扭转耦联计算时,平行于地震作用方向的两个边榀,其地震作用效应应乘以增大系数。一般情况下,短边可按 1.15 采用,长边可按 1.05 采用;当扭转刚度较小时,宜按不小于 1.3 采用。

对于上述原因的第二条,规范提出按扭转耦联振型分解法计算地震作用及其效应。假设楼盖平面内刚度为无限大,将质量分别就近集中到各层楼板平面上,则扭转耦联振动时结构的计算简图可简化为如图 3.16 所示的串联刚片系,而不是仅考虑平移振动时的串联质点系。每层刚片有 3 个自由度,即 x、y 两方向的平移和平面内的转角 φ。当结构为 n 层时,则结构共有 $3n$ 个自由度。

在自由振动条件下,任一振型 j 在任意层 i 具有 3 个振型位移,即两个正交的水平位移 X_{ji}、Y_{ji} 和一个转角位移 φ_{ji}。按扭转耦联振型分解法计算时,j 振型第 i 层的水平地震作用标准值按下列公式确定(见图 3.17)。

$$\left.\begin{aligned} F_{xji} &= \alpha_j \gamma_{tj} X_{ji} G_i \\ F_{yji} &= \alpha_j \gamma_{tj} Y_{ji} G_i \\ F_{tji} &= \alpha_j \gamma_{tj} r_i^2 \varphi_{ji} G_i \end{aligned}\right\} \quad (3.107)$$

式中 F_{xji}、F_{yji}、F_{tji} —— 分别为 j 振型 i 层的 x 方向、y 方向和转角方向地震作用标准值;

X_{ji}、Y_{ji} —— 分别为 j 振型 i 层质心在 x、y 方向的水平相对位移;

φ_{ji}——j 振型 i 层的相对扭转角;

α_j—— 与第 j 振型自振周期 T_j 相应的地震影响系数;

r_i—— 层转动半径,按下式计算。

$$r_i = \sqrt{J_i/m_i} \quad (3.108)$$

式中 J_i—— 第 i 层绕质心的转动惯量;

第 3 章 地震作用与结构抗震验算

m_i——第 i 层的质量；

$\gamma_{\tau j}$——计入扭转的 j 振型参与系数，按下列公式确定。

当仅取 x 方向地震作用时

$$\gamma_{\tau j} = \gamma_{xj} = \frac{\sum_{i=1}^{n} X_{ji} G_i}{\sum_{i=1}^{n} (X_{ji}^2 + Y_{ji}^2 + \varphi_{ji}^2 r_i^2) G_i} \tag{3.109}$$

当仅取 y 方向地震作用时

$$\gamma_{\tau j} = \gamma_{yj} = \frac{\sum_{i=1}^{n} Y_{ji} G_i}{\sum_{i=1}^{n} (X_{ji}^2 + Y_{ji}^2 + \varphi_{ji}^2 r_i^2) G_i} \tag{3.110}$$

当取与 x 方向斜交的地震作用时

$$\gamma_{\tau j} = \gamma_{xj}\cos\theta + \gamma_{yj}\sin\theta \tag{3.111}$$

式中　θ——地震作用方向与 x 方向的夹角。

按式(3.107)可分别求得对应于每一振型的最大地震作用，这时仍需进行振型组合求结构总的地震反应。与结构单向平移水平地震反应计算相比，考虑平扭耦合效应进行振型组合时，需注意由于平扭耦合体系有 x 向、y 向和扭转 3 个主振方向，若取 $3r$ 个振型组合则只相当于不考虑平扭耦合影响时只取 r 个振型组合的情况，故平扭耦合体系的组合数比非平扭耦合体系的振型组合数要多，一般应为 3 倍以上。此外，由于平扭耦合影响，一些振型的频率间隔可能很小，振型组合时，需考虑不同振型地震反应间的相关性。为此，可采用完全二次振型组合法（CQC 法），按下式计算地震作用效应。

$$S_{EK} = \sqrt{\sum_{j=1}^{m}\sum_{k=1}^{m} \rho_{jk} S_j S_k} \tag{3.112}$$

$$\rho_{jk} = \frac{8\zeta_j\zeta_k(1+\lambda_T)\lambda_T^{1.5}}{(1-\lambda_T^2)^2 + 4\zeta_j\zeta_k(1+\lambda_T)^2\lambda_T} \tag{3.113}$$

式中　S_{EK}——地震作用标准值的扭转效应；

m——所取振型数，一般取前 9～15 个振型；

S_j、S_k——分别为 j、k 振型地震作用标准值的效应；

ζ_j、ζ_k——分别为 j、k 振型的阻尼比；

ρ_{jk}——j 振型与 k 振型的耦联系数；

λ_T——k 振型与 j 振型的自振周期比。

表 3.7 给出了阻尼比 $\zeta = 0.05$ 时，ρ_{jk} 与 λ_T 的数值关系，从表中可看出，ρ_{jk} 随 λ_T 的减小而迅速衰减。当 $\lambda_T > 0.8$ 时，不同振型之间相关性的影响可能较大。这说明，当各振型的频率相近时，有必要考虑耦联系数 ρ_{jk} 的影响。当 $\lambda_T < 0.7$ 时，两个振型间的相关性很小，可忽略不计。如果忽略全部振型的相关性，即只考虑自身振型的相关，则由式(3.112)给出的 CQC 组合式退化为式(3.84)的 SRSS 组合式。

表 3.7　ρ_{jk} 与 λ_T 的数值关系（$\zeta = 0.05$）

λ_T	0.4	0.5	0.6	0.7	0.8	0.9	0.95	1.0
ρ_{jk}	0.010	0.018	0.035	0.071	0.165	0.472	0.791	1.000

按式(3.107)可分别求出 x 向水平地震动和 y 向水平地震动产生的各阶水平地震作用，再按式(3.112)进行振型组合，分别求得由 x 向水平地震动和 y 向水平地震动产生的某一特定地震作用效应(如楼层位移、构件内力等)，分别计为 S_x 和 S_y。由于 S_x 和 S_y 不一定在同一时刻发生，可采用平方和开方的方式估计由双向水平地震产生的作用效应。根据强震观测记录的统计分析，两个方向水平地震加速度的最大值不相等，二者之比约为 1:0.85，因此规范提出按下面两式的较大值确定双向水平地震作用效应

$$S_{EK} = \sqrt{S_x^2 + (0.85 S_y)^2} \tag{3.114}$$

或

$$S_{EK} = \sqrt{S_y^2 + (0.85 S_x)^2} \tag{3.115}$$

式中　S_x、S_y——分别为 x 向、y 向单向水平地震作用按式(3.112)计算的扭转效应。

在进行平动扭转耦联的计算中，需要求出各楼层的转动惯量。对于任意形状的楼盖，取任意坐标轴，质心 C_i 的坐标 x_i、y_i 可用下式求得

$$x_i = \frac{\iint_{A_i} \overline{m_i} x \, dx \, dy}{\iint_{A_i} \overline{m_i} \, dx \, dy}, \quad y_i = \frac{\iint_{A_i} \overline{m_i} y \, dx \, dy}{\iint_{A_i} \overline{m_i} \, dx \, dy} \tag{3.116}$$

式中　$\overline{m_i}$——i 层任意点处单位面积的质量；
　　　A_i——i 层楼盖水平面积。

绕任意竖轴 O 的转动惯量为

$$J_{iO} = \iint_{A_i} \overline{m_i}(x^2 + y^2) \, dx \, dy \tag{3.117}$$

绕质心 C_i 的转动惯量为

$$J_i = \iint_{A_i} \overline{m_i}[(x - x_i)^2 + (y - y_i)^2] \, dx \, dy \tag{3.118}$$

3.9　竖向地震作用计算

地震时，地面运动的竖向分量引起建筑物产生竖向振动。震害调查表明，在高烈度区，竖向地震的影响十分明显。对于高层建筑和高耸结构，由于重力荷载产生的压应力沿高度逐渐减小，可能使结构的上部在竖向地震作用下因上下振动而出现拉应力，加重上部结构的地震震害。对于大跨度结构，竖向地震使结构产生上下振动的惯性力，相当于增加了结构的上下荷载作用。因此我国抗震规范规定：设防烈度为 8 度和 9 度区的大跨度结构、长悬臂结构，以及设防烈度为 9 度区的高层建筑，应计算竖向地震作用。

3.9.1 高层建筑的竖向地震作用计算

要进行竖向地震作用计算,首先应掌握竖向反应谱。根据大量强震记录及其统计分析,竖向地震具有如下特点。

(1) 竖向地震动力系数 β 谱曲线的变化规律大致相同,两者的最大动力系数 β_{max} 的数值接近,反应谱的形状相差不大。

(2) 竖向地震动力加速度峰值大约为水平地震动加速度峰值的 1/3～1/2,此数值实际上决定了两者地震系数 k 之间的比值。

根据上述特点,在竖向地震作用的计算中,可近似采用水平反应谱,而竖向地震影响系数的最大值近似取为水平地震影响系数最大值的 65%。

通过对大量高层建筑的分析,其主要振型规律可概括为:

(1) 竖向基本振型接近于一条直线,按倒三角形分布。
(2) 竖向地震反应以基本振型为主。
(3) 高层建筑竖向基本周期很短,一般在 0.1～0.2 s 之间。

由上述规律的前两条可知,高层建筑的竖向地震作用计算可采用类似于水平地震作用的底部剪力法,即先确定结构底部总竖向地震作用,然后由总竖向地震作用计算结构各个质点上的地震作用,计算简图(见图 3.18)。由上述规律的第三条可知,高层建筑的竖向基本周期处于地震影响系数曲线的水平段,因此竖向地震影响系数可均取最大值 α_{vmax},不必再计算竖向基本周期。

根据上述分析,高层建筑竖向地震作用计算的基本公式为

$$F_{Evk} = \alpha_{vmax} G_{eq} \qquad (3.119)$$

$$F_{vi} = \frac{G_i H_i}{\sum_{i=1}^{n} G_i H_i} F_{Evk} \qquad (3.120)$$

式中 F_{Evk}——结构总竖向地震作用标准值;

F_{vi}——质点 i 的竖向地震作用标准值;

α_{vmax}——竖向地震影响系数最大值,取水平地震影响系数最大值的 65%,即 $\alpha_{vmax} = 0.65\alpha_{max}$;

G_{eq}——结构等效总重力荷载,按式(3.91)确定,对竖向地震作用计算,取等效系数 $\beta = 0.75$。

由式(3.120)求出各楼层质点的竖向地震作用后,可进一步确定楼层的竖向地震作用效应,这时可按各构件承受的重力荷载代表值的比例分配,并宜乘以 1.5 的增大系数。

3.9.2 大跨度结构的竖向地震作用计算

大量分析表明,对平板型网架、大跨度屋盖、长悬臂结构等大跨度结构的各主要构件,竖向地震作用内力与重力荷载的内力比值彼此相差一般不大,因而可认为竖向地震作用的分布与重力荷载的分布相同。抗震规范规定:对平板型网架屋盖、跨度大于 24 m 的屋架、长悬臂结构和其他大跨度结构,其竖向地震作用标准值的计算可采用静力法,取其重

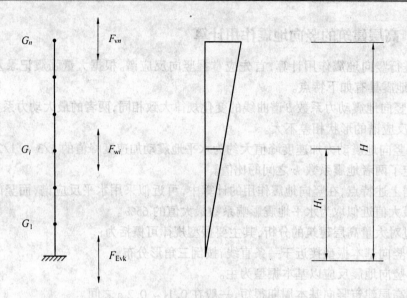

图 3.18 竖向地震作用计算简图

力荷载代表值和竖向地震作用系数的乘积,即

$$F_{vi} = \xi_v G_i$$

式中 F_{vi}——结构或构件的竖向地震作用标准值;

G_i——结构或构件的重力荷载代表值;

ξ_v——竖向地震作用系数:对于平板型网架和跨度大于 24 m 的屋架,按表 3.8 采用;对于长悬臂和其他大跨度结构,8 度时取 $\xi_v = 0.20$,当设计基本地震加速度为 0.30 g 时,取 $\xi_v = 0.15$。

表 3.8 竖向地震作用系数 ξ_v

结构类型	烈度	场地类别		
		Ⅰ	Ⅱ	Ⅲ
平板型网架、钢屋架	8	可不计算(0.10)	0.08(0.12)	0.10(0.15)
	9	0.15	0.15	0.20
钢筋混凝土屋架	8	0.10(0.15)	0.13(0.19)	0.13(0.19)
	9	0.20	0.25	0.25

注:括号中数值用于设计基本地震加速度为 0.30 g 的地区。

3.10 结构抗震验算

为了实现"小震不坏,中震可修,大震不倒"的三水准设防目标,规范提出了两阶段设计方法来完成三个烈度水准的抗震设防要求。

第一阶段设计:按多遇地震作用效应和其他荷载效应的基本组合验算构件截面抗震承载力,以及在多遇地震作用下验算结构的弹性变形。

第二阶段设计:在罕遇地震下验算结构的弹塑性变形。

3.10.1 结构抗震计算的一般原则

各类建筑结构的抗震计算,应遵循下列原则。

(1) 一般情况下,应允许在建筑结构的两个主轴方向分别计算水平地震作用并进行抗震验算,各方向的水平地震作用应由该方向抗侧力构件承担。

(2) 有斜交抗侧力构件的结构,当相交角度大于 15° 时,应分别计算各抗侧力构件方向的水平地震作用。

(3) 质量和刚度分布明显不对称的结构,应计入双向水平地震作用下的扭转影响;其他情况,可采用调整地震作用效应的方法计入扭转影响。

(4) 8 度和 9 度时大跨度和长悬臂结构及 9 度时的高层建筑,应计算竖向地震作用。对 8 度和 9 度时采用隔震设计的建筑结构,应按第 9 章的有关规定计算竖向地震作用。

(5) 一般情况下,当满足 3.6 规定的条件时,可采用底部剪力法进行结构的抗震计算,否则宜采用振型分解反应谱法。对特别不规则的建筑、甲类建筑和表 3.9 所列高度范围的高层建筑,应采用时程分析法进行多遇地震下的补充计算,可取多条时程曲线计算结果的平均值与振型分解反应谱法计算结果的较大值(有关时程分析方法详见第 4 章)。

表 3.9 采用时程分析的房屋高度范围

烈度、场地类别	房屋高度范围 /m
8 度 Ⅰ、Ⅱ 类场地和 7 度	> 100
8 度 Ⅲ、Ⅳ 类场地	> 80
9 度	> 60

(6) 为保证结构的基本安全性,抗震验算时,结构任一楼层的水平地震剪力应符合下式的最低要求。

$$V_{Eki} > \lambda \sum_{j=i}^{n} G_j \tag{3.121}$$

式中 V_{Eki}——第 i 层对应于水平地震作用标准值的楼层剪力;

λ——剪力系数,不应小于表 3.10 规定的楼层最小地震剪力系数值,对竖向不规则结构的薄弱层,尚应乘以 1.15 的增大系数;

G_j——第 j 层的重力荷载代表值。

表 3.10 楼层最小地震剪力系数值 λ

类 别	7 度	8 度	9 度
扭转效应明显或基本周期小于 3.5 s 的结构	0.016(0.024)	0.032(0.048)	0.064
基本周期大于 5.0 s 的结构	0.012(0.018)	0.024(0.032)	0.040

注:① 基本周期介于 3.5 ~ 5.0 s 之间的结构,可插入取值。
② 括号内数值分别用于设计基本地震加速度为 0.15 g 和 0.30 g 的地区。

3.10.2 截面抗震验算

结构构件的地震作用效应和其他荷载效应的基本组合，应按下式计算

$$S = \gamma_G S_{GE} + \gamma_{Eh} S_{Ehk} + \gamma_{Ev} S_{Evk} + \psi_w \gamma_w S_{wk} \qquad (3.122)$$

式中 S——结构构件内力组合的设计值，包括组合的弯矩、轴向力和剪力设计值；

γ_G——重力荷载分项系数，一般情况应采用1.2，当重力荷载效应对构件承载能力有利时，不应大于1.0；

γ_{Eh}、γ_{Ev}——分别为水平、竖向地震作用分项系数，按表3.11采用；

γ_w——风荷载分项系数，应采用1.4；

S_{GE}——重力荷载代表值的效应；

S_{Ehk}——水平地震作用标准值的效应；

S_{Evk}——竖向地震作用标准值的效应；

S_{wk}——风荷载标准值的效应；

ψ_w——风荷载组合值系数，一般结构取0.0，风荷载起控制作用的高层建筑应采用0.2。

表3.11 地震作用分项系数

地震作用	γ_{Eh}	γ_{Ev}
仅计算水平地震作用	1.3	0.0
仅计算竖向地震作用	0.0	1.3
同时计算水平与竖向地震作用	1.3	0.5

结构构件的截面抗震验算，应采用下列设计表达式

$$S \leq \frac{R}{\gamma_{RE}} \qquad (3.123)$$

式中 γ_{RE}——承载力抗震调整系数，按表3.12采用，当仅计算竖向地震作用时，各类结构构件均宜采用1.0；

R——结构构件承载力设计值，按相关设计规范计算。

注意到对于一般结构的非抗震计算，其结构构件承载力设计表达式为 $\gamma_0 S \leq R$，与式(3.123)比较，两种表达式存在如下区别。

(1) 结构构件的内力组合设计值 S 在两种表达式中根据是否考虑抗震而具有不同的组合形式。

(2) 在抗震设计表达式(3.123)中，未考虑结构重要性系数 γ_0。其主要原因是，在《建筑抗震设计规范》中，通过采用构造措施和不同的计算要求来考虑重要性的不同，不再引进 γ_0。

(3) 在抗震设计表达式(3.123)中，引进了承载力抗震调整系数 γ_{RE}，主要考虑了如下两个因素：① 动力荷载下材料强度比静力荷载下高。② 地震是偶然作用，结构的抗震可靠度要求可比承受其他荷载的要求低。

表 3.12 承载力抗震调整系数

材料	结构构件	受力状态	γ_{RE}
钢	柱、梁	—	0.75
	支撑	—	0.80
	节点板件、连接螺栓	—	0.85
	连接焊缝	—	0.90
砌体	两端均有构造柱、芯柱的抗震墙	受剪	0.9
	其他抗震墙	受剪	1.0
混凝土	梁	受弯	0.75
	轴压比小于0.15的柱	偏压	0.75
	轴压比不小于0.15的柱	偏压	0.80
	抗震墙	偏压	0.85
	各类构件	受剪、偏拉	0.85

3.10.3 多遇地震作用下结构的弹性变形验算

在多遇地震作用下,满足抗震承载力要求的结构一般保持在弹性工作阶段不受损坏,但如果弹性变形过大,将会导致非结构构件或部件(如围护墙、隔墙及各类装修等)出现严重破坏。因此,抗震规范规定,对表3.13所列各类结构应进行多遇地震作用下的抗震变形验算,其楼层内最大的弹性层间位移应符合下列要求。

$$\Delta u_e \leq [\theta_e] h \tag{3.124}$$

式中 $[\theta_e]$ —— 弹性层间位移角限值,按表3.13采用;

h —— 计算楼层层高;

Δu_e —— 多遇地震作用标准值产生的楼层内最大的弹性层间位移。计算时,除以弯曲变形为主的高层建筑外,可不扣除结构整体弯曲变形;应计入扭转变形,各作用分项系数均应采用1.0;钢筋混凝土结构构件的截面刚度可采用弹性刚度。

表 3.13 弹性层间位移角限值

结构类型	$[\theta_e]$
钢筋混凝土框架	1/550
钢筋混凝土框架-抗震墙、板柱-抗震墙、框架-核心筒	1/800
钢筋混凝土抗震墙、筒中筒	1/1 000
钢筋混凝土框支层	1/1 000
多、高层钢结构	1/300

3.10.4 罕遇地震作用下结构的弹塑性变形验算

在罕遇地震作用下,地面运动的加速度峰值一般是多遇地震下的4~6倍左右。所以在多遇地震烈度下处于弹性阶段的结构,在罕遇地震烈度下将进入弹塑性阶段,即结构达到屈服。这时,结构已无强度储备,为抵抗持续的地震作用,要求结构有较好的延性,通过发展塑性变形来消耗地震输入的能量。若结构的变形能力不足,势必会由于薄弱层(部位)弹塑性变形过大而发生倒塌。因此,为满足"大震不倒"的要求,需进行罕遇地震作用下结构的弹塑性变形验算。

1. 验算范围

经过第一阶段设计后,构件已具备必要的延性,大多数结构可以满足"大震不倒"的要求,但对某些处于特殊条件的结构,尚需验算其在强震作用下的弹塑性变形,即进行第二阶段设计。根据震害实况和设计经验,规范规定下列结构应进行罕遇地震作用下薄弱层的弹塑性变形验算。

(1) 8 度 Ⅲ、Ⅳ 类场地和 9 度时,高大的单层钢筋混凝土柱厂房的横向排架。

(2) 7~9 度时楼层屈服强度系数 $\xi_y < 0.5$ 的钢筋混凝土框架结构。

(3) 高度大于 150 m 的钢结构。

(4) 甲类建筑和 9 度时乙类建筑中的钢筋混凝土结构和钢结构。

(5) 采用隔震和消能减震设计的结构。

此外,规范还规定,对下列结构也宜进行弹塑性变形验算。

(1) 表 3.9 所列高度范围且属于第一章表 1.8 所列竖向不规则类型的高层建筑结构。

(2) 7 度 Ⅲ、Ⅳ 类场地和 8 度时乙类建筑中的钢筋混凝土结构和钢结构。

(3) 板柱 – 抗震墙结构和底部框架砖房。

(4) 高度不大于 150 m 的高层钢结构。

2. 验算方法

结构薄弱层(部位)的弹塑性层间位移应符合下式要求

$$\Delta u_p \leqslant [\theta_p] h \tag{3.125}$$

式中　Δu_p——弹塑性层间位移;

　　　h——薄弱层楼层高度或单层厂房上柱高度;

　　　$[\theta_p]$——弹塑性层间位移角限值,按表 3.14 采用。对钢筋混凝土框架结构,当轴压比小于 0.40 时,可提高 10%,当柱高的箍筋构造比规范的最小配箍特征值大 30% 时,可提高 20%,但累计不超过 25%。

表 3.14 弹塑性层间位移角限值

结构类型	$[\theta_p]$
单层钢筋混凝土柱排架	1/30
钢筋混凝土框架	1/50
底部框架砖房中的框架 – 抗震墙	1/100
钢筋混凝土框架 – 抗震墙、板柱 – 抗震墙、框架 – 核心筒	1/100
钢筋混凝土抗震墙、筒中筒	1/120
多、高层钢结构	1/50

弹塑性层间位移 Δu_p 的计算可采用非弹性地震反应分析的时程分析法或静力弹塑性分析方法(详见第4章)，但按上述方法计算较为复杂。因此设计规范建议，对不超过12层且层刚度无突变的钢筋混凝土框架结构、单层钢筋混凝土柱厂房可采用下述简化计算法计算，主要计算步骤如下。

(1) 计算楼层屈服强度系数

大量震害分析表明，大震作用下一般存在"塑性变形集中"的薄弱层，这是因为结构构件强度是按小震作用计算的，各截面实际配筋与计算往往不一致，同时各部位在大震下其效应增大的比例也不同，从而使有些层可能率先屈服，形成塑性变形集中，这种抗震薄弱层的变形能力的好坏将直接影响整个结构的倒塌性能。

规范中引入楼层屈服强度系数来定量判别薄弱层的位置，其表达式为

$$\xi_y(i) = \frac{V_y(i)}{V_e(i)} \tag{3.126}$$

式中　$\xi_y(i)$——结构第 i 层的楼层屈服强度系数；

$V_y(i)$——按构件实际配筋和材料强度标准值计算的第 i 楼层实际抗剪承载力；

$V_e(i)$——按罕遇地震作用下的弹性分析所获得的第 i 楼层的地震剪力。

(2) 确定结构薄弱层的位置

由式(3.126)可见，楼层屈服强度系数 ξ_y 反映了结构中楼层的实际承载力与该楼层所受弹性地震剪力的相对比值关系。计算分析表明，当各楼层的屈服强度系数均大于0.5时，该结构就不存在塑性变形明显集中而导致倒塌的薄弱层，故无需再进行罕遇地震作用下抗震变形验算。而当各层屈服强度系数并不都大于0.5时，则楼层屈服强度系数最小或相对较小的楼层往往率先屈服并出现较大的层间弹塑性位移，且楼层屈服强度系数愈小，层间弹塑性位移愈大，故可根据楼层屈服强度系数来确定结构薄弱层的位置。

对于结构薄弱层(部位)的位置，规范中给出如下确定原则。

① 楼层屈服强度系数沿高度分布均匀的结构，可取底层。

② 楼层屈服强度系数沿高度分布不均匀的结构，可取该系数最小的楼层(部位)和相对较小的楼层，一般不超过2~3处。

③ 单层厂房，可取上柱。

当楼层屈服强度系数符合下述条件时，才认为是沿高度分布均匀的，即

对标准层：$\xi_y(i) \geq \dfrac{0.8 \cdot [\xi_y(i+1) + \xi_y(i-1)]}{2}$ (3.127a)

对顶层：$\xi_y(n) \geq 0.8\xi_y(n-1)$ (3.127b)

对底层：$\xi_y(1) \geq 0.8\xi_y(2)$ (3.127c)

(3) 薄弱层弹塑性层间位移的计算

薄弱层弹塑性层间位移可按下式计算

$$\Delta u_p = \eta_p \Delta u_e \tag{3.128}$$

或

$$\Delta u_p = \mu \Delta u_y = \frac{\eta_p}{\xi_y} \Delta u_y \tag{3.129}$$

式中　Δu_e——罕遇地震作用下按弹性分析的层间位移；

　　　Δu_y——层间屈服位移；

　　　η_p——弹塑性层间位移增大系数。当薄弱层(部位)的屈服强度系数不小于相邻层(部位)该系数平均值的 0.8 时，可按表 3.15 采用；当不大于该平均值的 0.5 时，可按表内相应数值的 1.5 倍采用；其他情况可采用内插法取值。

由表 3.15 可以看出，弹塑性位移增大系数 η_p 随框架层数和楼层屈服强度系数 ξ_y 而变化，ξ_y 减小时 η_p 增大较多，因此设计中应尽量避免产生 ξ_y 过低的薄弱层。

表 3.15　弹塑性层间位移增大系数 η_p

结构类型	总层数 n 或部位	ξ_y		
		0.5	0.4	0.3
多层均匀框架结构	2～4	1.30	1.40	1.60
	5～7	1.50	1.65	1.80
	8～12	1.80	2.00	2.20
单层厂房	上柱	1.30	1.60	2.00

习　题

一、填空题

1. 一般情况下，可在建筑结构的两个主轴方向(　　)考虑水平地震作用并进行抗震验算，各方向的水平地震作用应全部由(　　)承担。

2. 质量和刚度明显不均匀、不对称的结构，应考虑水平地震作用的(　　)影响。

3. 建筑的(　　)代表值应取结构和构配件自重标准值和各可变荷载组合值之和。

4. 按简化方法计算薄弱层弹塑性变形时，对于楼层屈服强度系数沿高度分布均匀的结构，可取(　　)作为薄弱层。

二、选择题

1. 关于结构自振周期近似计算的折算(等效)质量法，下面说法不正确的是(　　)。

A. 折算(等效)质量法可近似计算结构基本自振周期

B. 代替原体系的单质点体系，应与原体系的刚度和约束条件相同

C. 代替原体系的单质点体系的动能等于原体系的动能乘以动力等效换算系数

D. 此方法需假设一条第一振型的弹性曲线

2. 在确定地震影响系数时，所考虑的因素包括(　　)。

① 结构自振周期　　② 设防烈度　　③ 近震还是远震

④ 场地类别　　⑤ 特征周期

⑥ 用于第一阶段还是第二阶段设计　　⑦ 该系数的下限值

A. ①②③⑤⑦　　　　B. ①②③④⑤

C.③④⑤⑥⑦　　　　D.①②⑤⑥⑦

三、判别题

1.计算多遇地震作用标准值产生的层间弹性位移时,各作用的分项系均采用1.0。（　　）

2.限制层间弹性位移的目的是防止结构倒塌。（　　）

四、简答题

1.为什么将地震对建筑结构的影响称为地震作用而不称为地震荷载?

2.什么是地震系数 k 和动力系数 β?如何确定 k 值和 β 值?

3.什么是地震影响系数 α?绘制 α 反应谱曲线,并标注曲线上的特征点。

4.式 $F_{ji} = \alpha_j \gamma_j X_{ji} G_i$ 中各符号代表什么意义?按振型分解反应谱法,各振型产生的水平地震作用效应如何组合?

5.什么是重力荷载代表值和等效重力荷载?

6.底部剪力法的适用范围是什么?采用底部剪力法时,如何考虑顶部附加的地震作用和结构的"鞭端效应"?

7.在什么情况下应考虑水平地震作用的扭转影响?

8.在什么情况下应考虑竖向地震作用,如何考虑?

9.常用的计算结构基本自振周期的实用方法有哪些?能量法是根据什么原理导出的?应用折算(等效)质量法的要点是什么?式 $T = 1.70\sqrt{\Delta_G}$ 中 Δ_G 代表什么?

10.一般情况下,如何考虑水平地震作用?对有斜交抗侧力构件的结构,如何考虑水平地震作用?

11.哪些建筑宜采用振型分解反应谱法进行抗震计算?哪些建筑宜采用时程分析法进行补充计算?

12.为什么要进行结构构件的截面抗震验算?写出截面抗震验算的设计表达式、地震作用效应和其他荷载效应的基本组合公式,并说明以上两式中各符号的意义。

13.为什么要进行多遇地震作用下的结构弹性位移验算?哪些结构宜进行此项验算?此时 α_{max} 如何取用?

14.在什么情况下,可采用简化方法计算薄弱层(部位)的弹塑性位移?何谓楼层屈服强度系数 ζ_y?如何确定结构薄弱层(部位)的位置?

五、计算题

1.已知图3.19所示二层框架结构,设横梁刚度为无穷大,各层质量 $m_1 = 68$ t, $m_2 = 50$ t。主振型及相应的自振周期为

第一振型 $x_{11} = 0.488, x_{12} = 1.00, T_2 = 0.39$ s

第二振型 $x_{21} = 1.710, x_{22} = -1.000, T_2 = 0.156$ s

场地类别为Ⅰ类,设防烈度为近震8度,试用振型分解反应谱法求楼层地震剪力标准值。

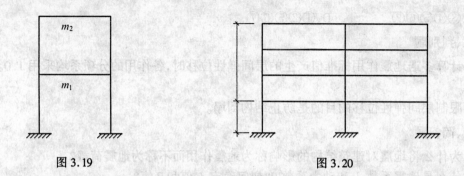

图 3.19　　　　　　　　　　图 3.20

2. 四层较均匀钢筋混凝土框架结构如图 3.20 所示，经计算分析求得按构件实际配筋和材料强度标准值计算的各层受剪承载力 $V_y(i)$，在罕遇地震作用下第 i 层的弹性地震剪力 $V_e(i)$ 和罕遇地震作用下按弹性分析的层间位移 Δu_e 见表 3.16，要求确定薄弱层位置并对其进行"大震"作用下的抗震变形验算（层间弹塑性位移角限值 1/50，薄弱层的弹性位移增大系数 $\eta_P = 1.50$）

表 3.16　罕遇地震作用下第 i 层的弹性地震剪力 $V_e(i)$ 及按弹性分析的层间位移 Δu_e 层(i)

项次 \ 层(i)	一	二	三	四
$V_y(i)$/kN	558.8	653.0	580.0	341.9
$V_e(i)$/kN	1 342.2	1 178.0	878.7	444.2
$\Delta u_e(i)$/mm	44.85	29.91	22.31	11.28

3. 为什么要进行小震作用下的弹性层间变形验算，如何计算多遇地震作用标准值产生的层间弹性位移？若已知框架房屋的各层计算高度为 4.5 m，层间弹性位移为 7.9 mm，验算多遇地震作用下的抗震变形。

4. 楼层的屈服强度系数是如何定义的？如何按楼层屈服强度确定结构薄弱部位？已知 10 层的均匀框架，底层计算高度为 4 m，楼层屈服强度系数为 0.45，且罕遇地震作用下按弹性分析的层间位移为 40 mm，试验算其罕遇地震作用的抗震变形。

5. 求图 3.21 所示弹性体系的自振频率与主振型，并验证主振型的正交性。已知 $m_1 = 60$ t，$m_2 = 50$ t。

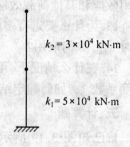

图 3.21

第4章 结构非弹性地震反应分析

学习提要：了解结构计算模型的分类与特点，掌握结构弹塑性时程分析方法，了解结构静力弹塑性分析方法。

4.1 概 述

4.1.1 非弹性地震反应分析的必要性

在强地震作用下，结构或结构单元(结构的一个部分、一个楼层或一个构件)会超出弹性变形范围，进入塑性阶段工作。这时结构或结构单元的刚度特性会发生明显变化(刚度降低)，阻尼特性也会有所改变。显然，结构刚度的降低一般会引起变形的加剧，这种加剧了的变形如果影响到结构的正常使用，或者进一步导致结构强度不足而引起严重破坏，甚至倒塌，肯定是不符合设计要求的。自然，除了强非线性变形问题外，累积损伤也是结构抗震分析与设计中需要考虑的问题。

从地震动角度考虑结构弹塑性地震反应问题，除了地震动强度的影响外，地震动的频谱以及地震动的持时，对结构的反应也有着不可忽视的影响。结构固有振动频率这一概念原则上对应于弹性变形阶段。结构进入塑性变形阶段后，只能有一种称之为暂态频率或暂态周期的概念，这是因为结构在某一塑性加载阶段工作时，即使是在简谐激励下，也不能完成一个整周期的振动；而在某一塑性卸载阶段工作时，由于结构实际上是多单元体系，各结构单元工作状态的变化是纷繁的，在地震作用下会不时处于不同的阶段工作，所以结构完成一个整周期振动的机会也不多。但不管怎样，从大体上看问题，结构在反应的某一阶段可以有一个大致的刚度和大致的频率。所以从动力放大效应这一角度，地震动的频谱对结构弹塑性反应起的作用与只考虑弹性反应时类似。至于地震动的持时，虽然它对结构弱非线性反应的影响较小，但当结构进入强非线性阶段工作时，其影响是不能忽视的。另外，持时对结构在地震反应期间(特别是强非线性反应阶段)的能量损耗有较大影响，这对结构的破坏会起一定的作用。

振型分解反应谱法是以反应谱理论和振型分解法为基础的地震作用计算方法，然而，这一方法以叠加原理为基础，因此只适用于线弹性地震反应分析，不能进行几何非线性和结构弹塑性地震反应分析；该法只能计算出地震反应的最大值，不能反映地震反应的发展过程。上述不足之处说明如下：

(1) 出于安全和经济的原因，抗震设计原则为"小震不坏，大震不倒"。但结构及构件在地震作用下一旦进入塑性阶段，叠加原理就不能使用，而反应谱法也不能准确反映非弹性活动过程中所消耗的地震能量。

(2) 地震作用是一个时间持续过程。由于构件开裂、屈服引起非弹性变形，造成结构构件间的内力重分配时刻都在发生,所以结构最大地震反应与变形积累或变形过程有关。反应谱法无法正确判断结构薄弱层或薄弱结构部位,此外,结构地震反应最大值以及达到最大值的时刻也是结构设计需关心的问题。

(3) 科学研究和灾害调查表明,结构在地震中是否发生破坏或倒塌,与最大变形能力、结构耗能能力有直接关系。如果不能计算出结构的最大变形或实际耗能,将无法保证"大震不倒"原则的实现。另外,近年来,结构隔震和消能减震技术的应用,均需要准确计算隔震装置(如橡胶隔震支座)、消能减震装置(如阻尼器)的非弹性变形,确定其变形能力,它们是采用隔震、减震技术进行结构设计的关键内容。

(4) 用统计方法建立的设计反应谱,即便是给出了地震反应的概率或标准差,也不能很好地符合具体的工程地质条件,不能反映场地各土层动力特性的影响,不能计算地基与结构之间的动力相互作用。遇到场地特殊情况,也不能正确估计地震反应的变化。

历史上的多次震害也证明了弹塑性分析的必要性。1968年日本的十胜冲地震中不少按等效静力方法进行抗震设防的多层钢筋混凝土结构遭到了严重破坏,1971年美国San Fernando地震、1975年日本大分地震也出现了类似的情况。相反,1957年墨西哥城地震中11~16层的许多建筑物遭到破坏,而首次采用了动力弹塑性分析的一座44层建筑物却安然无恙,1985年该建筑又经历了一次8.1级地震依然完好无损。可以看出,随着建筑高度迅速增长,复杂程度日益提高,完全采用弹性理论进行结构分析计算和设计已经难以满足需要,弹塑性分析方法也就显得越来越重要。

结构非弹性地震反应分析的目的,是通过认识结构从弹性到弹塑性,从开裂到屈服,损坏直至倒塌的全过程,研究结构内力分配、内力重分配的机理,研究防止破坏的条件和防止倒塌的措施,实现结构设计兼顾安全性和经济性的原则。因此,有必要进行结构非弹性地震反应分析。

4.1.2 非弹性地震反应分析方法

《建筑抗震设计规范》规定,对某些建筑结构应进行罕遇地震作用下的弹塑性变形分析。可根据结构特点及设计需求分别采用结构动力弹塑性分析方法或静力弹塑性分析方法。

1. 结构动力弹塑性分析

在地震发生时,作用在结构质点上的作用力有惯性力 $F_I(t)$、阻尼力 $F_D(t)$ 和恢复力 $F_S(t)$。三者在震动过程中达到平衡。

$$F_I(t) + F_D(t) + F_S(t) = 0 \tag{4.1}$$

时程分析法又称动态分析法,是将地震波按时间段进行数值化处理后,输入结构体系的振动微分方程,采用逐步积分法进行结构弹塑性动力反应分析,计算出结构在整个强震时域中的反应全过程,给出各个时刻结构各个部分的内力和变形,以及各部分出现塑性的顺序。它从强度和变形两个方面来检验结构的安全和抗震可靠度,并判明结构屈服机制和类型。由于阻尼力与速度或位移的关系、恢复力与位移的关系可能是非弹性的,这种分析就是非弹性时程分析。如在分析时对结构物理参数引入弹塑性的假定,这种分析就是弹塑性时程分析。

相比静力弹塑性分析方法，弹塑性时程分析方法的优点如下。

（1）由于输入的是地震波的整个过程，可以真实反映各个时刻地震作用引起的结构响应，包括内力、变形、损伤形态（开裂和破坏）等。

（2）目前许多程序是通过定义材料的本构关系来考虑结构的弹塑性性能，因此可以准确模拟任何结构，计算模型简化较少。

（3）该方法基于塑性区的概念，相比静力弹塑性分析方法中单一的塑性铰判别法，特别是对于带剪力墙的结构，结果更为准确可靠。

该方法的缺点是：计算量大，运算时间长，由于可进行此类分析的大型通用有限元分析软件均不是面向设计的，因此软件的使用相对复杂，建模工作量大，数据前后处理繁琐，不如设计软件简单、直观；分析中需要用到大量有限元、钢筋混凝土本构关系，损伤模型等相关理论知识，对计算人员要求较高。但是随着理论研究的不断发展，计算机软硬件水平的不断提高，动力弹塑性时程分析方法已经开始应用于少数超高层和复杂的大型结构分析中。

2. 结构静力弹塑性分析

结构静力弹塑性分析方法也称推覆分析法（Push – Over Analysis，简称 POA），将其与地震反应谱理论结合使用可对结构进行抗震评估，这种做法在近 20 年来获得巨大进展。该方法的基本做法是：先在结构非线性静力分析模型上逐级施加即定的侧向荷载，按顺序计算并记录结构位移、开裂、屈服等地震反应过程，获得结构荷载 – 位移曲线，该曲线代表了该结构的承载能力和变形能力。再结合《建筑抗震设计规范》规定的地震需求值（即结构需要达到的位移值、加速度值）判断结构的抗震性能和抗震能力。

推覆分析法评估结构的抗震能力具有如下优点。

（1）相比目前的承载力设计方法，推覆分析法可以估计结构和构件的非线性变形，比承载力方法接近实际。

（2）相对于弹塑性时程分析，推覆分析法的概念、所需参数和计算结果相对明确，构件设计和配筋是否合理能够直观的判断，评估过程中所依据的抗震需求和结构设计所应达到的抗震水准可以方便调整、相互适应，体现了基于性能的结构抗震设计思想，易被工程设计人员接受。

（3）工作量相对小，计算过程稳定收敛，可以花费相对较少的时间和费用得到较稳定的分析结果，减少分析结果的偶然性，达到工程设计所需要的变形验算精度。

（4）这个方法对于提高结构计算与设计效率、考察结构开裂或屈服过程、分析结构倒塌过程、计算并评估结构抗震能力、指导并改进结构设计具有重要作用。

该方法的缺点为：

（1）推覆分析法将地震的动力效应近似等效为静态荷载，只能给出结构在某种荷载作用下的性能，无法反映结构在某一特定地震作用下的表现以及由于地震的瞬时变化在结构中产生的刚度退化和内力重分布等非线性动力反应。

（2）计算中选取不同的水平荷载分布形式，计算结果存在一定的差异，为最终结果的判断带来了不确定性。

(3) 推覆分析法以弹性反应谱为基础,将结构简化为等效单自由度体系。因此,它主要反应结构第一周期的性质,对于结构振动以第一振型为主基本周期在2秒以内的结构,推覆分析法较为理想。当较高振型为主要时,如高层建筑和具有局部薄弱部位的建筑,推覆分析法并不适用。

(4) 对于工程中常见的带剪力墙结构的分析模型尚不成熟,三维构件的弹塑性性能和破坏准则、塑性铰的长度、剪切和轴向变形的非线性性能有待于进一步研究完善。

正是由于存在以上的一些缺点,对于目前工程中遇到的许多超限结构分析,推覆分析法显得力不从心,人们逐渐开始重视动力弹塑性分析方法的理论研究和工程应用。

4.2 构件与结构的恢复力模型

结构或构件实际恢复力曲线十分复杂,难以直接用于结构抗震分析,故需寻求能反映结构或构件实际恢复力曲线特征也便于数学描述以及工程应用的实用化恢复力曲线。此即引出恢复力曲线模型问题。

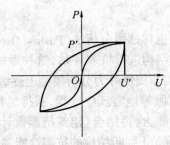

图 4.1 Masing 模型

已提出的恢复力曲线模型大体分两类:曲线型模型、折线型模型。曲线型恢复力模型由连续曲线构成,刚度变化连续,较符合工程实际,但刚度计算方法较复杂。图 4.1 所示为 Masing 模型的一种曲线模型,图中 P'、U' 分别表示最近一次所经历的荷载反向点的力和变形。折线型恢复力模型由若干直线段所构成,刚度变化不连续,存在拐点或突变点。但由于刚度计算较简单,故在工程实际中得到广泛应用。已提出的结构与构件的折线型模型主要有刚度退化二线型模型、刚度退化三线型模型、刚度退化四线型模型等。目前应用较广的是刚度退化二线型模型和刚度退化三线型模型。

4.2.1 刚度退化二线型模型

用两段折线代替正、反向加载恢复力骨架曲线并考虑结构或构件的刚度退化性质即构成刚度退化二线型模型。根据是否考虑结构或构件屈服后的硬化状况,退化二线型模型又可分为两类。

考虑结构或构件屈服后的硬化状况,第二条折线取为坡顶,如图 4.2 所示。不考虑结构或构件屈服后的硬化状况,第二条折线取为平顶,如图 4.3 所示。

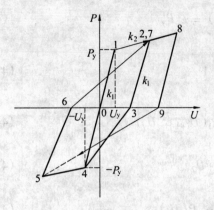 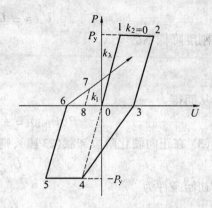

图4.2 坡顶退化二线型模型　　　图4.3 平顶退化二线型模型

k_1、k_2分别为结构或构件弹性刚度与弹塑性刚度。P_y为屈服荷载，U_y为与相应的变形。刚度退化二线型模型主要特点有：

(1) 第一个折点为屈服点，相应的力与变形为与U_y。
(2) 卸载无刚度退化，即卸载的刚度取k_1；卸载至零反向再加载时刚度退化。
(3) 非弹性阶段卸载至零第一次反向加载时直线指向反向屈服点。后续反向加载时直线指向所经历过的最大位移点。
(4) 中途卸载时卸载刚度取k_1。

设$P(U_i)$、U_i表示t_i时刻结构的恢复力与变形，则在t_{i+1}时刻刚度退化二线型模型恢复力$P(U_{i+1})$与变形U_{i+1}间关系可表示为

$$P(U_{i+1}) = P(U_i) + \alpha k_1 (U_{i+1} - U_i) \tag{4.2}$$

式中　　α——刚度降低系数，其取值随恢复力模型直线段的不同而异；
　　　　k_1——弹性刚度。

则二线型模型各阶段恢复力－变形关系式如下表示。

(1) 正向或反向弹性阶段(01段或04段)，有

$$\dot{U} > 0, U < U_y 或 \dot{U} < 0, U > -U_y \tag{4.3}$$

初始条件为

$$U_0 = 0, P(U_0) = 0 \tag{4.4}$$

刚度降低系数

$$\alpha = 1 \tag{4.5}$$

从而得

$$P(U_{i+1}) = k_1 U_{i+1} \tag{4.6}$$

$$k_1 = \frac{P_y}{U_y} \tag{4.7}$$

(2) 在正向或反向硬化阶段(12段或45段)，则

$$\dot{U} > 0, U > U_y 或 \dot{U} < 0, U < -U_y \tag{4.8}$$

初始条件为

$$U_i = \pm U_y, P(U_i) = \pm P_y \tag{4.9}$$

刚度降低系数

$$\alpha = \frac{k_2}{k_1} < 1 \tag{4.10}$$

从而得

$$P(U_{i+1}) = \pm P_y + \alpha k_1 (U_{i+1} \mp U_y) \tag{4.11}$$

(3) 在正向硬化阶段卸载(23段),则

$$\dot{U} < 0, U < U_2 \tag{4.12}$$

初始条件为

$$U_i = U_2, P(U_i) = P(U_2) \tag{4.13}$$

刚度降低系数

$$\alpha = 1 \tag{4.14}$$

从而得

$$P(U_{i+1}) = P(U_2) + k_1(U_{i+1} - U_2) \tag{4.15}$$

(4) 在正向硬化阶段卸载至0且第一次反向加载(34段),则

$$\dot{U} < 0, U < U_3 \tag{4.16}$$

初始条件为

$$U_i = U_3, P(U_i) = P(U_3) \tag{4.17}$$

刚度降低系数

$$\alpha = \frac{P_y}{(U_3 + U_y)k_1} \tag{4.18}$$

从而得

$$P(U_{i+1}) = \frac{P_y}{U_3 + U_y}(U_{i+1} - U_3) + P(U_3) \tag{4.19}$$

(5) 在反向硬化阶段卸载(56段),则

$$\dot{U} > 0, U > -U_5 \tag{4.20}$$

初始条件为

$$U_i = -U_5, P(U_i) = -P(U_5) \tag{4.21}$$

刚度降低系数

$$\alpha = 1 \tag{4.22}$$

从而得

$$P(U_{i+1}) = -P(U_5) + k_1(U_{i+1} + U_5) \tag{4.23}$$

(6) 在反向硬化阶段卸载至0再正向加载(62段),则

$$\dot{U} > 0, U > -U_6 \tag{4.24}$$

初始条件为

$$U_i = -U_6, P(U_i) = -P(U_6) = 0 \tag{4.25}$$

刚度降低系数

$$\alpha = \frac{P(U_2)}{(U_2 + U_6)k_1} \tag{4.26}$$

从而得

$$P(U_{i+1}) = \frac{P(U_2)}{(U_2 + U_6)}(U_{i+1} + U_6) \tag{4.27}$$

式中　U_2、$P(U_2)$、U_3、U_5、$P(U_5)$、U_6——分别为表示与点 2、3、5、6 对应的变形与恢复力的绝对值；

$\dot{U}$——结构的速度反应。

确定坡顶退化二线型模型需要三个参数：P_y、k_1、k_2。工程实践中，一般取 k_2 为 k_1 的 5%~10%。确定平顶退化二线型模型则需 P_y、k_1 两个参数，退化二线型模型较粗糙，但使用方便，故在抗震结构时程分析中也获得较多应用。

4.2.2　刚度退化三线型模型

用三段折线代表正、反向加载恢复力骨架曲线并考虑结构或构件的刚度退化性质即构成刚度退化三线型模型。该模型较刚度退化二线型模型可更细致描述结构与构件的真实恢复力曲线。与刚度退化二线型模型类似，根据是否考虑结构或构件屈服后的硬化状况，刚度退化三线型模型也可分为两类：考虑硬化状况的坡顶退化三线型模型与不考虑硬化状况的平顶退化三线型模型，如图 4.4、4.5 所示。

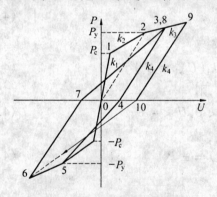
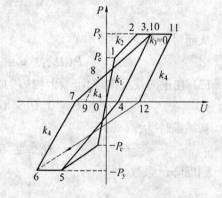

图 4.4　坡顶退化三线型模型　　　图 4.5　平顶退化三线型模型

刚度退化三线型模型的主要特点有：

(1) 三折线的第一段表示线弹性阶段，此阶段刚度为 k_1，点 1 表示开裂点。第二段折线表示开裂至屈服的阶段，此阶段刚度为 k_2，点 2 表示屈服点，屈服后则由第三段折线代表，其刚度为 k_3。

(2) 若在开裂至屈服阶段卸载，则卸载刚度取 k_1，若屈服后卸载，则卸载刚度取割线 02 的刚度 k_4。

(3) 中途卸载，卸载刚度取 k_4。

(4) 12 段(23 段)卸载至零第一次反向加载时直线指向反向开裂点(屈服点)，后续反向加载时直线指向所经历过的最大位移点。

对刚度退化三线型模型,刚度退化二线型模型恢复力 $P(U_{i+1})$ 与变形 U_{i+1} 间关系式(4.2)仍适用。则坡顶退化三线型模型各阶段恢复力－变形关系式如下表示。

(1) 正向或反向弹性阶段(01 段或 05 段),有

$$\dot{U} > 0, U < U_c \text{ 或 } \dot{U} < 0, U > - U_c \tag{4.28}$$

初始条件为

$$U_0 = 0, P(U_0) = 0 \tag{4.29}$$

刚度降低系数

$$\alpha = 1 \tag{4.30}$$

从而得

$$P(U_{i+1}) = k_1 U_{i+1} \tag{4.31}$$

$$k_1 = \frac{P_c}{U_c} \tag{4.32}$$

(2) 在正向或反向弹塑性阶段(12 段或 56 段),则

$$\dot{U} > 0, U_c < U < U_y \text{ 或 } \dot{U} < 0, - U_c > U > - U_y \tag{4.33}$$

初始条件为

$$U_i = \pm U_c, P(U_i) = \pm U_c \tag{4.34}$$

刚度降低系数

$$\alpha = \alpha_1 = \frac{k_2}{k_1} < 1 \tag{4.35}$$

从而得

$$P(U_{i+1}) = \pm P_c + \alpha_1 k_1 (U_{i+1} \mp U_c) \tag{4.36}$$

(3) 在正向或反向硬化阶段 (23 段或 67 段),则

$$\dot{U} > 0, U > U_y \text{ 或 } \dot{U} < 0, U < - U_y \tag{4.37}$$

初始条件为

$$U_i = \pm U_y, P(U_i) = \pm P_y \tag{4.38}$$

刚度降低系数

$$\alpha = \alpha_2 = \frac{k_3}{k_1} < 1 \tag{4.39}$$

从而得

$$P(U_{i+1}) = \pm P_y + \alpha_2 k_1 (U_{i+1} \mp U_y) \tag{4.40}$$

(4) 在正向或反向硬化阶段卸载(34 段或 78 段),则

$$\dot{U} < 0, U < U_3 \text{ 或 } \dot{U} > 0, U > - U_7 \tag{4.41}$$

初始条件为

$$U_i = U_3, P(U_i) = P(U_3) \tag{4.42}$$

或

$$U_i = - U_7, P(U_i) = - P(U_7) \tag{4.43}$$

刚度降低系数

第4章　结构非弹性地震反应分析

$$\alpha = \frac{k_4}{k_1} = \frac{P_y}{U_y k_1} \tag{4.44}$$

从而得

$$P(U_{i+1}) = \begin{cases} P(U_3) + \dfrac{P_y}{U_y}(U_{i+1} - U_3) \\ -P(U_7) + \dfrac{P_y}{U_y}(U_{i+1} + U_7) \end{cases} \tag{4.45}$$

(5) 在正向硬化阶段卸载至 0 且第一次反向加载(46 段)，则

$$\dot{U} < 0, U < U_4 \tag{4.46}$$

初始条件为

$$U_i = U_4, P(U_i) = P(U_4) = 0 \tag{4.47}$$

刚度降低系数

$$\alpha = \frac{P_y}{(U_4 + U_y)k_1} \tag{4.48}$$

从而得

$$P(U_{i+1}) = \frac{P_y}{U_4 + U_y}(U_{i+1} - U_4) \tag{4.49}$$

(6) 在反向硬化阶段卸载至 0 再正向加载(83 段)，则

$$\dot{U} > 0, U > -U_8 \tag{4.50}$$

初始条件为

$$U_i = -U_8, P(U_i) = -P(U_8) = 0 \tag{4.51}$$

刚度降低系数

$$\alpha = \frac{P(U_3)}{(U_3 + U_8)k_1} \tag{4.52}$$

从而得

$$P(U_{i+1}) = \frac{P(U_3)}{(U_3 + U_8)}(U_{i+1} + U_8) \tag{4.53}$$

式中　U_3、$P(U_3)$、U_4、U_7、$P(U_7)$、U_8——分别为表示与点 3、4、7、8 对应的变形与恢复力的绝对值。

4.3　结构动力弹塑性分析

为了认识结构从弹性到弹塑性，逐渐开裂、损坏直至倒塌的全过程，研究控制破坏程度的条件，进而寻找防止结构倒塌的措施，需要进行结构的弹塑性地震反应分析。结构的动力弹塑性分析是通过将地震波按时段进行数值化后，采用逐步积分法进行结构弹塑性动力反应分析，计算出结构在整个地震时域中的振动状态全过程，给出各个时刻各杆件的内力和变形，以及各杆件出现塑性铰的顺序。它从强度和变形两个方面来检验结构的安全和抗震可靠度，并判明结构屈服机制和类型。

地震作用的一个最主要的特点就是其随机性。为此,在各国的建筑抗震设计规范中,所考虑的设计方法是要兼顾结构的安全性和经济性,抗震设计的基本原则是"小震不坏,中震可修,大震不倒"。因此,除了要进行结构在"小震"作用下的弹性分析外,还要进行"大震"作用下的弹塑性动力反应分析。在强烈地震作用下,结构的反应超过弹性范围时,结构将从弹性振动进入弹塑性振动,恢复力与位移间的关系由线性过渡到非线性,结构的内力和变形都将有显著变化。结构在强震时通常是在弹塑性阶段工作的。

4.3.1 动力分析模型的建立

结构计算模型是结构在外部作用(如荷载、惯性力、温度等)影响下进行结构作用效应(如内力、变形等)计算的主体,由几何模型、物理模型两部分组成。其中几何模型反映结构计算模型的几何构成,包括节点划分、节点位置、构件轴线位置、构件截面几何参数、单元类型、单元间连接构造、边界条件等;物理模型主要反映材料或构件的力学性能,其中,材料力学性能包括材料是各向同性或各向异性、材料弹性模量、泊松比、密度、非线性关系、温度特性等,构件力学性能包括构件刚度、非线性关系等。由于结构动力计算的工作量比静力计算的工作量大,所以对结构动力模型可能根据实际需要进行必要的简化,形成自由度数目较少的模型。结构动力计算模型与静力计算模型的差别主要是前者要考虑节点质量(包括平移质量、必要时要考虑转动惯量)以及质量所引起的动力效应。

1.层模型

视结构为悬臂杆,将结构质量集中于各楼层处,合并整个结构的竖向承重构件成一根竖向杆。用结构每层的侧移刚度代表竖向杆刚度,形成一底部嵌固的串联质点系模型即称为层模型,如图 4.6(a)所示。层模型取层为基本计算单元。采用层恢复力模型以表征地震过程中层刚度随层剪力的变化关系。不考虑弹塑性阶段层刚度沿层高的改变。

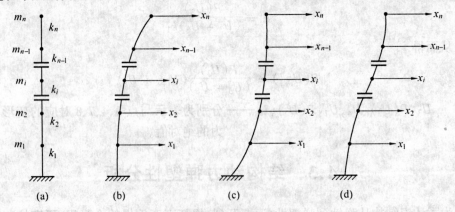

图 4.6 层模型

建立的层模型的基本假定为:

(1) 建筑各层楼板在其自身平面内刚度无穷大,水平地震作用下同层各竖向构件侧向位移相同。

(2) 建筑刚度中心与其质量中心重合,水平地震作用下无绕竖轴扭转发生。

根据结构侧向变形状况不同,层模型可分为三类。即剪切型、弯曲型与剪弯型,如图4.6(b)~(d)所示。若结构侧向变形主要为层间剪切变形(如强梁弱柱型框架等),则为剪切型,若结构侧向变形以弯曲变形为主(如剪力墙结构等),则为弯曲型;若结构侧向变形为剪切变形与弯曲变形综合而成(如框剪结构、强柱弱梁框架等),则为剪弯型。

利用层模型可确定结构的层间剪力与层间侧移,但不能确定结构各杆单元内力与变形。工程实践中,层模型主要被用于检验结构在罕遇地震作用下的薄弱层位置及层间侧移是否超过允许值,并校核层剪力是否超过结构的层极限承载力。

2.杆系模型

视结构为杆件体系,取梁、柱等杆件为基本计算单元,将结构质量集中于各结点即构成杆系模型,如图4.7所示。

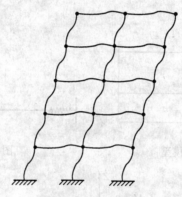

图4.7 杆系模型

杆系模型采用杆件恢复力模型以表征地震过程中杆单元刚度随内力的变化关系,可方便考虑弹塑性阶段杆单元刚度沿杆长的变化。根据建立单元刚度矩阵时是否考虑杆单元刚度沿杆长的变化,已提出了两类杆单元刚度计算模型:集中刚度模型和分布刚度模型。集中刚度模型将杆件塑性变形集中于杆端一点处来建立单元刚度矩阵,不考虑弹塑性阶段杆单元刚度沿杆长的变化。分布刚度模型则考虑弹塑性阶段杆单元刚度沿杆长的变化,按变刚度杆建立弹塑性阶段杆单元刚度矩阵。主要包括三段变刚度模型、单分量模型及多弹簧模型。其中三段变刚度模型属分布刚度模型,单分量模型与多弹簧模型为集中刚度模型。

(1) 三段变刚度模型

三段变刚度模型只考虑杆件弯曲破坏。将杆件弯曲塑性变形集中于杆件两端为 l_p 的区域,杆件中部保持线弹性,即构成三段变刚度模型,如图4.8所示。取杆端塑性铰区段长度为 l_p,显然三段变刚度模型是通过将杆单元划分成三段刚度各异的等刚度杆段来描述弹塑性阶段杆单元刚度沿杆长的变化。三段变刚度模型有相当精度且计算较简便,能适应各类恢复力模型,可用于平面或空间杆系分析。

(2) 单分量模型

单分量模型只考虑杆件弯曲破坏。在杆件两端各设置一等效弹簧以反映杆件的受弯弹塑性性能,构件中部保持线弹性,即构成单分量模型,如图4.9所示。单分量模型不考虑杆端塑性铰区段长度,故取等效弹簧长度为零。与三段变刚度模型相比较,单分量模型较为粗糙,但计算简便,也能适应各类恢复力模型,可用于平面或空间杆系分析。

(3) 多弹簧模型

沿杆件两端截面设置若干轴向弹簧来模拟杆件刚度,反映杆件弹塑性性能,而杆件中部保持线弹性即构成多弹簧模型,如图 4.10 所示。多弹簧模型也取弹簧长度为零并利用平截面假定以确定杆件截面轴向变形、转动变形与每个弹簧变形间的关系。各弹簧滞回特性则由单轴拉、压恢复力模型来描述。多弹簧模型可模拟地震作用下双向弯曲柱的弯曲性质并考虑变轴力情况,可用于空间杆系分析。

与层模型比较,杆系模型可更细致描述结构受力状况,可给出地震过程中结构各杆单元的内力与变形变化状况,从而可找出结构各杆单元屈服顺序,确定结构破坏机制,其缺点是计算量太大。

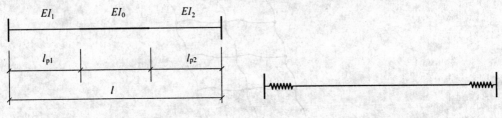

图 4.8 三段变刚度模型　　　　图 4.9 单分量模型

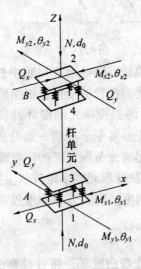

图 4.10 多弹簧模型

3. 杆系－层模型

杆系－层模型是杆系模型与层模型的综合。它将结构质量集中于楼层,形成如图 4.1(a)所示层模型计算简图,并按层模型建立与求解运动方程。与层模型不同之处在于杆系－层模型不使用层恢复力模型来确定结构层刚度矩阵,而是利用杆件的恢复力模型,按杆件体系确定结构层刚度矩阵。这样,采用杆系－层模型不但可确定结构的层间剪力与变形,尚可确定结构各杆的内力与变形,计算量又较杆系模型大为减少。

4.3.2 刚度矩阵的形成

1. 层模型刚度矩阵

(1) 剪切型刚度矩阵

以 n 层框架结构为例,建立动力分析平面剪切模型,如图 4.11 所示。其中, $m_1 \sim m_n$ 分别为结构各层质量; $k_{x,1} \sim k_{x,n}$ 分别为结构各层水平刚度; $c_{x,1} \sim c_{x,n}$ 分别为结构各层水平阻尼。

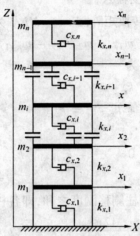

图 4.11 动力分析模型

从结构中取有代表性的质量层,作用于它上面的平衡力系如图 4.12 ~ 4.14 所示,位移以静力平衡位置作为基准,由于相对于动力体系的静力平衡位置所写的运动方程不受重力影响,所以图中未标出重力。根据平衡条件,则结构各层的水平力平衡方程为

首层
$$m_1\ddot{x}_1 + (c_{x,1} + c_{x,2})\dot{x}_1 - c_{x,2}\dot{x}_2 + (k_{x,1} + k_{x,2})x_1 - k_{x,2}x_2 = = -m_1\ddot{x}_g \quad (4.54)$$

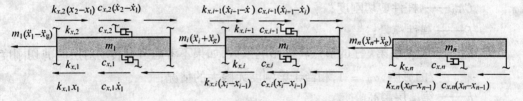

图 4.12 首层水平向受力图　图 4.13 标准层水平向受力图　图 4.14 顶层水平向受力图

标准层
$$m_i\ddot{x}_i - c_{x,i-1}\dot{x}_{i-1} + (c_{x,i} + c_{x,i+1})\dot{x}_i - c_{x,i+1}\dot{x}_{i+1} - k_{x,i}x_{i-1} + (k_{x,i} + k_{x,i+1})x_i - k_{x,i+1}x_{i+1} = -m_i\ddot{x}_g \quad (4.55)$$

顶层
$$m_n\ddot{x}_n - c_{x,n}\dot{x}_{n-1} + c_{x,n}\dot{x}_n - k_{x,n}x_{n-1} + k_{x,n}x_n = -m_n\ddot{x}_g \quad (4.56)$$

将各层的平衡方程整理成矩阵形式,则运动微分方程为

$$M\{\ddot{x}\} + C_x\{\dot{x}\} + K_x\{x\} = F\{\ddot{x}_g\} \tag{4.57}$$

式中　$\{x\},\{\dot{x}\},\{\ddot{x}\}$——结构各层水平相对位移、速度和加速度列向量，表达式如下。

$$\{x\} = \{x_1, x_2, \cdots, x_{(n-1)}, x_n\}^T \tag{4.58}$$

$$\{\dot{x}\} = \{\dot{x}_1, \dot{x}_2, \cdots, \dot{x}_{(n-1)}, \dot{x}_n\}^T \tag{4.59}$$

$$\{\ddot{x}\} = \{\ddot{x}_1, \ddot{x}_2, \cdots, \ddot{x}_{(n-1)}, \ddot{x}_n\}^T \tag{4.60}$$

式中　M, C_x, K_x——分别为结构的质量矩阵、水平阻尼矩阵和水平刚度矩阵；

　　　$\{\ddot{x}_g\}$——水平地震加速度输入；

　　　F——地面地震加速度转换矩阵。$F = -MI$，I 为单位列向量，即

$$F = (-m_1, -m_2, \cdots, -m_{n-1}, -m_n)^T \tag{4.61}$$

则结构水平刚度矩阵可表示为

$$K_x = \begin{bmatrix} k_{x,1}+k_{x,2} & -k_{x,2} & & & \\ -k_{x,2} & k_{x,2}+k_{x,3} & -k_{x,3} & & 0 \\ & \ddots & \ddots & \ddots & \\ & 0 & -k_{x,n-1} & k_{x,n-1}+k_{x,n} & -k_{x,n} \\ & & & -k_{x,n} & k_{x,n} \end{bmatrix}_{n \times n} \tag{4.62}$$

层间剪切刚度等于该楼层各柱侧移刚度之和，即各柱"D 值"之和。

$$k_i = \sum_k^m D_{ik} = \sum_k^m \alpha_{ik} \frac{12EI_{ik}}{(1+\gamma_{ik})h_i^3}, k = 1, 2, \cdots, m, i = 1, 2, \cdots, n \tag{4.63}$$

式中　m——第 i 层柱子总数量；

　　　D_{ik}——第 k 柱的侧移刚度；

　　　I_{ik}——第 k 柱的截面惯性矩；

　　　γ_{ik}——杆件剪切影响系数，$\gamma_{ik} = \frac{12\nu REI_{ik}}{GA_{ik}h_i^2}$；

式中　ν——剪应力不均匀系数；

　　　GA_{ik}——杆件剪切刚度；

　　　E——弹性模量；

　　　α_{ik}——第 i 层第 k 柱的节点转动影响系数，如果不考虑节点转动对层间剪切刚度的影响，$\alpha_{ik} = 1$，相当于梁刚度无限大的情况；

　　　h——第 i 层层高。

(2) 弯曲型及剪弯型刚度矩阵

与剪切型模型的三对角侧向刚度矩阵不同，弯曲型与剪弯型模型侧向刚度矩阵一般为满阵，求解不方便。为简化计算，一种简便的作法是弯曲型与剪弯型的水平刚度矩阵可仍取式(4.63)形式。但其中的层刚度 $k_i(i = 1, 2, \cdots, n)$ 按静力弹塑性分析方法确定。采用静力弹塑性分析方法确定 k_i 时一般应考虑各类杆件的弯曲、剪切和轴向变形。

2. 平面杆系模型刚度矩阵

(1) 杆单元弹性刚度矩阵

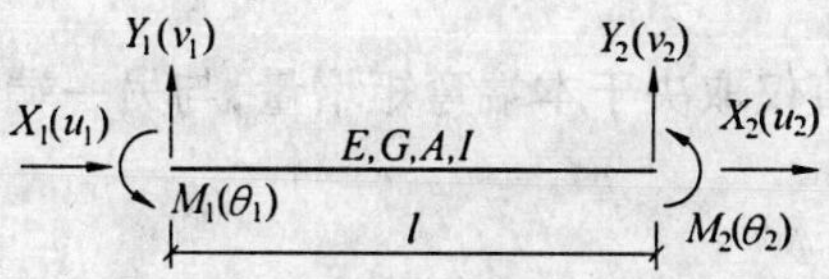

图 4.15 杆单元

取如图 4.15 所示杆单元,根据结构力学,杆单元的杆端力与杆端位移间存在下述关系

$$\{P\}^{(e)} = K^{(e)}\{\delta\}^{(e)} \tag{4.64}$$

式中 $\{P\}^{(e)} = \{X_1 \quad Y_1 \quad M_1 \quad X_2 \quad Y_2 \quad M_2\}^T$ ——杆端力向量;

$\{\delta\}^{(e)} = \{u_1 \quad v_1 \quad \theta_1 \quad u_2 \quad v_2 \quad \theta_2\}^T$ ——杆端位移向量。

而杆单元弹性刚度矩阵可表示为

$$K^{(e)} = \begin{bmatrix} e & 0 & 0 & -e & 0 & 0 \\ 0 & a & b_1 & 0 & -a & b_2 \\ 0 & b_1 & c_1 & 0 & -b_1 & d \\ -e & 0 & 0 & e & 0 & 0 \\ 0 & -a & -b_1 & 0 & a & -b_2 \\ 0 & b_2 & d & 0 & -b_2 & c_2 \end{bmatrix} \tag{4.65}$$

若同时考虑杆件的弯曲变形、轴向变形与剪切变形,则有

$$e = \frac{EA}{l} \tag{4.66}$$

$$a = \frac{12EI}{(1+\beta)l^3} \tag{4.67}$$

$$b_1 = b_2 = \frac{6EI}{(1+\beta)l^2} \tag{4.68}$$

$$c_1 = c_2 = \frac{(4+\beta)EI}{(1+\beta)l} \tag{4.69}$$

$$d = \frac{(2-\beta)EI}{(1+\beta)l} \tag{4.70}$$

$$\beta = \frac{12\mu EI}{GAl^2} \tag{4.71}$$

式中 β ——剪切变形影响系数;

μ——截面剪应力分布不均匀系数,对矩形截面,$\mu = 1.2$。

(2) 杆单元弹塑性刚度矩阵

杆单元弹塑性刚度矩阵随杆件弹塑性阶段计算模型的不同而异。这里主要介绍计算简便、适应性较广的单分量模型及三段变刚度模型的弹塑性刚度矩阵。

① 单分量模型弹塑性刚度矩阵

a. 基本假定

采用单根杆件杆端弯矩 M 与其转角 θ 的恢复力曲线,忽略与之相连的其他杆件的影

响。

杆端塑性转角增量取值仅取决于本端弯矩增量,与另一端弯矩无关。

b. 公式推导

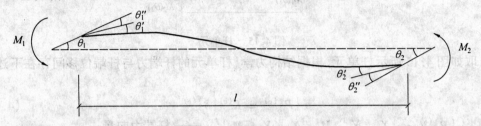

图 4.16 杆件弹塑性变形状态

设杆件弹塑性变形状态,如图 4.16 所示。其中 θ_1、θ_2 为杆端总转角;θ'_1、θ'_2 为杆端弹性转角;θ''_1、θ''_2 为杆端塑性转角,则

$$\theta_1 = \theta'_1 + \theta''_1 \quad (i = 1,2) \tag{4.72}$$

采用增量形式,则

$$\Delta\theta_1 = \Delta\theta'_1 + \Delta\theta''_1 \quad (i = 1,2) \tag{4.73}$$

取杆端弯矩 M 与杆端转角 θ 的恢复力骨架曲线,如图 4.17 所示,则

$$\Delta\theta_1 = \frac{\Delta M_1}{a_1 k_0} \quad (i = 1,2) \tag{4.74}$$

$$\Delta\theta'_1 = \frac{\Delta M_1}{k_0} \quad (i = 1,2) \tag{4.75}$$

则将式(4.74)、式(4.75)代入式(4.73),得杆端塑性转角增量与杆端弯矩增量关系为

$$\Delta\theta''_1 = \frac{\Delta M_1(1 - a_1)}{a_1 k_0} \quad (i = 1,2) \tag{4.76}$$

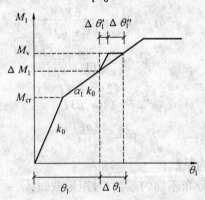

图 4.17 杆件恢复力骨架曲线

根据杆单元的杆端力与杆端位移关系,则增量形式可以表示为

$$\{\Delta P\}^{(e)} = K^{(e)} \{\Delta\delta\}^{(e)} \tag{4.77}$$

式中 $\{\Delta P\}^{(e)} = \{\Delta X_1 \quad \Delta Y_1 \quad \Delta M_1 \quad \Delta X_2 \quad \Delta Y_2 \quad \Delta M_2\}^T$——为杆端力增量向量;

$\{\Delta\delta\}^{(e)} = \{\Delta u_1 \quad \Delta v_1 \quad \Delta\theta_1 \quad \Delta u_2 \quad \Delta v_2 \quad \Delta\theta_2\}^T$——为杆端弹性位移增量向量。

第 4 章 结构非弹性地震反应分析

由式(4.77)可得

$$\left.\begin{aligned}\Delta M_1 &= b_1(\Delta v_1 - \Delta v_2) + c_1\Delta\theta'_1 + d\Delta\theta'_2 \\ \Delta M_2 &= b_2(\Delta v_1 - \Delta v_2) + d\Delta\theta'_1 + c_2\Delta\theta'_2\end{aligned}\right\} \quad (4.78)$$

将式(4.72)代入式(4.78)得

$$\left.\begin{aligned}\Delta M_1 &= b_1(\Delta v_1 - \Delta v_2) + c_1(\Delta\theta'_1 - \Delta\theta''_1) + d(\Delta\theta'_2 - \Delta\theta''_2) \\ \Delta M_2 &= b_2(\Delta v_1 - \Delta v_2) + d(\Delta\theta'_1 - \Delta\theta''_1) + c_2(\Delta\theta'_2 - \Delta\theta''_2)\end{aligned}\right\} \quad (4.79)$$

将式(4.76)代入式(4.79)得

$$\left.\begin{aligned}\Delta M_1 &= b_1(\Delta v_1 - \Delta v_2) + c_1\left(\Delta\theta_1 - \frac{\Delta M_1(1-a_1)}{a_1 k_0}\right) + d\left(\Delta\theta_2 - \frac{\Delta M_2(1-a_2)}{a_2 k_0}\right) \\ \Delta M_2 &= b_2(\Delta v_1 - \Delta v_2) + d\left(\Delta\theta_1 - \frac{\Delta M_1(1-a_1)}{a_1 k_0}\right) + c_2\left(\Delta\theta_2 - \frac{\Delta M_2(1-a_2)}{a_2 k_0}\right)\end{aligned}\right\} \quad (4.80)$$

解得

$$\left.\begin{aligned}\Delta M_1 &= \bar{b}_1(\Delta v_1 - \Delta v_2) + \bar{c}_1\Delta\theta_1 + \bar{d}\Delta\theta_2 \\ \Delta M_2 &= \bar{b}_2(\Delta v_1 - \Delta v_2) + \bar{d}\Delta\theta_1 + \bar{c}_2\Delta\theta_2\end{aligned}\right\} \quad (4.81)$$

而杆端剪力增量及轴力增量可表示为

$$\left.\begin{aligned}\Delta Y_1 = -\Delta Y_2 &= \frac{\Delta M_1 + \Delta M_2}{l} = \bar{a}(\Delta v_1 - \Delta v_2) + \bar{b}_1\Delta\theta_1 + \bar{b}_2\Delta\theta_2 \\ \Delta X_1 = -\Delta X_2 &= \frac{EA}{l}(\Delta u_1 - \Delta u_2) = \bar{e}(\Delta u_1 - \Delta u_2)\end{aligned}\right\} \quad (4.82)$$

将上式表示为矩阵形式,即得弹塑性杆单元静力平衡增量方程

$$\{\Delta P\}^{(e)} = K_{ep}^{(e)}\{\Delta\delta\}^{(e)} \quad (4.83)$$

式中 $\{\Delta\delta\}^{(e)} = \{\Delta u_1 \quad \Delta v_1 \quad \Delta\theta_1 \quad \Delta u_2 \quad \Delta v_2 \quad \Delta\theta_2\}^T$ ——为杆端位移增量向量。

而杆单元弹塑性刚度矩阵可表示为

$$K_{ep}^{(e)} = \begin{bmatrix} \bar{e} & 0 & 0 & -\bar{e} & 0 & 0 \\ 0 & \bar{a} & \bar{b}_1 & 0 & -\bar{a} & \bar{b}_2 \\ 0 & \bar{b}_1 & \bar{c}_1 & 0 & -\bar{b}_1 & \bar{d} \\ -\bar{e} & 0 & 0 & \bar{e} & 0 & 0 \\ 0 & -\bar{a} & -\bar{b}_1 & 0 & \bar{a} & -\bar{b}_2 \\ 0 & \bar{b}_2 & \bar{d} & 0 & -\bar{b}_2 & \bar{c}_2 \end{bmatrix} \quad (4.84)$$

式中

$$\bar{e} = \frac{EA}{l} \quad (4.85)$$

$$\bar{a} = \frac{\bar{b}_1 + \bar{b}_2}{l} \quad (4.86)$$

$$\bar{b}_1 = \frac{\bar{c}_1 + \bar{d}}{l} \quad (4.87)$$

$$\bar{b}_2 = \frac{\bar{c}_2 + \bar{d}}{l} \quad (4.88)$$

$$\bar{c}_1 = \frac{1+\beta+(1-\frac{\beta}{2})a_2}{1+\beta+(1-\frac{\beta}{2})(a_1+a_2)} a_1 k_0 \tag{4.89}$$

$$\bar{c}_2 = \frac{1+\beta+(1-\frac{\beta}{2})a_1}{1+\beta+(1-\frac{\beta}{2})(a_1+a_2)} a_2 k_0 \tag{4.90}$$

$$d = \frac{(1-\frac{\beta}{2})a_1}{1+\beta+(1-\frac{\beta}{2})(a_1+a_2)} a_2 k_0 \tag{4.91}$$

$$k_0 = \frac{6EI}{l(1+\beta)} \tag{4.92}$$

$$\beta = \frac{12\mu EI}{GAl^2} \tag{4.93}$$

式中 $\alpha_1 \setminus \alpha_2$ —— 为杆件两端刚度折减系数,其取值视杆件恢复力模型及杆端受力状态定。

若杆件两端均为弹性,则 $\alpha_1 = \alpha_2 = 1$。对平顶退化三线型模型,若杆端受力处于恢复力曲线的水平段(塑性阶段),则取 $\alpha_1(\alpha_2)$ 为零;若杆端受力处于恢复力曲线的斜线段(弹塑性阶段),则 $\alpha_1(\alpha_2)$ 取该段的刚度折减系数。

② 三段变刚度模型弹塑性刚度矩阵

三段变刚度模型弹塑性刚度矩阵形式与式(4.84)相同。若忽略剪切变形影响,则其 $K_{ep}^{(e)}$ 中各元索可表示为

$$\bar{e} = \frac{EA}{l} \tag{4.94}$$

$$\bar{a} = \frac{2(f_1+f_2+f_3)f_4}{l^2} \tag{4.95}$$

$$\bar{b}_1 = \frac{(2f_2+f_3)f_4}{l} \tag{4.96}$$

$$\bar{b}_2 = \frac{(2f_1+f_3)f_4}{l} \tag{4.97}$$

$$\bar{c}_1 = 2f_2 f_4 \tag{4.98}$$

$$\bar{c}_2 = 2f_1 f_4 \tag{4.99}$$

$$\bar{d} = f_3 f_4 \tag{4.100}$$

式中

$$f_1 = p_2 q_2^3 - p_1(1-q_1)^3 + p_1 + 1 \tag{4.101}$$

$$f_2 = p_1 q_1^3 - p_2(1-q_2)^3 + p_2 + 1 \tag{4.102}$$

$$f_3 = p_2 q_2^2(3-2q_2) + p_1 q_1^2(3-2q_1) + 1 \tag{4.103}$$

$$f_4 = \frac{6k'_0}{4f_1 f_2 l - f_3^2 l} \tag{4.104}$$

$$p_1 = \frac{1}{\alpha'_1} - 1 \tag{4.105}$$

$$p_2 = \frac{1}{\alpha'_2} - 1 \tag{4.106}$$

$$q_1 = \frac{l_{p_1}}{l} \tag{4.107}$$

$$q_2 = \frac{l_{p_2}}{l} \tag{4.108}$$

式中　k'_0——杆件截面的弹性抗弯刚度；
　　　α'_1、α'_2——杆件两端塑性铰区段截面抗弯刚度折减系数，可根据杆件两端受力状况及截面的弯矩－曲率恢复力模型确定；
　　　l_{p_1}、l_{p_2}——塑性铰区段长度。

(3) 平面杆系模型总刚度矩阵

得到各杆单元弹塑性刚度矩阵后，再采用直接刚度法即可集成整个结构的总刚度矩阵 K^*。须指出的是 K^* 并非结构地震动动力方程中的结构刚度矩阵 K。对质量集中于结点的平面杆系模型，仅考虑质量的平移自由度，不考虑质量的转动自由度。可将 K^* 中消去与动力自由度无关的元素才能得到 K。

设结构振动方程可表示为

$$K^*\{\delta\} = \{P\} \tag{4.109}$$

式中　$\{\delta\}$——结构节点位移向量；
　　　$\{P\}$——结构节点荷载向量。

根据节点平移自由度与转动自由度对式(4.109)做分块处理，可得

$$\begin{bmatrix} k_{xx} & k_{x\theta} \\ k_{\theta x} & k_{\theta\theta} \end{bmatrix} \begin{Bmatrix} \{x\} \\ \{\theta\} \end{Bmatrix} = \begin{Bmatrix} \{p_x\} \\ \{p_\theta\} \end{Bmatrix} \tag{4.110}$$

结构抗震分析通常仅考虑结构受水平与竖向地震作用，故 $\{p_\theta\} = \{0\}$，则

$$\{\theta\} = -k_{\theta\theta}^{-1} k_{\theta x} \{x\} \tag{4.111}$$

则平面杆系模型总刚度矩阵为

$$K = k_{xx} - k_{x\theta} k_{\theta\theta}^{-1} k_{\theta x} \tag{4.112}$$

3. 杆系－层模型层刚度矩阵

以结构受一维水平地震作用情况为例，说明杆系－层模型层刚度矩阵的确定方法。考虑一个有 m 层 n 个结点的结构。作二维分析时，每个结点有两个线位移与一个转角。根据前述杆单元刚度矩阵，采用直接刚度法可集成结构总刚度矩阵 K^*。显然，K^* 应为 $3n \times 3n$ 阶矩阵。与 K^* 相应的结构结点位移向量与结点荷载向量可表示为

$$\{\delta\} = \{u_{1g} \ v_{1g} \ \theta_{1g}, \cdots, u_{ng} \ v_{ng} \ \theta_{ng}\}^T \tag{4.113}$$

$$\{P\} = \{X_{1g} \ Y_{1g} \ M_{1g}, \cdots, X_{ng} \ Y_{ng} \ M_{ng}\}^T \tag{4.114}$$

根据层模型楼板在自身平面内刚度无穷大的基本假定，显然应有同层各结点侧移相等且外力相加。由此，可将 K^* 转化为 $(2n + m) \times (2n + m)$ 阶矩阵 K^{**}。相应结构振动方

程可表示为

$$\begin{bmatrix} [k_{xx}]_{m \times m} & [k_{x\theta}]_{m \times 2n} \\ [k_{\theta x}]_{2n \times m} & [k_{\theta\theta}]_{2n \times 2n} \end{bmatrix} \begin{Bmatrix} \{x\} \\ \{\theta\} \end{Bmatrix} = \begin{Bmatrix} \{p_x\} \\ \{p_\theta\} \end{Bmatrix} \tag{4.115}$$

由于仅考虑结构受水平与竖向地震作用，故 $\{p_\theta\} = \{0\}$，则

$$\{\theta\} = -k_{\theta\theta}^{-1} k_{\theta x} \{x\} \tag{4.116}$$

则杆系 – 层模型的层总刚度矩阵为

$$K = k_{xx} - k_{x\theta} k_{\theta\theta}^{-1} k_{\theta x} \tag{4.117}$$

4.3.3 质量矩阵的形成

集中质量法是工程中使用较广的结构离散化方法。按集中质量法可形成结构的集中质量矩阵。其特点是质量矩阵与位移向量相对应且是对角矩阵。对质量集中于楼层的层模型，因不考虑结构扭转，故在单向水平地震作用下，结构仅发生平移振动。对具有 m 层的结构，其质量矩阵可表示为

$$M = diag(m_1, m_2, \cdots m_{m-1}, m_m)_{m \times m} \tag{4.118}$$

式中　　m_i —— 对应于第 i 层平移自由度的质量，$i = 1,2,\cdots,m$。

对质量集中于结点的平面杆系模型，在单向水平地震作用下，仅考虑结构各结点发生平移振动。对具有 n 个结点的结构，其质量矩阵可表示为

$$M = diag(m_1, m_2, \cdots m_{n-1}, m_n)_{n \times n} \tag{4.119}$$

式中　　m_i —— 对应于第 i 结点平移自由度的质量，$i = 1,2,\cdots,n$。

4.3.4 阻尼矩阵的形成

迄今为止，已有多种确定结构阻尼矩阵的方法。工程中应用较广的是 RayLeigh 阻尼，其表达式为

$$C = \alpha M + \beta K \tag{4.120}$$

$$\alpha = \frac{2(\xi_i \omega_j - \xi_j \omega_i) \omega_i \omega_j}{(\omega_i + \omega_j)(\omega_j - \omega_i)} \tag{4.121}$$

$$\beta = \frac{2(\xi_j \omega_j - \xi_i \omega_i)}{(\omega_j + \omega_i)(\omega_j - \omega_i)} \tag{4.122}$$

式中　　ξ_i、ξ_j、ω_i、ω_j —— 分别为水平第 i、j 振型的阻尼比和圆频率。

4.3.5 地震波选取和调整

采用时程分析法进行地震反应分析，需要输入地震波加速度时程曲线。而地震波是一个频带较宽的非平稳随机振动，受到诸如发震断层位置、板块运动、震中距、传播途径的地质条件、场地土构造和类别等众多因素影响而变化。对于某一场地很难准确的预报将来地震的地面运动情况。输入地震波不同，结构的地震反应也不同。所以合理地选取适合于该建筑的地震波十分关键，是取得合理可靠结果的必要条件。

计算地震反应首先要选用合适的数字化地震波，输入地震波的确定标准是时程分析

能否既反映结构最大可能遭受的地震作用,又能满足工程抗震设计基于安全和功能要求的前提。在结构地震反应时程分析中,如何选择输入的地震波,是一个很重要的问题。国内外学者研究表明,虽然对建筑物场地未来地震动难以准确地定量估计,但只要正确选择地震动主要参数,则时程分析结果可以较真实地体现地震作用下结构的反应,满足工程所需要的精度,当今国际公认地震动三要素为:地面运动频谱特性、地震加速度峰值和地震动持续时间,因此在选择地震波时,主要应考虑以下几个因素。

(1) 地面运动频谱特性

当地震波的主要周期与建筑结构的周期一致时,将会引起较大的地震反应。地面加速度的频谱特性主要与场地类别及震中距有关,通常可以用强震记录反应谱的特征周期来反映,所选地震波的特征周期要接近拟建场地的卓越周期。

(2) 地面加速度峰值

地面加速度记录是由许多加速度脉冲组成的,其峰值表示地面运动的剧烈程度。根据规范规定,当设防烈度为7度~9度时,输入地震波的峰值加速度可按表4.1采用。但现有的实际强震记录,其峰值加速度大多与拟建建筑所在场地的基本烈度不相对应,因而不能直接应用,需要将所选地震波的加速度峰值调整到表中相应设防烈度的地震加速度峰值。

(3) 地震动持续时间在地震时,强震持续时间一般从几秒到几十秒不等。强震持续时间越长,造成的震害越严重。地震波的持续时间不宜过短,一般取 10 ~ 20 s 或更长。当缺少与拟建场地类似的强震记录时,可以采用人工地震波。所采用的人工地震波的频谱特性、地震动持续时间等应该符合设计条件。

表 4.1 地震加速度峰值 /(cm·s^{-2})

设防烈度	7	8	9
多遇地震	35 (55)	70(110)	140
罕遇地震	220 (310)	400 (510)	620

注:括号内数值分别用于设计基本地震加速度为 0.15 g 和 0.3 g 的地区。

在地震地面运动特性中,对结构破坏有重要影响的因素为地震动强度、频谱特性和强震持续时间等。地震动强度一般主要由地面运动加速度峰值的大小来反映;频谱特性可由地震波的主要周期表示,它受到许多因素的影响,如震源的特性、震中距离、场地条件等。所以在选择强震记录时除了最大峰值加速度应符合建筑物所在地区的烈度要求外,场地条件也应尽量接近,也就是该地震波的主要周期应尽量接近建筑物场地的卓越周期。如果在拟建场地上有实际的强震记录可供选用,是最理想、最符合实际情况的。但是,许多情况下拟建场地上并未得到这种记录,所以至今难以应用。目前在工程中应用较多的是一些典型的强震记录,国外用的最多的是 El - Centro(1940) 地震记录。其次 Taft(1952) 地震记录也用的较多。近年来,国内也积累了不少强震记录,可供进行时程分析时选用。天津波适用于软弱场地,滦县波、El Centro 波、Taft 波分别适用于坚硬、中硬、中软的场地。

选取实际地震记录作为弹塑性时程分析的输入地震波时,要注意选取工程场地特征周期(场地类别及震中距)与所选地震记录接近的地震波,根据抗震设防烈度的需要调整地震加速度峰值,保证必要的强震持续时间以使结构的非线性工作过程得以充分展开。此外,速度参数也是衡量地震烈度的重要指标,在选取地震记录时应根据中国地震烈度表综合考虑。

人工地震波可以通过修改真实地震记录或用随机过程产生、修改真实地震波的方法是:修改峰值可实现不同的震级要求,改变时间尺度可以修改频率范围,截断或重复记录可以修改持续时间的长短,具体做法如下。

首先选择一条地质条件接近的真实地震加速度数字记录 $a(t)$。再按下列两式调整地震加速度坐标和时间坐标。

加速度坐标调整

$$a_0(t_i) = \frac{a_{0,\max}}{a_m} a(t_i) \tag{4.123}$$

式中 $a_0(t_i)$——设计所需地震加速度第 i 点坐标;

    $a(t_i)$——所选地震加速度第 i 点坐标;

    $a_{0,\max}$——设计所需最大加速度;

    a_m——所选地震记录的最大加速度;

    t_i——实际地震加速度时间坐标点,$i = 1,2,\cdots,n$,n 为记录点数。

时间坐标调整

$$t_{0,i} = \frac{T_g}{T} t_i \tag{4.124}$$

式中 T_g——场地特征周期值;

    T——所选地震记录的特征周期;

    $t_{0,i}$——人工地震波加速度时间坐标点。

持续时间调整:为保证结构的非线性工作过程得以充分展开,要求输入地震加速度的持续时间一般不短于结构基本周期的 5～10 倍,即 $T_{1,0} = 5T_1 \sim 10T_1$。按照上述两公式调整后,加速度 $a_0(t_{0,i})$ 的持续时间并不一定等于 $T_{1,0}$,这时可通过截断尾部数据的办法实现:在选择地震动记录 $a(t)$ 时,选择持续时间较长者,将其调整后,保留持续时间 $T_{1,0}$ 内的数据,切除掉尾部幅值较小的地震记录,这对特征周期和地震作用不会造成较大影响。

在选择地震波时,除地震波峰值、特征周期和持时满足上述要求外,还要考察所选用的地震波的频谱特性是否具有广泛的代表性。规范规定,在采用时程分析法时。应按照建筑场地类别和设计地震分组选用不少于 2 组实际强震记录和 1 组人工模拟的加速度时程曲线,其平均地震影响系数曲线应与振型分解反应谱法所采用的地震影响系数曲线在统计意义上相符:在弹性分析时,每条时程曲线计算所得结构底部剪力不应小于振型分解反应谱法计算结果的 65%,多条时程曲线计算所得结构底部剪力的平均值不应小于振型分解反应谱法计算结构的 80%。

当结构采用三维空间模型需要双向、三向地震波输入时,其三向加速度最大值输入比例(水平向 1:水平向 2:竖向)通常按 1:0.85:0.65 调整。选用的实际加速度记录,可以是同一组的三个分量,也可以是不同组的记录,但每条记录均应满足上述"统计意义上相符"的要求。

第4章 结构非弹性地震反应分析

上述方法只能满足加速度最大值、特征周期以及持续时间的要求,不能满足地震频谱的其他要求,只适合于某些震级及震中距。由于地震运动的随机性、复杂性,实际需要根据震级和震中距建立地震统计学模型,而不是一两个地震记录。如有条件,可以根据工程场地的实际情况(地震历史资料、活跃断层分布、实测场地剪切波速、场地地质构成、土层分布特点等)进行场地抗震安全性评估,给出符合场地特性的人工地震波。

4.3.6 运动微分方程的直接积分方法

时程分析法是用数值积分求解运动微分方程的一种方法。这种方法是由初始状态开始逐步积分直至地震终止,求出结构在地震作用下从静止到振动,直至振动终止整个过程的地震反应(位移、速度和加速度)。

数值积分法的特点是将振动微分方程在时间上离散,化成对时间的差分格式,然后依据初始条件,利用直接积分法求解出一系列时刻上的响应值。通常直接积分法都基于两个概念:一是将求解域 $0 < t < T$ 内的任意时刻 t 都应满足运动方程的要求,代之以仅在一定条件下近似地满足运动方程,如仅在 Δt 的离散时间点满足运动方程;二是在一定数目的区域上,假定位移 $\{x\}$,速度 $\{\dot{x}\}$ 和加速度 $\{\ddot{x}\}$ 的函数形式。假定在 $t = 0$ 时,系统的位移、速度和加速度分别为已知的 $\{x\}_0$,$\{\dot{x}\}_0$ 和 $\{\ddot{x}\}_0$,求解的时间 T 划分为 n 等份,即 $\Delta t = T/n$,现在要建立从已知的 $0, \Delta t, 2\Delta t, \cdots, T$ 的解来计算下一个时间步的解的积分格式。

运动微分方程的直接积分方法主要有线性加速度法、Wilson $-\theta$ 法、Newmark $-\beta$ 法。线性加速度法是假定在 $(t, t + \Delta t)$ 时间间隔内,加速度 $\{\ddot{x}(t+\tau)\}$ 为线性变化,即

$$\{\ddot{x}(t+\tau)\} = \{\ddot{x}(t)\} + \frac{\tau}{\Delta t}(\{\ddot{x}(t+\Delta t)\} - \{\ddot{x}(t)\}) \tag{4.125}$$

但是该方法并非无条件稳定。20世纪70年代初期,Wilson推广了线性加速度法,他假定在比时间步长 Δt 更大的时间区间 $(t, t + \theta\Delta t)$ 内,加速度呈线性变化,即 Wilson $-\theta$ 法,线性加速度法是它在 $\theta = 1$ 时的特例。

$$\{\ddot{x}(t+\tau)\} = \{\ddot{x}(t)\} + \frac{\tau}{\theta\Delta t}(\{\ddot{x}(t+\theta\Delta t)\} - \{\ddot{x}(t)\}) \tag{4.126}$$

Wilson $-\theta$ 法是隐式积分,即计算每一步,必须求解一个线性代数方程组,当 $\theta \geq 1.37$ 时,它是无条件稳定的,此外,这种算法是自起步的,$(t + \theta\Delta t)$ 时刻的位移、速度和加速度都可以由 t 时刻的变量表示。

在 $0 \leq \tau \leq \theta\Delta t$ 区间内,对(4.126)式积分,得到

$$\{\dot{x}(t+\tau)\} = \{\dot{x}(t)\} + \tau\{\ddot{x}(t)\} + \frac{\tau^2}{2\theta\Delta t}(\{\ddot{x}(t+\theta\Delta t)\} - \{\ddot{x}(t)\}) \tag{4.127}$$

$$\{x(t+\tau)\} = \{x(t)\} + \tau\{\dot{x}(t)\} + \frac{1}{2}\tau^2\{\ddot{x}(t)\} + \frac{\tau^3}{6\theta\Delta t}(\{\ddot{x}(t+\theta\Delta t)\} - \{\ddot{x}(t)\}) \tag{4.128}$$

令 $\tau = \theta\Delta t$,则式(4.127)、式(4.128)为

$$\{\dot{x}(t+\theta\Delta t)\} = \{\dot{x}(t)\} + \theta\Delta t\{\ddot{x}(t)\} + \frac{\theta\Delta t}{2}(\{\ddot{x}(t+\theta\Delta t)\} - \{\ddot{x}(t)\}) \tag{4.129}$$

$$\{x(t+\theta\Delta t)\} = \{x(t)\} + \theta\Delta t\{\dot{x}(t)\} + \frac{\theta^2\Delta t^2}{6}(\{\ddot{x}(t+\theta\Delta t)\} + 2\{\ddot{x}(t)\})$$
(4.130)

式(4.129)、式(4.130)经过变换,用 $t+\theta\Delta t$ 时刻的位移 $\{x(t+\theta\Delta t)\}$ 来表示相应时刻的加速度和速度,即

$$\{\ddot{x}(t+\theta\Delta t)\} = \frac{6}{\theta^2\Delta t^2}(\{x(t+\theta\Delta t)\} - \{x(t)\}) - \frac{6}{\theta\Delta t}\{\dot{x}(t)\} - 2\{\ddot{x}(t)\} \quad (4.131)$$

$$\{\dot{x}(t+\theta\Delta t)\} = \frac{3}{\theta\Delta t}(\{x(t+\theta\Delta t)\} - \{x(t)\}) - \frac{\theta\Delta t}{2}\{\dot{x}(t)\} - 2\{\ddot{x}(t)\} \quad (4.132)$$

$(t+\theta\Delta t)$ 时刻的振动微分方程为

$$M\{\ddot{x}(t+\theta\Delta t)\} + C\{\dot{x}(t+\theta\Delta t)\} + K\{x(t+\theta\Delta t)\} = \{R(t+\theta\Delta t)\} \quad (4.133)$$

式中 $\{R(t+\theta\Delta t)\} = \{R(t)\} + \theta(\{R(t+\Delta t)\} - \{R(t)\})$。将式(4.131)、式(4.132)代入式(4.133),可以得到关于位移 $\{x(t+\theta\Delta t)\}$ 的方程。

$$(K + \frac{6}{\theta^2\Delta t^2}M + \frac{3}{\theta\Delta t}C)\{x(t+\theta\Delta t)\} = \{R(t)\} + \theta(\{R(t)\} - \{R(t)\}) +$$

$$M(\frac{6}{\theta^2\Delta t^2}\{x(t)\} + \frac{6}{\theta\Delta t}\{\dot{x}(t)\} + 2\{\ddot{x}(t)\}) + C(\frac{3}{\theta\Delta t}\{x(t)\} + \frac{\theta\Delta t}{2}\{\dot{x}(t)\} + 2\{\ddot{x}(t)\})$$
(4.134)

令 $\bar{K} = K + \frac{6}{\theta^2\Delta t^2}M + \frac{3}{\theta\Delta t}C$,则

$$\{\bar{R}(t+\theta\Delta t)\} = \{R(t)\} + \theta(\{R(t)\} - \{R(t)\}) +$$

$$M(\frac{6}{\theta^2\Delta t^2}\{x(t)\} + \frac{6}{\theta\Delta t}\{\dot{x}(t)\} + 2\{\ddot{x}(t)\}) + C(\frac{3}{\theta\Delta t}\{x(t)\} + \frac{\theta\Delta t}{2}\{\dot{x}(t)\} + 2\{\ddot{x}(t)\})$$

则式(4.134)可以写成

$$\bar{K}\{x(t+\theta\Delta t)\} = \{\bar{R}(t+\theta\Delta t)\} \quad (4.135)$$

求解式(4.135)可以得到 $\{x(t+\theta\Delta t)\}$,将 $\{x(t+\theta\Delta t)\}$ 代入式(4.61)中可以得到 $\{\ddot{x}(t+\theta\Delta t)\}$。并取 $\tau = \Delta t$,得到

$$\{\ddot{x}(t+\Delta t)\} = \frac{6}{\theta^3\Delta t^2}(\{x(t+\theta\Delta t)\} - \{x(t)\}) - \frac{6}{\theta^2\Delta t}\{\dot{x}(t)\} - (1 - \frac{3}{\theta})\{\ddot{x}(t)\}$$
(4.136)

进而可以得出 $(t+\Delta t)$ 时刻的速度 $\{\dot{x}(t+\Delta t)\}$ 和位移 $\{x(t+\Delta t)\}$

$$\{\dot{x}(t+\Delta t)\} = \{\dot{x}(t)\} + \Delta t(\{\ddot{x}(t+\Delta t)\} + \{\ddot{x}(t)/2\}) \quad (4.137)$$

$$\{x(t+\Delta t)\} = \{x(t)\} + \Delta t\{\dot{x}(t)\} + \Delta t^2(\{\ddot{x}(t+\Delta t)\} + 2\{\ddot{x}(t)/6\}) \quad (4.138)$$

Wilson - θ 方法的计算机求解步骤如下。

(1) 初始计算

① 给定初始值 $\{x(0)\}$,$\{\dot{x}(0)\}$,$\{\ddot{x}(0)\}$。

② 选择时间步长 Δt,取 $\theta = 1.4$,并且计算积分常数 $a_0 = 6/\theta^2\Delta t^2$,$a_1 = 3/\theta\Delta t$,$a_2 = 2a_1$,$a_3 = \theta\Delta t/2$,$a_4 = a_0/\theta$,$a_5 = -a_2/\theta$,$a_6 = 1 - 3/\theta$,$a_7 = \Delta t/2$,$a_8 = -\Delta t^2/6$。

③ 形成刚度矩阵 K,质量矩阵 M 和阻尼矩阵 C。

④ 形成拟刚度矩阵 $\bar{K}$：$\bar{K} = K + a_0 M + a_1 C$。

(2) 计算每个时间步

① 求解 $t + \Delta t$ 时刻的有效荷载。

$$\bar{R}(t + \theta\Delta t) = R(t) + \theta(R(t + \Delta t) - R(t)) + M(a_0\{x(t)\} + a_2\{\dot{x}(t)\} + 2\{\ddot{x}(t)\}) + C(a_1\{x(t)\} + 2\{\dot{x}(t)\} + a_3\{\ddot{x}(t)\}) \quad (4.139)$$

② 求解 $t + \Delta t$ 时刻的位移、速度和加速度。

$$\{x(t + \Delta t)\} = \{x(t)\} + \{\dot{x}(t)\}\Delta t + a_8(\{\ddot{x}(t + \Delta t)\} + 2\{\ddot{x}(t)\}) \quad (4.140)$$

$$\{\dot{x}(t + \Delta t)\} = \{\dot{x}(t)\} + a_7(\{\ddot{x}(t + \Delta t)\} + \{\ddot{x}(t)\}) \quad (4.141)$$

$$\{\ddot{x}(t + \Delta t)\} = a_4(\{x(t + \theta\Delta t)\} - \{x(t)\}) + a_5\{\dot{x}(t)\} + a_6\{\ddot{x}(t)\} \quad (4.142)$$

4.3.7 拐点的处理

在动力反应方程计算中，当体系为弹性时，刚度 K 始终为一常数；但对应于弹塑性体系，对应于 t_i 至 t_{i+1} 时刻的位移，当位于恢复力 – 位移曲线的同一直线内时，K 才为一常数，当对应于 t_i 至 t_{i+1} 时刻的位移位于恢复力 – 位移曲线的两个直线段内时，即 i 点已临近某一线段的终点，$i + 1$ 点则位于另一条线段上时，刚度 K 将改变数值。退化二线型、退化三线型恢复力模型存在转折点，转折点前后两段直线斜率不同，称此类转折点为恢复力模型拐点。在进行逐步积分时要求在积分时间步长内结构或构件刚度为常数。由于时间步长的分段点通常不会恰好与恢复力模型拐点一致，故当拐点处于时间步长内时，将导致同一时间步长内结构或构件刚度为变数情况，这就引出恢复力模型拐点处理问题。迄今为止，研究者们已提出多种拐点处理方法。目前最常用的方法是以拐点为分界点，改变时间步长以保证在每一时间步长内结构或构件刚度无改变。其具体作法是以拐点为界，将包含拐点的时间步长 Δt 将再分步长，以确定恢复力 – 位移的拐点。

拐点前的小步长 $\Delta t'$ 内，用特性曲线前一段相应的刚度；拐点后的小步长 $\Delta t - \Delta t'$，则改用后一线段相应的刚度。

以下以二线型模型为例，说明拐点的处理方法。对于二线型恢复力模型，存在着两类拐点，一类是由弹性加载进入弹塑性时的拐点；另一类是由弹塑性卸载进入弹性时的拐点。

1. 弹性进入弹塑性的拐点处理

如果质点在运动过程中，位移从原点到达相应屈服点，位移也达到屈服位移 U_y，就应该从弹性阶段进入弹塑性阶段。但是逐步积分法是按 Δt 划分时间段的，到达拐点时刻，很难恰好与某一 Δt 末的时刻相吻合，在此 Δt 时间段内，刚度 K 不再是一固定值，位移 $U \leqslant U_y$ 时，刚度为 k_1。

当 $U > U_y$ 时，刚度为 k_2。因此，需要把 Δt_k 时间段分为两部分：$\Delta t_k'$ 和 $\Delta t_k - \Delta t_k'$，从而能在 $\Delta t_k'$ 时间段内按刚度 k_1，$\Delta t_k - \Delta t_k'$ 时间段内按刚度 k_2 计算。则对拐点进行以下处理

$$U_k' = U_{k-1} + \Delta t_k' \cdot U_{k-1} \quad (4.143)$$

$$U_k' = U_y \quad (4.144)$$

则
$$\Delta t_k' = (U_y - U_{k-1})/U_{k-1} \tag{4.145}$$

与 U_y 相对应的拐点的速度和加速度可用内插法确定,即假定在此时间段内,位移、速度和加速度都呈线性变化,可得到下列式子。

$$\dot{U}_{拐点} = \frac{U_k - U_{k-1}}{\Delta t_k}\Delta t_k' + \dot{U}_{k-1} \tag{4.146}$$

$$\ddot{U}_{拐点} = \frac{\dot{U}_k - \dot{U}_{k-1}}{\Delta t_k}\Delta t_k' + \ddot{U}_{k-1} \tag{4.147}$$

2.弹塑性进入弹性的拐点处理

对于这类拐点,从第 i 步转入第 $i+1$ 步速度发生符号变化,拐点速度接近与0。由于在 Δt_i 时间段内,U_i 与 P 不会发生很大变化,一般情况下,此类拐点可以不做处理。

4.4 结构静力弹塑性分析

结构静力弹塑性分析方法是在结构计算模型上施加某种侧向荷载(如倒三角形或均布荷载),荷载强度逐级增加,按顺序计算结构反应并记录每级加载下开裂、屈服、塑性铰形成以及各种结构构件的破坏行为,并根据抗震需求对结构抗震性能进行评估。这一方法可以有效地发现结构薄弱环节,但如果使用不当,将不能正确理解结构的工作特性,无助于判断和评估结构的抗震性能。

推覆分析法是 Freeman 等人于 1975 年提出的。经过多年的研究发展,推覆分析法目前已被美国、日本、中国等国建筑抗震设计规范所接受,成为抗震结构弹塑性分析的主要方法之一。

推覆分析法的基本作法是:对结构逐级单调施加按某种方式模拟地震水平惯性力的水平侧向力并进行静力弹塑性分析,直至结构达到预定状态(成为机构、位移超限或达目标位移)。究其本质而言,推覆分析法是静力分析方法,但与一般静力非线性分析方法不同之处在于其起级单调施加的是模拟地震水平惯性力的侧向力。推覆分析法的突出优点在于它既能考虑结构的弹塑性特性且工作量又较时程分析法大为减少。

推覆分析法基本计算步骤如下。

(1) 准备结构数据,包括建立结构模型、构件的物理参数和力－变形关系等。

(2) 计算结构在竖向荷载作用下的内力。此内力将与水平力作用下的内力叠加,作为某一级水平力作用下构件的内力,以判断构件是否开裂或屈服。

(3) 在结构每层质心处,逐级单调施加某种沿高度分布的水平力并作静力弹塑性分析,确定各级荷载作用下结构位移,直到结构达到某一目标位移或结构发生破坏。

显然,抗震结构的推覆分析法涉及结构弹塑性位移分析与结构目标位移的确定两方面内容。这里主要介绍结构弹塑性位移的分析问题,而这主要涉及结构的水平加载模式以及结构静力非线性分析方法两大问题。

4.4.1 水平加载模式

逐级施加的水平侧向力沿结构高度的分布模式称为水平加载模式,地震过程中,结构层惯性力的分布随地震动强度的不同以及结构进入非线性程度的不同而改变。显然合理的水平加载模式应与结构在地震作用下的层惯性力的分布一致。迄今为止,研究者们已提出了若干种不同水平加载模式,根据是否考虑地震过程中层惯性力的重分布可分为两类:一类是固定模式,另一类是自适应模式。固定模式是指在整个加载过程中,侧向力分布保持不变,不考虑地震过程中层惯性力的改变。自适应模式是指在整个加载过程中,随结构动力特性改变而不断调整侧向力分布。

(1) 均布加载模式

水平侧向力沿结构高度分布与楼层质量成正比的加载方式称为均布加载模式。均布加载模式不考虑地震过程中层惯性力的重分布,属固定模式。此模式适宜于刚度与质量沿高度分布较均匀、薄弱层为底层的结构。此时,其数学表达式可表示为

$$P_j = \frac{V_b}{n} \tag{4.148}$$

式中　P_j——第 j 层水平荷载;
　　　V_b——结构底部剪力;
　　　n——结构总层数。

图 4.18 所示为均布水平加载示意图。

图 4.18　均布水平加载　　图 4.19　倒三角形分布水平加载　　图 4.20　抛物线分布水平加载

(2) 倒三角分布水平加载模式

水平侧向力沿结构高度分布与层质量和高度成正比(即底部剪力法模式)的加载方式称为倒三角分布水平加载模式,如图 4.19 所示。其数学表达式可表示为

$$P_j = \frac{W_j h_j}{\sum_{i=1}^{n} W_i h_i} V_b \tag{4.149}$$

式中　W_i——结构第 i 层楼层重力荷载代表值;
　　　h_i——结构第 i 层楼面距地面的高度。

倒三角分布水平加载模式不考虑地震过程中惯性力的重分布,也属固定模式。它适宜于高度不大于 40 m,以剪切变形为主且质量、刚度沿高度分布较均匀且梁出塑性铰的结

构。

(3) 抛物线分布水平加载模式

水平侧向力沿结构高度呈抛物线分布的加载方式称为抛物线分布水平加载模式,如图 4.20 所示。其数学表达式可表示为

$$P_j = \frac{W_j h_j^k}{\sum_{i=1}^n W_i h_i^k} V_b \tag{4.150}$$

式中

$$k = \begin{cases} 1.0 & T \leqslant 0.5 \\ 1.0 + \dfrac{T-0.5}{2} & 0.5 < T < 2.5 \\ 2.0 & T \geqslant 2.5 \end{cases} \tag{4.151}$$

式中 T——结构基本周期。

抛物线分布水平加载模式可较好地反映结构在地震作用下的高振型影响。它也不考虑地震过程中层惯性力的重分布,属固定模式。若 $T \leqslant 0.5\ \mathrm{s}$,则抛物线分布转化为倒三角分布。

4.4.2 建立荷载 – 位移曲线

建立荷载 – 位移曲线的目的是确认结构在预定荷载作用下所表现出的抵抗能力。将这种抵抗能力以承载力 – 位移谱的形式体现出来,以便进行抗震能力的比较与评估,主要步骤如下。

(1) 建立结构和构件的计算模型。

(2) 确定侧向荷载分布形式,可以采用均匀分布形式,即侧向荷载的分布与结构重力成正比;也可以采用振型分布形式,如以基本振型为主的形式或某些振型组合的形式。

(3) 逐步增加侧向荷载,当某些构件达到开裂或屈服时,修正相应的构件刚度和计算模型;计算以此次加载阶段的构件内力、弹性、塑性变形。

(4) 继续加载或在修正加载模式后继续加载,重复上述步骤,直到结构性能达到预定指标或达到不可接受的水平。

(5) 作出控制点荷载 – 位移关系曲线,可以进一步将其简化为双线型、三线型,作为推覆分析荷载 – 位移曲线代表图,简化的方法可用等能量方法。

4.4.3 结构抗震能力评估

对结构进行抗震能力评估,需将荷载 – 位移曲线与地震反应谱放在同等条件下比较。为此,需要做三方面的工作。

(1) 将推覆分析荷载 – 位移曲线代表图转换为承载力谱,也称为供给谱。

(2) 将规范给出的加速度反应谱转换为地震需求谱,也称为 ADRS 谱(以加速度 – 位移表示的谱)。

(3) 将承载力谱和需求谱绘制在同一 ADRS 谱内,两图的交点为性能点,如该点不存

第4章 结构非弹性地震反应分析

在或该点不满足预定标准,则应修改结构设计及计算模型参数,继续进行上述工作。这是一个反复迭代的过程。

1. 承载力谱

将推覆分析所得荷载－位移曲线代表图转换为承载力谱,需将结构等效为基本振型的振动。将曲线上各点$(\Delta_{i,\mathrm{con}}, V_i)$逐点转换到以谱位移－谱加速度$(S_{di}, S_{ai})$表示的承载力谱上,两种曲线图形可按下述原理相互转换。

根据振型分解反应谱理论,串联n质点体系由基本振型产生的总侧向力最大值和控制点位移最大值为

$$P_1 = \gamma_1 S_a T_1 \sum_{i=1}^{n}(m_i X_{1,i}) \tag{4.152}$$

$$x_{1,\mathrm{con}} = \gamma_1 S_d T_1 X_{1,\mathrm{con}} \tag{4.153}$$

式中 γ_1—— 第一振型参与系数;

m_i—— 第i质点质量;

$X_{1,i}$—— 第一振型第i质点位移振幅;

$X_{1,\mathrm{con}}$—— 第一振型控制点位移振幅;

$S_a(T_1)$、$S_d(T_1)$—— 以自振周期T_1、阻尼比ζ_1振动的单自由度体系的地震绝对最大加速度和最大位移反应。

将上两式分别与$\Delta_{i,\mathrm{con}}, V_i$相等效可求出承载力谱上的对应值$(S_{di}, S_{ai})$

$$S_{ai} = \frac{V_i}{\mu_1 G} \tag{4.154}$$

$$S_{di} = \frac{\Delta_{i,\mathrm{con}}}{\gamma_1 X_{1,\mathrm{con}}} \tag{4.155}$$

式中 S_{ai}—— 谱加速度(相对值);

μ_1—— 第一振型质量影响系数,$\mu_1 = \dfrac{\gamma_1 \sum\limits_{i=1}^{n}(m_i X_{1,i})}{\sum\limits_{i=1}^{n} m_i}$;

G—— 结构总重量,$G = \sum\limits_{i=1}^{n}(m_i g)$;

g—— 重力加速度,转换后的承载力谱,如图4.21所示。

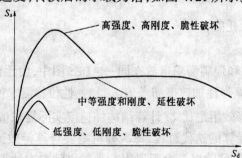

图 4.21 承载力谱

2. 地震需求谱

根据振动理论，振动加速度和振动位移之间的关系为

$$\ddot{x}(t) = x_m \omega^2 \sin(\omega t + \varphi) = \omega^2 x(t) \tag{4.156}$$

因此，地震反应最大值之间的关系为

$$S_{di} = \frac{T_i^2}{4\pi^2} S_{ai} g \tag{4.157}$$

运用上式可将期望的地震加速度反应谱转换为地震需求谱（ADRS 谱），如图 4.22 所示。

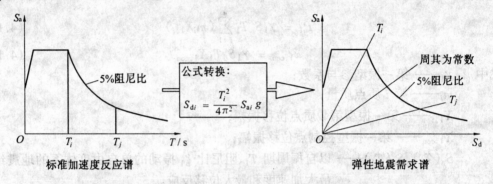

图 4.22 将加速度反应谱转换为弹性需求谱

3. 建立和判断性能点

将结构承载力谱和地震需求谱放在同一坐标系内进行比较，可建立并判断性能点。目前，许多国家的学术机构采用了不同的方法，没有统一的标准。较为成熟的方法有承载力谱法、位移系数法和折减系数法等。

下面以承载力谱法为主介绍性能点的建立和评估过程。

(1) 预设性能点：在承载力谱上选定性能点加速度设定值 a_p 和位移设定值 d_p。

(2) 根据 a_p、d_p 值和承载力谱设定结构滞回曲线（可用等能量原理简化为双线型或三线型曲线）。

(3) 按下式计算结构等效阻尼比 ζ_p。

$$\zeta_p = \frac{E_h}{4\pi E_d} \tag{4.158}$$

式中　E_h——滞回阻尼耗能；

　　　E_d——变形能。

(4) 将承载力谱曲线和地震需求谱放在同一 ADES 图中，由预设性能点对应的周期值 T_p 及弹性地震需求谱计算弹性加速度需求值 a_e 和弹性位移需求值 δ_e（见图 4.23）。

(5) 根据 δ_e 及结构等效阻尼比 ζ_p 计算结构加速度实际需求值和位移实际需求值（见图 4.23）。这是包括多次计算的迭代过程，每次分析需要计算等效弹性系统的有效周期以及相应的弹性位移，计算位移除以一个阻尼影响系数得到本次计算对应的位移实际值。

(6) 比较加速度、位移设定值与实际需求值的差异，误差达到要求者停止计算，确认

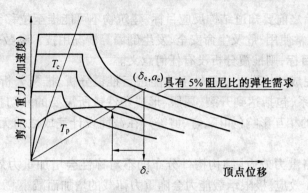

图 4.23 承载力谱法

性能点。

如果该点存在,并且该点所代表的功能状态可以接受,则该结构抗震设计满足推理分析预定标准,至此完成了推覆分析和抗震性能评估工作。否则,需改进结构设计,重新进行推覆分析和抗震能力评估工作。

4.4.4 推覆分析法技术要点

1. 使性能点满足预设条件的措施

如果性能点不存在或该点不满足预设条件(见图 4.24),则可采取如下三方面的措施加以改进。

(1) 提高结构体系的强度、刚度。
(2) 改善结构延性。
(3) 采用隔震,降低地震需求;或采用减震技术,增加阻尼,降低结构地震反应。

若单独使用上述措施仍不满足预设条件,可以合并使用上述(2)、(3)类措施。

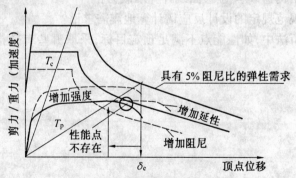

图 4.24 改进性能点的措施

2. 在推覆分析及抗震评估过程中容易出现的问题

(1) 不能低估加载或位移形状函数。加载形式函数的选择主要考虑建筑的主要振动模态。加载形式不同,位移结果差异很大。加载形式函数对高层建筑更加重要,因为这种建筑可能不受基本模态控制。因此,使用推理分析法对结构复杂的高层建筑进行抗震评估时难度较大。三维结构模型的推覆分析需要体积分布的加载形式,至少是一个加载面。

(2) 推覆开始之前要知道结构反应目标。建筑物不可能推至位移无限大而不损坏。因此,必须将影响正常使用、危及生命安全、发生倒塌等情况用技术参数表示出来。若没有明确定义结构反应目标,则推覆分析没有任何意义。

(3) 只有在完成结构设计的条件下才能进行推覆分析。推覆分析需要结构构件的非线性力 – 位移关系,包括达到开裂、屈服、形成塑性铰所需要的一切技术参数。这些参数要考虑受力状态的相互影响(如压、弯、剪等),在截面设计完成之前无法确定构件的技术参数。

(4) 不能忽略重力效应。结构构件分布的不对称性会增加重力效应,重力会延缓开裂、会增加 $P-\Delta$ 效应。极限承载能力会随重力荷载的增加而减小。

(5) 任何结构模型的建立都离不开正确、详实的构造设计。已有的构件抗震设计经验。如钢筋混凝土构件的"强柱弱梁、强剪弱弯、强节点强锚固"设计原则是保证结构抗震性能的基本措施,是任何结构分析手段所不能取代的。

(6) 如果没有倒塌模型就不能推至倒塌,倒塌模型需要具体研究。

(7) 不能将推覆分析过程等同于真实地震。

习　题

一、简答题

1. 进行时程分析时,应怎样选用地震波?
2. 如何理解在时程分析时选用的地震波要与结构设计反应谱在统计意义上相符?
3. 如何在结构恢复力模型上体现刚度退化性能、强度退化性能?
4. 什么是推覆分析法?其主要技术构成是什么?
5. 如何根据结构荷载 – 位移曲线计算承载力?
6. 如何根据规范规定的设计反应谱计算地震需求谱?
7. 在推覆分析法中,如性能点不满足预定目标,采取哪些有效措施改进结构设计使之满足要求?

第 5 章 混凝土结构房屋抗震设计

学习提要：了解钢筋混凝土结构常见的震害特点，掌握结构抗震等级的确定，掌握框架结构、抗震墙结构和框架-抗震墙结构的受力特点、结构布置原则、屈服机制、基础结构要求和各自的适用范围，掌握框架结构内力和变形的计算和验算，掌握框架柱、梁和节点的抗震设计要点及相应的抗震构造措施，了解框架-抗震墙结构和抗震墙结构的设计要点和构造措施。

5.1 震害及其分析

随着我国房屋建筑抗震安全储备与设计水平的提高，按照最新抗震标准设计建造的建筑物，其震害有明显减轻的趋势。符合 89 和 01 抗震规范的建筑，在近年的地震中基本没有严重的损坏或倒塌。

2008 年汶川地震建筑震害表明，大多数钢筋混凝土结构的主体结构震害较轻，尽管如此，震害调查显示，框架结构的破坏有柱端出铰、柱端剪切破坏、节点区破坏等情况，如图 5.1 所示。

南坝镇某框架结构出现柱铰机制破坏

都江堰某信宅框架结构底层侧移严重

都江堰某信宅框架结构底层坍塌

都江堰某信宅框架出现柱铰破坏

绵阳某框架柱顶出现塑性铰　　　　都江堰某框架柱塑性铰剪切破坏

图 5.1　钢筋混凝土框架结构的震害

5.1.1　结构平面或竖向布置不当引起的震害

建筑物的平面不规则、质量和刚度分布不均匀对称而造成质量中心与刚度中心较大的不重合,易使结构在地震时发生过大的扭转而破坏。在 1976 年唐山地震中,天津人民印刷厂一幢 L 形建筑物,楼梯间偏置,地震时由于受扭而使几根角柱破坏。汉沽化工厂的一些框架厂房因平面形状和刚度不对称,产生了显著的扭转,从而使角柱上下错位、断裂。

结构沿竖向的布置或刚度有较大突变时,突变处应力集中,刚度突然变小的楼层成为薄弱层,则可能由于变形过大而发生破坏。在 1988 年前苏联亚美尼亚地震中,下层柔性柱上层抗震墙或砖墙的柔性底层柱发生剪切破坏或脆性压弯破坏,导致上部倒塌;有不少中高层建筑物,因沿竖向刚度分布不合理而发生中间层破坏或倒塌。

5.1.2　共振效应引起的震害

在 1976 年唐山地震中,位于塘沽地区(烈度为 8 度强)的 7~10 层框架结构,因其自振周期(0.6~1.0 s)与该场地土(海滨)的自振周期相一致,发生共振,导致该类框架破坏严重。

在 1985 年墨西哥城地震中,由于该地区表土冲积层很厚,地震波的主要周期为 2 s,这与 10~15 层建筑物的自振周期相近,因而导致这类建筑物发生较大程度的破坏。

5.1.3　防震缝处碰撞引起的震害

防震缝两侧的结构单元震动特性不同,地震时会发生不同形式的震动,若防震缝宽度不够或构造不当,则可能由于碰撞而导致震害。例如,唐山地震时,北京饭店西楼伸缩缝处的外贴假砖柱被碰坏脱落,而缝宽达 600 mm 的北京饭店东楼则未出现碰撞引起的震害。

5.1.4　框架柱、梁、节点的震害

1. 框架柱

柱端弯剪破坏:上下柱端出现水平及斜裂缝,混凝土局部压碎,柱端形成塑性铰,严重的混凝土剥落,箍筋外鼓崩断,柱纵筋屈服。

柱身剪切破坏:出现交叉斜裂缝,箍筋屈服崩断。

角柱破坏:角柱双向受弯、受剪,且受扭,所以震害比其他柱严重,可能出现上、下柱身错动,钢筋从柱中拔出等情况。

短柱破坏:当柱净高小于4倍柱截面高时,形成短柱。短柱刚度大,易发生剪切破坏。

柱牛腿破坏:牛腿外侧混凝土压碎,预埋件拔出,柱边混凝土拉裂,破坏主要由水平力引起。

柱破坏的主要原因是抗弯、抗剪承载力不足,箍筋稀疏,对混凝土约束不够,在压、弯、剪作用下,柱截面承载力达到极限。

2. 框架梁

破坏主要发生在梁端。在地震作用下,梁端纵向钢筋屈服,出现上、下贯通的垂直裂缝或交叉斜裂缝。在梁负弯矩钢筋截断处,由于抗弯能力削弱也容易产生裂缝,形成剪切破坏。

梁剪切破坏的主要原因是梁端屈服后剪力较大,超过了梁的受剪承载力,或梁内箍筋配置较稀,或反复荷载下混凝土抗剪承载力降低等。

3. 梁柱节点

节点核心区出现对角线方向的斜裂缝或交叉斜裂缝,混凝土剪碎剥落,节点内箍筋很少或未设置箍筋时,柱纵向箍筋压曲外鼓。

梁纵筋锚固破坏:梁纵向受力钢筋锚固长度不足,从节点内拔出,将混凝土拉裂。

装配式构件连接处容易发生脆性断裂,特别是用坡口焊接钢筋处容易拉裂。预制构件接缝处后浇混凝土开裂或散落。

节点破坏的主要原因是节点的受剪承载力不足,约束箍筋太少,梁纵筋锚固长度不够及施工质量差等。

5.1.5　抗震墙的震害

震害调查表明,抗震墙结构的抗震性能较好,震害一般较轻。高层抗震墙结构的震害有:墙底部受压混凝土大片压碎剥落,钢筋压屈;墙体发生剪切破坏;抗震墙墙肢间的连梁剪切破坏,原因是墙肢之间变形集中易产生破坏。

5.1.6　填充墙的震害

框架填充墙,容易发生墙面斜裂缝,并沿柱周边开裂。端墙、窗间墙和门窗洞口边角部位破坏更加严重。烈度较高时墙体容易倒塌。由于框架变形属剪切型,下部层间位移大,填充墙震害呈现"下重上轻"的现象。

框架中的砌体填充墙与框架共同工作,所以结构在水平地震作用下早期刚度较高,吸收较多的地震能量,而填充墙本身抗剪强度低,在地震作用下很快出现裂缝,发生破坏,甚至倒塌。

5.2 抗震设计的一般要求

钢筋混凝土多高层建筑结构,包括框架结构、框架-剪力墙结构、剪力墙结构及筒体结构等,是抗震性能较好的结构,但是如果抗震设计与施工不善,地震时也会造成严重的破坏,甚至倒塌。为了使多高层钢筋混凝土结构的设计达到"小震不坏,中震可修,大震不倒"的三水准抗震设防目标,结构应具有足够的承载力、刚度、稳定性、能量吸收和能量耗散等方面的性能。

5.2.1 建筑物高度和高宽比限制

由于不同结构体系的承载力和刚度的不同,因此它们的适用高度范围也不一样。一般来说框架结构仅适用于抗震设防烈度较低,或层数较少、高度较低的建筑。框架-剪力墙结构和剪力墙结构能适应各种不同高度的建筑,建筑物高度可达到 100 m 以上。不同类型的钢筋混凝土结构的适用高度,如表 5.1 所示。

表 5.1 现浇钢筋混凝土房屋适用的最大高度　　　　　　　　m

结构类型	烈 度			
	6 度	7 度	8 度	9 度
框架	60	55	45	25
框架-抗震墙	130	120	100	50
抗震墙	140	120	100	60
部分框支抗震墙	120	100	80	不应采用
框架-核心筒	150	130	100	70
筒中筒	180	150	120	80
板柱-抗震墙	40	35	30	不应采用

注:①房屋高度指室外地面到主要屋面板板顶的高度(不包括局部突出屋顶部分)。
②框架-核心筒结构指周边稀柱框架与核心筒组成的结构。
③部分框支抗震墙结构指首层或底部两层框支抗震墙结构。
④乙类建筑可按本地区抗震设防烈度确定适用的最大高度。
⑤超过表内高度的房屋,应进行专门研究和论证,采取有效的加强措施。

5.2.2 抗震等级

抗震等级是确定结构构件抗震计算和抗震措施的标准,可根据设防烈度、房屋高度、建筑类别、结构类型及构件在结构中的重要程度来确定。抗震等级的划分考虑了技术要求和经济条件,随着设计方法的改进和经济水平的提高,抗震等级也会作相应调整。抗震等级共分为 4 级,体现了抗震要求的严格程度,其中一级抗震要求最高。规范规定丙类建筑的抗震等级应按表 5.2 确定。

(1)框架-抗震墙结构,在基本振型地震作用下,若框架部分承受的地震倾覆力矩大于结构总地震倾覆力矩的 50%,其框架部分的抗震等级应按框架结构确定,最大适用高度可比框架结构适当增加。

(2)裙房与主楼相连,除应按裙房本身确定外,不应低于主楼的抗震等级;主楼结构在裙房顶层及相邻上下各一层应适当加强抗震构造措施。裙房与主楼分离时,应按裙房本身确定抗震等级。

(3)当地下室顶板作为上部结构的嵌固部位时,地下一层的抗震等级应与上部结构相同,地下一层以下的抗震等级可根据具体情况采用三级或更低等级。地下室中无上部结构的部分,可根据具体情况采用三级或更低等级。

(4)抗震设防类别为甲、乙、丁类的建筑,应按规范第 3.1.3 条规定和表 5.2 确定抗震等级;其中,8 度乙类建筑高度超过表 5.2 规定的范围时,应经专门研究采取比一级更有效的抗震措施。

表 5.2 现浇钢筋混凝土高层建筑结构的抗震等级

结构类型		烈度						
		6		7		8		9
框架结构	高度/m	≤30	>30	≤30	>30	≤30	>30	≤25
	框架	四	三	三	二	二	一	一
	剧场、体育馆等大跨度公共建筑	三		二		一		一
框架抗震墙结构	高度/m	≤60	>60	≤60	>60	≤60	>60	≤50
	框架	四	三	三	二	二	一	一
	抗震墙	三		二		一		一
抗震墙结构	高度/m	≤80	>80	≤80	>80	≤80	>80	≤60
	抗震墙	四	三	三	二	二	一	一
部分框支抗震墙结构	抗震墙	三	二	二	一	一	/	/
	框支层框架	二	二	二	一	一	/	/
筒体结构	框架核心筒	框架	三		二		一		一
		核心筒	二		二		一		一
	筒中筒	外筒	三		二		一		一
		内筒	三		二		一		一
板柱抗震墙结构	板柱的柱	二		二		一		/
	抗震墙	二		二		一		/

注:①建筑场地为Ⅰ类时,除 6 度外,可按表内降低一度所对应的抗震等级采取抗震构造措施,但相应的计算要求不应降低。
②接近或等于高度分界时,应允许结合房屋不规则程度及场地、地基条件确定抗震等级。
③部分框支抗震墙结构中,抗震墙加强部位以上的一般部位,应允许按抗震墙结构确定其抗震等级。

由表 5.2 中可见,在同等设防烈度和房屋高度的情况下,对于不同的结构类型,其次要抗侧力构件抗震要求可低于主要抗侧力构件,即抗震等级低些。如框架-抗震墙结构中的框架,其抗震要求低于框架结构中的框架;相反,其抗震墙则比抗震墙结构有更高的抗震要求。框架-抗震墙结构中,若抗震墙部分承受的地震倾覆力矩不大于结构总地震倾覆力矩的50%,考虑到此时抗震墙的刚度较小,其框架部分的抗震等级应按框架结构划分。

5.2.3 结构选型和布置

(1)合理地选择结构体系

多高层钢筋混凝土结构房屋常用的结构体系有框架结构、抗震墙结构和框架-抗震墙结构,其常见的结构平面布置(见图 5.2)。框架结构由纵横向框架梁柱组成,具有平面布置灵活,可获得较大的室内空间,容易满足生产和使用要求等优点,因此在工业与民用建筑中得到了广泛的应用。其缺点是抗侧刚度较小,属柔性结构,在强震下结构的顶点位移和层间位移较大,且层间位移自上而下逐层增大,可能导致刚度较大的非结构构件的破坏。如框架结构中的砖填充墙常常在框架仅有轻微损坏时就发生严重破坏,但设计合理的框架仍具有较好的抗震性能。在地震区,纯框架结构可用于12层(40 m 高)以下、体形较简单、刚度较均匀的房屋,而对高度较大、设防烈度较高、体系较复杂的房屋,及对建筑装饰要求较高的房屋和高层建筑,应优先采用框架-抗震墙结构或抗震墙结构。

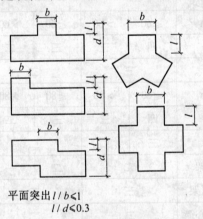

平面突出 $l/b \leqslant 1$
$l/d \leqslant 0.3$

图 5.2 高层建筑平面

抗震墙结构是由钢筋混凝土墙体承受竖向荷载和水平荷载的结构体系。具有整体性能好、抗侧刚度大和抗震性能好等优点,且该类结构无突出墙面的梁、柱,可降低建筑层高,充分利用空间,特别适合于20~30层的多高层居住建筑。缺点是墙体面积大,限制了建筑物内部平面布置的灵活性。

框架抗震墙结构是由框架和抗震墙相结合而共同工作的结构体系,兼有框架和抗震墙两种结构体系的优点,既具有较大的空间,又具有较大的抗侧刚度,多用于10~20层的房屋。

其次,选择结构体系时,还应尽量使其基本周期错开地震动卓越周期,一般房屋的基本自振周期应比地震动卓越周期大 1.5~4.0 倍,以避免共振效应。自振周期过短,即刚度过大,会导致地震作用增大,增加结构自重及造价;若自振周期过长,即结构过柔,则结构会发生过大变形。一般地讲,高层房屋建筑基本周期的长短与其层数成正比,并与采用的结构体系密切相关。就结构体系而言,采用框架体系时周期最长,框架 - 抗震墙次之,抗震墙体系最短,设计时应采用合理的结构体系并选择适宜的结构刚度。

(2)为抵抗不同方向的地震作用,框架或抗震墙均宜双向设置,梁与柱或柱与抗震墙的中线宜重合,当框架的梁与柱中线之间的偏心距大于柱宽的 1/4 时,应计入偏心距的影响。高层的框架结构不应采用单跨的框架结构,多层框架结构不宜采用单跨框架结构。

(3)框架结构中,砌体填充墙在平面和竖向的布置宜均匀对称,避免形成薄弱层或短柱。砌体填充墙宜与梁柱轴线位于同一平面内,考虑抗震设防时,宜与柱有可靠的拉结。一、二级框架的维护墙和隔墙,宜采用轻质墙或与框架柔性连接的墙板,二级且层数不超过五层,三级且层数不超过八层和四级框架结构,可考虑采用烧结普通砖填充墙的抗侧力作用,且应符合规范中有关抗震墙之间楼屋盖的长宽比规定,及框架 - 抗震墙结构中抗震墙设置的要求。

(4)为使框架 - 抗震墙结构和抗震墙结构通过楼屋盖有效地将地震剪力传给抗震墙,规范要求抗震墙之间无大洞口楼屋盖长宽比不宜超过表 5.3 的规定,符合该规定的楼屋盖可近似按刚性楼盖考虑。当超过上述规定时,应考虑楼盖平面内变形的影响。

(5)抗震墙结构中的抗震墙布置

抗震墙结构和部分框支抗震墙结构中的抗震墙设置,应符合下列要求。

①较长的抗震墙宜开设洞口,将一道抗震墙分成长度较均匀的若干墙段,洞口连梁的跨高比宜大于 6,各墙段的高宽比不应小于 2。

②墙肢的长度沿结构全高不宜有突变;当抗震墙有较大洞口时,以及一、二级抗震墙的底部加强部位,洞口宜上下对齐。

③矩形平面的部分框支抗震墙结构,其框支层的楼层侧向刚度不应小于相邻非框支层楼层侧向刚度的 50%;框支层落地抗震墙间距不宜大于 24 m,框支层的平面布置尚宜对称,且宜设抗震筒体。

(6)框架 - 抗震墙结构中的抗震墙设置

抗震墙的榀数不要过少,抗震墙的刚度不要过大,且宜均匀分布。榀数过少,抗震墙受力过大,会给设计带来问题,且地震时个别抗震墙受损将导致整个结构破坏。同时,为了使水平荷载的合力作用点与结构的抗侧刚度中心相重合以减小结构的扭转,抗震墙宜对称布置并尽可能沿建筑的周边布置。此外,抗震墙的布置还应符合下列要求。

①宜贯通全高,而且纵横向抗震墙宜相连。

②不应设置在大洞口墙位置,抗震墙的开洞面积不宜大于墙面面积的 1/6,洞口宜上下对齐,洞口梁高不宜小于层高的 1/5。

③房屋较长时,纵向抗震墙不宜设置在端开间。

表 5.3 抗震墙之间楼、屋盖的长宽比

楼、屋盖类型	烈度			
	6度	7度	8度	9度
现浇、叠合梁板	4	4	3	2
装配式楼盖	3	3	2.5	不宜采用
框支层和板柱-抗震墙的现浇梁板	2.5	2.5	2	不应采用

(7)加强楼盖的整体性

在高烈度(9度)区,应采用现浇楼面结构。当房屋高度超过 50 m 时,宜采用现浇楼面结构。框架-抗震墙结构应优先采用现浇楼面结构。当房屋高度不超过 50 m 时,也可采用装配整体式楼面结构。在采用装配整体式楼盖时,宜采用叠合梁,与楼面整浇层结合为一体。采用装配式楼面时,预制板应均匀排列,板缝不宜小于 40 mm,应在板缝内配置钢筋,形成板缝梁,并宜贯穿整个结构单元。后浇面层厚度一般不小于 50 mm,内配双向钢筋网 $\Phi 4 \sim \Phi 6@150 \sim 250$。房屋的顶层、结构转换层、平面复杂或开洞过大的楼层均应采用用现浇楼面结构。

5.2.4 屈服机制

多高层钢筋混凝土房屋的屈服机制可分为总体机制(见图 5.3(a))、楼层机制(见图 5.3(b))及由这两种机制组合而成的混合机制。总体机制表现为所有横向构件屈服而竖向构件除根部外均处于弹性,总体结构围绕根部作刚体转动。楼层机制则表现为仅竖向构件屈服而横向构件处于弹性。房屋总体屈服机制优先于楼层机制,前者可在承载力基本保持稳定的条件下,持续地变形而不倒塌,最大限度地耗散地震能量。为形成理想的总体机制,应一方面防止塑性铰在某些构件上出现,另一方面迫使塑性铰发生在其他次要构件上,同时要尽量推迟塑性铰在某些关键部位(如框架根部、双肢或多肢抗震墙的根部等)的出现。

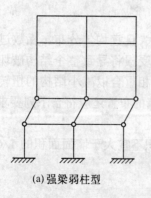
(a)强梁弱柱型

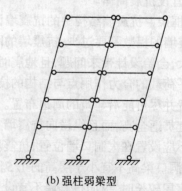
(b)强柱弱梁型

图 5.3 框架的破坏形式

对于框架结构,为使其具有必要的承载能力、良好的变形能力和耗能能力,应选择合理的屈服机制。理想的屈服机制是让框架梁首先进入屈服,形成梁铰机制(见图 5.3

(b)),以吸收和耗散地震能量,而防止塑性铰首先出现于柱子(除底层柱根部外),形成耗能性能差的层间柱铰机制(见图 5.3(a))。为此,应合理选择构件尺寸和配筋,体现"强柱弱梁"、"强剪弱弯"的设计原则。梁、柱构件的受剪承载力应不低于与其连接的构件达到超强时的核心区剪力,以防止发生剪切破坏。对于装配式框架结构的连接,应能保证结构的整体性。应采取有效措施避免剪切破坏、梁钢筋锚固破坏、焊接断裂和混凝土压碎等脆性破坏。要控制柱子的轴压比和剪压比,加强对混凝土的约束,提高构件的变形能力,以增加结构延性。

在抗震设计中,增强承载力要和刚度、延性要求相适应。不适当地将某一部分结构增强,可能造成结构其他部分相对薄弱。因此,不合理地任意加强配筋,以及在施工中以高强钢筋代替原设计中主要钢筋的做法,需慎重考虑。

5.2.5 基础结构

由于罕遇地震作用下大多数结构将进入非弹性状态,所以基础结构的抗震设计要求是:在保证上部结构抗震耗能机制的条件下,基础结构能将上部结构屈服机制形成后的最大作用(包括弯矩、剪力及轴力)传到基础,此时基础结构仍处于弹性状态。

单独柱基础适用于层数不多、地基土质较好的框架结构。交叉梁带形基础以及筏形基础使用于层数较多的框架。规范规定,当框架结构有下列情况之一时,宜沿两主轴方向设置基础系梁。

(1)一级框架和IV类场地的II级框架。
(2)各柱基承受的重力荷载代表值差别较大。
(3)基础埋置较深,或各基础埋置深度差别较大。
(4)地基主要受力层范围内存在软弱黏性土层、液化土层和严重不均匀土层。

沿两主轴方向设置基础系梁的目的是加强基础在地震作用下的整体工作,以减少基础间的相对位移,由于地震作用引起的柱端弯矩,以及基础的转动等。

抗震墙结构以及框架-抗震墙结构的抗震墙基础应具有足够的抗转动能力,否则一方面会影响上部结构的屈服,使位移增大,另一方面将影响框架-抗震墙结构的侧力分配关系,将使框架所分配的侧力增大。因此,当按天然地基设计时,最好采用整体性较好的基础结构并有相应的埋置深度。抗震墙结构和框架-抗震墙结构当上部结构的重量和刚度分布不均匀时,宜结合地下室采用箱形基础以加强结构的整体性。当表层土质较差时,为了充分利用较深的坚实土层,减少基础嵌固程度,可以结合以上基础类型采用桩基。

5.3 框架内力和位移计算

5.3.1 水平地震作用的计算

一般情况下,可在建筑结构的两个主轴方向分别考虑水平地震作用,各方向的水平地震作用应全部由各方向抗侧力框架来承受。

计算多层框架结构的水平地震作用时,一般应以防震缝所划分的结构单元作为计算单元,在计算单元各楼层重力荷载代表值的集中质点 G_i 设在楼屋盖标高处。对于高度不超过 40 m,质量和刚度沿高度分布比较均匀的框架结构,可采用底部剪力法的公式分别求出计算单元的总水平地震作用标准值 F_{EK}、各层的水平地震作用标准值 F_i 和顶部水平地震作用标准值 ΔF_n。

在计算结构总水平地震作用标准值时,首先需确定结构的基本周期。手算时,一般采用顶点位移法计算结构基本周期。计入的影响,结构基本周期可用下式表示

$$T_1 = 1.7\Psi_T\sqrt{u_T} \tag{5.1}$$

式中　Ψ_T——考虑非结构墙体刚度影响的周期折减系数,当采用实砌填充砖墙时取 0.6~0.7;当采用轻质墙、外挂墙板时取 0.85。

　　　u_T——结构顶点假想位移(m),即假想把集中在各层楼层处的重力荷载代表值 G_i 作为水平荷载,仅考虑计算单元全部柱的侧移刚度 $\sum D$,按弹性方法所求得的结构顶点位移。

应该指出,对于有突出于屋面的屋顶间(电梯间、水箱间)等的框架结构房屋,结构顶点假想位移 u_T 指主体结构顶点的位移。因此,突出屋面的屋顶间的顶面不需设质点 G_{n+1},而将其并入主体结构屋顶集中质点 G_n 内。

也可按下式用能量法计算 T_1

$$T_1 = 2\sqrt{\frac{\sum_{i=1}^{n} G_i u_i^2}{\sum_{i=1}^{n} G_i u_i}} \tag{5.2}$$

式中　u_i——将各质点的重力荷载 G_i 视为水平力所产生的质点处的水平位移,单位为 m。

若已知第 j 层的水平地震作用标准值 F_j 和 ΔF_n,则第 i 层的地震剪力 V_i 按下式计算

$$V_i = \sum_{j=1}^{n} F_j + \Delta F_n \tag{5.3}$$

按式(5.3)求得第 i 层地震剪力 V_i 后,再按各层各柱的侧移刚度求其分担的水平地震剪力标准值。一般将砖填充墙仅作为非结构构件,不考虑其抗侧力作用。

5.3.2　地震作用在结构各部分的分配和内力计算

1. 地震作用在结构各部分的分配

用底部剪力法、振型分解法或时程分析法时通常采用的是"葫芦串"模型,相应的计算结果是地震作用沿结构竖向的分布。要把作用在各层的地震作用分配给各柱或各榀抗侧力平面结构通常需要假定楼屋盖在其平面内的刚度为无穷大。这样,各柱或各榀抗侧力平面结构在楼屋盖处的水平方向变形是协调的。从而,根据各柱或各榀抗侧力平面结构的抗侧刚度进行地震作用引起的层剪力的分配。

通常假定地震沿结构平面的两个主轴方向作用于结构。用底部剪力法计算时,一般不考虑结构的扭转反应。把层剪力按各柱的刚度分配给各柱从而得到各榀框架的地震作用。

求得结构第 i 层的地震剪力 V_i 后,再把 V_i 按该层各柱的刚度进行分配,得该层第 j 柱所承受的地震剪力 V_{ij} 为

$$V_{ij} = \frac{D_{ij}}{\sum_{k=1}^{n} D_{ik}} V_i \tag{5.4}$$

式中　　D_{ij}——第 i 层第 j 根柱的抗侧刚度。

2. 内力计算

用计算机进行框架结构的静力计算(把框架上的地震作用作为静力荷载)或动力计算(时程分析法),可直接得到各杆的内力。

在初步设计时或计算层数较少且较为规则的框架在水平地震作用下的内力时,可采用近似计算方法反弯点法和 D 值法,后者较为常用。

(1) 反弯点法

水平地震作用一般都可简化为作用于框架节点上的水平力。规则框架在节点水平力作用下的典型弯矩图,如图 5.4 所示。其中弯矩为零的点为反弯点。显然,只要能确定各柱的剪力和反弯点的位置,就可求得各柱的弯矩,进而由节点平衡条件求得梁端弯矩及整个框架的其他内力。这可通过如下假定来实现。

① 梁的线刚度为无穷大。
② 底层柱的反弯点在距基础 2/3 柱高处。

由上述假定可知同一层柱两端的相对水平位移均相同。除底层外各柱的反弯点均位于柱高的中点。

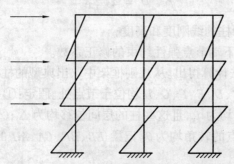

图 5.4　框架在水平节点力作用下的弯矩图

设框架共有 n 层,每层有 m 根柱子。第 j 层的总剪力 V_j 可根据平衡条件求出。设第 j 层各柱的剪力分别为 $V_{j1}, V_{j2}, \cdots, V_{jm}$,则有

$$V_j = \sum_{k=1}^{n} V_{jk} \tag{5.5}$$

设该层的层间水平位移为 Δ_j,由于各柱的两端只有水平位移而无转角,则有

$$V_{jk} = \frac{12 i_{jk}}{h_j^2} \Delta_j \tag{5.6}$$

式中　　i_{jk}——第 j 层第 k 柱的线刚度;
　　　　h_j——第 j 层柱的高度。

把式(5.6)代入式(5.5)，由于梁的刚度为无穷大，梁的轴向变形为零，从而第 j 层的各柱两端的相对水平位移均相同(均为 Δ_j)，因此有

$$\Delta_j = \frac{V_j}{\sum_{k=1}^{m} \frac{12 i_{jk}}{h_j^2}} \tag{5.7}$$

把式(5.7)代入式(5.6)，得第层各柱的剪力为

$$V_{jk} = \frac{i_{jk}}{\sum_{k=1}^{m} i_{jk'}} V_j \quad k = 1, 2, \cdots, m \tag{5.8}$$

求出各柱的剪力后，根据已知各柱的反弯点位置，可求出各柱的弯矩。

求出所有柱的弯矩后考虑各节点的力矩平衡，对每个节点由梁端弯矩之和等于柱端弯矩之和可求出梁端弯矩之和 $\sum M_b$。把 $\sum M_b$ 按与该节点相连梁的线刚度进行分配(即某梁所分配到的弯矩与该梁的线刚度成正比)，便可求出该节点各梁的梁端弯矩。

(2) D 值法

反弯点法中的梁刚度为无穷大的假定使反弯点法的应用受到限制。在一般情况下柱的抗侧刚度还与梁的线刚度有关，柱的反弯点高度也与梁柱线刚度比、上下层梁的线刚度比、上下层的层高变化等因素有关。在反弯点法的基础上考虑上述因素对柱的抗侧刚度和反弯点高度进行修正，就得到 D 值法。在 D 值法中，柱的抗侧刚度以 D 表示，故得其名。

修正后的柱抗侧刚度 D 可表示为

$$D = \alpha \frac{12 i_c}{h^2} \tag{5.9}$$

式中　　i_c, h——分别为柱的线刚度和高度；

α——考虑柱上下端节点弹性约束的修正系数。

系数 α 可按如下方法计算得出。从规则框架中取出典型的柱 AB 及与其相连的杆件如图 5.5 所示，其中 A、B、C、D、E、F、G、H 均位于节点处。假定：①柱 AB 及与其上下相邻的柱的高度均为 h_j，线刚度均为 i_c，且这些柱的层间位移均为 Δ_j；②柱 AB 两端节点及与其上下左右相邻的各个节点的转角均为 θ。记梁 EB、BF、GA、AH 的线刚度分别为 i_1、i_2、i_3、i_4，则可导出

$$\alpha = \frac{K}{2 + K} \tag{5.10}$$

$$K = \frac{\sum i}{2 i_c} \tag{5.11}$$

式中　　$\sum i = i_1 + i_2 + i_3 + i_4$

类似地可导出底层柱的抗侧刚度修正系数 α。除了图 5.5 所示情况外，还有图 5.6(a)所示的情况。对图 5.6(a)的情况，$K = (i_1 + i_2)/i_c, \alpha = (0.5 + K)/(2 + K)$；对图 5.6(b)的情况，$K = (i_1 + i_2)/i_c, \alpha = 0.5K/(1 + 2K)$；对图 5.6(c)的情况，$K = (i_1 + i_2 + i_{p1} + i_{p2})/(2 i_c), \alpha = K/(2 + K)$。在图 5.5 和图 5.6 所示各种情况中若某梁不存在(如边柱的情况)，则该梁的线刚度为零。

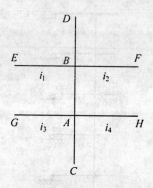

图 5.5 用于推导值法的框架单元

求得柱抗侧刚度 D 值后可按与反弯点法相类似的推导,得出第 j 层第 k 柱的剪力

$$V_{jk} = \frac{D_{jk}}{\sum_{k'+1}^{m} D_{jk'}} V_j \tag{5.12}$$

已知柱的剪力后要求出柱的弯矩,还需要知道柱的反弯点位置。

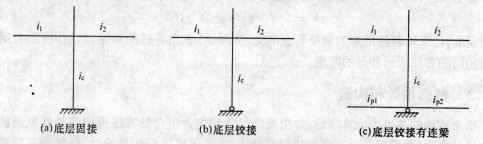

(a)底层固接　　　　　(b)底层铰接　　　　(c)底层铰接有连梁

图 5.6 D 值法中的底层单元

显然柱的反弯点位置取决于其上下端弯矩的比值。影响柱反弯点位置的因素有侧向外荷载的形式、梁柱线刚度比、结构总层数及该柱所在的层、柱上下横梁线刚度比、上层层高的变化、下层层高的变化等。分析时,假定同层各横梁的反弯点均在各横梁跨度的中央而该点又无竖向位移。从而,多层多跨框架可简化成如图 5.7 所示的计算简图。

让上述因素逐一发生变化,可分别求得柱底端至反弯点的距离(即反弯点高度),制成相应的表格,且应考虑如下因素对反弯点高度的影响。

① 梁柱线刚度比及层数、层次对反弯点高度的影响。

假定框架横梁的线刚度、柱的线刚度和层高 h 沿框架高度保持不变,则可求出相应的各层柱的反弯点高度 $y_0 h$,其中 y_0 称为标准反弯点高度比,其值可由附表 1、附表 2 查得。表中的 K 值可按式(5.10)计算。

② 上下横梁线刚度比对反弯点的影响。

若上下横梁的线刚度不同则反弯点将向横梁线刚度较小的一端偏移。因此须对 y_0 加一增量 y_1 进行修正,y_1 的值可由附表 3 查得。对于底层柱,不考虑修正值 y_1,即取 $y_1 = 0$。

③ 层高变化对反弯点的影响。

当上下层层高发生变化时反弯点高度的上移增量分别为 $y_2 h$ 和 $y_3 h$,其中 y_2 和 y_3 可由附表 4 查得。对于顶层柱,不考虑修正值 y_2,即取 $y_2 = 0$;对于底层柱,不考虑修正值 y_3,

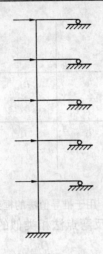

图 5.7 求反弯点位置的计算简图

即取 $y_3 = 0$。

综上所述,经过各项修正后,柱底至反弯点的高度 yh 则可由下式求出

$$yh = (y_0 + y_1 + y_2 + y_3)h \tag{5.13}$$

至此,已求得各柱的剪力和反弯点高度。从而,可求出各柱的弯矩,然后,可用与反弯点法相同的方法求出各梁的弯矩。

5.3.3 截面设计和构造

框架结构的各种内力算出后,要用荷载组合和内力组合的方法得出各控制截面的最不利设计内力,然后据此进行截面的配筋设计。之后还要进行构造设计,包括验算截面尺寸是否满足要求以及确定配筋构造。如果截面尺寸有较大的调整,则要重新进行前述有关计算。对抗震设计而言,计算配筋和构造设计是并重的。

1. 地震作用效应的调整

通过内力组合得出的设计内力,还需进行调整以保证梁端的破坏先于柱端的破坏(强柱弱梁的原则)、弯曲破坏先于剪切破坏(强剪弱弯的原则)、构件的破坏先于节点的破坏(强节点弱构件的原则)。下面先介绍前两个原则的保证措施,后一原则将在 5.3.4 节中介绍。

(1)"强柱弱梁"原则

根据"强柱弱梁"原则进行调整的思路是对同一节点,使其在地震作用组合下柱端的弯矩设计值略大于梁端的弯矩设计值或抗弯能力。

一、二、三级框架的梁柱节点处,除框支层最上层的柱上端、框架顶层和柱轴压比小于 0.15 外,柱端弯矩设计值应符合下或要求

$$\sum M_c = \eta_c \sum M_b \tag{5.14}$$

9 度和一级框架结构尚应符合

$$\sum M_c = 1.2 \sum M_{bua} \tag{5.15}$$

式中 $\sum M_c$ ——节点上下柱端截面顺时针或反时针方向组合的弯矩设计值之和,上下柱端的弯矩设计值,一般情况可按弹性分析分配;

$\sum M_b$ ——节点左右梁端截面反时针或顺时针方向组合的弯矩设计值之和,节点左右梁端均为负弯矩时,绝对值较小的弯矩应取零;

$\sum M_{bua}$ ——节点左右梁端截面反时针或顺时针方向根据实配钢筋面积(考虑受压筋)和材料强度标准值计算的抗震受弯承载力所对应的弯矩值之和;

η_c ——强柱系数,一级为 1.4,二级为 1.2,三级为 1.1。当反弯点不在柱的层高范围内时,柱端的弯矩设计值可直接乘以上述强柱系数。

一、二、三级框架结构的底层柱下端截面的弯矩设计值,应分别乘以增大系数 1.5、1.25 和 1.15。底层柱纵向钢筋宜按上下端的不利情况配置。此处底层指无地下室的基础以上或地下室以上的首层。

按两个主轴方向分别考虑地震作用时一、二级框架结构的角柱,调整后的弯矩、剪力设计值应乘以增大系数 1.30,并应满足规范的其他相应要求。

(2)"强剪弱弯"原则

根据"强剪弱弯"原则进行调整的思路是:对同一杆件,使其在地震作用组合下,剪力设计值略大于按设计弯矩或实际抗弯承载力及梁上荷载反算出的剪力。

① 框架梁设计剪力的调整。

一、二、三级的框架梁和抗震墙中跨高比大于 2.5 的连梁,其梁端剪力设计值应按下式调整

$$V = \eta_{vb}(M_b^l + M_b^r)/l_n + V_{Gb} \tag{5.16}$$

9 度时和一级框架结构尚应符合

$$V = 1.1(M_{bua}^l + M_{bua}^r)/l_n + V_{Gb} \tag{5.17}$$

式中 V ——梁端组合剪力设计值;

l_n ——梁的净跨;

V_{Gb} ——梁在重力荷载代表值(9 度时高层建筑还应包括竖向地震作用标准值)作用下,按简支梁分析的梁端截面剪力设计值;

M_b^l 和 M_b^r ——梁左右端反时针或顺时针方向组合的弯矩设计值,当两端弯矩均为负弯矩时,绝对值较小一端的弯矩取零;

M_{bua}^l 和 M_{bua}^r ——梁左右端反时针或顺时针方向根据实配钢筋面积(考虑受压筋)和按材料强度标准值计算的抗震受弯承载力所对应的弯矩值;

η_{vb} ——梁端剪力增大系数,一级为 1.3,二级为 1.2,三级为 1.1。

② 框架柱设计剪力的调整。

一、二、三级的框架柱和框支柱端部组合的剪力设计值应按下式调整

$$V = \eta_{vc}(M_c^t + M_c^b)/H_n \tag{5.18}$$

9度时和一级框架结构尚应符合

$$V = 1.2(M_{cua}^t + M_{cua}^b)/H_n \tag{5.19}$$

式中　　V——梁端组合剪力设计值；

　　　　H_n——柱的净高；

　　　　M_c^t 和 M_c^b——柱的上下端顺时针或反时针方间截面的组合弯矩设计值，应符合上述对柱端弯矩设计值的要求；

　　　　M_{cua}^t 和 M_{cua}^b——偏心受压柱的上下端顺时针或反时针方向根据实配钢筋面积、材料强度标准值和轴压力等计算的抗震承载力所对应的弯矩值；

　　　　η_{vc}——柱剪力增大系数，一级为1.4，二级为1.2，三级为1.1。

2. 配筋和构造

（1）截面尺寸限制条件

为了保证结构的延性，防止发生脆性破坏，对抗震结构往往要求更为严格的截面限制条件，使截面的尺寸不致过小。

梁端截面的混凝土受压区高度 x。当考虑受压钢筋的作用时，应满足下列条件

$$x \leqslant 0.25h_0 \quad (\text{一级}) \tag{5.20}$$

$$x \leqslant 0.35h_0 \quad (\text{二、三级}) \tag{5.21}$$

式中　　h_0——截面的有效高度。

钢筋混凝土结构的梁、柱、抗震墙和连梁，其截面组合的剪力设计值应符合下列要求。

① 跨高比大于2.5的梁和连梁及剪跨比大于2的柱和抗震墙考虑地震组合的剪力设计值应满足

$$V \leqslant \frac{1}{\gamma_{RE}}(0.20f_c bh_0) \tag{5.22}$$

② 跨高比不大于2.5的梁和连梁、剪跨比不大于2的柱和抗震墙、部分框支抗震墙结构的框支柱和框支梁，以及落地抗震墙底部加强部位，应满足

$$V \leqslant \frac{1}{\gamma_{RE}}(0.15f_c bh_0) \tag{5.23}$$

上述剪跨比应按下式计算

$$\lambda = \frac{M^c}{V^c h_0} \tag{5.24}$$

式中　　λ——剪跨比，框架结构的中间层可按柱净高与2倍柱截面高度之比简化计算；

　　　　M^c——柱端或墙端截面组合的弯矩计算值，取上下端弯矩的较大值；

　　　　V、V^c——柱端或墙端截面组合的剪力设计值；

　　　　f_c——混凝土轴心抗压强度设计值；

　　　　b——梁、柱截面宽度或抗震墙墙肢截面宽度；

　　　　h_0——截面有效高度，抗震墙可取墙肢长度。

(2) 抗剪承载力的折减

在反复荷载作用下梁端形成交叉剪切裂缝,混凝土所能承担的极限剪力大大降低,故在设计时须考虑这种影响。

考虑地震作用组合时,梁受剪承载力计算公式为

$$V_b \leq \frac{1}{\gamma_{RE}}(0.6V_c + V_s) \tag{5.25}$$

式中 V_c 和 V_s —— 分别为不考虑地震作用时,受剪承载力设计值表达式中的混凝土项和箍筋项。式(5.26)中的系数0.6考虑了反复荷载作用下混凝土受剪承载力的降低。

柱剪力设计值确定后柱的受剪承载力计算的公式与式(5.25)相类似,只需把该式中的 V_b 换成 V_c,并考虑轴力项即可。即柱受剪承载力计算公式为

$$V_c \leq \frac{1}{\gamma_{RE}}\left[\frac{1.05}{\lambda+1}f_t b h_0 + f_{yv}\frac{A_{sv}}{s}h_0 + 0.056N\right] \tag{5.26}$$

其中,当 λ 小于1时,取 $\lambda = 1$;当 λ 大于3时,取 $\lambda = 3$。式(5.26)中 N 为考虑地震作用组合时,框架柱的轴向压力设计值,当 N 大于 $0.3f_c A$ 时,取 $N = 0.3f_c A$。当框架柱出现拉力时,其斜截面受剪承载力计算公式则应为

$$V_c \leq \frac{1}{\gamma_{RE}}\left[\frac{1.05}{\lambda+1}f_t b h_0 + f_{yv}\frac{A_{sv}}{s}h_0 - 0.2N\right] \tag{5.27}$$

式中 N —— 考虑地震作用组合的框架柱的轴向拉力设计值。

并且当式中方括号内的计算值小于 $f_{yv}\frac{A_{sv}}{s}h_0$ 时,取等于 $f_{yv}\frac{A_{sv}}{s}h_0$,且 $f_{yv}\frac{A_{sv}}{s}h_0$ 的值不应小于 $0.36f_c b h_0$。

(3) 构造要求

梁的截面宽度不宜小于200 mm,截面高宽比不宜大于4,净跨与截面高度之比不宜小于4。

采用扁梁时,楼板应现浇,梁中线宜与柱中线重合;当梁宽大于柱宽时,扁梁应双向布置。扁梁的截面尺寸应符合下列要求

$$b_b \leq 2b_c \tag{5.28}$$

$$b_b \leq b_c + h_b \tag{5.29}$$

$$h_b \geq 16d \tag{5.30}$$

式中 b_c —— 柱截面宽度(圆形截面取柱直径的0.8倍);

b, h_b —— 分别为梁截面宽度和高度;

d —— 柱纵筋直径。

梁的纵向钢筋配置,应符合下列要求:① 梁端截面的底面和顶面配筋量的比值,除按计算确定外,一级不应小于0.5,二、三级不应小于0.3。② 对沿梁全长顶面和底面的配筋,一、二级不应少于2Φ14,且分别不应少于梁两端顶面和底面纵向配筋中较大截面面积的1/4。三、四级不应少于2Φ12。③ 一、二级框架梁内贯通中柱的每根纵向钢筋直径,不宜大于柱在该方向截面尺寸的1/20;对圆形截面柱,不宜大于纵向钢筋所在位置柱截面边长

的 1/20。

梁端加密区的箍筋配置,应符合下列要求:① 加密区的长度、箍筋最大间距和最小直径应按表 5.4 采用;当梁端纵向受拉钢筋配筋率大于 2% 时,表中箍筋最小直径数值应增大 2 mm。② 梁加密区箍筋肢距,一级不宜大于 200 mm 和 20 倍箍筋直径的较大值,二、三级不宜大于 250 mm 和 20 倍箍筋直径的较大值,四级不宜大于 300 mm。

表 5.4 抗震框架梁端箍筋加密区的长度、箍筋最大间距和最小直径

抗震等级	加密区长度 /mm（采用较大值）	箍筋最大间距 /mm（采用较小值）	箍筋最小直径 /mm
一级	$2h_b, 500$	$h_b/4, 6d, 100$	10
二级	$1.5h_b, 500$	$h_b/4, 8d, 100$	8
三级	$1.5h_b, 500$	$h_b/4, 8d, 150$	8
四级	$1.5h_b, 500$	$h_b/4, 8d, 150$	6

注:d 为纵筋直径,h_b 为梁高。

柱的截面尺寸宜符合下列要求:① 截面的宽度和高度均不宜小于 300 mm,圆柱直径不宜小于 350 mm。② 剪跨比宜大于 2;圆柱截面可按等面积的方形截面进行计算。③ 截面的边长比不宜大于 3。

柱的轴力越大,其延性越差,故引入轴压比的概念。轴压比定义为

$$n = \frac{N}{f_c A_c} \tag{5.31}$$

式中　　N——柱内力组合后的轴压力设计值;
　　　　A_c——柱的全截面面积;
　　　　f_c——混凝土抗压强度设计值。

当 n 较小时,为大偏心受压构件,是延性破坏;当 n 较大时,为小偏心受压构件,是脆性破坏。并且当轴压比较大时箍筋对延性的影响变小。为保证地震时柱的延性,规范规定了轴压比的上限值如表 5.5 所示,这些限值是从偏心受压截面产生界限破坏的条件得到的。框支层由于变形集中,对轴压比的限值要严一些。在一定的有利条件下,柱轴压比的限值可适当提高,但不应大于 1.05。Ⅳ 类场地上较高的高层建筑的柱轴压比限值应适当减小。

表 5.5 框架柱的轴压比限值

结构类型	抗震等级		
	一	二	三
框架结构	0.7	0.8	0.9
框架-抗震墙,板柱-抗震墙及筒体	0.75	0.85	0.95
部分框支抗震墙	0.6	0.7	—

注:① 可不进行地震作用计算的结构,取无地震组合的轴力设计值,轴压比限值应取 1.0。
　　② 表内限值适用于剪跨比大于 2,混凝土强度等级不高于 C60 的柱;剪跨比不大于 2 的柱轴压比限值应降低 0.05;剪跨比小于 1.5 的柱,轴压比限值应专门研究并采取特殊构造措施。
　　③ 沿柱全高采用井字复合箍且箍筋肢距不大于 200 mm,间距不大于 100 mm,直径不小于

12 mm,或沿柱全高采用复合螺旋箍,螺旋距不大于 100 mm,箍筋肢距不大于 200 mm,直径不小于 12 mm,或沿柱全高采用连续复合矩形螺旋箍,螺旋净距不大于 80 mm,箍筋肢距不大于 200 mm,直径不小于 10 mm,轴压比限值均可增加 0.10,上述三种箍筋的配箍特征值均应按增大的轴压比按表 5.8 确定。

④ 在柱的截面中附加芯柱,其中另加的纵向钢筋总面积不少于柱截面面积的 0.8%,轴压比限值可增加 0.05,此项措施与注 3 项措施共同采用时,轴压比限值可增加 0.15,但箍筋的配箍特征值仍可按轴压比增加 0.10 的要求确定。

⑤ 柱轴压比不应大于 1.05。

柱的纵向钢筋配置应符合下列要求:① 宜对称配置。② 截面尺寸大于 400 mm 的柱,纵向钢筋间距不宜大于 200 mm。③ 柱纵向钢筋的最小总配筋率应按表 5.6 采用,同时每一侧配筋率不应小于 0.2%。对 Ⅳ 类场地上较高的高层建筑,表中的数值宜增加 0.1。④ 柱总配筋率不应大于 0.5%。⑤ 一级且剪跨比不大于 2 的柱,每侧纵向钢筋配筋率不宜大于 1.2%。⑥ 边柱、角柱及抗震墙边柱考虑地震作用组合产生拉力时,柱内纵筋总截面面积计算值应增加 30%。

表 5.6　框架柱全部纵向钢筋最小配筋百分率　　　　　　　　　　　　　　%

类别	抗震等级			
	一	二	三	四
中柱和边柱	1.0	0.8	0.7	0.6
角柱、框支柱	1.2	1.0	0.9	0.8

注:当框架柱采用 HRB400 级热轧钢筋,应允许减少 0.1,采用混凝土强度等级高于 C60 时,应增加 0.1。

表 5.7　柱加密区的箍筋最大间距和最小直径

抗震等级	箍筋最大间距 /mm(采用较小值)	箍筋最小直径 /mm
一	6d,100	10
二	8d,100	8
三	8d,150(柱根 100)	8
四	8d,150(柱根 100)	6(柱根 8)

注:h 为矩形截面长边尺寸,D 为圆形截面直径,H_n 为柱净高,d 为纵向钢筋最小直径。

在塑性铰区,应加强箍筋的约束。因此,在柱的上、下端箍筋应按表 5.7 的规定加密。对剪跨比不大于 2 的柱、框支柱和一、二级抗震的框架角柱应沿柱全高加密箍筋。柱在刚性地坪表面的上下各 500 mm 的范围内也应按加密区的要求配置箍筋。底层柱柱根处不小于 l/3 柱净高范围内应按加密区的要求配置箍筋。梁柱的中线不重合且偏心距大于柱宽的 1/8 时,沿柱的全高也应按加密区的要求配置箍筋。

表 5.9 适用于一般的情况,在下列情况下可作相应的变动:二级框架柱的箍筋直径不小于 Φ10 时,最大间距可采用 150 mm;三级框架柱的截面尺寸不大于 400 mm 时,箍筋最小直径可采用 Φ6;四级框架柱剪跨比不大于 2 时,箍筋直径不宜小于 Φ8。

柱加密区的箍筋肢距,一级不宜大于 200 mm,二、三级不宜大于 250 mm 和 20 倍箍筋直径的较大值,四级不宜大于 300 mm,至少每隔一根纵向钢筋宜在两个方向有箍筋约束。采用拉筋复合箍时,拉筋应紧靠纵向钢筋并勾住箍筋。

在柱箍筋加密区范围内箍筋的体积配箍率应符合下式要求

$$\rho_v \geq \lambda_v \frac{f_c}{f_{yv}} \tag{5.32}$$

式中 ρ_v——按箍筋范围以内的核心截面计算的体积配箍率(计算复合箍筋中的箍筋体积配箍率时,应扣除重叠部分的箍筋体积);

λ_v——最小配箍特征值,按表5.8采用。

对一、二、三、四级抗震等级的框架柱,其箍筋加密区箍筋最小体积配箍率分别不应小于0.8%、0.6%、0.4%、0.4%。在式(5.32)中,当混凝土强度低于C35时应按C35计算;当f_{yv}超过360 N/mm² 时,应取360 N/mm²。

框支柱宜采用复合螺旋箍或井字复合箍,其最小配箍特征值应比表5.8中数值增加0.02,且体积配箍率不应小于1.5%。剪跨比不大于2的柱,柱全高宜采用复合螺旋箍或井字复合箍,其体积配箍率不应小于1.2%,设防烈度为9度时不应小于1.5%。

柱子在其层高范围内剪力基本不变并且柱基本上不受扭。因此为避免柱箍筋加密区外抗剪能力突然降低很多而造成柱中段的破坏,在柱的非加密区,箍筋的体积配箍率不宜小于加密区配筋率的一半,箍筋间距对一、二级抗震不应大于10d,对三、四级抗震不宜大于15d,d为纵筋直径。

当柱中全部纵向受力钢筋的配筋率超过3%时,箍筋应焊成封闭环式。

表5.8 柱箍筋加密区的箍筋最小配箍特征值 λ_v

抗震等级	箍筋型式	柱轴压比								
		≤0.3	0.4	0.5	0.6	0.7	0.8	0.9	1.0	1.05
一级	普通箍、复合箍	0.10	0.11	0.13	0.15	0.17	0.20	0.23	—	—
	螺旋箍、复合或连续复合螺旋箍	0.08	0.09	0.11	0.13	0.15	0.18	0.21	—	—
二级	普通箍、复合箍	0.08	0.09	0.11	0.13	0.15	0.17	0.19	0.22	0.24
	螺旋箍、复合或连续复合螺旋箍	0.06	0.07	0.09	0.11	0.13	0.15	0.17	0.20	0.22
三级	普通箍、复合箍	0.06	0.07	0.09	0.11	0.13	0.15	0.17	0.20	0.22
	螺旋箍、复合或连续复合螺旋箍	0.05	0.06	0.07	0.09	0.11	0.13	0.15	0.18	0.20

注:① 普通箍指单个矩形箍和单个圆形箍;复合箍指由矩形、多边形、圆形箍或拉筋组成的箍筋;复合螺旋箍指由螺旋箍与矩形、多边形、圆形箍或拉筋组成的箍筋;连续复合矩形螺旋箍指全部螺旋箍为同一根钢筋加工而成的箍筋。

② 框支柱宜采用复合螺旋箍或井字复合箍,其最小配箍特征值应比表内数值增加0.02,且体积配箍率不应小于1.5%。

③ 剪跨比不大于2的柱宜采用复合螺旋箍或井字复合箍,其体积配箍率不应小于1.2%,9度时不应小于1.5%。

④ 计算复合螺旋箍的体积配箍率时,其非螺旋箍的箍筋体积应乘以换算系数0.8。

5.3.4 框架节点核心区的设计

1. 框架节点的破坏形态

在竖向荷载和地震作用下,框架梁柱节点主要承受柱传来的轴向力、弯矩、剪力和梁传来的弯矩、剪力,如图 5.8 所示。节点区的破坏形式为由主拉应力引起的剪切破坏。如果节点未设箍筋或箍筋不足,则由于其抗剪能力不足,节点区出现多条交叉斜裂缝,斜裂缝间混凝土被压碎,柱内纵向钢筋压屈。

2. 影响框架节点承载力和延性的因素

(1) 梁板对节点区的约束作用

试验表明,直交梁,即与框架平面相垂直且与节点相交的梁对节点区具有约束作用,能提高节点区混凝土的抗剪强度。但如直交梁与柱面交界处有竖向裂缝,则这种作用就受到削弱。

四边有梁且带有现浇楼板的中柱节点,其混凝土的抗剪强度比不带楼板的节点有明显的提高。一般认为对这种中柱节点,当直交梁的截面宽度不小于柱宽的 $1/2$,且截面高度不小于框架梁截面高度的 3/4 时,在考虑了直交梁开裂等不利影响后,节点区的混凝土抗剪强度比不带直交梁及楼板时要提高 50% 左右。试验还表明,对于三边有梁的边柱节点和两边有梁的角柱节点,直交梁和楼板的约束作用并不明显。

(2) 轴压力对节点区混凝土抗剪强度和节点延性的影响

当轴压力较小时,节点区混凝土的抗剪强度随着轴压力的增加而增加,且直到节点区被较多交叉斜裂缝分割成若干菱形块体时,轴压力的存在仍能提高其抗剪强度。但当轴压比大于 0.6 ~ 0.8 时,节点混凝土抗剪强度反而随轴压力的增加而下降。

轴压力的存在会使节点区的延性降低。

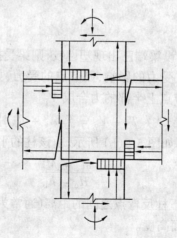

图 5.8 节点区的受力

(3) 剪压比和配箍率对节点区混凝土抗剪强度的影响

与其他混凝土构件类似,节点区的混凝土和钢筋是共同作用的。根据桁架模型或拉压杆模型,钢筋起拉杆的作用,混凝土则主要起压杆的作用。显然,节点破坏时可能钢筋先坏,也可能混凝土先坏。一般我们希望钢筋先坏,这就必须要求节点的尺寸不能过小,或节点区的配筋率不能过高。当节点区配箍率过高时,节点区混凝土将首先破坏,使箍筋不能充分发挥作用。因此,应对节点的最大配箍率加以限制。在设计中可采用限制节点水平截面上的剪压比来实现这一要求。试验表明,当节点区截面的剪压比大于0.35时,增加箍筋的作用已不明显,这时需增大节点水平截面的尺寸。

(4) 梁纵筋滑移对结构延性的影响

框架梁纵筋在中柱节点区通常以连续贯通的形式通过。在反复荷载作用下,梁纵筋在节点一边受拉屈服,而在另一边受压屈服。如此循环往复,将使纵筋的粘结迅速破坏,导致梁纵筋在节点区贯通滑移,使节点区受剪承载力降低,也使梁截面后期受弯承载力和延性降低,使节点的刚度和耗能能力明显下降。试验表明,边柱节点梁的纵筋锚固比中柱节点的好,滑移较小。

为防止梁纵筋滑移,最好采用直径不大于1/25柱宽的钢筋,也就是使梁纵筋在节点区有不小于25倍直径的锚固长度,也可以将梁纵筋穿过柱中心轴后再弯入柱内,以改善其锚固性能。

3. 框架节点核芯区的抗震验算要求

框架节点核芯区的抗震验其应符合下列要求。

(1) 核芯区混凝土强度等级与柱混凝土强度等级相同时,一、二级框架的节点核芯区应进行抗震验算;三、四级框架节点核芯区,可不进行抗震验算,但应符合构造要求。三级框架的房屋高度接近二级框架房屋高度的下限时,节点核芯区宜进行抗震验算。

(2) 9度时及一级框架结构的核芯区混凝土强度等级不应低于柱的混凝土强度等级。其他情况,框架节点核芯区混凝土强度等级不宜低于柱混凝土强度等级;特殊情况下不宜低于柱混凝土强度等级的70%,且应进行核芯区斜截面和正截面的承载力验算。

4. 核芯区抗震验算方法

(1) 节点剪力设计值

取某中间节点为隔离体,设梁端已出现塑性铰,则梁受拉纵筋的应力为如不计框架梁的轴力,并不计直交梁对节点受力的影响,则节点的受力,如图5.9(a)所示。设节点水平截面上的剪力为 V_j,则可由节点上半部的力合成 V_j

$$V_j = C^l + T - V_c = f_{yk}A_s^b + f_{yk}A_s^t - V_c \tag{5.33}$$

取柱净高部分为隔离体,如图5.9(b)所示。由该柱的平衡条件得

$$V_c = \frac{M_c^b + M_c^t}{H_c - h_b} \tag{5.34}$$

式中　　H_c——节点上柱和下柱反弯点之间的距离(通常为一层框架柱的高度);

　　　　h_b——框架梁的截面高度。

近似地取

$$M_c^b = M_c^u \quad M_c^t = M_c^t \tag{5.35}$$

由节点的弯矩平衡条件得

$$M_c^l + M_c^u = M_b^l + M_b^r \tag{5.36}$$

从而得

$$V_c = \frac{M_c^b + M_c^t}{H_c - h_b} = \frac{(f_{yk}A_s^b + f_{yk}A_s^t)(h_{b0} - a'_s)}{H_c - h_b} \quad (5.37)$$

把式(5.37)代入式(5.33),即得中间层节点的剪力设计值计算公式

$$V_j = f_{yk}(A_s^b + A_s^t)(1 - \frac{b_{b0} - a'_s}{h_c - h_b}) \quad (5.38)$$

对于顶层节点,则有

$$V_j = f_{yk}(A_s^b + A_s^t) \quad (5.39)$$

因为梁端弯矩可为逆时针或顺时针方向,二者的 $A_s^b + A_s^t$ 是不同的,设计计算时应取其中的较大值,并且 $A_s^b + A_s^t$ 应按实际配筋的面积计算。

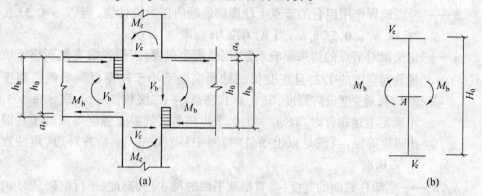

图 5.9 节点受力简图

规范在引入了强度增大系数后规定如下。

① 设防烈度为9度和抗震等级为一级时,对顶层中间节点和端节点,取

$$V_j = 1.15 f_{yk}(A_s^b + A_s^t) \quad (5.40)$$

且其值不应小于按式(5.41)求得的 V_j 值。对其他层的中间节点和端节点,取

$$V_j = 1.15 f_{yk}(A_s^b + A_s^t)(1 - \frac{h_{b0} - a'_s}{h_c - h_b}) \quad (5.41)$$

且其值不应小于按式(5.43)求得的 V_j 值。

② 在其他情况下,可不按实际配筋求梁端极限弯矩,而直接按节点两侧梁端设计弯矩计算。对顶层中间节点和端节,取

$$V_j = \eta_b \frac{M_b^l + M_b^r}{h_{b0} - a'_s} \quad (5.42)$$

对于其他层中间节点和端节点,考虑柱剪力的影响取

$$V_j = \eta_b \frac{M_b^l + M_b^r}{h_{b0} - a'_s}(1 - \frac{h_{b0} - a'_s}{H_c - h_b}) \quad (5.43)$$

式中 η_b ——节点剪力增大系数,一级取 1.35,二级取 1.2;

$M_b^l + M_b^r$——有逆时针和顺时针两个值,应取其中较大的值。

对各抗震等级的顶层端节点和三、四级抗震等级的框架节点,可不进行抗剪计算。仅按构造配置箍筋即可。在计算中,当节点两侧梁高不相同时 h_{b0} 和 h_b 取各自的平均值。

(2) 节点受剪承载力的设计要求

以上导出了节点区的剪力设计值 V_j。节点区抗剪承载力极限状态的设计要求

$$V_j \leq V_{ju} \tag{5.44}$$

式中 V_{ju}——节点受剪承载力设计值。考虑正交梁和轴向压力对节点受剪承载力的有利影响,取

$$V_{ju} = \frac{1}{\gamma_{RE}}\left[1.1\eta_j f_t b_j h_j + 0.05\eta_j N \frac{b_j h_j}{b_c h_c} + \frac{f_{yv} A_{svj}}{s}(h_{b0} - a'_s)\right] \tag{5.45}$$

当设防烈度为 9 度时,则取

$$V_{ju} = \frac{1}{\gamma_{RE}}\left[0.9\eta_j f_t b_j h_j + \frac{f_{yv} A_{svj}}{s}(h_{b0} - a'_s)\right] \tag{5.46}$$

式中 N——考虑地震作用组合的节点上柱底部的轴向压力设计值,当 $N > 0.5 f_c b_c h_c$ 时,取 $N = 0.5 f_c b_c h_c$;当 N 为拉力时,取 $N = 0$;

η_j——正交梁对节点的约束影响系数;当楼板为现浇,四侧各梁宽度不小于该侧柱截面宽度的 $l/2$,且正交梁的截面高度不小于较高框架梁截面高度的 3/4 时,对 9 度设防烈度,取 $\eta_j = 1.25$;对一、二级抗震等级,取 $\eta_j = 1.5$;当不满足上述条件时,取 $\eta_j = 1.0$。节点核芯区混凝土强度等级低于柱混凝土强度等级,且满足以上条件时,对中柱宜取 $\eta_j = 1.3$;对边、角柱宜取 $\eta_j = 0.8$;

b_c, h_c——框架柱截面的宽度(垂直框架平面的尺寸)和高度(平行框架平面的尺寸);

b_j, h_j——框架节点水平截面的宽度和高度,当框架梁截面宽度 $b_b \geq b_c/2$ 时,可取 $b_j = b_c$;当 $b_b < b_c/2$ 时,可取 $b_j = \min(0.5 b_c + 0.5 b_b + 0.25 h_c - e_0, b_b + 0.5 h_c, b_c)$,取 $h_j = h_c$;

A_{svj}——配置在框架节点宽度 b_j 范围内,同一截面箍筋各肢的全部截面面积。

(3) 节点受剪截面限制条件

为防止节点区混凝土承受过大的斜压应力而先于钢筋破坏,节点区的尺寸就不能太小。因此框架节点受剪的水平截面应符合下列条件

$$V_j = \frac{1}{\gamma_{RE}}(0.3\eta_j \beta_c b_j h_j) \tag{5.47}$$

5.3.5 预应力混凝土框架的抗震设计要求

建筑抗震规范对于 6 度、7 度和 8 度时预应力混凝土框架的抗震设计提出了下列要求(9 度时应做专门研究)。

1. 一般要求

抗震框架的后张预应力构件,宜采用有粘结预应力筋。无粘结预应力筋可用于采用分散配筋的连续板和扁梁,不得用于桁架下弦拉杆和悬臂大梁等主要承重构件。

地震作用和重力荷载组合下产生的弯矩,一级框架至少有 75%,二、三级框架至少有

65%，由非预应力筋承担时，无粘结预应力筋可在框架梁中应用，此时无粘结预应力筋应主要用于满足构件的挠度和裂缝要求。

主楼与裙房相连时，主楼与裙房不宜共用预应力筋。

2. 框架梁

后张预应力混凝土框架梁中应采用预应力筋和非预应力筋混合配筋方式，其预应力度，一级不宜大于0.55；二、三级不宜大于0.75。预应力度 λ 可按下式计算

$$\lambda = \frac{A_p f_{py}}{A_p f_{py} + A_s f_y} \tag{5.48}$$

式中　A_p 和 A_s——分别为受拉区预应力筋和非预应力筋截面面积；

　　　f_{py} 和 f_y——分别为预应力筋和非预应力筋的抗拉强度设计值。

预应力混凝土框架梁端截面的受压区高度，抗震等级为一级时应满足 $x \leqslant 0.25h_0$；抗震等级为二、三级时应满足 $x \leqslant 0.35h_0$；并且纵向受拉钢筋按非预应力筋抗拉强度设计值折算的配筋率不应大于2.5%。

梁端截面的底面非预应力钢筋和顶面非预应力钢筋配筋量的比值，一级不应小于1.0，二、三级不应小于0.8，同时底面非预应力钢筋配筋量不应低于毛截面面积的0.2%。

3. 悬臂构件

长悬臂构件的预应力度的限值，及截面受压区高度和有效高度之比的限值与上述相同。

长悬臂梁梁底非预应力筋除应按计算确定外，梁底和梁顶非预应力筋配筋量之比不应小于1.0，且底面非预应力钢筋配筋量不应低于毛截面面积的0.2%。

4. 框架柱和梁柱节点

采用预应力的框架柱，其预应力度和截面受压区高度应满足表5.9的要求，且柱箍筋应沿柱全高加密。预应力混凝土大跨度框架顶层边柱宜采用非对称配筋，一侧采用混合配筋，另一侧仅配置普通钢筋。预应力筋的锚固不应位于节点核芯区内。

表5.9　框架柱预应力度和截面受压区高度的要求

抗震等级	预应力度	截面受压区高度
一级	$\leqslant 0.5$	$\leqslant 0.25h_0$
二、三级	$\leqslant 0.6$	$\leqslant 0.35h_0$

5.4　抗震墙结构的抗震设计

抗震墙结构一般有较好的抗震性能，但也应合理设计。前述的抗震设计所遵循的一般原则(如平面布置尽可能对称等)也适用于抗震墙结构。下面主要讲述抗震墙结构的设计特点。

5.4.1 抗震墙结构的设计要点

抗震墙结构中的抗震墙设置,宜符合下列要求:① 较长的抗震墙宜开设洞口将一道抗震墙分成较均匀的若干墙段(包括小开洞墙及联肢墙),洞口连梁的跨高比宜大于6,各墙段的高宽比不应小于2,这主要是使构件(抗震墙和连梁)有足够的弯曲变形能力。② 墙肢截面的高度沿结构全高不应有突变;抗震墙有较大洞口时,以及一、二级抗震墙的底部加强部位洞口宜上下对齐。③ 部分框支抗震墙结构的框支层,其抗震墙的截面面积不应小于相邻非框支层抗震墙截面面积的 50%;框支层落地抗震墙间距不宜大于 24 m。底部两层框支抗震墙结构的平面布置宜对称,且宜设抗震筒体。

房屋顶层、楼梯间和抗侧力电梯间的抗震墙、端开间的纵向抗震墙和端山墙的配筋应符合关于加强部位的要求。单肢墙和联肢墙的底部加强部位的高度可取墙肢总高度的 1/8 且不大于 18 m 和墙肢截面长度的较大值;连梁跨高比小于 5 的联肢墙,底部加强部位的高度宜适当增加。部分框支抗震墙结构的落地抗震墙底部加强部位的高度,可取框支层加上框支层以上二层的高度及墙肢总高度的 1/8 及 18 m 的较大值。

5.4.2 地震作用的计算

抗震墙结构地震作用的计算仍可视情况用底部剪力法、振型分解法、时程分析法计算。采用常用的"葫芦串"模型时,主要是确定抗震墙结构的抗侧刚度。为此就要对抗震墙进行分类。

1. 抗震墙的分类

单榀抗震墙按其开洞的大小呈现不同的特性。洞口的大小可用洞口系数 ρ 表示

$$\rho = \frac{\text{墙面洞口面积}}{\text{墙面不计洞口的总面积}} \tag{5.49}$$

另外抗震墙的特性还与连梁刚度与墙肢刚度之比及墙肢的惯性矩与总惯性矩之比有关,故再引入整体系数 α 和惯性矩比 I_A/I,其中 α 和 I_A 分别定义为

$$\alpha = H\sqrt{\frac{24}{\tau h \sum\limits_{j=1}^{m+1} I_j} \sum\limits_{j=1}^{m} \frac{I_{bj} c_j^2}{a_j^3}} \tag{5.50}$$

$$I_A = I - \sum_{j=1}^{m+1} I_j \tag{5.51}$$

式中 τ——轴向变形系数,3~4 肢时取为 0.8,5~7 肢时取为 0.85,8 肢以上时取为 0.95;

m——孔洞列数;

h——层高;

I_{bj}——第 j 孔洞连梁的折算惯性矩;

a_j——第 j 孔洞连梁计算跨度的一半;

c_j——第 j 孔洞两边墙肢轴线距离的一半;

I_j——第 j 墙肢的惯性矩;I 为抗震墙对组合截面形心的惯性矩。

第 j 孔洞连梁的折算惯性矩的计算为

$$I_{bj} = \frac{I_{bjo}}{1 + \dfrac{30\mu I_{bjo}}{A_b l_{bj}^2}} \tag{5.52}$$

式中　I_{bjo}——连梁的抗弯惯性矩；

　　　A_b——连梁的截面积；

　　　I_{bj}——连梁的计算跨度(取洞口宽度加梁高的一半)。

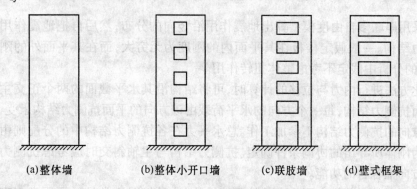

图 5.10　抗震墙的分类

从而抗震墙可按开洞情况、整体系数和惯性矩比分成以下几类。

(1) 整体墙即没有洞口或洞口很小的抗震墙(见图 5.10(a))。当墙面上门窗、洞口等开孔面积不超过墙面面积的 15%(即 $\rho \leqslant 15\%$)时，且孔洞间净距及孔洞至墙边净距大于孔洞长边时，即为整体墙。这时可忽略洞口的影响，墙的应力可按平截面假定用材料力学公式计算，其变形属于弯曲型。

(2) 当 $\rho > 15\%$, $\alpha \geqslant 10$ 时，且 $I_A/I \leqslant \zeta$ 时，为小开口整体墙(见图 5.10(b))，其中 ζ 值见表 5.10。此时，可按平截面假定计算，但所得的应力应加以修正，相应的变形基本上属于弯曲型。

表 5.10　系数 ζ 的取值

层数 α	8	10	12	16	20	$\geqslant 30$
10	0.886	0.948	0.975	1.000	1.000	1.000
12	0.866	0.924	0.950	0.994	1.000	1.000
14	0.853	0.908	0.934	0.978	1.000	1.000
16	0.844	0.896	0.923	0.964	0.988	1.000
18	0.836	0.888	0.914	0.952	0.978	1.000
20	0.831	0.880	0.906	0.945	0.970	1.000
22	0.827	0.875	0.901	0.940	0.965	1.000
24	0.824	0.871	0.897	0.936	0.960	0.989
26	0.822	0.867	0.894	0.932	0.955	0.986
28	0.820	0.864	0.890	0.929	0.952	0.982
30	0.818	0.861	0.887	0.926	0.950	0.979

(3) 当 $\rho > 15\%$,$1.0 < \alpha < 10$ 时,且 $I_A/I \leqslant \zeta$ 时,为联肢墙(见图 5.10(c))。此时墙肢截面应力离平面假定所得的应力更远,不能用平截面假定得到的整体应力加上修正应力来解决。此时可借助于列出微分方程来求解,它的变形已从弯曲型逐渐向剪切型过渡。

(4) 当洞口很大时,$\alpha > 10$,$I_A/I > \zeta$ 为壁式框架(见图 5.10(d))。

2. 总体计算

用计算机程序计算当然是一般的方法。在特定的情况下,也可采用下述近似方法计算。

首先采用串联多自由度模型算出地震作用沿竖向的分布,然后再把地震作用分配给各根抗侧力结构。一般假定楼板在其平面内的刚度为无穷大,而在其平面外的刚度则为零。在下面的分析中假定不考虑整体扭转作用。

用简化方法进行内力与位移的计算时,可将结构沿其水平截面的两个正交主轴划分为若干平面抗侧力结构,每一个方向的水平荷载由该方向的平面抗侧力结构承受,垂直于水平荷载方向的抗侧力结构不参加工作。总水平力在各抗侧力结构中的分配则由楼板在其平面内为刚体所导出的协调条件确定。抗侧力结构与主轴斜交时应考虑抗侧力结构在两个主轴方向上各自的功能。

对层数不高的以剪切变形为主的抗震墙结构(这种情况不常见),可用类似砌体结构的计算方法计算地震作用并分配给各片墙。

对以弯曲变形为主的高层剪力墙结构,可采用振型分解法或时程分析法得出作用于竖向各质点(楼层处)的水平地震作用。整个结构的抗弯刚度等于各片墙的抗弯刚度之和。

3. 等效刚度

单片墙的抗弯刚度可采用一些近似公式。例如文献[21] 中的一个公式为

$$I_c = \left(\frac{100}{f_y} + \frac{P_u}{f'_c A_g}\right) I_g \tag{5.53}$$

式中　I_c ——单片墙的等效惯性矩;

I_g ——墙的毛截面惯性矩;

f_y ——钢筋的屈服强度(以 MPa 为单位);

P_u ——墙的轴压力;

f'_c ——混凝土的棱柱体抗压强度;

A_g ——墙的毛截面面积。

式(5.53) 为对应于墙截面外缘出现屈服时的情况。

按弹性计算时,沿竖向刚度比较均匀的抗震墙的等效刚度可按下列方法计算。

(1) 整体墙

等效刚度 $E_c I_{eq}$ 的计算式为

$$E_c I_{eq} = \frac{E_c I_w}{1 + \dfrac{9\mu I_w}{A_w H^2}} \tag{5.54}$$

式中　E_c——混凝土的弹性模量；
　　　I_{eq}——等效惯性矩；
　　　H——抗震墙的总高度；
　　　μ——截面形状系数，对矩形截面取 1.20，I 形截面 μ = 全面积／腹板面积，T 形截面的值见表 5.11；
　　　I_w——抗震墙的惯性矩，取有洞口和无洞口截面的惯性矩沿竖向的加权平均值。

$$I_w = \frac{\sum I_i h_i}{\sum h_i} \tag{5.55}$$

式中　I_i——抗震墙沿高度方向各段横截面惯性矩（有洞口时要扣除洞口的影响）；
　　　h_i——相应各段的高度。

表 5.11　T 形截面剪应力不均匀系数 μ

H/t \ B/t	2	4	6	8	10	12
2	1.383	1.496	1.521	1.511	1.483	1.445
4	1.441	1.876	2.287	2.682	3.061	3.424
6	1.362	1.097	2.033	2.367	2.698	3.026
8	1.313	1.572	1.838	2.106	2.374	2.641
10	1.283	1.489	1.707	1.927	2.148	2.370
12	1.264	1.432	1.614	1.800	1.988	2.178
15	1.245	1.374	1.579	1.669	1.820	1.973
20	1.228	1.317	1.422	1.534	1.648	1.763
30	1.214	1.264	1.328	1.399	1.473	1.549
40	1.208	1.240	1.284	1.334	1.387	1.442

式(5.54)中的 A_w 为抗震墙折算截面面积。对小洞口整截面墙取

$$A_w = \gamma_{00} A = \left(1 - 1.25\sqrt{\frac{A_{op}}{A_f}}\right) A \tag{5.56}$$

式中　A——墙截面毛面积；
　　　A_{op}——墙面洞口面积；
　　　A_f——墙面总面积；
　　　γ_{00}——洞口削弱系数。

(2) 整体小开口墙

其等效刚度为

$$E_c I_{eq} = \frac{0.8 E_c I_w}{1 + \frac{9\mu I}{AH^2}} \tag{5.57}$$

式中　I——组合截面惯性矩；
　　　A——墙肢面积之和。

(3) 单片联肢墙、壁式框架和框架—剪力墙

对这类抗侧力结构,可将水平荷载视为倒三角形分布或均匀分布,然后按下式之一计算其等效刚度

$$E_c I_{eq} = \frac{qH^4}{8u_1} \quad (均布荷载) \tag{5.58}$$

$$EI_{eq} = \frac{11 q_{max} H^4}{120 u_2} \quad (倒三角形分布荷载) \tag{5.59}$$

式中　q、q_{max}——分别为均布荷载值和倒三角形分布荷载的最大值(kN/m);

　　　u_1、u_2——分别为均布荷载和倒三角形分布荷载产生的结构顶点水平位移。

5.4.3　地震作用在各剪力墙之间的分配及内力计算

各质点的水平地震作用 F 求出后,就可求各楼层的剪力 V 和弯矩 M。从而该层第 i 片墙所承受的侧向力 F、剪力 V 和弯矩分别为

$$F_i = \frac{I_i}{\sum I_i} F, \quad V_i = \frac{I_i}{\sum I_i} V, \quad M_i = \frac{I_i}{\sum I_i} M \tag{5.60}$$

式中　I_i——第 i 片墙的等效惯性矩;

　　　$\sum I_i$——该层墙的等效惯性矩之和。

在上述计算中,一般可不计矩形截面墙体在其弱轴方向的刚度。但弱轴方向的墙起到翼缘作用时,在弯矩分配中可取适当的翼缘宽度。每一侧有效翼缘的宽度 $b_f/2$ 可取下列二者中的较小值,墙间距的一半,墙总高的 1/20 且每侧翼缘宽度不得大于墙轴线至洞口边缘的距离。在应用式(5.60)时,若各层混凝土的弹性模量不同,则应以 $E_c I_i$ 代替 I_i。

把水平地震作用分配到各剪力墙后,就可对各剪力墙单独计算内力了。

(1) 整体墙

对整体墙,可作为竖向悬臂构件按材料力学公式计算,此时宜考虑剪切变形的影响。

(2) 小开口整体墙

对小开口整体,截面应力分布虽然不再是直线关系,但偏离直线不远,可在按直线分布的基础上加以修正。

第 j 墙肢的弯矩

$$M_j = 0.85 M \frac{I_j}{I} + 0.15 M \frac{I_j}{\sum I_j} \tag{5.61}$$

式中　M——外荷载在计算截面所产生的弯矩;

　　　I_j——第 j 墙肢的截面惯性矩;

　　　I——整个剪力墙截面对组合形心的惯性矩。

求和号是对各墙肢求和。

第 j 墙肢轴力

$$N_j = 0.85 M \frac{A_j y_j}{I} \tag{5.62}$$

式中　A_j——第 j 墙肢截面积;

y_j—— 第 j 墙肢截面重心至组合截面重心的距离。

(3) 联肢墙

对双肢墙和多肢墙,可把各墙肢间的作用连续化,列出微分方程求解。当开洞规则而又较大时,可简化为杆件带刚臂的"壁式框架"进行求解(见图 5.10(d))。上述计算方法详见有关文献,例如,文献[11] 和[3]。当规则开洞进一步大到连梁的刚度可略去不计时各墙肢又变成相对独立的单肢抗震墙了。

5.4.4 截面设计和构造

1. 体现"强剪弱弯"的要求

一、二、三级抗震墙底部加强部位,其截面组合的剪力设计值应按下式调整

$$V = \eta_{vw} V_w \tag{5.63}$$

9 度时尚应符合

$$V = 1.1 \frac{M_{wua}}{M_w} V_w \tag{5.64}$$

式中 V—— 抗震墙底部加强部位截面组合的剪力设计值;

V_w—— 抗震墙底部加强部位截面的剪力计算值;

M_{wua}—— 抗震墙底部截面按实配纵向钢筋面积、材料强度标准值和轴力设计值,计算的抗震承载力所对应的弯矩值,有翼墙时应考虑墙两侧各一倍翼墙厚度范围内的配筋;

M_w—— 抗震墙底部截面组合的弯矩设计值;

η_{vw}—— 抗震墙剪力增大系数,一级为 1.6,二级为 1.4 三级为 1.2。

2. 抗震墙结构构造措施

两端有翼墙或端柱的抗震墙厚度,抗震等级为一、二级时不应小于 160 mm,且不应小于层高的 1/20,三、四级不应小于 140 mm,且不应小于层高的 1/20。一、二级时底部加强部位的墙厚不应小于层高的 1/16,且不应小于 200 mm,当底部加强部位无端柱或翼墙时不宜小于净高的 1/10。

抗震墙厚度大于 140 mm 时,竖向和横向钢筋应双排布置;双排分布钢筋间拉筋的间距不应大于 600 mm,直径不应小于 6 mm;在底部加强部位,边缘构件以外的拉筋间距应适当加密。

抗震墙竖向、横向分布钢筋的配筋,应符合下列要求:① 一、二、三级抗震墙的水平和竖向分布钢筋最小配筋率均不应小于 0.25%;四级抗震墙不应小于 0.20%,直径不应小于 Φ8,间距不应大于 300 mm,且应双排配置。② 在部分框支抗震墙结构的落地抗震墙底部加强部位,墙板的纵向及横向分布钢筋配筋率均不应小于 0.3%,钢筋间距不应大于 200 mm。③ 钢筋直径不宜大于墙厚的 1/10。

一级和二级抗震墙,底部加强部位在重力荷载代表值作用下墙体平均轴压比,9 度时不宜超过 0.4,8 度时一级不宜超过 0.5,二级不宜超过 0.6,底部加强部位以上的一般部位,墙体平均轴压比不宜大于底部加强部位的墙体平均轴压比。

抗震墙两端和洞口两侧应设置边缘构件,并应符合下列要求:① 全部落地的抗震墙结构,一级和二级抗震墙底部加强部位在重力荷载代表值作用下,墙体平均轴压比不小于表 5.12 的规定值时,应设置约束边缘构件(要求见后);平均轴压比小于表 5.12 的规定值时,以及一、二级抗震墙底部加强部位以上的一般部位和三、四级抗震墙,仅设置构造边缘构件(见后)。② 部分框支抗震墙结构的落地抗震墙的底部加强部位两端应有翼墙或端柱,并应设置约束边缘构件;不落地的抗震墙可设置构造边缘构件。③ 小开口墙的洞口两侧,可设置构造边缘构件。

抗震墙的约束边缘构件包括暗柱、端柱和翼墙(见图 5.11),它们应符合下列要求:① 约束边缘构件沿墙肢的长度和配箍特征值应符合表 5.13 的要求,纵向钢筋的最小量应符合表 5.14 的要求。② 约束边缘构件应向上延伸到底部加强部位以上不小于约束边缘构件纵向钢筋锚固长度的高度。

表 5.12　抗震墙设置构造边缘构件的最大平均轴压比

烈度或等级	9 度	8 度一级	二级
轴压比	0.1	0.2	0.3

表 5.13　约束边缘构件范围及其配箍特征值

项目	一级(9 度)	一级(8 度)	二级
λ_v	0.2	0.2	0.2
l_c(暗柱)	$0.25h_w$	$0.20h_w$	$0.20h_w$
l_c(有翼墙或端柱)	$0.20h_w$	$0.15h_w$	$0.15h_w$

注:① 抗震墙的翼墙长度小于其 3 倍厚度或端柱截面边长小于 2 倍墙厚时,视为无翼墙、无端柱。
② l_c 为约束边缘构件沿墙肢长度,不应小于表内数值、$1.5b_w$ 和 450 mm 三者的最大值;有翼墙或端柱时尚不应小于翼墙厚度或端柱沿墙肢方向截面高度加 300 mm。
③ λ_v 为约束边缘构件的配箍特征值,计算配箍率时,箍筋或拉筋抗拉强度设计值超过 360 N/mm²,应按 360 N/mm² 计算;箍筋或拉筋沿竖向间距,一级不宜大于 100 mm,二级不宜大于 150 mm。
④ h_w 为抗震墙墙肢长度。

表 5.14　抗震墙构造边缘构件的配筋要求

抗震等级	底部加强部位			其他部位		
	纵向钢筋最小量(取较大值)	箍筋最小直径/mm	沿竖向最大间距/mm	纵向钢筋最小量	拉筋最小直径/mm	沿竖向最大间距/mm
一	0.010,4Φ16	Φ8	100	6Φ14	8	150
二	0.008,4Φ14	Φ8	150	6Φ12	8	200
三	0.005,4Φ12	Φ6	150	4Φ12	6	200
四	0.005,4Φ12	Φ6	200	4Φ12	6	250

注:① A_c 为计算边缘构件纵向构造钢筋的暗柱或端柱面积,即图 5.11 所示的抗震墙截面的阴影部分。
② 对其他部位,拉筋的水平间距不应大于纵筋间距的 2 倍,转角处宜用箍筋。
③ 当端柱承受集中荷载时,其纵向钢筋、箍筋直径和间距应满足柱的相应要求。

抗震墙的构造边缘构件的范围应按图 5.12 采用。构造边缘构件的配筋应满足受弯承载力要求,并应符合表 5.14 的要求。

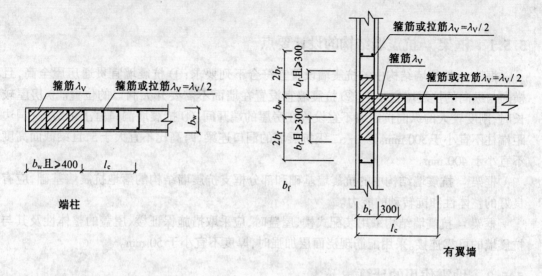

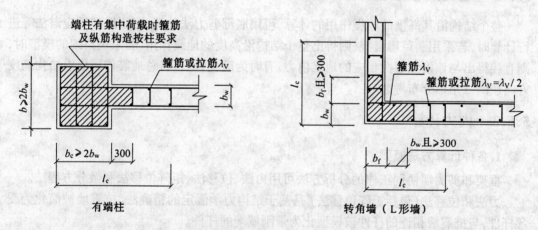

图 5.11 抗震墙的约束边缘构件(尺寸单位:mm)

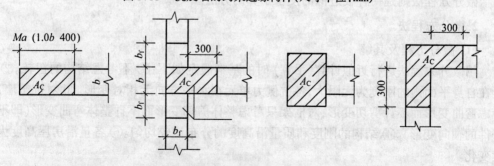

图 5.12 抗震墙的构造边缘构件范围(尺寸单位:mm)

5.5 框架－抗震墙结构的抗震设计

5.5.1 框架－抗震墙结构的设计要点

框架－抗震墙结构中的抗震墙设置宜符合下列要求:① 抗震墙宜贯通房屋全高,且横向与纵向的抗震墙宜相连。② 抗震墙宜设置在墙面不需要开大洞口的位置。③ 房屋较长时,刚度较大的纵向抗震墙不宜设置在房屋的端开间。④ 抗震墙洞口宜上下对齐;洞边距端柱不宜小于 300 mm。⑤ 一、二级抗震墙的洞口连梁,跨高比不宜大于 5,且梁截面高度不宜小于 400 mm。

框架－抗震墙结构中的抗震墙基础和部分框支抗震墙结构的落地抗震墙基础,应有良好的整体性和抗转动的能力。

框架－抗震墙结构采用装配式楼、屋盖时,应采取措施保证楼、屋盖的整体性及其与抗震墙的可靠连接。采用配筋现浇面层加强时,厚度不宜小于 50 mm。

5.5.2 地震作用的计算

整个结构沿其高度的地震作用的计算,可用底部剪力法计算。当用振型反应谱法等进行计算时,若采用葫芦串模型,则得出整个结构沿高度的地震作用。若采用精细的模型时,则直接得出与该模型层次相应的地震内力。有时为简化,也可将总地震作用值沿结构高度方向按倒三角形分布考虑。

5.5.3 内力计算

1. 各种计算方法概要

框架和剪力墙协同工作的分析方法可用力法、位移法、矩阵位移法和微分方程法。

力法和位移法(包括矩阵位移法)是基于结构力学假定的精确法。抗震墙被简化为受弯杆件,与抗震墙相连的杆件被模型化为带刚域端的杆件。

微分方程法则是一种较近似的便于手算的方法。

2. 微分方程法

(1) 微分方程及其解

用微分方程法进行近似计算(手算)时的基本假定如下:① 不考虑结构的扭转。② 楼板在自身平面内的刚度为无限大,各抗侧力单元在水平方向无相对变形。③ 对抗震墙,只考虑弯曲变形而不计剪切变形;对框架只考虑整体剪切变形而不计整体弯曲变形(即不计杆件的轴向变形)。④ 结构的刚度和质量沿高度的分布比较均匀。⑤ 各量沿房屋高度为连续变化。

这样所有的抗震墙可合并为一个总抗震墙,其抗弯刚度为各抗震墙的抗弯刚度之和;所有的框架可合并为一个总框架,其抗剪刚度为各框架抗剪刚度之和,这样整个结构就成为一个弯剪型悬臂梁。

这种方法的特点是从上到下,先用较粗的假定形成总体模型,求出总框架和总抗震墙的内力后,再较细致地考虑如何把此内力分到各抗侧力单元。这种方法在逻辑上是不一致的,但却能得到较好的结果,其原因如下:此种方法所处理的实际上是两个或多个独立的问题,只是后面的问题要用到前面问题的结果。在每个独立问题的内部,逻辑还是完全一致的。在目前所处理的问题中,列出和求解微分方程是一个独立的问题,如何利用微分方程的解求出各单元的内力则又是另外一个独立问题。而数学上的逻辑一致仅要求在一个独立问题内成立。

总抗震墙和总框架之间用无轴向变形的连系梁连接,连系梁模拟楼盖的作用。关于连系梁根据实际情况可有两种假定:① 若假定楼盖的平面外刚度为零,则连系梁可进一步简化为连杆,如图 5.13 所示,称为铰接体系。② 若考虑连系梁对墙肢的约束作用,则连系梁与抗震墙之间的连接可视为刚接,如图 5.14 所示,称为刚接体系。

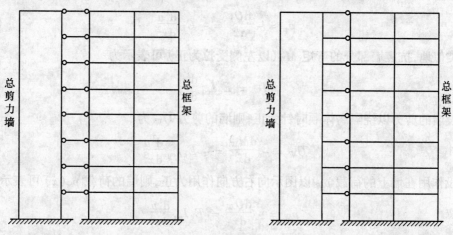

图 5.13 结构简化为由铰接连杆联系的总抗震墙和总框架

图 5.14 结构简化为由刚接连杆联系的总抗震墙和总框架

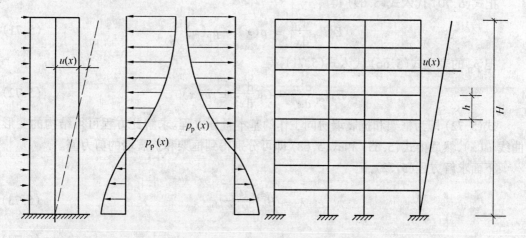

图 5.15 框架 – 抗震墙的分析

① 铰接体系的计算

取坐标系如图 5.15 所示。把所有的量沿高度 x 方向连续化;作用在节点的水平地震作用连续化为外荷载 $p(x)$;总框架和总抗震墙之间的连杆连续化为栅片。沿此栅片切开,则在切开处总框架和总抗震墙之间的作用力为 $p_p(x)$;楼层处的水平位移连续化为 $u(x)$(见图 5.15)。在下文中,在不致误解的情况下也称总框架为框架称总抗震墙为抗震墙。

框架沿高度方向以剪切变形为主,故对框架使用剪切刚度 C_F。抗震墙沿高度方向以弯曲变形为主,故对抗震墙使用弯曲刚度 $E_c I_{eq}$。根据材料力学中荷载、内力和位移之间的关系,框架部分的剪力 Q_F 可表示为

$$Q_F = C_F \frac{du}{dx} \tag{5.65}$$

上式也隐含地给出了 C_F 的定义。按图 5.15 所示的符号与规则,框架的水平荷载为

$$p_p = -\frac{dQ_F}{dx} = -C_F \frac{d^2 u}{dx^2} \tag{5.66}$$

类似地,抗震墙部分的弯矩 M_W(以左侧受拉为正)可表示为

$$M_W = E_c I_{eq} \frac{d^2 u}{dx^2} \tag{5.67}$$

设墙的剪力以绕隔离体顺时针为正,则墙的剪力 Q_W 为

$$Q_W = -\frac{dM_W}{dx} = -E_c I_{eq} \frac{d^3 u}{dx^3} \tag{5.68}$$

设作用在墙上的荷载 p_W 以图示向右方向作用为正,则墙的荷载 $p_W(x)$ 可表示为

$$p_W = -\frac{dQ_W}{dx} = E_c I_{eq} \frac{d^4 u}{dx^4} \tag{5.69}$$

由图 5.16 可知,剪力墙的荷载为

$$p_W(x) = p(x) - p_p(x) \tag{5.70}$$

把式(5.70)代入式(5.69)得

$$E_c I_{eq} \frac{d^4 u}{dx^4} = p(x) - p_p(x) \tag{5.71}$$

把 p_p 的表达式(5.66)代入式(5.71),得

$$E_c I_{eq} \frac{d^4 u}{dx^4} - C_F \frac{d^2 u}{dx^2} = p(x) \tag{5.72}$$

式(5.72)即为框架和抗震墙协同工作的基本微分方程。求解此方程可得结构的变形曲线 $u(x)$,然后由式(5.65)和式(5.68)即可分别得到框架和抗震墙的剪力值。

下面求解方程(5.72),记

$$\lambda = H\sqrt{\frac{C_F}{E_c I_{eq}}} \tag{5.73}$$

$$\varepsilon = \frac{x}{H} \tag{5.74}$$

式中 H—— 结构的高度,则式(5.72)可写为

$$\frac{\mathrm{d}^4 u}{\mathrm{d}\varepsilon^4} - \lambda^2 \frac{\mathrm{d}^2 u}{\mathrm{d}\varepsilon^2} = \frac{p(x)H^4}{E_c I_{eq}} \tag{5.75}$$

参数 λ 称为结构刚度特征值,它与框架的刚度和抗震墙刚度之比有关,λ 值的大小对抗震墙的变形状态和受力状态有重要的影响。

微分方程(5.75)就是框架 - 抗震墙结构的基本方程,其形式如同弹性地基梁的基本方程,框架相当于抗震墙的弹性地基,其弹簧常数为 C_F。方程(5.75)的一般解为

$$u(\varepsilon) = A\mathrm{sh}\lambda\varepsilon + B\mathrm{ch}\lambda\varepsilon + C_1 + C_2\varepsilon + u_1(\varepsilon) \tag{5.76}$$

式中　　A、B、C_1 和 C_2——任意常数,它们的值应由边界条件决定;

$u_1(\xi)$——微分方程的任意特解,由结构承受的荷载类型确定。

边界条件如下:

结构底部的位移为零

$$\varepsilon = 0 \text{ 处} \quad u(0) = 0 \tag{5.77}$$

墙底部的转角为零

$$\varepsilon = 0 \text{ 处} \quad \frac{\mathrm{d}u}{\mathrm{d}\varepsilon} = 0 \tag{5.78}$$

墙顶部的弯矩为零

$$\varepsilon = H \text{ 处} \quad \frac{\mathrm{d}^2 u}{\mathrm{d}\varepsilon^2} = 0 \tag{5.79}$$

在分布荷载作用下,墙顶部的剪力为零

$$\varepsilon = H \text{ 处} \quad Q_F + Q_W = C_F \frac{\mathrm{d}u}{\mathrm{d}x} - E_c I_{eq} \frac{\mathrm{d}^3 u}{\mathrm{d}x^3} = 0 \tag{5.80}$$

在顶部集中水平力 P 作用下

$$\varepsilon = H \text{ 处} \quad Q_F + Q_W = C_F \frac{\mathrm{d}u}{\mathrm{d}x} - E_c I_{eq} \frac{\mathrm{d}^3 u}{\mathrm{d}x^3} = P \tag{5.81}$$

根据上述条件,即可求出在相应荷载作用下的变形曲线 $u(x)$。

对于抗震墙,由 u 的二阶导数可求出弯矩,由 u 的三阶导数可求出剪力。对于框架,由 u 的一阶导数可求出剪力。因此,抗震墙和框架内力及位移的主要计算公式为 u、M_W 和 Q_W 的表达式。

下面分别给出在三种典型水平荷载下的计算公式。

在倒三角形分布荷载作用下,设分布荷载的最大值为 q,则有

$$u = \frac{qH^4}{\lambda^2 E_c I_{eq}}\left[\left(1 + \frac{\lambda\mathrm{sh}\lambda}{2} - \frac{\mathrm{sh}\lambda}{\lambda}\right)\frac{\mathrm{ch}\lambda\varepsilon - 1}{\lambda^2 \mathrm{ch}\lambda} + \left(\frac{1}{2} - \frac{1}{\lambda^2}\right)\left(\varepsilon - \frac{\mathrm{sh}\lambda\varepsilon}{\lambda}\right) - \frac{\varepsilon^3}{6}\right]$$

$$M_W = \frac{qH^2}{\lambda^2}\left[\left(1 + \frac{\lambda\mathrm{sh}\lambda}{2} - \frac{\mathrm{sh}\lambda}{\lambda}\right)\frac{\mathrm{ch}\lambda\varepsilon - 1}{\lambda^2 \mathrm{ch}\lambda} + \left(\frac{\lambda}{2} - \frac{1}{\lambda}\right)\mathrm{sh}\lambda\varepsilon - \varepsilon\right]$$

$$Q_W = \frac{-qH^2}{\lambda^2}\left[\left(1 + \frac{\lambda\mathrm{sh}\lambda}{2} - \frac{\mathrm{sh}\lambda}{\lambda}\right)\frac{\mathrm{ch}\lambda\varepsilon - 1}{\lambda^2 \mathrm{ch}\lambda} + \left(\frac{\lambda}{2} - \frac{1}{\lambda}\right)\lambda\mathrm{ch}\lambda\varepsilon - \varepsilon - 1\right] \tag{5.82}$$

在均布荷载 q 的作用下有

$$u = \frac{qH^4}{\lambda^2 E_c I_{eq}}\left[\left(\frac{1 + \lambda\mathrm{sh}\lambda}{\mathrm{ch}\lambda}\right)(\mathrm{ch}\lambda\varepsilon - 1) - \lambda\mathrm{sh}\lambda\varepsilon + \lambda^2\varepsilon\left(1 - \frac{\varepsilon}{2}\right)\right]$$

$$M_W = \frac{qH^2}{\lambda^2}\left[\left(\frac{1+\lambda\,\text{sh}\lambda}{\text{ch}\lambda}\right)\text{ch}\lambda\varepsilon - \lambda\,\text{sh}\lambda\varepsilon - 1\right]$$

$$Q_W = \frac{-qH}{\lambda}\left[\lambda\,\text{ch}\lambda\varepsilon - \left(\frac{1+\lambda\,\text{sh}\lambda}{\text{ch}\lambda}\right)\text{sh}\lambda\varepsilon\right] \tag{5.83}$$

在顶点水平集中荷载 P 的作用下有

$$u = \frac{qH^3}{E_c I_{eq}}\left[\frac{\text{sh}\lambda}{\lambda^3\,\text{ch}\lambda}(\text{ch}\lambda\varepsilon - 1) - \frac{1}{\lambda^3}\text{sh}\lambda\varepsilon + \frac{1}{\lambda^2}\varepsilon\right]$$

$$M_W = PH\left(\frac{\text{sh}\lambda}{\lambda\,\text{ch}\lambda}\text{ch}\lambda\varepsilon - \frac{1}{\lambda}\text{sh}\lambda\varepsilon\right)$$

$$Q_W = -P\left(\text{ch}\lambda\varepsilon - \frac{\text{sh}\lambda}{\text{ch}\lambda}\text{sh}\lambda\varepsilon\right) \tag{5.84}$$

式(5.82)~式(5.84)的符号规则,如图5.16所示。根据上述公式,可求得总框架和总抗震墙作为竖向构件的内力。

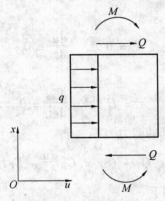

图 5.16　符号规则

② 刚接体系的计算

对图 5.14 所示的有刚接连系梁的框架,抗震墙结构若将结构在连系梁的反弯点处切开(见图 5.17(b)),则切开处作用有相互作用水平力 p_{pi} 和剪力 Q_i,后者将对墙产生约束弯矩 M_i(见图 5.17(c))。p_{pi} 和 M_i 连续化后成为 $p_p(x)$ 和 $m(x)$(见图 5.17(d))。

刚接连系梁在抗震墙内部的刚度可视为无限大。故框架 - 抗震墙刚接体系的连系梁是在端部带有刚域的梁(见图 5.18),刚域长度可取从墙肢形心轴到连梁边的距离减去 1/4 连梁高度。

对两端带刚域的梁,当梁两端均发生单位转角时,由结构力学可得梁端的弯矩为

$$m_{12} = \frac{6EI(1+a-b)}{l(1-a-b)^3}$$

$$m_{21} = \frac{6EI(1+b-a)}{l(1-a-b)^3} \tag{5.85}$$

式中各符号的意义见图5.18。在式(5.85)中,令 $b = 0$,则得仅左端带有刚域的梁的相应弯矩为

$$m_{12} = \frac{6EI(1+a)}{l(1-a)^3}$$

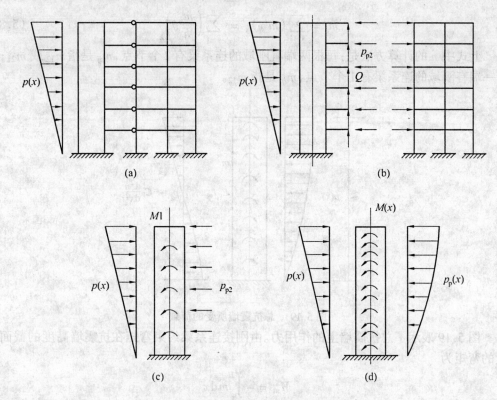

图 5.17 刚接体系的分析

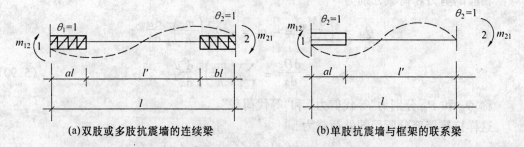

图 5.18 刚接体系中的连系梁是带刚域的梁

$$m_{21} = \frac{6EI}{l(1-a)^2} \tag{5.86}$$

假定同一楼层内所有节点的转角相等,均为 θ,则连系梁端的约束弯矩为

$$M_{12} = m_{12}\theta$$
$$M_{21} = m_{21}\theta \tag{5.87}$$

把集中约束弯矩 M_{ij} 简化为沿结构高度的直线分布约束弯矩 m'_{ij},得

$$m'_{ij} = \frac{M_{ij}}{h} = \frac{m_{ij}\theta}{h} \tag{5.88}$$

式中　h——层高。

设同一楼层内有 n 个刚节点与抗震墙相连接,则总的线弯矩 m 为

$$m = \sum_{k=1}^{n}(m'_{ij})_k = \sum_{k=1}^{n}\left(\frac{m_{ij}}{h}\theta\right)_k \tag{5.89}$$

上式中 n 的计算方法是：每根两端有刚域的连系梁有 2 个节点，m_{ij} 是指 m_{12} 或 m_{21}；每根一端有刚域的连系梁有 1 个节点，m_{ij} 是指 m_{12}。

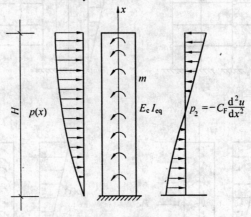

图 5.19　总抗震墙所受的荷载

图 5.19 表示了总抗震墙上的作用力。由刚接连系梁约束弯矩在抗震墙高度的截面产生的弯矩为

$$M_m = -\int_x^H m\,dx$$

相应的剪力和荷载分别为

$$Q_m = -\frac{dM_m}{dx} = -m = -\sum_{k=1}^{n}\left(\frac{m_{ij}}{h}\right)_k \frac{du}{dx}$$

$$p_m = -\frac{dQ_x}{dx} = \sum_{k=1}^{n}\left(\frac{m_{ij}}{h}\right)_k \frac{d^2u}{dx^2} \tag{5.90}$$

称 Q_m 和 P_m 分别为"等代剪力"和"等代荷载"。

这样抗震墙部分所受的外荷载为

$$p_w(x) = p(x) - p_p(x) + p_m(x)$$

于是方程(5.69)成为

$$E_c I_{eq}\frac{d^4u}{dx^4} = p(x) - p_p(x) + p_m(x)$$

把式(5.66)和式(5.90)代入上式得

$$E_c I_{eq}\frac{d^4u}{dx^4} = p(x) + C_F\frac{d^2u}{dx^2} + \sum_{k=1}^{n}\left(\frac{m_{ij}}{h}\right)_k \frac{d^2u}{dx^2} \tag{5.91}$$

把式(5.91)加以整理，即得连系梁刚接体系的框架－抗震墙结构协同工作的基本微分方程

$$\frac{d^4u}{d\varepsilon^4} - \lambda^2 \frac{d^2u}{d\varepsilon^2} = \frac{p(x)H^4}{E_c I_{eq}} \tag{5.92}$$

式中

$$\varepsilon = \frac{x}{H} \tag{5.93}$$

$$\lambda = H\sqrt{\frac{C_F + C_b}{E_c I_{eq}}} \tag{5.94}$$

$$C_b = \sum \frac{m_{ij}}{h} \tag{5.95}$$

式中 C_b——连系梁的约束刚度。

上述关于连系梁的约束刚度的算法,适用于框架结构从底层到顶层层高及构件截面均不变的情况。当各层的 m_{ij} 有改变时,应取各层连系梁约束刚度关于层高的加权平均值作为连系梁的约束刚度

$$C_b = \frac{\sum \frac{m_{ij}}{h} h}{\sum h} = \frac{\sum m_{ij}}{H} \tag{5.96}$$

可见式(5.75)与式(5.92)在形式上完全相同。因此前面得出的解,式(5.82)~式(5.84),完全可以用于刚接体系。但二者有如下不同。

a. 二者的 λ 不同,后者考虑了连系梁约束刚度的影响。

b. 内力计算的不同,在刚接体系中,由式(5.82)~式(5.84)计算的 Q_W 值不是总剪力墙的剪力。在刚接体系中,把由 u 微分三次得到的剪力,即由式(5.82)~式(5.84)中第三式求出的剪力,记作 Q'_W,则有

$$E_c I_{eq} \frac{d^3 u}{dx^3} = -Q'_W = -Q_W + m(x) \tag{5.97}$$

其中 Q'_W 即为由式(5.82)~式(5.84)求得的剪力。从而得墙的剪力为

$$Q_W(x) = Q'_W(x) + m(x) \tag{5.98}$$

由力的平衡条件可知,任意高度处的总抗震墙剪力与总框架剪力之和应等于外荷载下的总剪力 Q_P

$$Q_P = Q'_W + m + Q_F \tag{5.99}$$

定义框架的广义剪力 $\overline{Q}_F$ 为

$$\overline{Q}_F = Q_P - Q'_W \tag{5.100}$$

显然有

$$Q_P = Q'_W + \overline{Q}_F \tag{5.101}$$

则有

$$Q_P = Q'_W + \overline{Q}_F \tag{5.102}$$

刚接体系的计算步骤为:

a. 按刚接体系的 λ 值用式(5.82)~式(5.84)计算 u、M_W 和 Q'_W。

b. 按式(5.98)计算总框架的广义剪力 $\overline{Q}_F$。

c. 把框架的广义剪力按框架的抗推刚度 C_F 和连系梁的总约束刚度的比例进行分配,得到框架总剪力 Q_P 和连系梁的总约束弯矩 m。

$$Q_F = \frac{C_F}{C_F + \sum \dfrac{m_{ij}}{h}} \overline{Q}_F \tag{5.103}$$

$$m = \frac{\sum \dfrac{m_{ij}}{h}}{C_F + \sum \dfrac{m_{ij}}{h}} \overline{Q}_F \tag{5.104}$$

d. 由式(595)计算总抗震墙的剪力 Q。

(2) 墙系和框架系的内力在各墙和框架单元中的分配

在上述假定下可按刚度进行分配。即对于框架，第 i 层第 j 柱的剪力 Q_{ij} 为

$$Q_{ij} = \frac{D_{ij}}{\sum\limits_{k=1}^{m} D_{ik}} Q_F \tag{5.105}$$

对于抗震墙，第 i 片抗震墙的剪力 Q_i 为

$$Q_i = \frac{E_{ci} I_{eqi}}{\sum\limits_{k=1}^{n} E_{ck} I_{eqk}} Q_W \tag{5.106}$$

在上两式中 m 和 n 分别为柱和墙的个数。

在计算中还可考虑抗震墙的剪切变形影响等因素，其细节可参阅有关文献[3]。

3. 框架剪力的调整

对框架的剪力进行调整有两个理由：① 在框架－抗震墙结构中，若抗震墙的间距较大，则楼板在其平面内是能够变形的。在框架部位，由于框架的刚度较小，楼板的位移会较大，从而使框架的剪力比计算值大。② 抗震墙的刚度较大，承受了大部分地震水平力，会首先开裂，使抗震墙的刚度降低。这使得框架承受的地震力的比例增大，也使框架的水平力比计算值大。

上述分析表明，框架是框架－抗震墙结构抵抗地震的第二道防线。因此应提高框架部分的设计地震作用，使其有更大的强度储备。调整的方法为：① 框架总剪力 $V_f \geqslant 0.2V_0$ 的楼层可不调整，按计算得到的楼层剪力进行设计。② 对 $V_f < 0.2V_0$ 的楼层，应取框架部分的剪力为下两式中的较小值。

$$\begin{aligned} V_f &= 0.2V_0 \\ V_f &= 1.5V_{fmax} \end{aligned} \tag{5.107}$$

式中　V_f——全部框架柱的总剪力；

　　　V_0——结构的底部剪力；

　　　V_{fmax}——计算的框架柱最大层剪力，取 V_f 调整前的最大值。

显然，这种框架内力的调整不是力学计算的结果，只是为保证框架安全的一种人为增大的安全度，所以调整后的内力不再满足也不需满足平衡条件。

5.5.4 截面设计和配筋构造

框架－抗震墙的截面设计和构造显然与框架和抗震墙的相应要求基本相同。一些特

殊要求为：① 周边有梁柱的抗震墙，其厚度不应小于160 mm，且不小于墙净高的1/20。② 梁的宽度不宜小于 $2b_w$，其中 b_w 为抗震墙的宽度；梁的截面高度不宜小于 $3b_w$。③ 柱的截面宽度不宜小于 $2.5b_w$，柱的截面高度不小于截面宽度。④ 抗震墙的水平分布钢筋应与柱可靠拉结，抗震墙的端部竖向钢筋应配置在柱内。⑤ 抗震墙的洞口应配置补强钢筋。

【例5.1】 框架－抗震墙结构的计算。上海的某12层的框架－抗震墙结构，如图5.20所示。抗震设防烈度为7度，由表5.5得框架部分的抗震等级为三级，抗震墙部分的抗震等级为二级。结构处于Ⅳ类场地，设计基本加速度值为 $0.01\ g$，设计地震分组为第一组。故采用的设计反应谱特征周期为0.65 s。结构的阻尼比为0.05。抗震墙混凝土等级：底部5层为C50，6～11层为C30，顶层为C20。框架柱混凝土等级同抗震墙，框架梁混凝土等级为C20。只做横向抗震验算，纵向计算从略。

(1) 荷载

结构的竖向荷载如下（已包括了全部恒载和现行规范规定使用的活荷载）。

底层重量：8 346 kN

第2～11层重量：6 734 × 10 = 67 340 kN

第12层重量：5 431 kN

建筑物总重力荷载代表值

$$\sum G_i = 81\ 117\ \text{kN}$$

沿建筑物高的分布重量

$$g/(\text{kN}\cdot\text{m}^{-1}) = \frac{81\ 117}{39.8} = 2\ 038.12$$

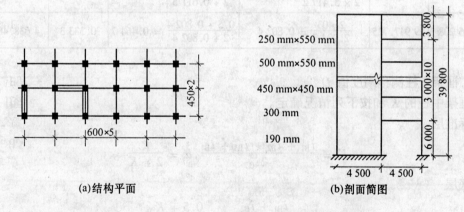

(a) 结构平面 (b) 剖面简图

图5.20 例5.1的框架－抗震墙结构

(2) 结构刚度计算

① 框架刚度计算

a. 框架梁刚度

梁截面惯性矩

$$I_B/\text{m}^4 = 1.2 \times \left(\frac{1}{12} \times 0.25 \times 0.53^3\right) = 0.004\ 159$$

式中的1.2是考虑 T 形截面刚度影响的系数。

梁的线刚度为

$$i_B/\mathrm{kN \cdot m} = \frac{E_C I_B}{l} = 2.6 \times 10^7 \times 0.004\,159 \times \frac{1}{4.5} = 24\,030 = 2.403\,0 \times 10^4$$

b.框架边柱侧移刚度值 D

框架边柱的 K 和 α 按下列情况确定。

标准层

$$K = \frac{i_{B1} + i_{B2}}{2i_C}, \alpha = \frac{K}{2 + K}$$

底层

$$K = \frac{i_{B1}}{i_C}, \alpha = \frac{0.5 + K}{2 + K}$$

框架边柱侧移刚度值的计算如表 5.15 所示。

表 5.15 框架边柱侧移刚度值的计算

惯性矩 I_C /m⁴	线刚度 $i_C = \frac{E_C I_C}{h_i}$	K	α	$\frac{12}{h_i^2}$	$D = \alpha i_C \frac{12}{h_i^2}$ /(kN·m⁻¹)
0.003 417 2	22 931.21	$\frac{2 \times 2.403}{2 \times 2.293\,1} = 1.048$	$\frac{1.048}{2 + 1.048} = 0.343\,832$	0.831 024 9	6 552.07
0.003 417 2	34 172	$\frac{2 \times 2.403}{2 \times 3.417\,2} = 0.703\,2$	$\frac{0.703\,2}{2 + 0.703\,2} = 0.260\,1$	1.333 3	11 850.55
0.003 417 2	39 297.8	$\frac{2 \times 2.403}{2 \times 3.417\,2} = 0.611\,5$	$\frac{0.611\,5}{2 + 0.611\,5} = 0.234\,2$	1.333 3	12 271.15
0.005 208 3	29 947.725	$\frac{2.403}{2.994\,7} = 0.802\,4$	$\frac{0.5 + 0.802\,4}{2 + 0.802\,4} = 0.464\,7$	0.333 3	4 638.48

c.框架中柱侧移刚度值 D

框架中柱的 K 和按下列情况确定。

标准层

$$K = \frac{i_{B1} + i_{B2} + i_{B3} + i_{B4}}{2i_C}, \alpha = \frac{K}{2 + K}$$

底层

$$K = \frac{i_{B1} + i_{B2}}{2i_C}, \alpha = \frac{0.5 + K}{2 + K}$$

框架中柱侧移刚度值的计算如表 5.16 所示。

第 5 章 混凝土结构房屋抗震设计

表 5.16 框架中柱侧移刚度值的计算

惯性矩 I_C /m⁴	线刚度 $i_C = \dfrac{E_C I_C}{h_i}$	K	α	$\dfrac{12}{h_i^2}$	$D = \alpha i_C \dfrac{12}{h_i^2}$ /(kN·m⁻¹)
0.003 417 2	22 931.21	$\dfrac{4 \times 2.403}{2 \times 2.293\ 1} = 2.096$	$\dfrac{2.096}{2+1.048} = 0.511\ 719$	0.831 024 9	9 751.4
0.003 417 2	34 172	$\dfrac{4 \times 2.403}{2 \times 3.417\ 2} = 1.406\ 4$	$\dfrac{1.406}{2+1.406} = 0.412\ 8$	1.333 3	18 807.8
0.003 417 2	39 297.8	$\dfrac{4 \times 2.403}{2 \times 3.417\ 2} = 1.223$	$\dfrac{1.223}{2+1.223} = 0.379\ 5$	1.333 3	19 884.29
0.005 208 3	29 947.725	$\dfrac{2 \times 2.403}{2.994\ 7} = 1.604\ 8$	$\dfrac{0.5+1.604\ 8}{2+1.604\ 8} = 0.583\ 9$	0.333 3	5 828.3

d. 总框架等效刚度

总框架共有 7 根中柱，18 根边柱，由此可以得到总框架第层 i 层间侧移刚度值 D_i 和剪切刚度值 C_{Fi}。由式(5.65)对 C_F 的隐含定义，即框架总体单位剪切变形所需的总剪力，得框架的总剪力为

$$Q_F = C_F \frac{du}{dx} = \Delta u \sum D = h \frac{\Delta u}{h} \sum D = h \frac{du}{dx} \sum D$$

由上式可得 C_F 的表达式为

$$C_F = h \sum D$$

其中 $\sum$ 表示对本层柱求和。总框架等效刚度的计算过程如表 5.17 所示。

表 5.17 总框架各层剪切刚度的计算

层数	边柱 D 值之和 /(kN·m⁻¹)	边柱 D 值之和 /(kN·m⁻¹)	侧移刚度 $D_i = \sum D$/(kN·m⁻¹)	剪切刚度 C_{Fi} /kN
顶层	186 552 = 117 936	79 751 = 68 257	186 193	707 533.4
6～11 层	1 811 850 = 213 300	718 807 = 131 649	344 949	1 034 847
2～5 层	1 812 271 = 220 878	719 884 = 139 188	360 066	1 080 198
底层	184 638 = 83 484	75 828 = 40 796	124 280	745 680

总框架的等效剪切刚度为

$$C_F/\text{kN} = \frac{707\ 533 \times 3.8 + 1\ 034\ 847 \times 6 \times 3.0 + 1\ 080\ 198 \times 4 \times 3.0 + 745\ 680 \times 6}{39.8} = 973\ 676.57$$

② 抗震墙刚度计算

根据 5.5.4 节，周边有梁柱的抗震墙，其厚度不应小于 160 mm，且不小于墙净高的 1/20。故本例中底层墙厚 0.3 m，其余各层墙厚 0.19 m，抗震墙截面图(见图 5.21)。

a. 抗震墙类型判断

墙体 1 的洞口宽度 1 050 mm(见图 5.21)，该洞口在各楼层处的高度分别为：顶层洞口高为 2 500 mm；2～11 层为 2 000 mm；底层为 4 000 mm。从而得墙体 1，各层得开洞率分别

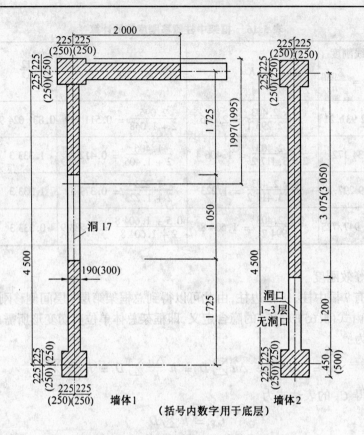

图 5.21 抗震墙剖面(尺寸单位:mm)

为(A_{op} 为洞口面积,A_f 为墙得全部面积)。

顶层:$\rho = \dfrac{A_{op}}{A_f} = \dfrac{2.5 \times 1.05}{5.0 \times 3.8} = 0.1382 < 0.15$

2 ~ 11 层:$\rho = \dfrac{2.5 \times 1.05}{5.0 \times 3.0} = 0.14 < 0.15$

底层:$\rho = \dfrac{4.0 \times 1.05}{5.0 \times 6.0} = 0.14 < 0.15$

故墙体 1 可按整体墙计算,相应的洞口消弱系数为(式 5.56)。

顶层:$\gamma_{00} = 1 - 1.25\sqrt{\dfrac{A_{op}}{A_f}} = 1 - 1.25\sqrt{0.1382} = 0.53531$

2 ~ 11 层:$\gamma_{00} = 1 - 1.25\sqrt{0.14} = 0.532$

底层:$\gamma_{00} = 1 - 1.25\sqrt{0.14} = 0.532$

墙体 2 的洞口宽度为 1 200 mm(见图 5.21),该洞口载各楼层处的高度分别为:顶层洞口高为 1 900 mm;4 ~ 11 层为 1 500 mm;1 ~ 3 层无洞口。从而得墙体 2,各层的开洞率分别为

顶层:$\rho = \dfrac{A_{op}}{A_f} = \dfrac{1.2 \times 1.9}{5.0 \times 3.8} = 0.12 < 0.15$

4 ~ 11 层:$\rho = \dfrac{1.2 \times 1.5}{5.0 \times 3.0} = 0.12 < 0.15$

故墙体2也可按整体墙计算，洞口削弱系数分别为

顶层：$\gamma_{00} = 1 - 1.25\sqrt{0.12} = 0.567$

4～11层：$\gamma_{00} = 0.567$

b. 抗震墙等效刚度

墙1的有效翼缘宽：墙总高的1/20为39.8/20 = 1.99 m，故取翼缘宽到洞口处（墙中心线起2.0 m）。

墙体各层截面刚度计算见表5.18。

表5.18　墙体各层截面刚度计算

层号	开洞情况	墙1			墙2		
		E_C (kN·m^{-2})	I_j/m^4	$E_c I_j$	E_C (kN·m^{-2})	I_j/m^4	$E_c I_j$
顶层	无洞	2.55×10^7	4.436 4	113 128 200	2.55×10^7	3.109 0	79 279 500
	有洞		4.360 2	111 185 100		2.507 1	63 931 050
6～11层	无洞	3.00×10^7	4.436 4	133 092 000	3.00×10^7	3.109 0	93 270 000
	有洞		4.360 2	130 806 000		2.507 1	75 213 000
4～5层	无洞	3.45×10^7	4.436 4	153 055 800	3.45×10^7	3.109 0	107 260 500
	有洞		4.360 2	150 426 900		2.507 1	86 494 950
2～3层	无洞	3.45×10^7	4.436 4	153 055 800	3.45×10^7	3.109 0	107 260 500
	有洞		4.360 2	150 426 900		—	—
底层	无洞	3.45×10^7	6.176 3	213 082 350	3.45×10^7	4.141 7	142 888 650
	有洞		6.043 9	208 514 550			

抗震墙的惯性矩 I_w 取有洞口和无洞口截面的惯性矩沿竖向的加权平均，即

$$E_c I_w = \frac{\sum E_{ci} I_i h_i}{\sum h_i}$$

对墙1有

$$E_c I_w/(kN \cdot m^{-2}) = [11\ 311\ 282\ 001.3 + 1\ 111\ 851\ 002.5 + 1\ 330\ 920\ 006(3-2) + \\ 13\ 080\ 600\ 062 + 1\ 530\ 558\ 004(3-2) + \\ 15\ 042\ 690\ 042 + 2\ 130\ 823\ 502 + 2\ 085\ 145\ 504]/39.8 = \\ 147\ 465\ 193 = 1.474\ 710\ 8$$

而

$$I_w/m^4 = \frac{\sum I_i h_i}{\sum h_i} = \{404\ 364[1.3 + 6(3-2) + 4(3-2)] + 4.360\ 2(2.5 + 62 + 42) + \\ 6.176\ 3 \times 2 + 6.043\ 9 \times 4\}/39.8 = 4.642\ 3$$

由表5.13查得墙1的T行截面的剪力不均匀系数 $\mu = 1.620$。从而按式(5.54)墙1的

等效刚度为

$$(E_c I_{eq})_1 /(kN \cdot m^{-2}) = \frac{1.474\ 7 \times 10^8}{1 + \dfrac{9 \times 1.620 \times 4.642\ 3}{0.532 \times 1.511\ 7 \times 39.8^2}} = 140\ 030\ 073.359\ 85 = 1.400\ 3 \times 10^8$$

对墙 2 有

$$\begin{aligned}
E_c I_w &= (79279500 \times 1.9 + 63931050 \times 1.9 + 93270000 \times 6 \times 1.5 + 75213000 \times 6 \times 1.5 + \\
&\quad 107260500 \times 2 \times 1.5 + 86494950 \times 2 \times 1.5 + 107260500 \times 6 + 142888650 \times 6)/39.8 = \\
&\quad 97251464 \times 10^7
\end{aligned}$$

$$I_w/m^4 = [3.109\ 0 \times (1.9 + 8 \times 1.5 + 6) + 2.507\ 1 \times (1.9 + 8 \times 1.5) + 4.141\ 7 \times 6]/39.8 = 3.054\ 5$$

由表 5.13 得墙 2 的 T 形截面的剪力不均匀系数 $\mu = 1.232$,从而墙 2 的等效刚度为

$$(E_c I_{eq})_2 /(kN \cdot m^{-2}) = \frac{9.725\ 1 \times 10^7}{1 + \dfrac{9 \times 1.232 \times 3.504\ 5}{0.567 \times 1.174\ 5 \times 39.8^2}} = 94\ 225\ 753.672\ 107 = 9.422\ 6 \times 10^7$$

根据以上,可得总抗震墙的等效刚度为

$$(E_c I_{eq})/(kN \cdot m^{-2}) = 2 \times (174.003 + 9.422\ 6) \times 10^7 = 468\ 512\ 000 = 4.685\ 1 \times 10^7$$

③ 框架抗震墙连系梁刚度

只考虑连系梁对抗震墙的约束弯矩,不考虑连系梁对柱的约束弯矩。梁端约束弯矩系数由式(5.86)确定。

梁刚性段长度

$$al/m = \frac{4.95}{2} - \frac{1}{4} \times 0.55 = 2.34$$

$$l/m = 4.5 + 2.25 = 6.75$$

$$a = 2.34/6.75 = 0.346\ 7$$

$$m_{12}/kN \cdot m = \frac{6E_c I(1+a)}{l(1-a)^3} = \frac{6 \times 2.55 \times 10^7 \times 0.004\ 159 \times (1 + 0.346\ 7)}{6.75 \times (1 - 0.346\ 7)^3} = 455\ 312.385\ 151\ 72 = 4.553\ 1 \times 10^5$$

框架与抗震墙的连系梁共 12 层,每层有 4 处,故连系梁的等效刚度为

$$\sum \frac{m_{ij}}{h}/kN = \frac{4 \times \sum m_{ij}}{\sum h_i} = \frac{4 \times 12 \times 4.553\ 1 \times 10^5}{39.8} = 549\ 117.587\ 94 = 5.491\ 2 \times 10^5$$

(3) 结构基本自振周期

用顶点位移法。结构的刚度特征值为(式 5.94)

$$\lambda = H \sqrt{\frac{C_F + \sum \dfrac{m_{ij}}{h}}{E_c I_{eq}}} = 39.8 \times \sqrt{\frac{(9.736\ 8 + 5.491\ 2) \times 10^5}{4.685\ 1 \times 10^8}} = 2.269\ 1$$

取水平均布荷载 $q = g = 2\ 038.12\ kN/m$,并取 $\xi = 1$,则可由式(5.83)的第一式得顶点位移 u_T

第5章 混凝土结构房屋抗震设计

$$u_T = \frac{qH^4}{\lambda^4 E_c I_{eq}} \left[\left(\frac{1+\lambda \operatorname{sh}\lambda}{\operatorname{ch}\lambda} \right)(\operatorname{ch}\lambda\xi - 1) - \lambda \operatorname{sh}\lambda\xi + \lambda^2 \xi \left(1 - \frac{\xi}{2}\right) \right]_{\xi=1} =$$

$$\frac{2\,038.12 \times 39.8^4}{2.269\,1^4 \times 4.685\,1 \times 10^8}$$

$$\left[\left(\frac{1 + 2.269\,1 \times \operatorname{sh}2.269\,1}{\operatorname{ch}2.269\,1} \right)(\operatorname{ch}2.269\,1 - 1) - 2.269\,1 \times \operatorname{sh}2.269\,1 + \right.$$

$$\left. 2.269\,1^2 \times (1 - 0.5) \right] = 0.472\,94 \text{ m}$$

基本周期调整系数 $\alpha_0 = 0.8$,周期为

$$T_1/\text{s} = 1.7\alpha_0 \sqrt{u_T} = 1.7 \times 0.8 \times \sqrt{0.472\,97} = 0.935$$

(4) 横向水平地震作用

总水平地震作用的表达式为

$$F_{EK} = 0.85\alpha_1 G_E$$

式中 G_E——总重力荷载代表值。

查得 $\alpha_{max} = 0.08$。阻尼比为 0.05,故 $\gamma = 0.9$。从而

$$\alpha_1 = \left(\frac{T_g}{T_1}\right)^{0.9} \alpha_{max} = \left(\frac{0.65}{0.935}\right)^{0.9} \times 0.08 = 0.057\,66$$

所以

$$F_{EK}/\text{kN} = 0.85 \times 0.057\,66 \times 81\,117 = 3\,975.6$$

$T_1/T_g = 0.935/0.65 = 1.44 > 1.4$,故顶部附加地震作用系数 δ_n 为

$$\delta_n = 0.08T_1 - 0.02 = 0.08 \times 0.935 - 0.02 = 0.054\,80$$

顶部附加地震作用

$$\Delta F_n/\text{kN} = \delta_n F_{EK} = 0.054\,80 \times 3\,975.6 = 217.86$$

用底部剪力发把总水平地震作用沿结构高度分配,则可得到各层的水平地震作用和相应得剪力效应,计算过程和结果列于表 5.19,其中水平地震作用 F_i 的计算式为(顶层还要加上附加地震作用)

$$F_i = \frac{G_i H_i}{\sum G_i H_i} \cdot F_{EK}(1 - \delta_n)$$

式中 $F_{EK}(1 - \delta_n) = 3\,975.6 \times (1 - 0.054\,80) = 3\,575.75$ kN

表 5.19 底部剪力法的计算

层数	层高 h_i/m	高度 H_i/m	重量 G_i/kN	$G_i H_i$	$\dfrac{G_i H_i}{\sum G_i H_i}$	水平力 F_i/kN	剪力 Q_i/kN	弯矩 $F_i H_i$/kN·m
12	3.8	39.8	5431	216 153.8	0.121 3	673.67	891.53	26 812
11	3.0	36	6 734	242 424	0.136 1	511.43	1 402.96	18 411
10	3.0	33	6 734	222 222	0.124 7	468.59	1 871.55	15 463
9	3.0	30	6 734	202 020	0.113 4	426.16	2 297.68	12 784

续表 5.19

层数	层高 h_i/m	高度 H_i/m	重量 G_i/kN	G_iH_i	$\dfrac{G_iH_i}{\sum G_iH_i}$	水平力 F_i/kN	剪力 Q_i/kN	弯矩 F_iH_i/kN·m
8	3.0	27	6 734	181 818	0.102 1	383.67	2 681.35	10 359
7	3.0	24	6 734	161 616	0.090 7	340.83	3 022.18	8 179.9
6	3.0	21	6 734	141 414	0.079 4	298.36	3 320.54	6 265.6
5	3.0	18	6 734	121 212	0.068 0	255.53	3 576.07	4 599.5
4	3.0	15	6 734	101 010	0.056 7	213.06	3 789.13	3 195.9
3	3.0	12	6 734	80 808	0.045 4	170.60	3 959.73	2 047.2
2	3.0	9	6 734	60 606	0.034 0	127.76	4 087.49	1 149.8
1	6.0	6	8 346	50 076	0.028 1	105.59	3 975.6	633.54
				$\sum G_kH_k =$ 1 781 379.8			$\sum F_iH_i =$	109 900

为便于后面的计算,现将各层水平地震作用换算成倒三角时水平作用(见图 5.21)。换算原则是:由各层水平地震作用 F_i 在基底产生的弯矩效应与倒三角时水平作用产生的弯矩效应相等。即

$$M_0/\text{kN}\cdot\text{m} = \frac{qH}{2} \times \frac{2H}{3} = \sum F_iH_i = 109\ 900$$

从而得

$$q/(\text{kN}\cdot\text{m}^{-1}) = \frac{3\sum F_iH_i}{H^2} = \frac{3 \times 109\ 900}{39.8^2} = 208.14$$

相应得总水平地震作用为:$F_{EK} = \dfrac{1}{2} \times 208.14 \times 39.8 = 4\ 141.99$

这与原总水平地震作用相差为:$(4\ 141.99 - 3\ 975.6)/3\ 975.6 = 0.042 = 4.2\%$

(5) 结构变形验算

按规范规定,本例只需验算多遇地震作用下的弹性变形。按前面的结果,刚度特征值 $\lambda = 2.269\ 1, \xi = x/H$,按倒三角水平地震作用得最大值 $q = 208.14$ kN/m,及 $E_cI_{eq} = 4.685\ 1 \times 10^8$,即可由式(5.82)的第一式求得各层的位移值。有 $\dfrac{qH^4}{\lambda^2 E_c I_{eq}} = \dfrac{208.14 \times 39.8^4}{2.269\ 1^2 \times 4.685\ 1 \times 10^8} = 0.216\ 5\text{m}$

相应得计算过程和结果如表 5.20 所示。

表 5.20　结构层间变形的计算

层数	H_i/m	$\xi = H_i/H$	$u_i = u(\varepsilon)$/m	$\Delta u_i = u_i - u_{i-1}$/m	h_i/m	$\Delta u_i/h_i$
12	39.5	1.000 0	0.035 005	0.003 635	3.8	0.000 956 6
11	36	0.904 5	0.031 370	0.002 95	3.0	0.000 983
10	33	0.829 1	0.028 420	0.003 049	3.0	0.001 016 3
9	30	0.753 8	0.025 371	0.003 157	3.0	0.001 052 3
8	27	0.678 4	0.022 214	0.003 237	3.0	0.001 079
7	24	0.603 0	0.018 977	0.003 271	3.0	0.001 090 3
6	21	0.527 6	0.015 706	0.003 234	3.0	0.001 078
5	18	0.452 3	0.012 472	0.003 119 6	3.0	0.001 039 87
4	15	0.376 9	0.009 352 4	0.002 894	3.0	0.000 964 7
3	12	0.030 15	0.006 458 4	0.002 541 8	3.0	0.000 847 27
2	9	0.226 1	0.003 916 6	0.002 039 4	3.0	0.000 679 8
1	6	0.150 8	0.001 877 2	0.001 877 2	6.0	0.000 312 87

规范规定的层间位移角限值为 $1/800 = 0.001\ 250$ (见表 3.15)。由表 5.20 可知，各层的层间相对位移角均满足此要求。结构定点的相对位移值为

$$\frac{u_T}{H} = \frac{0.035\ 005}{39.8} = 0.000\ 879\ 5 < \frac{1}{700} = 0.001\ 43$$

所以结构的变形满足规范的要求。

(6) 水平地震作用在结构中的分配

前面已经求得结构总水平地震作用值为 $F_{EK} = 3\ 975.64$ kN，相应的基底弯矩效应为 $M_0 = 109\ 900$ kN·m。按倒三角时分布的水平地震作用的表达式为

$$F(x) = \frac{q}{H}x \tag{5.108}$$

其中 $q = 2F_{EK}/H = 208.14$ kN·m。沿高度地震剪力的分布为

$$Q(x) = \int_x^H F(\zeta)\mathrm{d}\zeta = \frac{q}{2H}(H^2 - x^2) \tag{5.109}$$

取 $\xi = x/H$，则式 (5.108) 和式 (5.109) 分别为

$$F(x) = q\xi \tag{5.110}$$

$$Q(x) = \frac{qH}{2}(1-\xi^2) = (1-\xi^2)F_{EK} \tag{5.111}$$

由式 (5.82)，可得出抗震墙的 Q'_w 和弯矩效应 M_w。由于 $C_F = 9.736\ 8 \times 10^5$，$\sum (m_{ij}/h) = 5.491\ 2 \times 10^5$ 故有

$$\frac{C_F}{C_F + \sum \dfrac{m_{ij}}{h}} = \frac{9.376\ 8}{9.376\ 8 + 5.491\ 2} = 0.639\ 4$$

$$\frac{\sum \dfrac{m_{ij}}{h}}{C_{\mathrm{F}} + \sum \dfrac{m_{ij}}{h}} = \frac{5.491\,2}{9.376\,8 + 5.491\,2} = 0.360\,6$$

其他计算过程和结果如表 5.21 所示。

表 5.21 水平地震作用值在结构中的分配过程

		Q_{P} /kN	$\overline{Q}_{\mathrm{F}}$ /kN	Q_{F} /kN	m /kN	Q_{w} /kN	M_1 /kN·m	Q_{w1} /kN	M_2 /kN·m	Q_{w2} /kN
12	1.000 0	0.0	−1 446.3	0.0	1 446.3	924.76	521.54	−924.76	0.00	−276.41	0.00	−185.97
11	0.904 5	−4 078.9	−720.98	753.34	1 474.32	942.68	531.64	−189.34	−1 219.2	−56.59	−820.27	−38.08
10	0.829 1	−5 486.8	−227.43	1 294.76	1 522.19	973.29	548.90	321.47	−1 640.0	96.09	−1 103.4	64.65
9	0.753 8	−5 498.6	211.69	1 788.45	1 576.76	1 008.18	568.58	780.27	−1 643.5	233.22	−1 105.8	156.91
8	0.678 4	−4 256.3	610.43	2 235.74	1 625.31	1 039.22	586.09	1 196.52	−1 272.2	357.64	−855.9	240.62
7	0.603 0	−1 864.2	979.86	2 635.93	1 656.07	1 058.89	597.18	1 577.04	−557.2	471.38	−374.9	317.14
6	0.527 6	1 606.2	1 330.8	2 989.02	1 658.22	1 060.27	597.95	1 928.75	480.1	576.50	323.0	387.87
5	0.452 3	6 108.5	1 673.2	3 294.64	1 621.44	1 036.75	584.69	2 257.89	1 825.8	674.88	1 228.4	454.06
4	0.376 9	11 645.1	2 017.9	3 553.61	1 535.71	981.93	553.78	2 571.82	3 480.7	768.68	2 341.8	517.16
3	0.301 5	18 231.7	2 374.6	3 765.47	1 390.87	889.32	501.55	2 876.15	5 449.5	859.68	3 666.4	578.39
2	0.226 1	25 919.7	2 753.8	3 930.25	1 176.45	752.22	424.23	3 178.03	7 747.4	949.91	5 212.5	639.10
1	0.150 8	34 780.6	3 166.0	4 047.80	881.80	563.82	317.98	3 483.98	10 395.9	1 041.36	6 994.4	700.63
	0.0	56 592.9	4 141.99	4 141.99	0.0	0.00	0.00	4 141.99	16 915.6	1 238.04	11 380.8	832.95

注:为根据位移的三次微分求出的总墙的剪力; $\overline{Q}_{\mathrm{F}}$ 为框架的广义剪力; Q_{P} 为结构的总剪力; M 为总墙的弯矩; Q_{F} 框架的剪力; m 为总连杆的约束弯矩; Q_{w} 为总墙的剪力; M_2 和 Q_{w2} 为墙 1 的弯矩和剪力; M_2 和 Q_{w2} 为墙 2 的弯矩和剪力。

(7) 抗震墙的内力计算

将地震剪力和弯矩效应在各墙中分配。把上面求得总抗震墙总剪力和总弯矩按各抗震墙的刚度分配,则可得到各抗震墙的剪力和弯矩。比较准确的计算应按各层的不同的刚度进行,并且由于约束弯矩公式是直接传到各墙的,故公式应按与各墙相连的连梁的刚度进行分配。在本例中,各墙之间的刚度比沿高度变化不大,且考虑到方法的近似性,把各层的总剪力和总弯矩直接按各墙的刚度进行分配(式 5.60)。因此算 i 墙的第 j 层的弯矩和剪力为

$$M_{ij} = \frac{(E_{\mathrm{c}} I_{\mathrm{eq}})_i}{\sum (E_{\mathrm{c}} I_{\mathrm{eq}})_i} M_j$$

$$Q_{wij} = \frac{(E_{\mathrm{c}} I_{\mathrm{eq}})_i}{\sum (E_{\mathrm{c}} I_{\mathrm{eq}})_i} Q_{wj}$$

墙 1 的分配系数为

$$\frac{(E_c I_{eq})_i}{\sum (E_c I_{eq})_i} = \frac{(E_c I_{eq})_1}{2[(E_c I_{eq})_1 + (E_c I_{eq})_2]} = \frac{1.4003 \times 10^8}{2 \times (1.4003 \times 10^8 + 9.4226 \times 10^7)} = 0.2989$$

墙 2 的分配系数为

$$\frac{9.4226 \times 10^8}{2 \times (1.4003 \times 10^8 + 9.4226 \times 10^7)} = 0.2011$$

由此,各层的墙 1 所分得的弯矩 M_1 和剪力 Q_{w1},以及各层的墙 2 所分得的弯矩 M_2 和剪力 Q_{w2} 可以算出并列于表 5.21。

抗震墙在水平地震荷载作用下的轴力由线约束弯矩引起。总的线约束弯矩公式可按连梁的刚度分配给各列连梁,则每列连梁的线约束弯矩为 m'。此线约束弯矩可在抗震墙中线处产生连系梁的梁端弯矩 $m'h_j$(h_j 为第 j 层楼面之上半层高度与下半层高度之和),由此弯矩按平衡条件可得梁端剪力,进而由此剪力就可算出抗震墙中的轴力。在本例中,各列连梁的刚度相同,故 $m' = m/4$。计算过程如表 5.22 所示。

在地震荷载作用下的内力求出后,即可与其他情况的内力一起进行内力组合,然后进行截面设计。

表 5.22 水平地震作用下抗震墙轴力的计算

层数	m /kN	m' /kN	h_j /m	N_{Wj} /kN	$\sum N_{Wj}$ /kN
12	521.54	130.39	1.9	36.70	36.70
11	531.64	132.91	3.4	66.95	103.65
10	548.90	137.23	3.0	60.99	164.64
9	568.58	142.15	3.0	63.18	227.82
8	586.09	146.52	3.0	65.12	292.94
7	597.18	149.30	3.0	66.36	359.30
6	597.95	149.49	3.0	66.44	425.74
5	584.69	146.17	3.0	64.96	490.70
4	553.78	138.45	3.0	61.53	552.23
3	501.55	125.39	3.0	55.73	607.96
2	424.23	106.06	3.0	47.14	655.10
1	317.98	79.50	4.5	53.00	708.10

习 题

一、填空题

1. 对多层和高层现浇钢筋混凝土房屋中的(　　)、有框支层抗震墙结构和(　　),其适用的最大高度应比抗震规范所列的数值适当降低。

2. 钢筋混凝土房屋应根据烈度、结构类型和房屋高度采用不同的（　　），并应符合相应的（　　）和构造措施要求。

3. 规则结构对房屋平面形状的要求为：平面局部突出部分的长度不大于其（　　），且不大于该方向总长的30%。

4. 某框架房屋高度为23 m，设防烈度为7度，根据具体情况必须设置防震缝，则防震缝的最小宽度应为（　　）。

5. 对建筑装修要求较高的房屋和（　　），应优先采用框架－抗震墙结构和抗震墙结构。

6. 框架结构中，砌体填充墙在平面和竖向的布置宜（　　），宜避免形成薄弱层或（　　）。

7. 梁柱箍筋末端应做（　　）弯钩，弯钩的平直部分不应小于箍筋直径的（　　）。

8. 钢筋混凝土框架的震害多发生在柱端、（　　）和梁柱节点核芯区。一般地说，柱重于梁，柱顶重于（　　），内柱（　　）角柱。

9. 一般情况下，框架梁的控制截面为两端及（　　）截面。对于梁端截面的最不利内力组合为：$+M_{max}$、（　　）和V_{max}。为求梁端（　　），采用的内力组合公式为：$M = \gamma_{RE}(1.3M_{EK} - 1.0M_{GE})$，式中的（　　）为由重力荷载代表值在梁端产生的弯矩标准值。

10. 强剪弱弯要求构件的受剪承载力大于其（　　）实际达到的剪力。

11. 在式$\sum M_c = 1.1 \sum M_b$中，通过系数1.1体现（　　）的设计原则。

12. 构件截面平均剪应力与混凝土轴心抗压强度设计值之比称为（　　）。

13. 轴压比是指柱（　　）设计值与柱的全截面面积和混凝土抗压强度设计值乘积之比，柱的延性随轴压比的增大而（　　）。

二、选择题

1. 多高层钢筋混凝土房屋适用的最大高度取决于（　　）。
①建筑的重要性　　　②设防烈度
③结构类型　　　　　④建筑装修要求
⑤是否为规则结构　　⑥使用活荷载的大小
A.①②③④　　　　　B.②③④⑤
C.③④⑤⑥　　　　　D.①②③⑤

2. 划分钢筋混凝土结构抗震等级所考虑的因素中包括（　　）。
①设防烈度　②房屋高度　③结构类型
④楼层高度　⑤房屋的高宽比
A.①②③　　　　　　B.②③④
C.③④⑤　　　　　　D.①③⑤

3. 决定多高层钢筋砼房屋防震缝宽度的因素有（　　）。
①建筑的重要性　　　②建筑物的高度
③场地类别　　　　　④结构类型
⑤设防烈度　　　　　⑥楼面活荷载的大小
A.①②③　　　　　　B.②④⑥

C.②④⑤　　　　　　　　D.①③⑥

4.关于结构的抗震等级,下列说法错误的为(　　)。

A.决定抗震等级时所考虑的设防烈度与抗震设防烈度可能不一致

B.只有多高层钢筋混凝土房屋才需划分结构的抗震等级

C.房屋高度是划分结构抗震等级的条件之一

D.抗震等级愈小,要求采取的抗震措施愈严格

5.下列哪一项符合规则结构的相应要求?(　　)

A.房屋平面局部突出部分的宽度不大于其长度,且大于该方向总长的30%

B.房屋立面局部收进的尺寸不大于该方向总尺寸的25%

C.楼层刚度不小于其相邻下层刚度的70%

D.在房屋抗侧力构件的布置基本均匀对称的情况下,房屋平面内质量的分布可不均匀对称

6.对于高层钢筋混凝土房屋防震缝的设置,下列说法错误的为(　　)。

A.宜尽量争取不设防震缝

B.体型复杂的建筑,必须设置防震缝

C.设置防震缝与否根据实际需要而定

D.设置防震缝时,应将建筑分成规则的结构单元

7.框架结构中砌体填充墙的布置及所用材料应符合(　　)。

①平面和竖向宜均匀对称

②平面宜对称,竖向可不均匀

③平面宜均匀,竖向可不均匀

④每层的填充墙高度宜与该层柱净高相同

⑤每层的填充墙宜砌至该层柱半高处

⑥宜采用轻质墙或与柱柔性连接的墙板

⑦有的情况下可用轻质墙板或与柱柔性连接的墙板

A.①⑤⑥　　　　　　　　B.②③④⑦

C.①④⑦　　　　　　　　D.②④⑤

8.框架梁截面尺寸应符合的条件之一为(　　)。

A.截面宽度不宜小于200 mm

B.截面高宽比不宜小于4

C.梁净跨与截面高度之比不宜大于4

D.梁截面尺寸的确定一般与梁剪力设计值的大小无关

9.下列符号的意义为(　　)。

N——组合的轴压力设计值

f_c——混凝土轴心抗压强度设计值

f_{cm}——混凝土弯曲抗压强度设计值

b——柱截面宽度

h——柱截面高度

h_0——柱截面有效高度

则柱轴压比的表达式为(　　)。

A. $\dfrac{N}{f_{cm}bh_0}$　　B. $\dfrac{N}{f_{cm}bh}$　　C. $\dfrac{N}{f_c bh_0}$　　D. $\dfrac{N}{f_c bh}$

10. 抗震结构中的短梁或短柱是指(　　)。
A. 梁的计算跨度与截面高度之比小于8为短梁
B. 梁的净跨度与截面高度之比小于6为短梁
C. 柱的计算高度与截面高度之比不大于8为短柱
D. 柱的净高度与截面高度之比不大于4为短柱

11. 当无法避免而出现短柱时,应采用的措施为(　　)。
A. 加大柱的截面面积
B. 提高混凝土的强度等级
C. 沿柱全高将箍筋按规定加密
D. 取纵向钢筋的配筋率为3%~5%之间

12. 对于不考虑抗侧力作用的框架砌体填充墙(　　)。
A. 宜先砌墙后浇框架
B. 应通过拉筋与框架柱连接
C. 当墙长度大于5 m时,宜在墙高中部设置钢筋混凝土系梁
D. 当墙高超过4 m时,墙顶部与梁宜有拉结措施

13. 框架填充墙与框架柱拉结的作用是(　　)。
A. 避免地震时填充墙倒塌
B. 避免地震时填充墙开裂
C. 提高填充墙砌体的强度
D. 提高框架柱的承载力

14. 多层砌体房屋楼、屋面的现浇钢筋混凝土圈梁截面高度不应小于(　　)。
A. 120 mm　　B. 150 mm　　C. 180 mm　　D. 240 mm

15. 在框架结构抗震设计时,框架梁中线与柱中线两者间(　　)。
A. 不宜重合　　B. 必须重合　　C. 偏心距不宜过大　　D. 距不宜过小

16. 当设防烈度为8度时采用现浇楼、屋盖的多高层钢筋混凝土房屋(无框支层)抗震墙之间楼、屋盖的长宽比一般不宜超过(　　)。
A. 1.5　　B. 2.0　　C. 2.5　　D. 3.0

17. 框架-抗震墙结构中的抗震墙设置应符合的条件之一为(　　)。
A. 抗震墙开洞面积不宜过小,洞口宜上下对齐
B. 纵向抗震墙宜设置在端开间
C. 纵横向抗震墙宜单独布置
D. 抗震墙宜贯通房屋全高,且纵横向抗震墙宜相连

三、判别题

1. 用防震缝把建筑划分成规则结构后,防震缝宽度按较高建筑的高度确定。(　　)
2. 梁端弯矩调幅不仅要对竖向荷载作用下的弯矩进行调幅,同时也应对水平荷载作用下的弯矩进行调幅。(　　)

3. 强剪弱弯是指防止构件在弯曲屈服前出现脆性剪切破坏。（　）
4. 轴压比是指柱组合的轴压力设计值与柱的全截面面积和砼抗压强度标准值乘积之比。（　）

四、简答题

1. 框架梁、柱及节点都发生哪些震害？试分析其原因。
2. 为什么要划分现浇钢筋混凝土结构的抗震等级？划分抗震等级时应考虑哪些因素？
3. 规则结构应符合哪些要求？
4. 如何确定多高层钢筋混凝土房屋的防震缝宽度？
5. 框架结构和框架-剪力墙结构的结构布置应符合哪些要求？
6. 反弯点法、D值法和弯矩二次分配法各适用于什么情况？反弯点法和D值法的基本假定是什么？
7. 试述框架结构侧移计算的步骤。
8. 为什么要进行竖向荷载作用下框架梁端负弯矩调幅？
9. 一般取框架梁柱的哪些截面作为控制截面？如何计算梁端柱边的剪力和弯矩？
10. 对于框架梁柱各控制截面，应考虑哪些最不利内力？这些最不利内力需分别通过何种内力组合来得到？
11. 什么是延性系数？我国抗震规范是如何保证结构延性的？试说明强柱弱梁、强剪弱弯和强节点的含义。试通过梁柱端部和节点核芯区剪力设计值计算公式及柱端弯矩设计值计算公式来说明如何从计算上体现强柱弱梁、强剪弱弯和强节点的原则。
12. 对梁端截面混凝土受压区高度有何要求？为什么？
13. 什么是构件的剪压比？为什么要限制剪压比？
14. 构件在地震作用下，其斜截面受剪承载力为什么有所降低？
15. 什么是柱的轴压比？为什么要限制柱的轴压比？
16. 框架梁的截面尺寸应符合哪些要求？
17. 按抗震规范的规定，框架柱的截面尺寸应符合哪些要求？
18. 对框架梁纵向钢筋的配置有何要求？
19. 对框架梁柱的箍筋加密范围是如何规定的？对梁柱加密区的箍筋肢距有何要求？
20. 如何计算柱加密区箍筋的体积配筋率？
21. 对框架梁柱纵向钢筋的锚固有何要求？
22. 对箍筋弯钩的角度和弯钩平直部分的长度是如何规定的？
23. 框架的砌体填充墙与框架柱间如何拉结？当填充墙长度大于5m及高度超过4m时，各应取什么措施？
24. 在框架-抗震墙结构中，抗震墙厚度在构造上应符合什么要求？
25. 试述多高层钢筋砼结构设计的一般步骤？
26. 对框架节点核芯区的配箍构造有何要求？什么样的框架需进行节点核芯区的抗剪承载力验算？如何确定节点核芯区的剪力设计值？

五、计算题

1. 某抗震等级三级的框架结构一边跨梁，在水平地震作用下和重力荷载代表值作用下的弯矩和受力如图 5.22 所示(图中弯矩为梁端柱边弯矩值),求调幅系数为 0.85 时梁端的最大正、负弯矩的组合设计值。

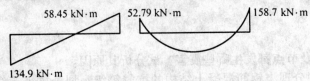

图 5.22

2.某二级框架梁梁端截面尺寸 $b \times h = 250 \times 700 \text{ mm}^2$,采用 C25 砼,在重力荷载和地震作用下的弯矩如图 5.23 所示(重力荷载下弯矩已调幅),且在重力荷载下的均布线荷载为 54 kN/m。试确定此梁的箍筋(箍筋用一级钢)

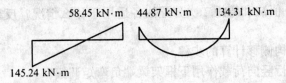

图 5.23

3.某二级框架柱截面尺寸为 $400 \times 400 \text{ mm}^2$,采用 C20 砼,柱净高为 4.6 m,上下端截面组合的弯矩设计值分别为 154.48 kN·m 和 220.65 kN·m,承受轴向压力组合设计值 $N = 1\,012.16$ kN,箍筋采用一级钢。试确定此柱的箍筋。

4.某三层钢筋砼框架结构百货商店,层高 3.9 m,室内外高差 0.30 m,设防烈度为 8 度近震,二类建筑场地,计算集中在各楼层标高处的各质点重力荷载代表值为 $G_3 = 4\,680$ kN,$G_2 = 5\,690$ kN,$G_3 = 6\,720$ kN,建筑物的自振周期按 $T = 0.1 N$(N 为层数)计算,求:

(1)建筑物总的水平地震作用。
(2)建筑物各层的水平地震作用。
(3)建筑物各层地震剪力的标准值。

5.四层钢筋砼框架结构,建造于设防烈度为 8 度近震地区,场地为二类,结构层高和层重力荷载代表值(见图 5.24)。结构的基本周期为 $T_2 = 0.56$ s,求各层地震剪力标准值。

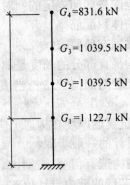

图 5.24

第6章 砌体房屋抗震设计

学习要点:在学习中,应结合砌体材料的性质和砌体房屋的连接构造方式,理解砌体房屋的震害特点。抗震设计一般规定给出了砌体房屋的最大适用高度、房屋的平立面布置原则以及房屋的局部尺寸等,应对其意义有深入的理解。对于砌体房屋的抗震验算,应掌握下述内容:一般情况下,可按房屋的纵横向分别进行抗震验算;地震作用和楼层地震剪力计算;墙体等效侧向刚度的计算与楼层地震剪力的分配;砌体抗震抗剪强度设计值的确定与墙体截面抗震受剪承载力验算。注意理解砌体房屋抗震构造措施的意义并掌握主要的抗震构造要求。

本章讨论烧结普通粘土砖、烧结多孔粘土砖和混凝土小型砌块等砌体承重的多层房屋的抗震设计。

砌体结构具有容易就地取材、造价低,保温、隔热性能好,并且施工简单等优点,在一定范围内具有优于其他结构的经济效益和使用性能,因而目前仍是我国建筑工程中广泛使用的一种结构形式。但是,由于砌体结构材料的脆性性质和结构构件之间的连接方式等原因,决定了其抗拉、抗剪和抗弯能力很低并缺乏抗震所要求的延性。因此,砌体房屋的抗震能力较差,特别是未经抗震设计的多层砌体房屋在地震中破坏更为严重,表6.1为我国20世纪60年代至90年代中期多层砖房的震害程度统计表。

表6.1 多层砖房震害程度统计表

地震烈度 震害程度	6度	7度	8度	9度	10度
基本完好/%	45.9	40.8	37.2	5.8	0.8
轻微破坏/%	42.3	37.7	19.5	9.1	2.5
中等破坏/%	11.2	12.2	24.8	24.7	5.6
严重破坏/%	0.6	8.8	18.2	53.9	13.0
倒塌/%	—	0.5	0.3	6.5	78.1
总计/%	100	100	100	100	100

从表6.1中可以看出,多层砖房在地震中的破坏率是比较高的;然而,在7度、8度甚至9度区,受到轻微破坏或者基本完好的也不乏其例。2008年5月的汶川地震也表明,严格按照抗震规范进行设计、施工和使用的砌体房屋,在大体相当于当地罕遇烈度的地震作用下,没有出现倒塌破坏。所以,经过合理的抗震设计并保证施工质量,砌体房屋是具有一定抗震能力的。同时,各种配筋砌体的出现,也有效地提高了砌体房屋的抗震性能和扩大了砌体结构在地震区的使用范围。

6.1 震害及其分析

实际工程中,多层砖房的主要破坏现象及其原因大体如下。

1. 房屋倒塌

在高烈度区,房屋倒塌占有相当的比例。房屋倒塌包括全部倒塌、上部倒塌和局部倒塌。

全部倒塌可分为三种情况:一是当结构底部墙体不足以抵抗强烈地震所产生的剪力时,底部先倒而导致上部随之塌落;二是上部墙体过于薄弱先倒,而将底部砸塌;三是上下墙体同时散碎。

易造成房屋上部倒塌的原因有:上部砌体强度不足;屋顶与墙体间连接不好;上部结构自重大、刚度差;上部结构整体性差等。

易造成房屋局部倒塌的原因有:房屋地基不均匀;个别部位连接不好、整体性差、平立面处理不当等。

2. 墙体的破坏

墙体的破坏形式主要有:斜裂缝、交叉裂缝、水平裂缝和竖向裂缝。

房屋中与水平地震作用方向平行的墙体是主要承担该方向地震作用的构件,当砖墙的抗主拉应力强度不足时,则产生斜裂缝;在水平地震反复作用下,又可形成交叉裂缝。水平裂缝大多发生在外纵墙窗口上下截面处,其产生的主要原因是当楼、屋盖刚度较差,横墙间距大时,横向水平地震作用不能全部通过楼、屋盖传给横墙,而引起纵墙平面外受弯、受剪。若楼、屋盖与墙体的锚固不好,地震时楼板碰撞墙体,墙体在楼板处也可能产生水平裂缝。地震时引起墙体竖向裂缝的原因有纵横墙体交接处的连接不好、地基不均匀沉降和竖向地震作用下梁支座处局部压力过大等。

3. 墙角的破坏

在震害中,墙角的破坏比较常见。其主要原因是:墙角位于房屋的尽端,纵横两个方向的约束差,该处较薄弱;在墙角,地震作用的扭转效应较为明显,该处应力状态较为复杂,易于产生应力集中。

4. 楼梯间的破坏

主要是楼梯间墙体的破坏,楼梯本身很少破坏。原因是楼梯间开间小,在水平方向分担的地震剪力相对较大,但墙体在高度方向缺乏有力的支撑,此部位空间刚度差,特别是顶层墙体的计算高度又比其他层位的大,稳定性差,当楼梯间位于房屋尽端或转角处,其墙体的破坏尤为严重。

5. 纵横墙连接的破坏

由于施工时纵横墙没有很好的咬槎砌筑或缺乏足够的拉结,加之此部位受力较复杂,易产生应力集中。因此,地震时易产生竖向裂缝,严重者外纵墙和山墙外闪,甚至倒塌。

6. 楼盖与屋盖的破坏

在地震中,楼、屋盖很少因其本身而造成破坏。现浇楼、屋盖常因墙体倒塌而破坏;装配式楼、屋盖则可由于支撑长度不足或无可靠拉结而导致楼板坠落;楼、屋盖梁也可因梁端伸进墙内长度不足而自墙内拔出,造成梁的塌落。

7.附属构件的破坏

突出屋面的附属构件,如女儿墙、小烟囱、屋顶间(电梯机房、水箱间)、门脸等,由于地震时"鞭端效应"的影响,其破坏较下部主体结构明显加重。此外,雨蓬、阳台及无筋砖过梁等,震害也较主体结构严重。

6.2 多层砌体房屋抗震设计一般规定

1.房屋的层数和总高度的限制

国内外大量的震害表明,砌体房屋的抗震能力与其层数和总高度有直接关系。在同烈度区,二、三层房屋的震害比四、五层房屋轻得多,六层及六层以上房屋的震害则明显加重。因此,我国和其他一些国家都对砌体房屋的总高度和层数加以限制,这是一项既考虑到经济性又可有效地保证砌体房屋具有所需要的抗震能力的主要抗震措施。

多层砌体房屋的层数和总高度不应超过表6.2的规定;对医院、教学楼等及同一楼层开间大于4.20 m的房间占该层总面积的40%以上的横墙较少的多层砌体房屋,总高度应比表6.2的规定降低3 m,层数相应减少一层;各层横墙很少的多层砌体房屋,还应根据具体情况再适当降低总高度和减少层数;对横墙较少的多层砖砌体住宅楼,当按规定采取加强措施并满足抗震承载力要求时,其高度和层数应允许按表6.2采用。抗震规范同时要求砌体承重房屋的层高不应超过3.6 m;当使用功能确有需要时,采用约束砌体等加强措施的普通砖砌体房屋的层高不应超过3.9 m。

表6.2 屋的层数和总高度限制

房屋类别	最小墙厚/mm	烈 度							
		6		7		8		9	
		高度/m	层数	高度/m	层数	高度/m	层数	高度/m	层数
普通砖	240	24	8	21	7	18	6	12	4
多孔砖	240	21	7	21	7	18	6	12	4
多孔砖	190	21	7	18	6	15	5	—	—
小砌砖	190	21	7	21	7	18	6	—	—

注:①房屋的总高度指室外地面到主要屋面板或檐口的高度,半地下室从地下室室内地面算起,全地下室和嵌固条件好的半地下室应允许从室外地面算起;对带阁楼的坡屋面应算到山尖的1/2高度处。

②室内外高差大于0.6 m时,房屋总高度应允许比表中数据适当增加,但不应多于1 m。

③乙类的多层砌体房屋应允许按本地区设防烈度查表,但层数应减少一层且总高度应降低3 m。

④本表小砌块砌体房屋不包括配筋混凝土小型空心砌块砌体房屋。

上面所说的加强措施,系指对横墙较少的多层烧结普通粘土砖和烧结多孔砖住宅楼,当其总高度和层数接近或达到表6.2规定的限制时,应注意保证纵横墙的连接、加强房屋的整体性和对墙体的约束,具体内容如下。

(1)房屋的最大开间尺寸不宜大于6.6 m。

(2)同一结构单元内横墙错位数量不宜超过横墙总数的1/3,且连续错位不宜多于两道;错位的墙体交接处均应增设构造柱,且楼、屋面板应采用现浇钢筋混凝土板。

(3)横墙和内纵墙上洞口的宽度不宜大于1.5 m;外纵墙上洞口的宽度不宜大于2.1 m或开间尺寸的一半;且内外墙上洞口位置不应影响内外纵墙与横墙的整体连接。

(4)所有外纵横墙均应在楼、屋盖标高处设置加强的现浇钢筋混凝土圈梁,圈梁的截面高度不宜小于150 mm,上下纵筋各不应少于3Φ10,箍筋不少于Φ6,间距不大于300 mm。

(5)所有纵横墙交接处及横墙的中部,均应增设满足下列要求的构造柱:在横墙内的柱距不应大于4.2 m,最小截面尺寸不宜小于240 mm×240 mm,配筋宜符合表6.3的要求。

(6)同一结构单元的楼、屋面板应设置在同一标高处。

(7)在房屋底层和顶层的窗台标高处,宜设置沿纵横墙通长设置符合下列要求的水平现浇钢筋混凝土带:截面高度不小于60 mm,宽度不小于240 mm,纵向钢筋不少于3Φ6。

表6.3 增设构造柱的纵筋和箍筋设置要求

位置	纵向配筋			箍筋		
	最大配筋率/%	最小配筋率/%	最小直径/mm	加密区范围/mm	加密区间距/mm	最小直径/mm
角柱	1.8	0.8	14	全高	100	6
边柱			14	上端700 下端500		
中柱	1.4	0.6	12			

2. 房屋最大高宽比的限制

多层砌体房屋的总高度与总宽度的比值,宜符合表6.4的要求,以保证房屋的稳定性。

表6.4 房屋最大高宽比

烈度	6	7	8	9
最大高宽比	2.5	2.5	2.0	1.5

注:① 单面走廊房屋的总宽度不包括走廊宽度。
② 建筑平面接近正方形时,其高宽比宜适当减小。

3. 抗震横墙间距的限制

多层砌体房屋的横向地震作用主要由横墙承受。因此,不仅要求横墙具有足够的承载力,而且要求横墙间距不过大,以使楼盖具有足够的水平刚度,保证楼盖能将水平地震作用传递给横墙。所以,多层砌体房屋的抗震横墙间距不应超过表6.5的要求,且在混凝土小型空心砌块房屋中,不宜采用木楼屋盖。

表 6.5　房屋抗震横墙最大间距　　　　　　　　　　　　　　m

楼屋盖类别	烈度			
	6	7	8	9
现浇或装配整体式钢筋混凝土楼、屋盖	18	18	15	11
装配式钢筋混凝土楼、屋盖	15	15	11	7
木楼、屋盖	11	11	7	4

注:对房屋的顶层,最大横墙间距允许适当放宽。

4.房屋的局部尺寸限制

地震时,房屋首先破坏的部位主要是窗间墙、尽端墙段及女儿墙等。在强烈地震作用下,可能因上述部位的失效而造成整栋房屋结构的破坏甚至倒塌。因此,房屋的窗间墙、尽端墙段及无锚固的女儿墙等尺寸宜符合表 6.6 的要求。

表 6.6　房屋的局部尺寸限制

部　位	6 度	7 度	8 度	9 度
承重窗间墙最小宽度	1.0	1.0	1.2	1.5
承重外墙尽端至门窗洞边的最小宽度	1.0	1.0	1.2	1.5
非承重外墙尽端至门窗洞边的最小宽度	1.0	1.0	1.0	1.0
内墙阳角至门窗洞边的最小距离	1.0	1.0	1.5	2.0
无锚固女儿墙(非出入口处)的最大宽度	0.5	0.5	0.5	0.0

注:①局部尺寸不足时应采取局部加强措施弥补。
　　②出入口处的女儿墙应有锚固。

5.房屋的结构体系及平面布置

(1)震害调查表明,纵墙承重的结构体系,由于横向支撑较少,纵墙易受弯曲破坏而导致倒塌。所以,应优先采用横墙承重或纵横墙共同承重的结构体系。

(2)为使各道墙或墙段受力均匀,减少扭转影响和减少墙体、楼板等受力构件的中间传力环节,要求纵横墙的布置宜均匀对称,沿平面内宜对称,沿竖向应上下连续,同一轴线上的窗间墙宽度宜均匀。

(3)房屋有下列情况之一时宜设置防震缝,缝两侧均应设置墙体,根据抗震设防烈度和房屋高度的不同,缝宽可取为 50 ~ 100 mm。
①房屋立面高差在 6 m 以上。
②房屋有错层,且楼板高差较大。
③各部分结构的刚度、质量截然不同。

(4)由于楼梯间是房屋的薄弱环节,因此楼梯间不宜设置在房屋的尽端和转角处。

(5)烟道、风道和垃圾道等不应削弱墙体;当墙体被削弱时,应采取在墙体内配筋等加强措施,亦可采用预制的管道作为烟道、风道。不宜采用无竖向配筋的附墙烟囱及突出屋面的烟囱。

(6)对于教学楼和医院等横墙较少、跨度较大的房屋,宜采用现浇钢筋混凝土楼、屋盖。

(7)不应采用无锚固的钢筋混凝土预制挑檐。

6.3 多层砌体房屋抗震验算

对于多层砌体房屋,一般可只考虑水平方向的地震作用,沿房屋的两个主轴方向分别进行抗震验算。

6.3.1 水平地震作用计算

砌体房屋的层数不多并以剪切变形为主,当其平立面布置规则、质量和刚度沿高度分布较均匀时,可采用底部剪力法计算水平地震作用。由于砌体房屋刚度相对较大,基本自振周期较短($T_1 = 0.2 \sim 0.3$ s),故取相应于结构基本自振周期的水平地震影响系数 $\alpha_1 = \alpha_{\max}$ 及取顶部附加地震作用系数 $\delta_n = 0$,因此得

$$F_{EK} = \alpha_{\max} G_{eq} \tag{6.1}$$

$$F_i = \frac{G_i H_i}{\sum_{j=1}^{n} G_j H_j} F_{EK} \tag{6.2}$$

式中 　F_{EK}——结构总水平地震作用标准值;

$\alpha_{\max}$——水平地震影响系数最大值;

G_{eq}——结构等效总重力荷载;

F_i——第 i 层的水平地震作用标准值;

G_i、G_j——分别为集中于第 i 层、第 j 层楼盖处的重力荷载代表值;

H_i、H_j——分别为第 i 层、第 j 层的计算高度。

在求各层的计算高度时,结构底部截面位置的确定方法为:当基础埋置较浅时,取基础顶面;当基础埋置较深时,可取室外地坪以下 0.5 m 处;当房屋设有刚度很大的地下室时,取地下室顶部截面;当地下室刚度较小或为半地下室时,可取地下室地面。

作用在第 i 层的地震剪力标准值 V_i 为第 i 层以上各层的水平地震作用之和,即

$$V_i = \sum_{j=i}^{n} F_j \tag{6.3}$$

当采用底部剪力法时,对突出屋面的屋顶间、女儿墙、烟囱等的地震作用效应,宜乘以增大系数 3,以考虑"鞭端效应",但此增大部分不应往下传递。

6.3.2 楼层地震剪力在各墙体间的分配

由于墙体在其自身平面内的刚度很大,而在平面外的刚度很小,故当抗震横墙间距不超过表 6.5 的要求时,可以认为横向楼层地震剪力全部由该层横墙来承担,而不考虑纵墙的作用;同样,认为纵向楼层地震剪力也全部由该层纵墙来承担,而不考虑横墙的作用。

1. 墙体的等效侧向刚度

墙体的等效侧向刚度可以概括为:使该墙体上下端产生单位相对水平位移而在墙内产生的剪力。

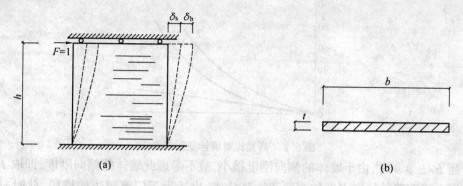

图 6.1 层间墙体的变形

(1) 无洞墙体的层间等效侧向刚度

如图 6.1 所示,视墙体为下端固定、上端嵌固的竖向构件,其层间侧向柔度包括剪切变形 δ_s 和弯曲变形 δ_b,其中

$$\delta_s = \frac{\xi h}{AG} \tag{6.4}$$

$$\delta_b = \frac{h^3}{12EI} \tag{6.5}$$

总变形 $$\delta = \delta_s + \delta_b = \frac{\xi h}{AG} + \frac{h^3}{12EI} = \frac{h/b[(h/b)^2 + 3]}{Et} \tag{6.6}$$

式中 h——墙体高度,取层高;
A——墙体的水平截面面积;
E——砌体的弹性模量;
G——砌体的剪变模量,可取 $G = 0.4E$;
ξ——剪应变不均匀系数,对矩形截面取 $\xi = 1.2$;
I——墙体的水平截面惯性矩;
b——墙体的宽度;
t——墙体的厚度。

图 6.2 所示反映了不同高宽比墙体中剪切变形 δ_s、弯曲变形 δ_b 和总变形 δ 的数量关系。可以看出,当 $h/b < 1$ 时,弯曲变形不足总变形的 10%,墙体以剪切变形为主;当 $1 \leq h/b \leq 4$ 时,随着 h/b 的增加,弯曲变形所占的比例也在增大。因此,抗震规范规定:在确定墙体层间等效侧向刚度中,当 $h/b < 1$ 时,可只考虑剪切变形,弯曲变形的影响可予以忽略。由式(6.1)得

$$K = \frac{1}{\delta} = \frac{Ebt}{3h} \tag{6.7}$$

当 $1 \leq h/b \leq 4$ 时,应同时考虑剪切变形和弯曲变形的影响。由式(6.6)得

$$K = \frac{1}{\delta} = \frac{Et}{h/b[(h/b)^2 + 3]} \tag{6.8}$$

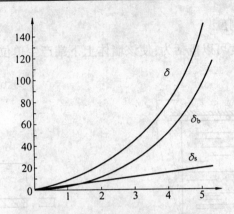

图 6.2　高宽比对墙体变形的影响

当 $h/b > 4$ 时,由于墙体的侧向刚度很小,故不考虑此墙体的侧向刚度,即取 $K = 0$。

以上确定等效侧向刚度的原则和计算公式,也适用于门窗洞边的墙段。此时,h 取洞口净高,b 取洞侧墙宽。

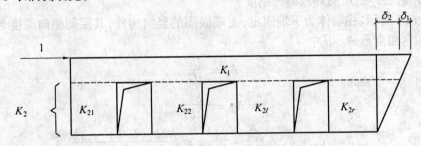

图 6.3　带门洞墙体

(2) 开洞墙体的层间等效侧向刚度

如图 6.3 所示,在墙顶施加水平方向单位力,可认为墙顶的侧移 δ 为

$$\delta = \delta_1 + \delta_2$$

而

$$\delta_1 = 1/K_1 \quad \delta_2 = 1/K_2$$

则

$$K = 1/\delta = \frac{1}{1/K_1 + 1/K_2} \tag{6.9}$$

式中

$$K_2 = \sum_{l=1}^{r} K_{2l} \tag{6.10}$$

于是

$$K = \frac{1}{1/K_1 + 1/\sum_{l=1}^{r} K_{2l}} \tag{6.11}$$

前式中的 K_1 可按式(6.2)计算;根据各墙段的 h/b,K_{2l} 可按式(6.7)或式(6.8)计算。以图 6.3 所示情况为基础可求得高宽比在常用范围内开洞较为复杂的墙体的层间等效侧向刚度。如对于图 6.4 所示墙体,可将其在 $A - A$ 处划分为两个部分。

则

$$K = \frac{1}{1/K_1 + 1/K_2}$$

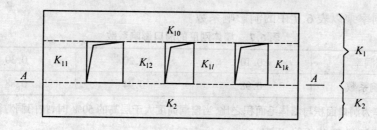

图 6.4　带窗洞墙体

由式(6.11)得

$$K_1 = \cfrac{1}{1/K_{10} + 1/\sum\limits_{l=1}^{r} K_{1l}}$$

于是

$$K = \cfrac{1}{1/K_{10} + 1/\sum\limits_{l=1}^{r} K_{1l} + 1/K_2} \tag{6.12}$$

对于图 6.5 所示墙体，也可将其在 $A-A$ 处划分为两个部分。

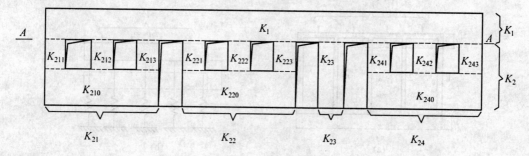

图 6.5　带门窗洞墙体

则

$$K = \cfrac{1}{1/K_1 + 1/K_2}$$

而

$$K_2 = K_{21} + K_{22} + K_{23} + K_{24}$$

于是

$$K = \cfrac{1}{\cfrac{1}{K_1} + \cfrac{1}{K_{21} + K_{22} + K_{23} + K_{24}}} \tag{6.13}$$

式中

$$\left.\begin{array}{l} K_{21} = \cfrac{1}{\cfrac{1}{K_{210}} + \cfrac{1}{K_{211} + K_{212} + K_{213}}} \\[2ex] K_{22} = \cfrac{1}{\cfrac{1}{K_{220}} + \cfrac{1}{K_{221} + K_{222} + K_{223}}} \\[2ex] K_{24} = \cfrac{1}{\cfrac{1}{K_{230}} + \cfrac{1}{K_{231} + K_{232} + K_{233}}} \end{array}\right\} \tag{6.14}$$

(3) 小开口墙体层间等效侧向刚度的计算

对于小开口墙体，为了使计算简单，可按不开洞的墙体毛面积计算其等效侧向刚度，然后根据开洞率乘以表 6.7 中的洞影响系数。

表 6.7 墙体刚度的洞口影响系数

开洞率	0.10	0.20	0.30
影响系数	0.98	0.94	0.88

注:开洞率为洞口面积与墙体毛面积之比,当窗洞高度大于层高的 50% 时,按门洞对待。

2. 横向楼层地震剪力的分配

横向楼层地震剪力在各横墙间的分配原则,应视楼、屋盖的刚度而定。

(1) 刚性楼屋盖房屋

刚性楼盖是指现浇或装配整体式钢筋混凝土楼盖。当为刚性楼屋盖且抗震横墙间距不超过表 6.5 的要求时,在横向地震剪力作用下,可将刚性楼屋盖看作支承在各横墙上的刚性连续梁,楼屋盖与各横墙之间无相对滑移,并认为房屋的刚度中心与质量中心重合而不发生扭转,则第 i 层各道横墙的水平位移 u_i 相同(见图 6.6)。于是有

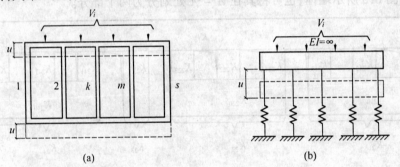

图 6.6 刚性楼盖计算简图

$$V_{im} = K_{im}u = K_{im}\frac{V_i}{\sum_{k=1}^{s}K_{ik}} = \frac{K_{im}}{\sum_{k=1}^{s}K_{ik}}V_i \quad (6.15)$$

式中 V_i——第 i 层的横向水平地震剪力标准值;

V_{im}——第 i 层第 m 道横墙所分配的地震剪力标准值;

K_{ik}、K_{im}——分别为第 i 层第 k、m 道横墙的等效侧向刚度。

所以,在刚性楼盖房屋中,横向楼层地震剪力按各横墙的等效侧向刚度分配。

(2) 柔性楼屋盖房屋

柔性楼盖是指木结构楼盖。由于柔性楼屋盖的刚度小,可将其看作支承在相应横墙上的多跨简支梁(见图 6.7),则第 i 层第 m 道横墙所承担的地震剪力,与其两侧横墙之间各一半面积上的重力荷载代表值成比例。因此,柔性楼屋盖房屋横向楼层地震剪力按下式分配

$$V_{im} = \frac{G_{im}}{G_i}V_i \quad (6.16)$$

式中 G_{im}——第 i 层第 m 道横墙从属面积上的重力荷载代表值;

G_i——第 i 层的重力荷载代表值。

当认为楼盖上的重力荷载均匀分布时,可写成

$$V_{im} = \frac{F_{im}}{F_i} V_i \tag{6.16}'$$

式中　F_{im}——第 i 层第 m 道横墙从属面积(分担地震作用的建筑面积);
　　　F_i——第 i 层的建筑面积。

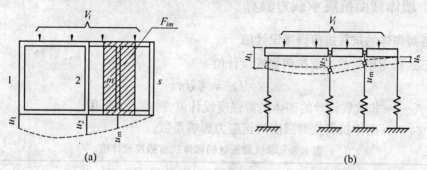

图 6.7　柔性楼盖计算简图

(3) 中等刚度楼盖房屋

装配式钢筋混凝土楼盖属于中等刚度楼盖,也称半刚性楼盖。对于中等刚度楼屋盖房屋,其楼层横向地震剪力的分配,可取按刚性楼屋盖房屋和柔性楼屋盖房屋分配结果的平均值,即

$$V_{im} = \frac{1}{2}\left[\frac{K_{im}}{\sum_{k=1}^{s} K_{ik}} + \frac{G_{im}}{G_i}\right] V_i \tag{6.17}$$

或

$$V_{im} = \frac{1}{2}\left[\frac{K_{im}}{\sum_{k=1}^{s} K_{ik}} + \frac{F_{im}}{F_i}\right] V_i \tag{6.17}'$$

3. 纵向楼层地震剪力的分配

由于房屋纵向尺寸明显大于横向尺寸,纵墙间距比较小,所以不论采用哪种类型的楼盖,其纵向刚度都比较大,均可按刚性楼盖考虑。这样多层砌体房屋各纵墙所分配的地震剪力参照式(6.15)。

4. 同一道墙各墙段地震剪力的分配

求得某一道墙的地震剪力后,对于开洞墙体,还应把地震剪力分配给该墙端部和洞口间的各个墙段,以便验算墙段截面抗震承载力。由于可以认为地震作用下各墙段顶部侧移相同,则地震剪力可按各墙段的等效侧向刚度的比例分配。即

$$V_{iml} = \frac{K_{iml}}{\sum_{f=1}^{r} K_{imf}} V_{im} \tag{6.18}$$

式中　V_{iml}——第 i 层第 m 道墙第 l 墙段所分配的地震剪力标准值;
　　　K_{imf}、K_{iml}——分别为第 i 层第 m 道墙第 f、l 墙段的等效侧向刚度。

当各墙段的高宽比均小于 1 或各墙段的宽度相差不大时,上式可简化为

$$V_{iml} = \frac{A_{iml}}{A_{im}} V_{im} \qquad (6.18)'$$

式中　A_{iml}——第 i 层第 m 道墙第 l 墙段的水平截面面积；

　　　A_{im}——第 i 层第 m 道墙在洞口高度处的水平截面面积。

6.3.3　墙体截面抗震承载力验算

1. 各类砌体的抗震抗剪强度设计值

按下式确定砌体的抗震抗剪强度设计值

$$f_{VE} = \zeta_N f_N \qquad (6.19)$$

式中　f_V——非抗震设计的砌体抗剪强度设计值，按表 6.8 采用；

　　　ζ_N——砌体抗震抗剪强度的正应力影响系数。

表 6.8　非抗震设计的砌体抗剪强度设计值　　　MPa

砌体类别	砂浆强度			
	≥ M10	M7.5	M5	M2.5
普通粘土砖	0.17	0.14	0.11	0.08
小砌块	0.09	0.08	0.06	—

下面对砌体抗剪强度的正应力影响系数予以说明。

关于地震作用下砌体结构受剪承载力计算，可归纳为两种半理论半经验的方法，其中一种按主拉应力强度理论；另一种按剪切-摩擦（简称剪-摩）强度理论。

主拉应力理论认为，当砌体的主拉应力超过砌体的抗主拉应力强度时，砌体产生斜裂缝或交叉裂缝；剪-摩理论认为，砌体的抗剪强度将随作用在砌体截面上的压力所产生的摩擦力而提高，可取砌体的抗剪强度与正应力成线性关系。在抗震规范中，对于砖砌体，采用主拉应力理论；对于砌块砌体，采用剪-摩理论。为使各类砌体房屋墙体的截面抗震承载力验算公式的表达公式相同，抗震规范中采用砌体抗震抗剪强度的正应力影响系数 ζ_N，即根据砌体的不同类别，而取用相应的 ζ_N。

对于砖砌体，考虑到保持规范的延续性，采用在震害经验基础上的主拉应力公式

$$\zeta_N = \frac{1}{1.2} \sqrt{1 + 0.45 \sigma_0 / f_V} \qquad (6.20)$$

式中　σ_0——对应于重力荷载代表值在墙体 1/2 高度处的横截面上产生的平均压应力。

对于混凝土小砌块砌体，震害经验较少，根据试验资料，正应力影响系数由剪-摩公式得出

$$\zeta_N = 1 + 0.25 \sigma_0 / f_V \quad (\sigma_0 / f_V \leq 5)$$
$$\zeta_N = 2.25 + 0.17 (\sigma_0 / f_V - 5) \quad (\sigma_0 / f_V > 5) \qquad (6.21)$$

为了方便计算，抗震规范中将 ζ_N 列成表格，见表 6.9。

表 6.9　砌体抗震抗剪强度的正应力影响系数

砌体类别	σ_0/f_V							
	0.0	1.0	3.0	5.0	7.0	10.0	15.0	20.0
通砖、多孔砖	0.80	1.00	1.28	1.50	1.70	1.95	2.32	—
小砌块	—	1.25	1.75	2.25	2.60	3.10	3.95	4.80

根据式(6.15)和式(6.16),在 σ_0 较小时砌体的抗震抗剪强度较低,则非承重墙往往有比承重较高的要求,这显然是不合理的。由于非承重墙的局部破坏不致引起结构发生严重事故,所以,抗震规范通过减少承载力抗震调整系数 γ_{RE},适当地降低非承重墙的可靠度,以体现经济性和合理设计。

2. 墙体截面抗震受剪承载力验算

(1) 无筋普通砖、多孔砖墙体

一般情况下,无水平配筋普通砖、多孔砖墙体的截面抗震受剪承载力应按下式验算

$$V \leq \frac{f_{VE}A}{\gamma_{RE}} \tag{6.22}$$

式中　V——墙体的剪力设计值;

　　　A——墙体的横截面面积,多孔砖墙体取毛截面面积;

　　　γ_{RE}——承载力抗震调整系数,自承重墙按0.75采用,两端均有构造柱约束的承重墙按0.9采用,其他承重墙按1.0采用。

当按式(6.22)验算不满足要求时,可考虑设置于墙体中部,截面不小于240 mm × 240 mm 且间距不大于4 m 的构造柱对墙体抗震受剪承载力的提高作用。此时,抗震受剪承载力按下式验算

$$V \leq \frac{1}{\gamma_{RE}}[\eta_c f_{VE}(A - A_c) + \zeta f_t A_c + 0.08 f_y A_s] \tag{6.23}$$

式中　A_c——中部构造柱的横截面总面积(对横墙和内纵墙,当 $A_c > 0.15A$ 时,取 $A_c = 0.15A$;对外纵墙,当 $A_c > 0.25A$ 时,取 $A_c = 0.25A$);

　　　η_c——墙体约束修正系数(当构造柱间距大于2.8 m 时,取 $\eta_c = 1.0$;当构造柱间距不大于2.8 m 时,取 $\eta_c = 1.1$);

　　　f_t——中部构造柱的混凝土轴心抗拉强度设计值;

　　　ζ——中部构造柱参与工作系数(当居中设置一根时,取 $\zeta = 0.5$;设置多于一根时,取 $\zeta = 0.4$);

　　　A_s——中部构造柱的纵向钢筋截面总面积(要求配筋率不小于0.6%;当配筋率大于1.4%时,取配筋率为1.4%);

　　　f_y——钢筋抗拉强度设计值。

(2) 水平配筋普通砖、多孔砖墙体

水平配筋普通砖、多孔砖墙体的截面抗震受剪承载力应按下式验算

$$V \leqslant \frac{1}{\gamma_{RE}}(f_{VE}A + \zeta_s f_y A_s) \tag{6.24}$$

式中　A_s——层间墙体竖向截面的钢筋总截面面积(其配筋率应不小于 0.07% 且不大于 0.17%);

　　　ζ_s——钢筋参与工作系数,按表 6.10 采用。

表 6.10　钢筋参与工作系数

墙体高宽比	0.4	0.6	0.8	1.0	1.2
ζ_s	0.10	0.12	0.14	0.15	0.12

(3) 混凝土小砌块墙体

混凝土小砌块墙体的截面抗震受剪承载力应按下式验算

$$V \leqslant \frac{1}{\gamma_{RE}}[f_{VE}A + (0.3f_t A_c + 0.05 f_y A_s)\zeta_c] \tag{6.25}$$

式中　f_t——芯柱的混凝土轴心抗拉强度设计值;

　　　A_c——芯柱的截面总面积;

　　　A_s——芯柱的钢筋截面总面积;

　　　ζ_c——芯柱参与工作系数,按表 6.11 采用。

表 6.11　芯柱参与工作系数

填孔率 ρ	$\rho < 0.15$	$0.15 \leqslant \rho < 0.25$	$0.25 \leqslant \rho < 0.5$	$\rho \geqslant 0.5$
ζ_c	0.0	1.0	1.10	1.15

注:填孔率指芯柱根数(含构造柱和填实孔洞数量)与孔洞总数之比。

(4) 不利墙段的选择

在进行墙体的截面抗震受剪承载力验算时,只需选择纵横向的不利墙段进行验算,不利墙段如下。

① 承受地震作用较大的墙段。

② 竖向压应力较小的墙段。

③ 局部截面较小的墙段。

6.4　多层砌体房屋的抗震构造措施

前面几节讨论了多层砌体房屋的总体方案、结构布置和抗震验算。为了保证房屋的抗震性能,实现抗震计算的目的并解决抗震计算中未能顾及的一些细节问题,还必须采取可靠的抗震构造措施。对于多层砌体房屋,由于仅对砌体进行抗震受剪承载力验算,其抗震构造措施显得尤为重要。

6.4.1 多层砖房的抗震构造措施

1. 构造柱的设置

(1) 构造柱的作用

根据震害经验和试验研究,在多层砌体房屋中,合理的设置现浇钢筋混凝土构造柱(简称构造柱),主要是起到提高墙体的变形能力,避免墙体倒塌的作用。通过构造柱与每层圈梁配合,形成对墙体起约束作用的钢筋混凝土封闭框,把墙体分片包围,当墙体开裂后,构造柱能够限制裂缝的进一步发展,使墙体仍能维持一定的竖向承载力。如前所述,设置构造柱尚能提高砌体的抗剪强度10% ~ 30%,提高幅度与墙体高宽比、竖向压力和开洞情况有关。

(2) 构造柱的设置要求

构造柱应设置在房屋震害较重、连接构造比较薄弱和易于产生应力集中的部位,多层砖房设置构造柱的具体要求如下。

① 对于构造柱的设置部位,一般情况下应符合表6.12的要求。

② 对外廊式、单面走廊式多层房屋和教学楼、医院等横墙较少的房屋,应根据房屋增加一层后的层数,按表6.12的要求设置构造柱,且单面走廊两侧纵墙均应按外墙处理。

③ 当教学楼、医院等横墙较少的房屋6度不超过四层、7度不超过三层和8度不超过二层时,应按增加二层后的层数按表6.12的要求设置构造柱。

表6.12 砖房构造柱设置要求

房屋层数				设置部位	
6度	7度	8度	9度	楼、电梯间四角,楼梯段上下端对应的墙体处;外墙四角和对应转角	7度、8度时,楼、电梯间的四角;隔15 m或单元横墙与外纵墙交接处
四、五	三、四	二、三	\		隔开间横墙(轴线)与外墙交接处,山墙与内纵墙交接处;7~9度时,楼、电梯间的四角
六、七	五	四	二	错层部位横墙与外纵墙交接处,大房间内外墙交接处,较大洞口两侧	内墙(轴线)与外墙交接处,内墙的局部较小墙垛处;7~9度时,楼、电梯间的四角;9度时内纵墙与横墙(轴线)交接处
八	六、七	五、六	三、四		

(3) 构造柱的截面尺寸、配筋和连接

① 构造柱的最小截面可采用240 mm × 180 mm,纵向钢筋宜采用,箍筋间距不宜大于250 mm,且在柱上下端宜适当加密(见图6.8);7度时房屋超过六层,8度时房屋超过五层和9度时构造柱纵向钢筋宜采用4Φ14,箍筋间距不应大于200 mm;房屋四角的构造柱可适当加大截面及配筋。

② 构造柱与墙连接处应砌成马牙槎,并应沿墙高每隔500 mm设2Φ6拉结钢筋,每边伸入墙内不宜小于1 m。

③ 在构造柱与圈梁连接处,构造柱的纵筋应穿过圈梁,保证构造柱纵筋上下贯通。

④ 构造柱可不单独设置基础,但应伸入室外地面下 500 mm 或与埋深小于 500 mm 的基础圈梁连接。

⑤ 当房屋的高度和层数接近表6.2的限值时,纵横墙内构造柱间距尚应符合下列要求。

a. 横墙内的构造柱间距不宜大于层高的二倍;下部/3 楼层的构造柱间距适当减小。

b. 当外纵墙开间大于 3.9 m 时,应另设加强措施;内纵墙的构造柱间距不宜大于 4.2 m。

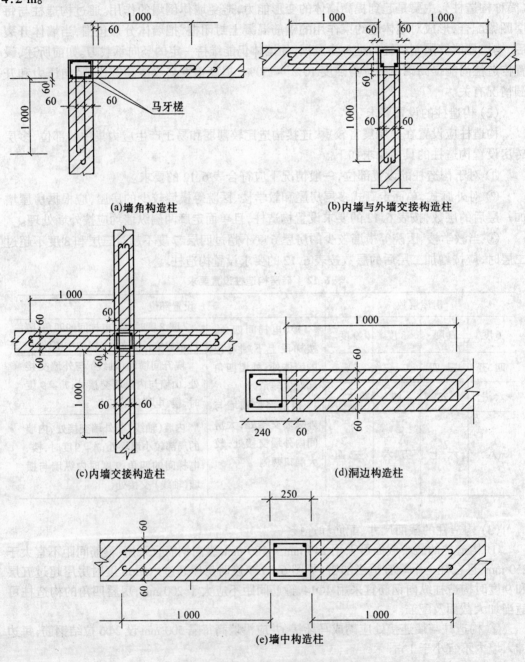

图 6.8 构造柱示意图(尺寸单位:mm)

2. 现浇钢筋混凝土圈梁的设置

(1) 圈梁的作用

对于砌体房屋,现浇钢筋混凝土圈梁可加强墙体的连接,提高楼、屋盖的刚度,增强房屋的整体性;还可以和构造柱共同限制墙体裂缝的开展以及抵抗或减小由于地震或其他原因引起的地基不均匀沉降而对房屋造成的不利影响。

(2) 现浇钢筋混凝土圈梁的设置要求

对于装配式钢筋混凝土楼、屋盖或木楼屋盖的多层普通砖、多孔砖房屋,当为横墙承重时,其圈梁设置应符合表 6.13 的要求;当为纵墙承重时,每层均应设置圈梁,且抗震横墙上的圈梁间距应比表 6.13 的要求适当加密。

表 6.13 砖房现浇钢筋混凝土圈梁设置要求

墙 类	烈 度		
	6、7	8	9
外墙和内纵墙	屋盖处及每层楼盖处	屋盖处及每层楼盖处	屋盖处及每层楼盖处
内横墙	同上;屋盖处间距不应大于 7 m;楼盖处间距不应大于 15 m;构造柱对应部位	同上;屋盖处沿所有横墙,且间距不应大于 7 m;楼盖处间距不应大于 7 m 构造柱对应部位	同上;各层所有横墙

对于现浇或装配整体式钢筋混凝土楼、屋盖与墙体有可靠连接的多层普通砖、多孔砖房屋,应允许不设圈梁,但楼板沿墙体周边应加强配筋并应与相应的构造柱钢筋可靠连接。

(3) 现浇钢筋混凝土圈梁的构造要求

① 圈梁宜与预制板放在同一标高处或紧靠板底(见图 6.9)。

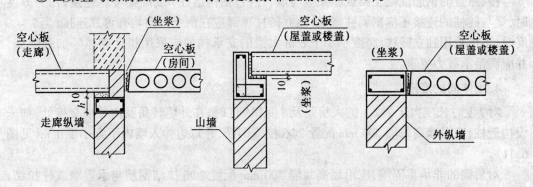

图 6.9 圈梁示意图

② 圈梁应闭合,遇有洞口时,圈梁应上下搭接。

③ 当在表 6.13 要求的圈梁间距内无横墙时,应利用梁或板缝中配筋替代圈梁。

④ 圈梁的截面高度不应小于 120 mm,配筋应符合表 6.14 的要求;当为按软弱地基设置的基础圈梁时,其截面高度不应小于 180 mm,纵向配筋不应小于 4Φ12。

表 6.14　砖房圈梁配筋要求

配筋	烈度		
	6、7	8	9
最小纵筋	4Φ10	4Φ12	4Φ14
最大箍筋间距/mm	250	200	150

3. 楼、屋盖的抗震构造要求

对于现浇钢筋混凝土楼板或屋面板,伸进纵横墙内的长度均不应小于 120 mm;对于装配式钢筋混凝土楼板或屋面板,当圈梁未设在板的同一标高时,板端伸进外墙的长度不应小于 120 mm,伸进内墙的长度不应小于 100 mm,在梁上的长度不应小于 80 mm。

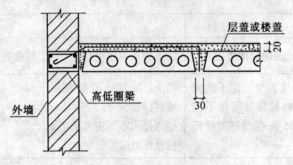

图 6.10　预制板与圈梁的拉结

当板的跨度大于 4.8 m 并与外墙平行时,靠外墙的预制板侧边应与墙或圈梁拉结(见图 6.10)。

对房屋端部大房间的楼盖、8 度时的屋盖和 9 度时的楼屋盖,当圈梁设在板底时,钢筋混凝土预制板应相互拉结,并应与梁、墙或圈梁拉结。

楼、屋盖的钢筋混凝土梁或屋架应与墙、柱(包括构造柱)或圈梁可靠连接;当为 6 度时,梁与砖柱的连接不应削弱柱截面,独立砖柱顶部应在两个方向均有可靠连接;当 7～9 度时,不得采用独立砖柱。跨度不小于 6 m 大梁的支承构件应采用组合砌体等加强措施,并应满足承载力要求。

4. 墙体间的连接

对 7 度时长度大于 7.2 m 的大房间及 8 度和 9 度时,在外墙转角及内外墙交接处,如未设构造柱,应沿墙高每隔 500 mm 配置 2Φ6 拉结钢筋,并每边伸入墙内不宜小于 1 m(见图 6.11)。

对后砌的非承重隔墙,应沿墙高每隔 500 mm 配置 2Φ6 拉结钢筋与承重墙或柱拉结,每边伸入墙内不应小于 500 mm;8 度和 9 度时,长度大于 5 m 的后砌隔墙的墙顶尚应与楼板或梁拉结(见图 6.12)。

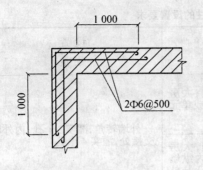

图6.11 墙体间的连接(尺寸单位:mm)　　图6.12 后砌墙与梁的拉结(尺寸单位:mm)

5.楼梯间的抗震构造

(1) 顶层楼梯间横墙和外墙应沿墙高每隔500 mm设2Φ6通长钢筋;7~9度时,其他各层楼梯间墙体应在休息平台或楼层半高处设置60 mm厚的钢筋混凝土或配筋砖带,其砂浆强度等级不应低于M7.5,纵向钢筋不应少于2Φ10。

(2) 楼梯间及门厅内墙阳角处的大梁支承长度不应小于500 mm,并应与圈梁连接。

(3) 装配式楼梯段应与平台板的梁可靠连接;不应采用墙中悬挑式踏步或踏步竖肋插入墙体的楼梯,不应采用无筋砖砌栏板。

(4) 对于突出屋顶的楼、电梯间,构造柱应伸到顶部,并与顶部圈梁连接,内外墙交接处应沿墙高每隔500 mm设2Φ6通长拉结钢筋。

6.其他构造要求

(1) 坡屋顶房屋的屋架应与顶层圈梁可靠连接,檩条或屋面板应与墙及屋架可靠连接,房屋出入口处的檐口瓦应与屋面构件锚固;8度和9度时,顶层内纵墙顶宜增砌支承山墙的踏步式墙垛。

(2) 门窗洞处不应采用无筋砖过梁;对于过梁支承长度,6~8度时不应小于240 mm,9度时不应小于360 mm。

(3) 预制阳台应与圈梁和楼板的现浇板带可靠连接。

(4) 同一结构单元宜采用同一类型的基础或桩承台,基础底面宜埋置在同一标高上,否则应增设基础圈梁并按1:2的台阶逐步放坡。

6.4.2　多层砌块房屋的抗震构造措施

1.设置钢筋混凝土芯柱

(1) 芯柱的设置要求

混凝土小型空心砌块(简称小砌块)房屋一般应按表6.15的要求设置钢筋混凝土芯柱;对医院、教学楼等横墙较少的房屋,应根据房屋增加一层后的层数,按表6.15要求设置芯柱。

表 6.15 小砌块房屋芯柱的设置要求

房屋层数			设置部位	设置数量
6度	7度	8度		
四、五	三、四	二、三	外墙转角,楼梯间四角;大房间内外墙交接处;隔15 m或单元横墙与外纵墙交接处	外墙转角,灌实3个孔;内外墙交接处,灌实4个孔
六	五	四	外墙转角,楼梯间四角;大房间内外墙交接处;山墙与内纵墙交接处;隔开间横墙(轴线)与外纵墙交接处	
七	六	五	外墙转角,楼梯间四角;各内墙(轴线)与外纵墙交接处;8度、9度时,内纵墙与横墙(轴线)交接处和洞口两侧	外墙转角,灌实5个孔;内外墙交接处,灌实4个孔;内墙交接处,灌实4~5个孔;洞口两侧各灌实1个孔
	七	六	同上;横墙内芯柱间距不宜大于2 m	外墙转角,灌实7个孔;内外墙交接处,灌实5个孔;内墙交接处,灌实4~5个孔;洞口两侧各灌实1个孔

注:在外墙转角、内外墙交接处、楼电梯间四角等部位,应允许采用钢筋混凝土构造柱替代部分芯柱。

(2) 芯柱的构造要求

① 芯柱的截面不宜小于 120 mm × 120 mm。

② 芯柱的混凝土强度等级不应低于 C20。

③ 芯柱的竖向插筋应贯通墙身且与圈梁连接;插筋不应小于1Φ12,7度时超过五层、8度时超过四层和9度时插筋不应小于1Φ14。

④ 芯柱应伸入室外地面下 500 mm 或与埋深小于 500 mm 的基础圈梁相连。

⑤ 对于为提高墙体抗震受剪承载力而设置的芯柱,宜在墙体内均匀布置,最大净距不宜大于 2.0 m。

对于小砌块房屋中替代芯柱的现浇钢筋混凝土构造柱,应符合下列构造要求。

① 构造柱的最小截面可采用 190mm × 190mm,纵向钢筋宜采用4Φ12,箍筋间距不宜大于 250mm,且在柱上下端宜适当加密;7度时超过五层、8度时超过四层和9度时构造柱纵向钢筋宜采用 4Φ14,箍筋间距不应大于 200 mm;外墙转角的构造柱可适当加大截面及配筋。

② 构造柱与砌块墙连接处应砌成马牙槎;对于与构造柱相邻的砌块孔洞,6度时宜填实,7度时应填实,8度时应填实并插筋;沿墙高每隔 600 mm 应设拉结钢筋网片,每边伸入墙内不宜小于 1 m。

③ 在构造柱与圈梁连接处,构造柱的纵筋应穿过圈梁,保证构造柱纵筋上下贯通。

④ 构造柱可不单独设置基础,但应伸入室外地面下 500 mm,或与埋深小于 500 mm 的基础圈梁相连。

2. 设置现浇钢筋混凝土圈梁

(1) 圈梁设置要求

小砌块房屋应按表6.16的要求设置现浇钢筋混凝土圈梁。

表6.16 小砌块房屋现浇钢筋混凝土圈梁设置要求

墙类	烈度	
	6、7	8
外墙和内纵墙	屋盖处及每层楼盖处	屋盖处及每层楼盖处
内横墙	同上;屋盖处沿所有横墙;楼盖处间距不应大于7 m;构造柱对应部位	同上;各层所有横墙

(2) 圈梁的构造要求

小砌块房屋圈梁的宽度不应小于190 mm,纵向配筋不应小于4Φ12,箍筋间距不应大于200 mm。

3.设置拉结钢筋网片

小砌块房屋的墙体交接处或芯柱与墙体连接处应设置拉结钢筋网片,网片可采用直径4 mm的钢筋点焊而成,网片沿墙高每隔600 mm设置,每边伸入墙内不宜小于1 m。

4.设置水平现浇钢筋混凝土带

对于6度时七层、7度时超过五层和8度时超过四层的小砌块房屋,应在底层、顶层的窗台标高处,沿纵横墙设置通长的水平现浇钢筋混凝土带,其截面高度不应小于60 mm,纵筋不应少于2Φ10,并应有分布拉结钢筋;其混凝土的强度等级不应低于C20。

5.小砌块房屋的其他抗震构造措施应符合表6.16中的要求

6.5 多层砖房抗震计算实例

【例6.1】 某四层砖混结构办公楼(见图6.13)楼、屋面均采用预制钢筋混凝土空心板,板沿房屋纵向布置,外墙厚度为370 mm,内墙厚度为240 mm,烧结普通砖的强度等级为MU10,砂浆强度等级为M5,内门洞高为2.5 m,外门洞高为3.0 m,各层层高均为3.6 m,室内外高差为0.6 m,雪载标准值为0.3 kN/m,抗震设防烈度为7度,设计基本地震加速度为0.1g,场地类别为Ⅰ类,设计地震分组为第一组,根据地基情况,在 -0.80 m处设有圈梁。试计算各楼层地震剪力并验算底层墙体的截面抗震承载力。

1.重力荷载代表值的计算

集中在各楼层标高处的质点重力荷载代表值包括:楼面或屋面自重标准值,50%的楼面活荷载标准值,50%的屋面雪荷载标准值和上下各半层的墙重标准值,即

顶层屋盖处 $G_4 = 4\ 321$ kN

3层楼盖处 $G_3 = 4\ 932$ kN

2层楼盖处 $G_2 = 4\ 932$ kN

底层楼盖处 $G_1 = 6\ 078$ kN

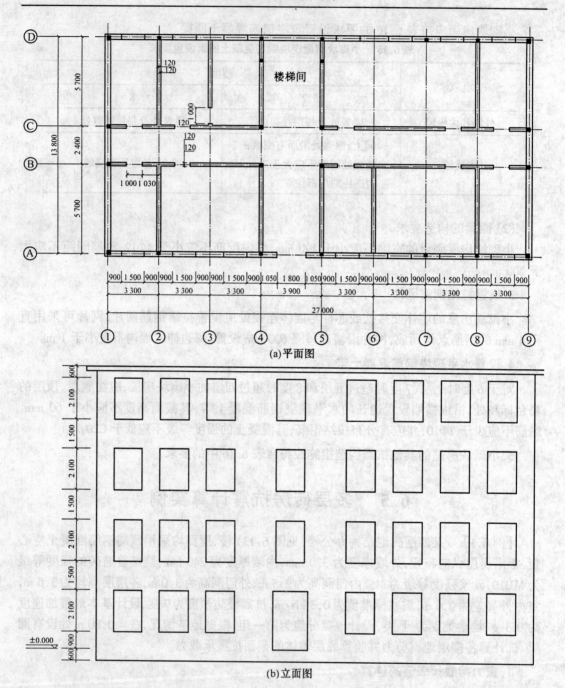

图 6.13

结构总重力荷载代表值 $\sum_{i=1}^{4} G_i / \mathrm{kN} = 20\,263$

结构等效总重力荷载 $G_{eq}/\mathrm{kN} = 0.85 \sum_{i=1}^{4} G_i = 17\,224$

2. 计算各楼层水平地震作用及地震剪力标准值

$$F_{EK}/kN = \alpha_{max} G_{eq} = 0.08 \times 17\,224 = 1\,378$$

各楼层水平地震作用和地震剪力标准值的计算见表 6.17, F_i 和 V_i 的分布图(见图 6.14)。

表 6.17 地震作用和地震剪力标准值的计算

分项层位	G_i/kN	H_i/m	G_iH_i	$\dfrac{G_iH_i}{\sum_{j=1}^{n} G_jH_j}$	$F_i/kN = \dfrac{G_iH_i}{\sum_{j=1}^{n} G_iH_i} F_{FK}$	$V_i/kN = \sum_{j=1}^{n} F_j$
4	4 321	15.5	66 976	0.343	472.65	475.65
3	4 932	11.9	58 691	0.300	413.40	886.05
2	4 932	8.3	40 936	0.210	289.38	1 175.43
1	6 078	4.7	28 567	0.147	202.57	1 378
$\sum$			195 170	1.000	1 378	

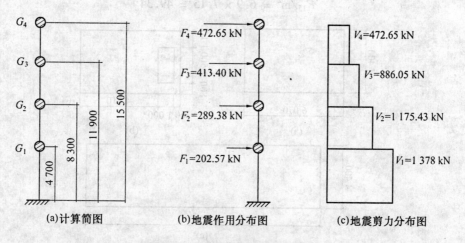

图 6.14 地震作用与地震剪力

3. 底层墙体截面抗震承载力验算

(1) 横墙验算

取 ③ 轴 Ⓒ ~ Ⓓ 墙和 ⑤ 轴 Ⓒ ~ Ⓓ 墙验算。

① 计算底层各横墙的等效侧向刚度和横墙总的侧向刚度

横墙按是否开洞和墙体长度、厚度分为以下三种。

a. 无洞内横墙(共 9 片)

如图 6.15(a) 所示

$$h/b = 4\,400/6\,070 = 0.725 < 1$$

$$K = \frac{EA}{3h} = \frac{6\,070 t_1 E}{3 \times 4\,400} = 0.460 E_1$$

b. 开洞内横墙(共 1 片)

如图 6.15(b) 所示

开洞率 $\dfrac{1\,000 \times 2\,500}{6\,070 \times 4\,400} = 0.094$

洞口影响系数为 0.98

则 $K = 0.98 \times 0.460 Et_1 = 0.451 Et_1$

c. 无洞山墙(共 2 片)

如图 6.15(c) 所示

$$K = \dfrac{EA}{3h} = \dfrac{14\,300 t_2 E}{3 \times 4\,400} = 1.083 Et_2$$

d. 横墙总的侧向刚度

$$\sum K = 9 \times 0.460 Et_1 + 0.451 Et_1 + 2 \times 1.083 Et_2 = 4.591 Et_1 + 2.166 Et_2$$

② 计算底层建筑面积 F_1 和所验算墙段分担地震作用的建筑面积 F_{13} 和 F_{15}

$$F_1/\text{m}^2 = 27.5 \times 14.3 = 393.25$$
$$F_{13}/\text{m}^2 = 3.3 \times 7.15 = 23.60$$
$$F_{15}/\text{m}^2 = 6.9 \times 7.15 = 49.34$$

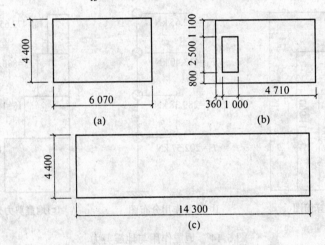

图 6.15　横墙尺寸(单位:mm)

③ 计算所验算墙段分配的地震剪力

$$V_{13}/\text{kN} = \dfrac{1}{2}\left(\dfrac{K_{13}}{\sum K} + \dfrac{F_{13}}{F_1}\right) V_1 = \dfrac{1}{2}\left(\dfrac{0.451 Et_1}{4.591 Et_1 + 2.166 Et_2} + \dfrac{23.60}{393.25}\right) \times 1\,378 = 80.53$$

$$V_{15}/\text{kN} = \dfrac{1}{2}\left(\dfrac{K_{15}}{\sum K} + \dfrac{F_{15}}{F_1}\right) V_1 = \dfrac{1}{2}\left(\dfrac{0.460 Et_1}{4.591 Et_1 + 2.166 Et_2} + \dfrac{49.34}{393.25}\right) \times 1\,378 = 126.41$$

④ 计算砌体截面平均压应力

取 1 m 墙段计算,各种荷载标准值取值如下。

楼面恒载 3 kN/m²,活载 2 kN/m²,屋面恒载 5.2 kN/m²,雪荷载 0.3 kN/m²,240 mm 厚墙体自重 5.33 kN/m²(双面抹灰)。

$$\sigma_{03}/(\mathrm{N}\cdot\mathrm{mm}^{-2}) = \left\{\left[\left(5.20 + \frac{1}{2}\times 0.30\right) + \left(3.00 + \frac{1}{2}\times 2.00\right)\times 3\right]\times 3.3 + \right.$$
$$\left.\left[(3.60 - 0.14)\times 3 + \frac{1}{2}(4.40 - 0.14)\right]\times 5.33\right\}/240 = 0.52$$

$$\sigma_{05}/(\mathrm{N}\cdot\mathrm{mm}^{-2}) = \left\{\left[\left(5.20 + \frac{1}{2}\times 0.30\right) + \left(3.00 + \frac{1}{2}\times 2.00\right)\times 3\right]\times (3.9 + 3.3)/2 + \right.$$
$$\left.\left[(3.60 - 0.14)\times 3 + \frac{1}{2}(4.40 - 0.14)\right]\times 5.33\right\}/240 = 0.54$$

⑤ 验算墙体截面抗震承载力

墙体截面抗震承载力验算见表 6.18,可以看出,横墙抗震承载力满足要求。

表 6.18　墙体截面抗震承载力验算见表 6.18:

分项墙段	A/mm²	σ_0 /(N·mm⁻²)	σ_0/f_v	ζ_N	f_{VE} /(N·mm⁻²)	V/N	$\gamma_{Eh}V$/N	$f_{VE}A/\gamma_{RE}$/N
③ 轴	1 130 400	0.52	4.73	1.47	0.162	80 530	104 689	183 125
⑤ 轴	1 456 800	0.54	4.91	1.49	0.164	126 410	164 333	238 915

(2) 纵墙验算

取 Ⓐ 轴验算

① 计算底层各纵墙的等效侧向刚度和底层纵墙总的侧向刚度

由于 Ⓓ 轴纵墙和 Ⓐ 轴纵墙开洞情况相差不大,故以 Ⓐ 轴纵墙的等效侧向刚度代替 Ⓓ 轴纵墙的等效侧向刚度。这样,纵墙也可分为如下三种。

a. 外纵墙(共 2 片)

如图 6.16(a) 所示

$$K' = \frac{EA}{3h} = \frac{27\,500Et_2}{3\times 4\,400} = 2.083Et_2$$

开洞率

$$\frac{1\,500\times 2\,100\times 7 + 1\,800\times 3\,000}{27\,500\times 4\,400} = 0.227$$

洞口影响系数为 0.925

则 $\quad K = 0.925\times 2.083Et_2 = 1.927Et_2$

b. 内纵墙 ① ~ ④ 轴(共 2 片)

如图 6.16(b) 所示

$$K' = \frac{10\,270Et_1}{3\times 4\,400} = 0.778Et_1$$

开洞率

$$\frac{1\,000\times 2\,500\times 2}{10\,270\times 4\,400} = 0.111$$

洞口影响系数为 0.98

则 $\quad K = 0.98\times 0.778Et_1 = 0.762Et_1$

c. 内纵墙 ⑤ ~ ⑨ 轴(共 2 片)

如图 6.16(c) 所示

$$K' = \frac{13\,570Et_1}{3\times 4\,400} = 1.028Et_1$$

开洞率 $\dfrac{1\,000 \times 2\,500 \times 3}{13\,570 \times 4\,400} = 0.216$

洞口影响系数为 0.97

则 $K = 0.97 \times 1.028Et_1 = 0.997Et_1$

d. 底层纵墙总的侧向刚度

$\sum K = 2 \times (1.927Et_2 + 0.762Et_1 + 0.997Et_1) = 3.518Et_1 + 3.854Et_2$

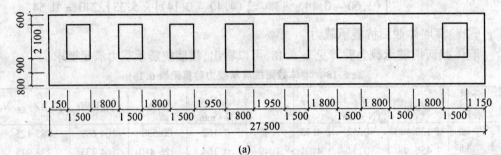

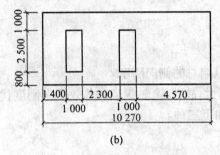
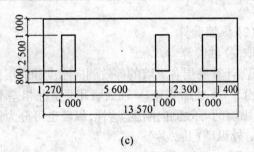

图 6.16　纵墙尺寸(单位:mm)

② 计算外纵墙分配的地震剪力

$$V_{1A}/\text{kN} = \dfrac{K_{1A}}{\sum K}V_1 = \dfrac{1.927Et_2}{3.518Et_1 + 3.854Et_2} \times 1378 = 432.76$$

③ 计算外纵墙 ② 轴窗间墙分配的地震剪力

近似地认为外纵墙的地震剪力按其各墙段的横截面面积分配,则有

$$V_{1A,(2)}/\text{kN} = \dfrac{1\,800}{2 \times 1\,150 + 5 \times 1\,800 + 2 \times 1\,950} \times 432.76 = 51.25$$

④ 验算窗间墙截面抗震承载力

窗间墙在底层半高处的截面平均压应力

$\sigma_0 = 0.40\ \text{N/mm}^2$(按自承重窗间墙,计算过程从略)

$$\zeta_N = \dfrac{1}{1.2}\sqrt{1 + 0.45\sigma_0/f_V} = \dfrac{1}{1.2}\sqrt{1 + 0.45 \times 0.40/0.11} = 1.353$$

$$f_{VE}/(\text{N} \cdot \text{mm}^{-2}) = \zeta_N f_V = 1.353 \times 0.11 = 0.149$$

$$\gamma_{EH}V_{1A,(2)}/\text{kN} = 1.3 \times 51.25 = 66.63 < \dfrac{f_{VE}A}{\gamma_{RE}} = \dfrac{0.149 \times 1\,800 \times 370}{1.0} = 99.23$$

抗震承载力满足要求。

这里虽然验算的是自承重窗间墙，但由于有大梁搁置在纵墙上，整个纵墙仍可看作是承重墙，故取 $\gamma_{RE} = 1.0$。

习　题

一、填空题

1. 砖房的层高不宜超过(　　)，砌块房屋的层高不宜超过(　　)。
2. 砌体房屋的纵横墙布置宜均匀对称，沿平面内宜(　　)，沿竖向应(　　)，同一轴线上的(　　)宜均匀。
3. 砌体房屋中，楼梯不宜设置在房屋的(　　)处。
4. 对于高宽比(　　)的墙段，在确定其侧移刚度时，只考虑剪切变形。
5. 砌体房屋纵向楼层地震剪力按纵墙的(　　)分配给各道纵墙。
6. 在式 $f_{VE} = \zeta_N f_v$ 中，ζ_N 为(　　)。对于砖砌体 ζ_N 是以(　　)强度理论为基础确定的。
7. 式 $V < \frac{1}{\gamma_{RE}}[f_{VE}A + (f_{VE}A + 0.03f_cA_c + 0.05f_yA_s)\zeta_c]$ 为(　　)截面抗震承载力验算表达式，式中 A_c 为(　　)，ζ_c 为(　　)。
8. 房屋四角的构造柱可适当(　　)截面及配筋。
9. 砌体房屋的后砌非承重砌体隔墙应沿墙高每隔(　　)配置 2Φ6 钢筋与承重墙或柱拉结，并每边伸入墙内不应小于(　　)。
10. 当板的跨度大于 4.8 m 并与外墙(　　)时，靠外墙的预制板侧边应与墙或圈梁拉结。
11. 抗震砌体房屋的门窗洞处不应采用(　　)过梁。
12. 在突出屋顶的楼、电梯间内外墙交接处，应沿墙高每隔 500 mm 设 2Φ6 拉结钢筋，且每边伸入墙内不应小于(　　)。

二、选择题

1. 关于砌体结构房屋(　　)。
A. 当无地下室时，砌体房屋的总高度是指室外地面到檐口的高度
B. 当按现行规范的要求设置构造柱时，砌体房屋的总高度和层数可较规定的限值有所提高
C. 各层横墙很少的砌体房屋应比规定的总高度降低 3m，层数相应减少一层
D. 砌体房屋的层高不宜超过 4m
2. 关于多层砌体房屋的结构体系(　　)。
A. 应优先采用纵墙承重体系
B. 是否设置防震缝，取决于房屋的抗震等级
C. 当设防烈度为 7 度时，可不设置防震缝
D. 宜尽量将楼梯间设置在房屋的转角处
3. 当设防烈度为 8 度时，多层砌体房屋的最大高宽比为(　　)。

A.3.0　　　　B.2.5　　　　C.2.0　　　　D.1.5

4.构造柱的主要作用是(　　)。
A.减少多层砌体房屋的不均匀沉降　　B.提高墙体的强度
C.提高房屋的承载力　　　　　　　　D.改善砌体的变形能力

5.多层粘土砖房构造柱的最小截面尺寸为(　　)。
A.180 mm×180 mm　　　　　　　B.240 mm×180 mm
C.240 mm×240 mm　　　　　　　D.370 mm×240 mm

6.砌体房屋中现浇钢筋混凝土楼板伸进墙内的长度(　　)。
A.不应小于 80 mm　　　　　　　　B.不宜小于 100 mm
C.不应小于 120 mm　　　　　　　　D.不宜小于 120 mm

三、判别题

1.纵墙承重体系的横向支承少,纵墙易受弯曲破坏。　　　　　　　　　　　　(　　)
2.规范对多层砌体房屋不要求作整体弯曲验算,而是通过限制房屋的总高度来保证的。　　　　　　　　　　　　　　　　　　　　　　　　　　　　　　　　　　　(　　)

四、简答题

1.试述地震作用下,砖墙产生斜裂缝、交叉裂缝的原因。为什么墙角和楼梯间墙体的震害较重?

2.为什么要限制多层砌体房屋的总高度和层数?房屋的总高度和层数取决于哪些因素?对于横墙较少和横墙很少的多层砌体房屋的总高度和层数是如何规定的?对于层高有何要求?如何计算房屋的总高度?

3.为什么要限制多层砌体房屋的最大高宽比?

4.对于砌体结构体系的选择和平面布置应注意哪些问题?

5.什么是墙体的侧移刚度?其确定原则是什么?

6.楼层水平地震剪力在墙体间和同道墙各墙段间如何分配?

7.砖砌体和砌块砌体截面抗震承载力计算公式各以何种强度理论为基础?规范是如何体现的?

8.应选择哪些墙段进行墙体的截面抗震承载力验算?

9.试写出各种砌体截面抗震承载力验算表达式,并说明表达式中各符号的意义?

10.构造柱有何作用?构造柱的设置与哪些因素有关?外廊式和单面走廊式多层砖房应如何设置构造柱?横墙较少的房屋应如何设置构造柱?对多层砖房构造柱的截面尺寸、钢筋和连接有哪些要求?

11.在多层砌体房屋中,现浇钢筋混凝土圈梁有何作用?圈梁设置和构造的要点是什么?

12.墙体间的连接应满足哪些要求?

13.对楼、屋盖的抗震构造要求有哪些?

五、计算题

1.某三层砖混结构办公楼,楼盖和屋盖采用钢筋混凝土预制板,横墙承重,层高均为

3.6 m,室内外高度差为 0.6 m,Ⅱ类建筑场地,设防烈度为 8 度近震,经计算集中各层楼板标高处的各质点重力荷载代表值为:$G_1 = 3\ 680$ kN,$G_2 = 4\ 960$ kN,$G_3 = 5\ 880$ kN,求:

(1)建筑物总水平地震作用。
(2)建筑物各层的水平地震作用。
(3)建筑物各层地震剪力标准值。

2.某六层砖混住宅,结构计算简图及各层重力荷载代表值如图 6.17 所示,建造于设防烈度为 8 度近震地区,场地为Ⅱ类,用底部剪力法计算各层地震剪力标准值。

3.已知一多层砌体底层两个不利墙段的有关参数见表 6.19,验算各墙段在横向地震作用下抗震承载力。

4.已知图示砌体墙厚均为 t,弹性模量为 E,计算出此开洞墙片的侧移刚度。

5.建筑结构抗震验算的内容包括哪些?如何对多层粘土砖房砌体抗震承载力进行验算?若已知不利墙段(自承重)截面面积为 $0.61\ m^2$,所承担的地震剪力为 60 kN,且知 $f_{VE} = 0.79\ N/mm^2$,验算该墙段是否满足抗震要求。

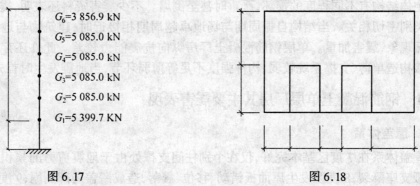

图 6.17　　　　　　　　　　图 6.18

表 6.19

分项 墙段	A/mm^2	σ_0	f_v/MPa	I_{RE}	V(标准值)
墙段(1)	1 130 400	0.52	0.12	0.9	176 600
墙段(2)	1 456 800	0.56	0.12	1	187 000

第7章 单层厂房抗震设计

学习要点:了解单层厂房震害现象及原因,熟练掌握单层厂房抗震设计的步骤和内容,以及单层厂房横向、纵向水平排架计算,理解单层厂房抗震构造措施的主要内容。

7.1 震害分析

一般来说,单层厂房结构与其他结构的震害相比较轻,经正规设计的单层钢筋混凝土柱厂房,即使未经抗震设防,但由于设计时已考虑了类似水平地震作用的风荷载和吊车水平制动力,所以在小震时,厂房主体结构基本完好。在中震、大震时,由于地震作用较大,致使主体结构有不同程度的损坏,严重时甚至倒塌。不少震害资料还表明,震害的轻重与场地类别密切相关。当结构自振周期与场地卓越周期相接近时,建筑物与地基土产生类似共振现象,震害加重。单层钢筋混凝土厂房纵向抗震能力较差。此外还存在一些构件间联接构造单薄、支撑系统较弱、构件强度不足等薄弱环节,当地震发生时首先破坏。

7.1.1 钢筋混凝土单层厂房其主要震害表现

1. 屋盖体系

屋盖体系在7度区基本完好,仅在个别柱间支撑处由于地震剪力的累积效应而出现屋面板支座酥裂;8度区发生屋面板错动、移位、震落,造成屋盖局部倒塌;9度区发生屋盖倾斜、位移,屋盖有部分塌落,屋面板大量开裂、错位;9度以上地震区则发生屋盖大面积倒塌。①屋面板与屋架的连接破坏。由于屋面板端部预埋件小,且预应力屋面板的预埋件又未与板肋内主钢筋焊接,加之施工中有的屋面板搁置长度不足、屋顶板与屋架的焊点数不足、焊接质量差、板间没有灌缝或灌缝质量很差等连接不牢的原因,造成地震时屋面板焊缝拉开,屋面板滑脱,以致部分或全部屋面板倒塌。②天窗架。天窗架主要有Π式天窗和井式(下沉式)天窗架二种。井式天窗由于降低了厂房的高度,在7度、8度区一般无震害。目前大量采用的Π式天窗架,地震时震害普遍。7度区出现天窗架立柱与侧板连接处及立柱与天窗架垂直支撑连接处混凝土开裂的现象;8度区上述裂缝贯穿全截面。天窗架立柱底部折断倒塌;9度、10度区Π式天窗架大面积倾倒。Π式天窗架的震害如此严重,主要原因是:门形天窗架突出在屋面上,受到经过主体建筑放大后的地震加速度而强化、激励产生显著的鞭梢效应,突出得越高,地震作用也越大。特别是天窗架上的屋面板与屋架上的屋面板不在同一标高,在厂房纵向振动时产生高振型的影响,一旦支撑失效,地震作用全部由天窗架承受,而天窗架在本身平面外的刚度差,强度低联结弱而引起天窗架破坏。此外天窗架垂直支撑布置不合理或不足,也是主要原因。③屋架。主要震害发生在屋架与柱的连接部位、屋架与屋面板的焊接处出现混凝土开裂,预埋件拔出等;主要原因是屋盖纵向水平地震力经由屋架向柱头传递时,该处的地震剪力最为集中。而当屋架与柱的连接破坏时,有可能导致屋架从柱顶塌落。④支撑失稳弯曲,进而造成屋面的破坏或屋面倒塌。在支撑系统震害中,尤以天窗架垂直支撑最为严重,其次是屋盖垂直支撑和柱间支撑。地震时杆件压曲、焊缝撕开、锚件拉脱、钢筋拉断、杆件拉断等现象。致使支撑部分失效或完全失效,从而造成主体结构错位或倾倒,如图7.1所示。

图7.1 厂房屋盖体系震害图

2. 钢筋混凝土柱

一般情况下,钢筋混凝土柱作为主要受力构件,具有一定的抗震能力,但它的局部震害是普遍的,有时甚至是严重的。钢筋混凝土柱在7度区基本完好;在8度、9度区一般破坏较轻,个别发现有上柱根部折断震害;在10度、11度区有部分厂房发生倾倒。钢筋混凝土柱的破坏主要发生在:①上柱与下柱的变截面处,出于截面刚度突然变化。产生应力集中而出现水平裂缝、酥裂或折断,如图7.2所示。②高低跨厂房在支承高低跨屋架的中柱,由于高振型的影响受二侧屋盖相反的地震作用的冲击,发生弯曲或剪切裂缝,如图7.2所示。③低跨承受屋架的牛腿,有时被拉裂出现劈裂裂缝,如图7.3所示。④下柱底部出现横向裂缝或折断,导致倒塌等严重后果,如图7.4所示。⑤柱间支撑产生压屈。柱间支撑的震害往往是支撑刚度不足导致压屈失稳。另外,可能在支撑与柱连接部位或焊缝被撕开,或拉脱锚件、拉断锚筋,致使支撑失效,造成主体结构错位或倾倒,如图7.5所示。

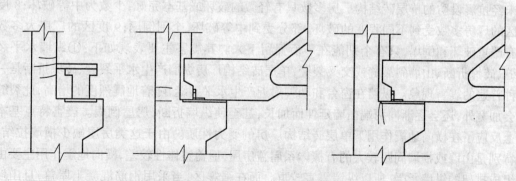

图7.2 厂房上柱根部水平裂缝　　　　图7.3 厂房柱肩竖向裂缝

图7.4　厂房下柱底部震害图　　　　图7.5　厂房柱间支撑震害图

3. 山墙和围护墙

厂房的墙体有外围护墙、封墙、山墙及内隔墙等，震害主要表现为轻则墙体开裂、外闪、外鼓，重则墙体局部或全部倒塌。

当山墙开门窗洞口较大，山墙削弱过多，特别是开洞面积超过全面积的一半以上时，山墙上裂缝较多。地震中许多砖砌山墙整片或山尖部分倒塌，无端屋架时，连同第一跨的屋面板一起倒塌；有端屋架时，山墙倒塌，但屋盖完好。

当排架柱与砖砌体围护墙有良好拉结时，如柱内伸出足量的钢筋伸入墙内，则围护墙的震害一般较轻；嵌砌在柱间的砖墙其震害较贴砌在柱边的震害轻。在7度区其围护墙基本完好或者轻微破坏，少量开裂、外闪；8度区破坏十分普遍；9度区破坏严重，部分倒塌或大量倒塌。纵、横墙的破坏，一般从檐口、山尖处脱离主体结构开始，进一步使整个墙体或上下两层圈梁间的墙体外闪或产生水平裂缝。严重时，局部脱落，甚至于大面积倒塌。此外，伸缩缝两侧砖墙由于缝宽较小而往往发生相互撞击，造成局部破坏。

7.1.2 单层砖结构厂房

单层砖结构厂房，其抗震性能远远不如钢筋混凝土结构厂房。震害调查表明，7度区未经抗震设防的单层砖结构厂房多数只有轻微的破坏或基本完好，少数为中等破坏；8度区的厂房多数受到不同程度的破坏，部分受到中等破坏，个别倒塌；9度区的厂房大多数有严重破坏和倒塌，只有个别能在震后保留下来。其震害主要表现如下：①纵墙水平裂缝、砖垛折断、山墙斜裂缝或交叉裂缝，单层砖结构厂房纵墙产生水平裂缝、砖垛折断是一种普遍的震害现象。纵墙在窗台和勒脚附近产生水平裂缝，随着地震烈度的增高，此裂缝会加宽外，还会逐渐向两端山墙延伸而加长，甚至使纵墙折断，房屋倒塌。震害特点基本上反应了在横向地震作用下单层砖结构厂房的受力性质。由于这类房屋缺少横墙拉结，特别是山墙或横墙间距较大的有檩体系屋盖房屋，屋盖整体性较差，横向地震作用主要由组成排架的纵墙承受，所以纵墙震害较重。而在强震区，当采用钢筋混凝土屋盖，且山墙或横墙的间距不大时，屋盖的整体性较强，厂房的空间作用比较显著；这时，山墙将承受由屋盖传来较强的横向地震作用。当传至山墙或横墙上的横向地震作用超过山（横）墙的抗剪承载力时,墙体就会产生斜裂缝。由于地震的往复作用,墙体上产生的裂缝往往是交叉型的。②山墙水平裂缝、外闪和倒塌,纵墙斜裂缝或交叉裂缝,对于单层砖结构厂房,当地震作用垂直于山墙时,它的震害主要表现为:山墙出现水平裂缝和外闪,山墙尖部乃至整片山墙倒塌,以及纵墙产生斜裂缝或交叉裂缝。造成这种震害的主要原因是,山墙与屋盖缺少必要的锚固措施,山墙处于悬臂状态,在纵向地震作用下产生很大的出水平变位,致使山墙顶部砌体失去抗震能力而倒塌。在9度区,山墙承受强烈的地震作用,产生上述震害不仅是由于顶部锚固不足,而且也是由于山墙砌体包括壁柱强度不足而引起破坏的。纵墙的斜裂缝或交叉裂缝,多发生在强震区,这是由于强烈的地震作用,纵墙在薄弱截面内的地震剪力超过砌体的抗剪承载能力而引起的。③屋架支座联结处的局部破坏单层砖结构厂房中,由于屋架与砖柱(墙)没有可靠的锚固措施,地震时锚固螺栓被拔出,使屋架移动造成屋架与砖柱(墙)联结处的局部破坏。

7.2 抗震设计的一般规定

7.2.1 单层钢筋混凝土柱厂房

1. 厂房的结构布置应符合下列要求

(1) 多跨厂房宜等高和等长。

(2) 厂房的贴建房屋和构筑物不宜布置在厂房角部和紧邻防震缝处。

(3) 厂房体型复杂或有贴建的房屋和构筑物时宜设防震缝,在厂房纵横跨交接处,大柱网厂房或不设柱间支撑的厂房防震缝宽度可采用 100～150 mm,其他情况可采用 50～90 mm。

(4) 两个主厂房之间的过渡跨至少应有一侧采用防震缝与主厂房脱开。

(5) 厂房内上吊车的铁梯不应靠近防震缝设置,多跨厂房各跨上吊车的铁梯不宜设置在同一横向轴线附近。

(6) 工作平台宜与厂房主体结构脱开。

(7) 厂房的同一结构单元内不应采用不同的结构型式,厂房端部应设屋架不应采用山墙承重,厂房单元内不应采用横墙和排架混合承重。

(8) 厂房各柱列的侧移刚度宜均匀。

2. 厂房天窗架的设置

(1) 天窗宜采用突出屋面较小的避风型天窗,有条件或9度时宜采用下沉式天窗。

(2) 突出屋面的天窗宜采用钢天窗架;6～8度时,可采用矩形截面杆件的钢筋混凝土天窗架。

(3) 8度和9度时,天窗架宜从厂房单元端部第三柱间开始设置。

(4) 天窗屋盖、端壁板和侧板,宜采用轻型板材。

3. 厂房屋架的设置

(1) 厂房宜采用钢屋架或重心较低的预应力混凝土、钢筋混凝土屋架。

(2) 当跨度不大于 15 m 时，可采用钢筋混凝土屋面梁。

(3) 当跨度大于 24 m 时，或 8 度Ⅲ、Ⅳ类场地和 9 度时，应优先采用钢屋架。

(4) 当柱距为 12 m 时，可采用预应力混凝土托架(梁)；当采用钢屋架时，也可采用钢托架(梁)。

(5) 有突出屋面天窗架的屋盖不宜采用预应力混凝土或钢筋混凝土空腹屋架。

4．厂房柱的设置

(1) 8 度和 9 度时，宜采用矩形、工字形截面柱或斜腹杆双肢柱，不宜采用薄壁工字形柱、腹板开孔工字形柱、预制腹板的工字形柱和管柱。

(2) 柱底至地坪以上 500 mm 范围内和阶形柱的上柱宜采用矩形柱截面。

5．厂房围护墙和女儿墙的设置

在建筑结构中，设置连接幕墙、围护墙、隔墙、女儿墙、雨篷、商标、广告牌、顶篷支架、大型储物架等建筑非结构构件的预埋件、锚固件的部位，应采取加强措施，以承受建筑非结构构件传给主体结构的地震作用。非承重墙体的材料、选型和布置，应根据烈度、房屋高度、建筑体型、结构层间变形、墙体自身抗侧力性能的利用等因素，经综合分析后确定。

(1) 墙体材料的选用应符合如下要求。

① 混凝土结构和钢结构的非承重墙体应优先采用轻质墙体材料。

② 单层钢筋混凝土柱厂房的围护墙宜采用轻质墙板，或钢筋混凝土大型墙板外侧柱距为 12 m 时，应采用轻质墙板或钢筋混凝土大型墙板；不等高厂房的高跨封墙和纵横向厂房交接处的悬墙宜采用轻质墙板，8 度、9 度时应采用轻质墙板。

(2) 刚性非承重墙体的布置，应避免使结构形成刚度和强度分布上的突变，单层钢筋混凝土柱厂房的刚性围护墙沿纵向宜均匀对称布置。

(3) 墙体与主体结构应有可靠的拉结，应能适应主体结构不同方向的层间位移；8 度、9 度时应具有满足层间变位的变形能力；与悬挑构件相连接时，尚应具有满足节点转动引起的竖向变形的能力。

(4) 外墙板的连接件应具有足够的延性和适当的转动能力，宜满足在设防烈度下主体结构层间变形的要求。

(5) 砌体墙应采取措施减少对主体结构的不利影响，并应设置拉结筋水平系梁、圈梁、构造柱等与主体结构可靠拉结。

① 后砌的非承重隔墙应沿墙高每隔 500 mm 配置 2Φ6 拉结钢筋与承重墙或柱拉结，每边伸入墙内不应少于 500 mm；8 度和 9 度时长度大于 5m 的后砌隔墙，墙顶尚应与楼板或梁拉结。

② 钢筋混凝土结构中的砌体填充墙，宜与柱脱开或采用柔性连接，并应符合下列要求：填充墙在平面和竖向的布置，宜均匀对称，宜避免形成薄弱层或短柱；砌体的砂浆强度等级不应低于 M5，墙顶应与梁密切结合；填充墙应沿框架柱全高每隔 500 mm 设 2Φ6 拉筋，拉筋伸入墙内的长度 6 度、7 度时不应小于墙长的 1/5 且不小于 700 mm，8 度、9 度时宜沿墙全长贯通；当墙长大于 5 m 时，墙顶与梁宜有拉结；墙长超过层高 2 倍时宜设置钢筋混凝土构造柱；当墙高超过 4 m 时，墙体半高宜设置与柱连接且沿墙全长贯通的钢筋混

凝土水平系梁。

(6) 单层钢筋混凝土柱厂房的砌体隔墙和围护墙应符合下列要求。

① 砌体隔墙与柱宜脱开或柔性连接,并应采取措施使墙体稳定,隔墙顶部应设现浇钢筋混凝土压顶梁。

② 厂房的砌体围护墙宜采用外贴式并与柱可靠拉结;不等高厂房的高跨封墙和纵横向厂房交接处的悬墙采用砌体时,不应直接砌在低跨屋盖上。

③ 砌体围护墙在下列部位应设置现浇钢筋混凝土圈梁,梯形屋架端部上弦和柱顶的标高处应各设一道,但屋架端部高度不大于 900 mm 时可合并设置。8 度和 9 度时,应按上密下稀的原则每隔 4 m 左右在窗顶增设一道圈梁,不等高厂房的高低跨封墙和纵墙跨交接处的悬墙,圈梁的竖向间距不应大于 3 m。山墙沿屋面应设钢筋混凝土卧梁并应与屋架端部上弦标高处的圈梁连接。

(7) 圈梁的构造应符合下列规定。

① 圈梁宜闭合,圈梁截面宽度宜与墙厚相同,截面高度不应小于 180 mm;圈梁的纵筋,6~8 度时不应少于 4Φ12,9 度时不应少于 4Φ14。

② 厂房转角处柱顶圈梁在端开间范围内的纵筋,6~8 度时不宜少于 4Φ14,9 度时不宜少于 4Φ16,转角两侧各 1m 范围内的箍筋直径不宜小于 8,间距不宜大于 100 mm;圈梁转角处应增设不少于 3 根且直径与纵筋相同的水平斜筋。

③ 圈梁应与柱或屋架牢固连接,山墙卧梁应与屋面板拉结;顶部圈梁与柱或屋架连接的锚拉钢筋不宜少于 4Φ12,且锚固长度不宜少于 35 倍钢筋直径,防震缝处圈梁与柱或屋架的拉结宜加强。

④ 8 度Ⅲ、Ⅳ类场地和 9 度时,砖围护墙下的预制基础梁应采用现浇接头;当另设条形基础时,在柱基础顶面标高处应设置连续的现浇钢筋混凝土圈梁,其配筋不应少于 4Φ12。

⑤ 墙梁宜采用现浇,当采用预制墙梁时,梁底应与砖墙顶面牢固拉结并应与柱锚拉;厂房转角处相邻的墙梁,应相互可靠连接。

(8) 砌体女儿墙在人流出入口应与主体结构锚固;防震缝处应留有足够的宽度,缝两侧的自由端应予以加强。

(9) 各类顶棚的构件与楼板的连接件,应能承受顶棚、悬挂重物和有关机电设施的自重和地震附加作用;其锚固的承载力应大于连接件的承载力。

(10) 悬挑雨篷或一端由柱支承的雨篷,应与主体结构可靠连接。

(11) 玻璃幕墙、预制墙板、附属于楼屋面的悬臂构件和大型储物架的抗震构造,应符合相关专门标准的规定。

7.2.2 单层砖结构厂房

1. 厂房的结构平面布置

宜符合本章第 7.1.1 节的有关规定但防震缝的设置应符合下列要求。

(1) 轻型屋盖厂房可不设防震缝。

(2) 钢筋混凝土屋盖厂房与贴建的建(构)筑物间宜设防震缝其宽度可采用

50～70 mm。

(3) 防震缝处应设置双柱或双墙。

2. 厂房的结构体系布置

(1) 6～8度时，宜采用轻型屋盖；9度时，应采用轻型屋盖。

(2) 6度和7度时，可采用十字形截面的无筋砖柱；8度和9度时应采用组合砖柱，且中柱在8度Ⅲ、Ⅳ类场地和9度时宜采用钢筋混凝土柱。

(3) 厂房纵向的独立砖柱柱列，可在柱间设置与柱等高的抗震墙承受纵向地震作用，砖抗震墙应与柱同时咬槎砌筑，并应设置基础；无砖抗震墙的柱顶，应设通长水平压杆。

(4) 纵、横向内隔墙宜做成抗震墙，非承重墙隔墙和非整体砌筑且不到顶的纵向隔墙宜采用轻质墙，当采用非轻质墙时，应计算隔墙对柱及其屋架(梁)连接节点的附加地震剪力。独立的纵、横向内隔墙应采取措施保证其平面外的稳定性，且顶部应设置现浇钢筋混凝土压顶梁。

厂房两端均应设置承重山墙，天窗不应通至厂房单元的端开间，天窗不应采用端砖壁承重。

7.3 单层厂房抗震计算

大量震害调查表明，在7度Ⅰ、Ⅱ类场地，柱高不超过10m且结构单元两端均有山墙的单跨及等高多跨厂房(锯齿形厂房除外)，当按《建筑抗震设计规范》规定采取抗震构造措施时，主体结构无明显震害，故可不进行横向及纵向的截面抗震验算。8度、9度区跨度大于24m的屋架，尚需考虑竖向地震作用。8度Ⅲ、Ⅳ类场地和9度区的高大单层钢筋混凝土柱厂房，还需对阶形柱的上柱进行罕遇地震的水平地震作用下的弹塑性变形验算。

一般厂房，需要进行水平地震作用下横向和纵向抗侧力构件的抗震强度验算。《建筑抗震设计规范》GB 50011—2001规定，混凝土无檩和有檩屋盖厂房一般情况下，宜计算屋盖的横向弹性变形，按多质点空间结构分析；当符合一定的条件时，可按平面排架计算。本节仅介绍横、纵向抗震计算简化方法，但为了减少这种简化计算带来的误差，按规定应对排架柱的地震剪力和弯矩进行调整。对于轻型屋盖厂房，由于空间作用不显著，柱距相等时，可按平面排架计算。

7.3.1 横向抗震计算

1. 计算简图 进行单层厂房横向计算时，取一榀排架作为计算单元，它的动力分析计算简图，可根据厂房类型的不同，取为质量集中在不同标高屋盖处的下端固定于基础顶面的弹性竖直杆。这样，对于单跨和多跨等高厂房，可简化为单质点体系，如图7.6(a)所示；两跨不厂房，可简化为二质点体系，如图7.6(b)所示；三跨不对称升高中跨厂房，可简化为三质点体系，如图7.6(c)所示。

由于在计算周期和计算地震作用时采取的简化假定各不相同，故其重力荷载集中方法要分别考虑。计算厂房自振周期时，集中屋盖标高处的质点等效重力荷载代表值，是根据动能等效原理求得的。所谓动能等效就是原结构体系的最大动能与质点集中到柱顶质

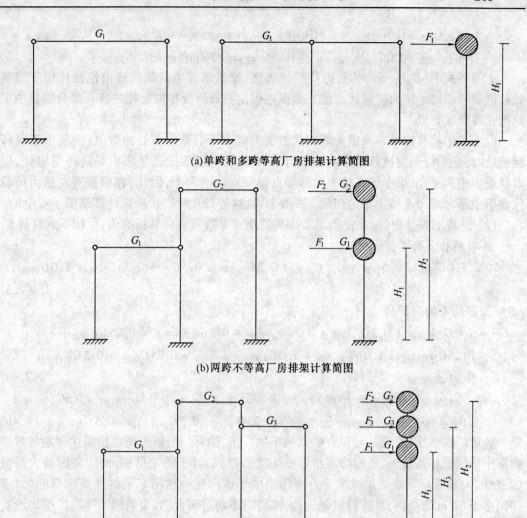

(a)单跨和多跨等高厂房排架计算简图

(b)两跨不等高厂房排架计算简图

(c)三跨不对称升高中跨厂房排计算简图

图 7.6 计算简图

点的折算体系的最大动能相等的原理。

(1) 计算厂房自振周期时,集中于屋盖标高处质点等效重力荷载标准值,可按下式计算。

① 单跨和多跨等高厂房,如图 7.6(a) 所示。

$$G_1 = 1.0G_{屋盖} + 0.5G_{雪} + 0.5G_{积灰} + 0.5G_{吊车梁} + 0.25G_{柱} + 0.25G_{纵墙} + 1.0G_{横墙} \tag{7.1}$$

② 多跨不等高厂房,如图 7.6(b) 所示。

$$G_1 = 1.0G_{低跨屋盖} + 0.5G_{低跨雪} + 0.5G_{低跨积灰} + 0.5G_{低跨吊车梁} + 0.25G_{低跨边柱} + 0.25G_{低跨纵墙} + \\ 1.0G_{低跨横墙} + 1.0G_{高跨吊车梁(中柱)} + 0.25G_{中柱下柱}0.5G_{中柱上柱} + 0.5G_{高跨封墙} \tag{7.2a}$$

$$G_2 = 1.0G_{\text{低跨屋盖}} + 0.5G_{\text{低跨雪}} + 0.5G_{\text{低跨积灰}} + 0.5G_{\text{低跨吊车梁}} + 0.25G_{\text{低跨边柱}} + 0.25G_{\text{低跨纵墙}} +$$
$$1.0G_{\text{低跨横墙}} + 1.0G_{\text{高跨吊车梁(中柱)}} + 0.25G_{\text{中柱下柱}} 0.5G_{\text{中柱上柱}} + 0.5G_{\text{高跨封墙}} \tag{7.2b}$$

上面各式中，$G_{\text{屋盖}}$等均为重力荷载代表值（屋盖的重力荷载代表值包括作用于屋盖处的恒载和檐墙的重力荷载代表值）。上面还假定高低跨交接柱上柱的各一半分别集中于低跨和高跨屋盖处。

以上式中柱高跨吊车梁重力荷载代表值为集中于低跨屋盖处的数值；当集中于高跨屋盖处时，应乘以动力换算系数 0.5。至于集中到低跨屋盖处还是集中到高跨屋盖处，应以就近集中为原则。由于吊车桥架对排架自振周期影响很小，因此，在屋盖质点重力荷载代表值中不考虑吊车桥架重力荷载。一般来说，这样处理对厂房抗震计算是偏于安全的。

(2) 计算地震作用时，集中于屋盖标高处质点等效重力荷载标准值，可按下式计算。

① 单跨和多跨等高厂房。

$$G_1 = 1.0G_{\text{屋盖}} + 0.5G_{\text{雪}} + 0.5G_{\text{积灰}} + 0.5G_{\text{吊车梁}} + 0.5G_{\text{柱}} + 0.25G_{\text{纵墙}} + 1.0G_{\text{檐墙}} \tag{7.3}$$

② 多跨不等高厂房。

$$G_1 = 1.0G_{\text{低跨屋盖}} + 0.5G_{\text{低跨雪}} + 0.5G_{\text{低跨积灰}} + 0.5G_{\text{低跨吊车梁}} + 0.25G_{\text{低跨边柱}} +$$
$$0.25G_{\text{低跨纵墙}} + 1.0G_{\text{低跨横墙}} + 1.0G_{\text{高跨吊车梁(中柱)}} + 0.25G_{\text{中柱下柱}} 0.5G_{\text{中柱上柱}} +$$
$$0.5G_{\text{高跨封墙}} \tag{7.4a}$$

$$G_2 = 1.0G_{\text{高跨屋盖}} + 0.5G_{\text{高跨雪}} + 0.5G_{\text{高跨积灰}} + 0.75G_{\text{高跨吊车梁(中柱)}} + 0.5G_{\text{高跨边柱}} + 0.5G_{\text{中柱上柱}} +$$
$$1.0G_{\text{低跨横墙}} + 1.0G_{\text{高跨吊车梁(中柱)}} + 0.25G_{\text{中柱下柱}} 0.5G_{\text{中柱上柱}} + 0.5G_{\text{高跨封墙}} \tag{7.4b}$$

确定厂房地震作用时，对设有桥式吊车的厂房，除将厂房重力荷载按前述弯矩等效原则集中于屋盖标高处外，还应考虑吊车桥架重力荷载。对于硬勾吊车，尚应考虑最大吊重的 30%，一般是把某跨吊车桥架重力荷载集中于该跨任一柱吊车梁的顶面标高处。对于柱距小于 12 m 的厂房，单跨时应取一台，多跨时不超过两台。如果两跨不等高厂房均设有吊车，则在确定厂房地震作用时应按四个集中质点考虑。

应当指出，房屋的质量是连续分布的。当采用上述有限自由度的模型时，将不同处的质量折算入总质量时需乘以该处的质量折算系数。质量折算系数应根据一定的原则制定。如计算上述结构动力特性时，根据的是"周期等效"原则；计算上述结构地震作用时，根据的是排架柱底"弯矩相等"原则。计算结果表明，这样处理，计算误差不大，并不影响抗震计算所要求的精确度。

2. 横向基本周期的计算

(1) 单跨和等高多跨厂房

如上所述，这类厂房可将其简化为单质点体系。它的横向基本周期可按下式计算

$$T = 2\pi\sqrt{\frac{G\delta}{g}} \approx 2\sqrt{G\delta} \tag{7.5}$$

式中　　G——集中于屋盖处重力荷载代表值(kN)；

　　　　δ——柔度，作用于排架顶部的单位水平力在该处引起的位移(m/kN)。

(2) 多自由度体系

当计算这类厂房的横向基本周期时,其基本周期可采用能量法计算,可按下式计算

$$T_1 = 2\pi \sqrt{\frac{\sum_{i=1}^{n} m_i u_i^2}{\sum_{i=1}^{n} G_i u_i}} \tag{7.6}$$

式中　m_i、G_i——分别为第 i 质点的质量和重量;
　　　u_i——在全部 $G_i(i=1,\cdots,n)$ 沿水平方向的作用下第 i 质点的侧移,n 为自由度数。

3. 横向自振周期的修正

按平面排架计算厂房的横向地震作用时,排架的基本自振周期应考虑纵墙及屋架与柱连接的固结作用,可按下列规定进行调整。由钢筋混凝土屋架或钢屋架与钢筋混凝土柱组成的排架,有纵墙时取周期计算值的 80%,无纵墙时取 90%。由钢筋混凝土屋架或钢屋架与砖柱组成的排架,取周期计算值的 90%。由木屋架、钢木屋架或轻钢屋架与砖柱组成排架,取周期计算值。

4. 排架地震作用的计算

(1) 用底部剪力法计算地震作用时,总地震作用的标准值为

$$F_{EK} = \alpha_1 G_{eq} \tag{7.7}$$

式中　F_{EK}——结构总水平地震作用标准值;
　　　α_1——相应于结构基本自振周期的水平地震影响系数值;
　　　G_{eq}——结构等效总重力荷载,单质点应取总重力荷载代表值,多质点可取总重力荷载代表值的 85%。

质点 i 的水平地震作用的标准值为

$$F_i = \frac{G_i H_i}{\sum_{j=1}^{n} G_j H_j} \tag{7.8}$$

式中　F_i——质点 i 的水平地震作用标准值;
　　　G_i、G_j——分别为集中于质点 i、j 的重力荷载代表值;
　　　H_i、H_j——分别为质点的 i、j 计算高度;n 为自由度数。

(2) 振型分解反应谱法

高低跨厂房,当低跨与高跨高差较大时,按底部剪力法的计算结果误差较大。另外,当需要求出高低跨交接处,柱在支承低跨屋盖处所受的最大水平拉力时,底部剪力法就无能为力,此时只能用振型分解反应谱法进行计算。

采用振型分解法计算简图与底部剪力法相同,每个质点有一个光辉派自由度,可用前面介绍的振型分解法计算的各个过程,就能求出各振型各质点处的水平地震作用,从而求出各振型的地震内力。总的地震内力则为各振型的地震内力的平方和开方的组合,本部分就不做详细介绍了。

5. 空间作用和扭转的影响

单层工业厂房的纵向系统一般包括屋盖、纵向支撑、吊车梁等。纵墙一方面增大横向

排架的刚度,另一方面也起着纵向联系作用。因此,各横向排架是互相联系和互相制约的,它们与纵向系统一起组成一个复杂的空间体系,我们把这种互相制约的影响叫做厂房的空间作用。在地震作用下,厂房将产生整体振动,若将钢筋混凝土屋盖视为具有很大水平刚度、支承在若干弹性支承上的连续梁,在横向水平地震作用,只要各弹性支承(即排架)的刚度相同,屋盖沿纵向质量分布也较均匀,各排架亦有同样的柱顶位移,则可认为无空间作用影响。

当厂房两端无山墙(中间亦无横墙)时,厂房的整体振动(第一振型)才接近单片排架的平面振动。当厂房两端有山墙,且山墙在其平面内刚度很大时,作用于屋盖平面内的地震作用将部分地通过屋盖传给山墙,因而排架所受的地震作用将有所减少。山墙的侧移可近似为零,厂房各排架的侧移将不相等,中间排架处柱顶的侧移最大,即厂房存在空间工作,此时各排架实际承受的地震作用将比按平面排架计算的小。因此,按平面排架简化求得的排架地震作用必须进行调整。

如果厂房仅一端有山墙,或虽然两端有山墙,当两山墙的抗侧移刚度相差很大时,厂房的整体振动将复杂化,除了有空间作用影响外,还会出现较大的平面扭转效应,使得排架各柱的柱顶侧移均不相同,在弹性阶段排架承受的地震作用正比于柱顶侧移,既然在空间作用时排架的柱顶的侧移小于无空间作用时排架柱顶侧移,在有扭转作用时有的排架柱顶侧移又大于无空间作用时排架柱顶侧移。因此,按平面排架简图求得的排架地震作用必须进行调整。《建筑抗震设计规范》GB50011—2001 考虑厂房空间作用和扭转影响,是通过对平面排架地震效应(弯矩、剪力)的折减来体现的。为了方便应用,将质量折算系数汇总于表 7.1、表 7.2,供参阅。

表 7.1 钢筋混凝土柱(高低跨交接处上柱除外)考虑空间作用和扭转影响的效应调整系数

屋盖	山墙		屋盖长度/m										
			≤30	36	42	48	54	60	66	72	78	84	90	96
钢筋混凝土无檩楼盖	两端山墙	等高厂房	—	—	0.75	0.75	0.75	0.8	0.8	0.85	0.85	0.85	0.85	0.9
		不等高厂房												
	一端山墙		1.05	1.15	1.2	1.25	1.3	1.3	1.3	1.3	1.35	1.35	1.35	1.35
钢筋混凝土有檩楼盖	两端山墙	等高厂房	—	—	0.8	0.85	0.9	0.95	0.95	1.0	1.0	1.05	1.05	1.1
		不等高厂房												
	一端山墙		—	—	0.85	0.9	0.95	1.0	1.0	1.05	1.05	1.1	1.1	1.15

表 7.2 砖柱考虑空间作用的效应调整系数

屋盖类型	山墙或承重(抗震)横墙间距/m										
	≤12	18	24	30	36	42	48	54	60	66	72
钢筋混凝土无檩楼盖	0.60	0.65	0.70	0.75	0.80	0.85	0.85	0.90	0.95	0.95	1.0
钢筋混凝土有檩楼盖或密铺望板瓦木屋盖	0.65	0.70	0.75	0.80	0.90	0.95	0.95	1.00	1.05	1.05	1.10

第7章 单层厂房抗震设计

抗震规范规定,当符合下列条件时,才考虑厂房空间作用和扭转影响来调整柱的地震作用效应。

(1) 钢筋混凝土屋盖的单层钢筋混凝土柱厂房

① 7度和8度抗震烈度。

② 厂房单元屋盖长度与总跨度之比小于8或厂房总跨度大于12 m。

③ 山墙的厚度不小于240 mm,开洞所占的水平截面面积不超过总面积的50%,并与屋盖系统有良好的连接。

④ 柱顶高度不大于15 m。屋盖长度指山墙到山墙的间距,仅一端有山墙时,应取所考虑排架至山墙的距离;高低跨相差较大的不等高厂房,总跨度可不包括低跨。

(2) 钢筋混凝土屋盖和密铺望板瓦木屋盖的单层砖柱厂房

① 7度和8度抗震烈度。

② 两端均有承重山墙。

③ 山墙或承重(抗震)横墙的厚度不小于240 mm,开洞所占的水平截面面积不超过总面积50%,并与屋盖系统有良好的连接。

④ 山墙或承重(抗震)横墙的长度不宜小于其高度。

⑤ 单元屋盖长度与总跨度之比小于8或厂房总跨度大于12 m。屋盖长度指山墙到山墙或承重(抗震)横墙的间距。

6. 内力调整

(1) 高低跨交接处钢筋混凝土柱的地震作用效应调整

在排架高低跨交接处的钢筋混凝土柱支承低跨屋盖牛腿以上各截面,按底部剪力法求出的地震剪力和弯矩,应乘以增大系数,其值按下式计算

$$\eta = \xi_2 \left(1 + 1.7 \frac{n_h G_{ES}}{n_o G_{EH}}\right) \tag{7.9}$$

式中　η —— 地震剪力和弯矩的增大系数;

　　　ξ_2 —— 不等高厂房低跨交接处的空间工作影响系数,可按表7.3采用;

　　　n_h —— 高跨的跨数;

　　　n_0 —— 计算跨数,仅一侧有低跨时应取总跨数,两侧均有低跨时应取总跨数与高跨跨数之和;

　　　G_{ES} —— 集中于交接处一侧各低跨屋盖标高处的总重力荷载代表值;

　　　G_{EH} —— 集中于高跨柱顶标高处的总重力荷载代表值。

表 7.3　高低跨交接处钢筋混凝土上柱空间工作影响系数 ξ

屋盖	山墙	≤36	42	48	54	60	66	72	78	84	90	96
钢筋混凝土无檩楼盖	两端山墙	—	0.7	0.76	0.82	0.88	0.94	1.0	1.06	1.06	1.06	1.06
	一端山墙	—					1.25				—	
钢筋混凝土有檩楼盖	两端山墙	0.9	1.0	1.05	1.1	1.1	1.15	1.15	1.15		1.2	1.2
	一端山墙						1.05					

(2) 吊车桥架引起的地震作用效应的增大系数

吊车桥架是一个较大的移动质量，在地震中往往引起厂房的强烈局部振动，对吊车所在排架产生局部影响加重震害。钢筋混凝土柱单层厂房的吊车梁顶标高处的上柱截面，由吊车桥架引起的地震剪力和弯矩应乘以增大系数，当按底部剪力法等简化计算方法计算时，其值可按表 7.4 采用。

表 7.4　桥架引起的地震剪力和弯矩增大系数

屋盖	山墙	边柱	高低跨柱	其他中柱
钢筋混凝土无檩楼盖	两端山墙	2.0	2.5	3.0
	一端山墙	1.5	2.0	2.5
钢筋混凝土有檩楼盖	两端山墙	1.5	2.0	2.5
	一端山墙	1.5	2.0	2.0

7. 内力组合

内力组合是指地震作用引起的内力(考虑到地震作用是往复作用，故内力符号可正可负)和与其相应的竖向荷载(即结构自重，雪荷载和积灰荷载，有吊车时还应考虑吊车竖向荷载)引起的内力，根据可能出现的最不利荷载组合情况进行组合。进行单层厂房排架的地震作用效应和与其相应的其他荷载效应组合时，一般可不考虑风荷载效应，不考虑吊车横向水平制动力引起的内力，也不考虑竖向地震作用和屋面活载中的施工荷载。

8. 天窗架的计算

(1) 有斜撑杆的三铰拱式钢筋混凝土和钢天窗架的横向抗震计算可采用底部剪力法；跨度大于 9 m 或 9 度时，天窗架的地震作用效应应乘以增大系数，增大系数可采用 1.5。

(2) 其他情况下天窗架的横向水平地震作用可采用振型分解反应谱法。

7.3.2　纵向抗震计算

前面已经提到从单层厂房的震害情况看，纵向震害是比较严重的，有时甚至要比横向震害严重，设计者应引起重视。地震时厂房的纵向振动比较复杂，对于质量和刚度分布比较均匀的等高厂房，在地震作用下，其上部结构仅产生纵向平移振动。其扭转作用可略去不计;而对质量中心与刚度中心不重合的不等高厂房,在纵向地震作用下,厂房将同时产生平移振动与扭转振动。大量震害表明:地震时,厂房产生平移、扭转振动的同时,屋盖还产生了水平面内纵、横向的弯剪变形。由于纵向围护墙参与工作,致使纵向各柱列的破坏程度不等,空间作用显著。因此,必须建立合理的力学模型进行厂房纵向的空间分析。

纵向抗震计算的简化方法有空间分析法、修正刚度法、柱列法、拟能量法等,本文只介绍修正刚度法和柱列法。

1. 钢筋混凝土柱厂房纵向抗震计算的修正刚度法

此法是把厂房纵向视为一个单自由度体系,求出总的地震作用后,再按各柱列的修正刚度,把总的地震作用分配到各柱列。计算单跨或等高多跨的钢筋混凝土柱厂房纵向地震作用时,当柱顶标高不大于 15 m 且平均跨度不大于 30 m 时,可按修正刚度法计算。

(1) 纵向基本自振周期的计算

按抗震规范的方法确定,当厂房为砖围护墙时

$$T_1 = 0.23 + 0.00025\psi_1 l \sqrt{H^3} \tag{7.10}$$

式中 ψ_1—— 屋盖类型系数,大型屋面板钢筋混凝土屋架可采用 1.0,钢屋架采用 0.85;

l—— 厂房跨度(m),多跨厂房可取各跨的平均值;

H—— 基础顶面至柱顶的高度(m)。

对于敞开、半敞开或墙板与柱子柔性连接的厂房,可按式(7.10)进行计算并乘以下列围护墙影响系数

$$\psi_2 = 2.6 - 0.002 l \sqrt{H^3} \tag{7.11}$$

式中 ψ_2—— 围护墙影响系数,小于 1.0 时应采用 1.0。

(2) 柱列地震作用的计算

可按底部剪力法公式确定总的地震作用

$$F_{EK} = \alpha_1 G_{eq} \tag{7.12}$$

等高多跨钢筋混凝土屋盖的厂房,各纵向柱列的柱顶标高处的地震作用标准值,可按下面公式确定

$$F_i = \frac{G_i H_i}{\sum_{j=1}^{n} G_j H_j}$$

$$K_{ai} = \psi_3 \psi_4 K_i \tag{7.14}$$

式中 F_i—— 柱列柱顶标高处的纵向地震作用标准值;

α_1—— 相应于厂房纵向基本自振周期的水平地震影响系数;

G_{eq}—— 厂房单元柱列总等效重力荷载代表值应包括按屋盖重力荷载代表值、70% 纵墙自重、50% 横墙与山墙自重及折算的柱自重(有吊车时采用 10% 柱自重,无吊车时采用 50% 柱自重);

K_i—— i 柱列柱顶的总侧移刚度,应包括 i 柱列内柱子和上、下柱间支撑的侧移刚度及纵墙的折减侧移刚度的总和,贴砌的砖围护墙侧移刚度的折减系数,可根据柱列侧移值的大小,采用 0.2 ~ 0.6;

K_{ai}——i 柱列柱顶的调整侧移刚度;

ψ_3——柱列侧移刚度的围护墙影响系数,可按表 7.5 采用;有纵向砖围护墙的四跨或五跨厂房,由边柱列数起的第三柱列,可按表内相应数值的 1.15 倍采用;

ψ_4——柱列侧移刚度的柱间支撑影响系数,纵向为砖围护墙时,边柱列可采用 1.0,中柱列可按表 7.6 采用。

有吊车的等高多跨钢筋混凝土屋盖的厂房,各纵向柱列的吊车梁标高处的地震作用标准值,可按下面公式确定

$$F_{ci} = \alpha_1 G_{ci} \frac{H_{ci}}{H_i} \tag{7.15}$$

式中 F_{ci}——i 柱列在吊车梁顶标高处的纵向地震作用标准值;

G_{ci}——集中于 i 柱列吊车梁顶标高处的等效重力荷载代表值,包括吊车梁与悬吊物的重力荷载代表值和 40% 柱子自重;

H_{ci}——i 柱列吊车梁顶高度;

H_i——i 柱列柱顶高度。

表 7.5 围护墙影响系数

围护墙类别和烈度		柱列和屋盖类别				
		边柱列	中柱列			
			无檩屋盖		有檩屋盖	
240 砖墙	370 砖墙		边跨无天窗	边跨有天窗	边跨无天窗	边跨有天窗
—	7 度	0.85	1.7	1.8	1.8	1.9
7 度	8 度	0.85	1.5	1.6	1.6	1.7
8 度	9 度	0.85	1.3	1.4	1.4	1.5
9 度	—	0.85	1.2	1.3	1.3	1.4
无墙、石棉瓦或挂板		—	1.1	1.1	1.2	1.2

表 7.6 纵向采用砖围护墙的中柱列柱间支撑影响系数

厂房单元内设置下柱支撑的柱间数	中柱列下柱支撑斜杆的长细比					中柱列无支撑
	< 40	41 ~ 80	81 ~ 120	121 ~ 150	> 150	
一柱间	0.9	0.95	1.0	1.1	1.25	1.4
二柱间	—	—	0.9	0.95	1.0	—

(3) 构件地震作用的计算

柱列承受的纵向地震作用算出后,就可将其按刚度比例分配给柱列中的各构件。有吊车厂房分别计算作用与柱顶和吊车梁标高处构件的水平地震作用。

单根柱分配的地震作用值为

$$F_{ci} = \frac{K_c}{K_i} F_i \tag{7.16a}$$

单片支撑分配的地震作用值为

$$F_{ci} = \frac{K_b}{K_i} F_i \tag{7.16b}$$

单片墙体分配的地震作用值为

$$F_{ci} = \frac{K_w}{K_i} F_i \tag{7.16c}$$

2. 钢筋混凝土柱厂房纵向抗震计算的柱列法

对纵墙对称布置的单跨厂房和采用清型屋盖的多跨厂房,可采用柱列法计算。此法以跨度中线划界,取各柱列独立进行分析,使计算简化。

(1) 柱列自振周期的计算

第 i 柱列沿厂房纵向的自振周期,按下式计算

$$T_i = 2\psi_T \sqrt{G_i \delta_i} \tag{7.17}$$

式中 ψ_T —— 考虑厂房空间分作用的周期修正系数。对单跨厂房取 1.0,对于多跨厂房按表 7.7 采用。

表 7.7 柱列法自振周期修正系数

围护墙	天窗支撑		边柱列	中柱列
石棉瓦、挂板或无墙	有支撑	边跨无天窗	1.3	0.9
		边跨有天窗	1.4	0.9
	无柱间支撑		1.15	0.85
砖 墙	有支撑	边跨无天窗	1.60	0.9
		边跨有天窗	1.65	0.9
	无柱间支撑		2	0.85

(2) 柱列水平地震作用的计算

作用于第 i 柱列顶标高处的纵向水平地震作用值为

$$F_i = \alpha_1 G_i \tag{7.18}$$

式中 α_1 —— 相应于柱列自振周期 T_1 的水平地震的影响系数;

G_i —— 按内力等效原则而集中于第 i 柱列柱顶的重力荷载代表值。

$$G_i = 1.0 G_{屋盖} + 0.5(G_{柱} + G_{山墙} + G_{雪} + G_{积灰}) + 0.7 G_{纵墙} + 0.75(G_{吊车梁} + G_{吊车桥}) \tag{7.19}$$

(3) 构件地震作用的计算

柱列承受的纵向地震作用 F_i 算出后,就可将其按刚度比例分配给柱列中的各构件。有吊车厂房分别计算作用与柱顶和吊车梁标高处构件的水平地震作用。

单根柱分配的地震作用值为

$$F_{ci} = \frac{K_e}{K_i} F_i \tag{7.20a}$$

单片支撑分配的地震作用值为

$$F_{ci} = \frac{K_b}{K_i} F_i \tag{7.20b}$$

单片墙体分配的地震作用值为

$$F_{ci} = \frac{K_w}{K_i} F_i \tag{7.20c}$$

3. 柱间支撑的抗震验算与设计

柱间支撑的截面验算是单层厂房纵向抗震计算的主要目的之一,斜杆长细比不大于 200 的柱间支撑在单位侧力作用下的水平位移可按下式确定

$$u = \sum \frac{1}{1 + \varphi_i} u_{ti} \tag{7.21}$$

式中 u——单位侧力作用点的位移;
φ_i——节间斜杆轴心受压稳定系数,应按现行国家标准钢结构设计规范采用;
u_{ti}——单位侧力作用下 i 节间仅考虑拉杆受力的相对位移。

斜杆长细比不大于 200 的斜杆截面可按抗拉验算,但应考虑压杆的卸载影响,其拉力可按下式确定

$$N_t = \frac{l_i}{(1 + \psi_c \varphi_i) s_c} V_{bi} \tag{7.22}$$

式中 N_t——节间支撑斜杆抗拉验算时的轴向拉力设计值;
l_i——i 节间斜杆的全长;
ψ_c——压杆卸载系数压杆长细比为 60、100 和 200 时可分别采用 0.7、0.6 和 0.5;
V_{bi}——i 节间支撑承受的地震剪力设计值;
s_c——支撑所在柱间的净距。

柱间支撑端节点预埋件的截面抗震验算。

柱间支撑与柱连接节点预埋件的锚件采用锚筋时,其截面抗震承载力宜按下列公式验算

$$N \leq \frac{0.8 f_y A_s}{\gamma_{RE}\left(\dfrac{\cos\theta}{0.8\zeta_m\psi} + \dfrac{\sin\theta}{\zeta_r\zeta_v}\right)} \tag{7.23}$$

$$\psi = \frac{1}{1 + \dfrac{0.6 e_0}{\zeta_r s}} \tag{7.24}$$

$$\zeta_m = 0.6 + 0.25 t/d \tag{7.25}$$

$$\zeta_v = (4 - 0.08 d)\sqrt{f_c/f_y} \tag{7.26}$$

式中 A_s——锚筋总截面面积;

r_{RE}—— 承载力抗震调整系数可采用 1.0；

N—— 预埋板的斜向拉力，可采用全截面屈服点强度计算的支撑斜杆轴向力的 1.05 倍；

e_0—— 斜向拉力对锚筋合力作用线的偏心距，应小于外排锚筋之间距离的 20%(mm)；

θ—— 斜向拉力与其水平投影的夹角；

ψ—— 偏心影响系数；

s—— 外排锚筋之间的距离(mm)；

ζ_m—— 预埋板弯曲变形影响系数；

t—— 预埋板厚度(mm)；

d—— 锚筋直径(mm)；

ζ_r—— 验算方向锚筋排数的影响系数二、三和四排可分别采用 1.0、0.9 和 0.85；

ζ_v—— 锚筋的受剪影响系数大于 0.7 时应采用 0.7。

柱间支撑与柱连接节点预埋件的锚件采用角钢加端板时，其截面抗震承载力宜按下列公式验算

$$N \leqslant \frac{0.7}{\gamma_{RE}(\frac{\sin\theta}{V_{u0}} + \frac{\cos\theta}{\psi N_{u0}})} \tag{7.27}$$

$$V_{u0} = 3n\zeta_r\sqrt{W_{min}bf_af_c} \tag{7.28}$$

$$N_{u0} = 0.8nf_aA_s \tag{7.29}$$

式中　n—— 角钢根数；

b—— 角钢肢宽；

W_{min}—— 与剪力方向垂直的角钢最小截面模量；

A_s—— 一根角钢的截面面积；

f_a—— 角钢抗拉强度设计值。

4. 突出屋面天窗架的纵向抗震计算

突出屋面的天窗架的纵向抗震计算，可采用空间结构分析法，并考虑屋盖平面弹性变形和纵墙的有效刚度。

对于柱高不超过 15 m 的单跨和等高多跨混凝土无檩屋盖厂房的突出屋面的天窗架纵向地震作用计算，可采用底部剪力法，但天窗架的地震作用效应应乘以效应增大系数，其值可按下列规定。

对单跨、边跨屋盖或有纵向内隔墙的中跨屋盖

$$\eta = 1 + 0.5n \tag{7.30}$$

对其他中跨屋盖

$$\eta = 0.5n \tag{7.31}$$

式中　η—— 效应增大系数；

n—— 厂房跨数，超过 4 跨时取 4 跨。

5. 砖柱厂房纵向抗震计算的修正刚度法

修正刚度法适用于钢筋混凝土屋盖等高多跨单层砖柱厂房的纵向抗震计算,其纵向基本自振周期可按下式计算

$$T_1 = 2\psi_T \sqrt{\frac{\sum G_s}{\sum K_s}} \tag{7.32}$$

式中 ψ_T —— 周期修正系数,按表 7.8 采用;
G_s —— 第 s 柱列的集中重力荷载,包括柱列左右各半跨的屋盖和山墙重力荷载,及按动能等效原则换算集中到柱顶或墙、顶处的墙柱重力荷载;
K_s —— 第 s 柱列的侧移刚度。

表 7.8 厂房的纵向基本自振周期修正系数

屋盖系统	钢筋混凝土无檩楼盖		钢筋混凝土有檩楼盖	
	边跨无天窗	边跨有天窗	边跨无天窗	边跨有天窗
周期修正系数	1.3	1.35	1.4	1.45

单层砖柱厂房纵向总水平地震作用标准值可按下式计算

$$F_{EK} = \alpha_1 \sum G_s \tag{7.33}$$

式中 α_1 —— 相应于单层砖柱厂房纵向基本自振周期 T_1 的地震影响系数;
G_s —— 按照柱列底部剪力相等原则,第 s 柱列换算集中到墙顶处的重力荷载代表值。

$$G_i = 1.0 G_{屋盖} + 0.5(G_柱 + G_{山墙} + G_雪 + G_{积灰}) + 0.7G \tag{7.34}$$

沿厂房纵向第 s 柱列上端的水平地震作用可按下式计算

$$F_s = \frac{\psi_{K_s}}{\sum \psi_s K_s} F_{EK} \tag{7.35}$$

式中 ψ_s —— 反映屋盖水平变形影响的柱列刚度调整系数,根据屋盖类型和各柱列的纵墙设置情况,按表 7.9 采用。

表 7.9 柱列刚度调整系数

纵横设置情况		屋盖类型			
		钢筋混凝土无檩楼盖		钢筋混凝土有檩楼盖	
		边柱列	中柱列	边柱列	中柱列
砖柱敞棚		0.95	1.1	0.9	1.6
各柱列均为带壁柱砖墙		0.95	1.1	0.9	1.2
边柱列均为带壁柱砖墙	中柱列的纵墙不少于4开间	0.7	1.4	0.75	1.5
	中柱列的纵墙少于4开间	0.6	1.8	0.65	1.9

第7章 单层厂房抗震设计

6. 砖柱厂房纵向抗震计算的柱列法

当砖柱厂房纵墙对称布置的单跨厂房和采用清型屋盖的多跨厂房,可采用柱列法计算,以跨度中线划界,取各柱列独立进行分析,使计算简化。

第 i 柱列自振周期的计算

$$T = 2\pi\sqrt{\frac{G\delta}{g}} \tag{7.36}$$

式中符号意义与前面所述公式中一致。

作用于第 i 柱列顶标高处的纵向水平地震作用值为

$$F_i = \alpha_1 G_i \tag{7.37}$$

式中 α_1——相应于柱列自振周期 T_1 的水平地震的影响系数;

G_i——按内力等效原则而集中于第 i 柱列柱顶的重力荷载代表值,仍按式(7.33)取。

7.4 构造要求

7.4.1 钢筋混凝土柱厂房的构造要求

1. 有檩屋盖构件的连接应符合下列要求

(1) 檩条应与混凝土屋架(屋面梁)焊牢,并应有足够的支承长度。
(2) 双脊檩应在跨度 1/3 处相互拉结。
(3) 压型钢板应与檩条可靠连接,瓦楞铁、石棉瓦等应与檩条拉结。
(4) 支撑布置宜符合表 7.10 的要求。

表 7.10 有檩屋盖的支撑布置

支撑名称		烈 度		
		6、7	8	9
屋架支撑	上弦横向支撑	厂房单元端开间各设一道	厂房单元端开间及厂房单元长度大于 66 m 的柱间支撑开间各设一道;天窗开洞范围的两端各增设局部的支撑一道	厂房单元端开间及厂房单元长度大于 42 m 的柱间支撑开间各设一道;天窗开洞范围的两端各增设局部的上弦横向支撑一道
	下弦横向支撑	同非抗震设计		
	跨中竖向支撑			
	端部竖向支撑	屋架端部高度大于 900 mm 时,厂房单元端开间及柱间支撑开间各设一道		
天窗架支撑	上弦横向支撑	厂房单元天窗端开间各设一道	厂房单元天窗端开间及每隔 30 m 各设一道	厂房单元天窗端开间及每隔 18 m 各设一道
	两侧竖向支撑	厂房单元天窗端开间及每隔 36 m 各设一道		

2. 无檩屋盖构件的连接及支撑布置的要求

(1) 大型屋面板应与屋架(屋面梁)焊牢,靠柱列的屋面板与屋架(屋面梁)的连接焊缝长度不宜小于 80 mm,焊缝厚度不宜小于 6 mm。

(2) 6 度和 7 度时,有天窗厂房单元的端开间,或 8 度和 9 度时各开间,宜将垂直屋架方向两侧相邻的大型屋面板的顶面彼此焊牢。

(3) 8 度和 9 度时,大型屋面板端头底面的预埋件宜采用带槽口的角钢并与主筋焊牢。

(4) 非标准屋面板宜采用装配整体式接头,或将板四角切掉后与屋架(屋面梁)焊牢。

(5) 屋架(屋面梁)端部顶面预埋件的锚筋,8 度时不宜少于 4Φ10,9 度时不宜少于 4Φ12。

(6) 支撑的布置宜符合表 7.11 的要求,有中间井式天窗时宜符合表 7.12 的要求,8 度和 9 度跨度不大于 15 m 的屋面梁屋盖,可仅在厂房单元两端各设竖向支撑一道。

表 7.11 无檩屋盖的支撑布置

支撑名称			烈度		
			6、7	8	9
屋架支撑	上弦横向支撑		屋架跨度小于 18m 时同非抗震设计,跨度不小于 18m 时在厂房单元端开间各设一道	厂房单元端开间及柱间支撑开间各设一道,天窗开洞范围的两端各增设局部的支撑一道	
	上弦通长水平系杆		同非抗震设计	沿屋架跨度不大于 15 m 设一道,但装配整体式屋面可不设;围护墙在屋架上弦高度有现浇圈梁时,其端部处可不另设	沿屋架跨度不大于 12 m 设一道,但装配整体式屋面可不设;围护墙在屋架上弦高度有现浇圈梁时,其端部处可不另设
	下弦横向支撑 跨中竖向支撑		同非抗震设计	同非抗震设计	同上弦横向支撑
	两端竖向支撑	屋架端部高度 ≤900 mm		厂房单元端开间各设一道	厂房单元端开间及每隔 48 m 各设一道
		屋架端部高度 >900 mm	厂房单元端开间各设一道	厂房单元端开间及柱间支撑开间各设一道	厂房单元端开间、柱间支撑开间及每隔 30 m 各设一道
	天窗两侧竖向支撑		厂房单元天窗端开间及每隔 30 m 各设一道	厂房单元天窗端开间及每隔 24 m 各设一道	厂房单元天窗端开间及每隔 18 m 各设一道
	上弦横向支撑		同非抗震设计	天窗跨度≥9 m 时,厂房单元天窗端开间及柱间支撑开间各设一道	厂房单元天窗端开间及每隔 18 m 各设一道

表7.12 中间井式天窗无檩屋盖的支撑布置

支撑名称		烈度		
		6、7	8	9
上弦横向支撑 下弦横向支撑		厂房单元端开间各设一道	厂房单元端开间及柱间支撑开间各设一道	
上弦通长水平系杆		天窗范围内屋架跨中上弦节点处设置		
下弦通长水平系杆		天窗两侧及天窗范围内屋架下弦节点处设置		
跨中竖向支撑		有上弦横向支撑开间设置,位置与下弦通长系杆相对应		
两端竖向支撑	屋架端部高度≤900 mm	同非抗震设计		有上弦横向支撑开间,且间距不大于48 m
	屋架端部高度>900 mm	厂房单元端开间各设一道	有上弦横向支撑开间,且间距不大于48 m	有上弦横向支撑开间,且间距不大于30 m

3.屋盖支撑

(1)天窗开洞范围内在屋架脊点处应设上弦通长水平压杆。

(2)屋架跨中竖向支撑在跨度方向的间距,6~8度时不大于15 m,9度时不大于12 m;当仅在跨中设一道时应设在跨中屋架屋脊处;当设二道时,应在跨度方向均匀布置。

(3)屋架上、下弦通长水平系杆与竖向支撑宜配合设置。

(4)柱距不小于12 m且屋架间距6 m的厂房,托架(梁)区段及其相邻开间应设下弦纵向水平支撑。

(5)屋盖支撑杆件宜用型钢。

4.突出屋面的混凝土天窗架,其两侧墙板与天窗立柱宜采用螺栓连接

5.混凝土屋架的截面和配筋

(1)屋架上弦第一节间和梯形屋架端竖杆的配筋,6度和7度时不宜少于4Φ12,8度和9度时不宜少于4Φ14。

(2)梯形屋架的端竖杆截面宽度宜与上弦宽度相同。

(3)拱形和折线形屋架上弦端部支撑屋面板的小立柱截面不宜小于200 mm×200 mm,高度不宜大于500 mm,主筋宜采用Ⅱ形,6度和7度时不宜少于4Φ12,8度和9度时不宜少于4Φ14,箍筋可采用Φ6,间距宜为100 mm。

6.厂房柱子的箍筋

(1)下列范围内柱的箍筋应加密。

① 柱头,取柱顶以下500 mm并不小于柱截面长边尺寸。

② 上柱,取阶形柱自牛腿面至吊车梁顶面以上300 mm高度范围内。

③ 牛腿(柱肩),取全高。

④ 柱根,取下柱柱底至室内地坪以上500 mm。

⑤ 柱间支撑与柱连接节点和柱变位受平台等约束的部位,取节点上、下各300 mm。

(2)加密区箍筋间距不应大于100 mm,箍筋肢距和最小直径应符合表7.13的规定。

表7.13 柱加密区箍筋最大肢距和最小箍筋直径

烈度和场地类别		6度和7度Ⅰ、Ⅱ类场地	7度Ⅲ、Ⅳ类场地和8度Ⅰ、Ⅱ类场地	8度Ⅲ、Ⅳ类场地和9度
箍筋最大肢距/mm		300	250	200
最小箍筋直径	一般柱头和柱根	Φ6	Φ8	Φ8(Φ10)
	角柱柱头	Φ8	Φ10	Φ10
	上柱牛腿和有支撑的柱根	Φ8	Φ8	Φ10
	有支撑的柱头和柱变位受约束的部位	Φ8	Φ10	Φ10

注：括号内数值用于柱根。

7. 山墙抗风柱的配筋

(1) 抗风柱柱顶以下 300 mm 和牛腿(柱肩)面以上 300 mm 范围内的箍筋，直径不宜小于 6 mm，间距不应大于 100 mm，肢距不宜大于 250 mm。

(2) 抗风柱的变截面牛腿(柱肩)处，宜设置纵向受拉钢筋。

8. 大柱网厂房柱的截面和配筋构造

(1) 柱截面宜采用正方形或接近正方形的矩形，边长不宜小于柱全高的 1/18～1/16。

(2) 重屋盖厂房地震组合的柱轴压比，6度、7度时不宜大于 0.8，8度时不宜大于 0.7，9度时不应大于 0.6。

(3) 纵向钢筋宜沿柱截面周边对称配置，间距不宜大于 200 mm，角部宜配置直径较大的钢筋。

(4) 柱头和柱根的箍筋应加密，并应符合下列要求。

① 加密范围柱根取基础顶面至室内地坪以上 1 m，且不小于柱全高的 1/6；柱头取柱顶下 500 mm，且不小于柱截面长边尺寸。

② 箍筋直径间距和肢距，应符合表 7.13 的规定。

9. 厂房柱间支撑的设置和构造

(1) 厂房柱间支撑的布置，应符合下列规定。

① 一般情况下，应在厂房单元中部设置上、下柱间支撑，且下柱支撑应与上柱支撑配套设置。

② 有吊车或 8 度和 9 度时，宜在厂房单元两端增设上柱支撑。

③ 厂房单元较长或 8 度Ⅲ、Ⅳ类场地和 9 度时可在厂房单元中部 1/3 区段内设置两道柱间支撑。

(2) 柱间支撑应采用型钢，支撑形式宜采用交叉式，其斜杆与水平面的交角不宜大于 55°。

(3) 支撑杆件的长细比，不宜超过表 7.14 的规定。

(4) 下柱支撑的下节点位置和构造措施，应保证将地震作用直接传给基础；当 6 度和 7 度不能直接传给基础时，应计及支撑对柱和基础的不利影响。

(5) 交叉支撑在交叉点应设置节点板，其厚度不应小于 10 mm，斜杆与交叉节点板应焊接，与端节点板宜焊接。

表 7.14 交叉支撑斜杆的最大长细比

位 置	烈度和场地			
	6度和7度Ⅰ、Ⅱ类场地	7度Ⅲ、Ⅳ类场地和8度Ⅰ、Ⅱ类场地	8度Ⅲ、Ⅳ类场地和9度Ⅰ、Ⅱ类场地	9度Ⅲ、Ⅳ类场地
上柱支撑	250	250	200	150
下柱支撑	200	200	150	150

10. 8度时跨度不小于18 m的多跨厂房中柱和9度时多跨厂房各柱

柱顶宜设置通长水平压杆，此压杆可与梯形屋架支座处通长水平系杆合并设置，钢筋混凝土系杆端头与屋架间的空隙应采用混凝土填实。

11. 厂房结构构件的连接节点

(1) 屋架(屋面梁)与柱顶的连接，8度时宜采用螺栓，9度时宜采用钢板铰，也可采用螺栓；屋架(屋面梁)端部支承垫板的厚度不宜小于16 mm。

(2) 柱顶预埋件的锚筋，8度时不宜少于4Φ14，9度时不宜少于4Φ16；有柱间支撑的柱子柱顶预埋件尚应增设抗剪钢板。

(3) 山墙抗风柱的柱顶，应设置预埋板，使柱顶与端屋架的上弦(屋面梁上翼缘)可靠连接。连接部位应位于上弦横向支撑与屋架的连接点处，不符合时可在支撑中增设次腹杆或设置型钢横梁，将水平地震作用传至节点部位。

(4) 支承低跨屋盖的中柱牛腿(柱肩)的预埋件，应与牛腿(柱肩)中按计算承受水平拉力部分的纵向钢筋焊接，且焊接的钢筋6度和7度时不应少于2Φ12，8度时不应少于2Φ14，9度时不应少于2Φ16。

(5) 柱间支撑与柱连接节点预埋件的锚件，8度Ⅲ、Ⅳ类场地和9度时宜采用角钢加端板，其他情况可采用 HRB 335 级或 HRB 400 级热轧钢筋，但锚固长度不应小于30倍锚筋直径或增设端板。

(6) 厂房中的吊车走道板、端屋架与山墙间的填充小屋面板、天沟板、天窗端壁板和天窗侧板下的填充砌体等构件应与支承结构有可靠的连接。

7.4.2 砖柱厂房构造要求

(1) 木屋盖的支撑布置，宜符合表7.15的要求，钢屋架、瓦楞铁、石棉瓦等屋面的支撑。可按表中无望板屋盖的规定设置，不应在端开间设置下弦水平系杆与山墙连接；支撑与屋架或天窗架应采用螺栓连接；木天窗架的边柱，宜采用通长木夹板或铁板并通过螺栓加强边柱与屋架上弦的连接。

表7.15 木屋盖的支撑布置

支撑名称		烈度				
		6、7	8		9	
		各类屋盖	满铺望板	稀铺望板或无望板	满铺望板	稀铺望板或无望板
			无天窗	有天窗			
屋架支撑	上弦横向支撑	同非抗震设计	房屋两开间各设一道	单元天窗洞范围内	屋架跨度大于6m时,房屋单元两端第二开间及每隔20m设一道	屋架跨度大于6m时,房屋单元两端第二开间各设一道	屋架跨度大于6m时,房屋单元两端第二开间及每隔20m设一道
	下弦横向支撑	同非抗震设计				屋架跨度大于6m时,房屋单元两端第二开间及每隔20m设一道
	跨竖向支撑	同非抗震设计				隔间设置并加下弦通长水平系杆

(2)檩条与山墙卧梁应可靠连接,有条件时可采用檩条伸出山墙的屋面结构。厂房柱顶标高处应沿房屋外墙及承重内墙设置现浇闭合圈梁,8度和9度时还应沿墙高每隔3~4m增设一道圈梁,圈梁的截面高度不应小于180 mm,配筋不应少于4Φ12;当地基为软弱黏性土、液化土、新近填土或严重不均匀土层时,尚应设置基础圈梁。当圈梁兼作门窗过梁或抵抗不均匀沉降影响时,其截面和配筋除满足抗震要求外,尚应根据实际受力计算确定。

(3)山墙应沿屋面设置现浇钢筋混凝土卧梁,并应与屋盖构件锚拉;山墙壁柱的截面与配筋,不宜小于排架柱壁柱,应通到墙顶并与卧梁或屋盖构件连接。

(4)屋架(屋面梁)与墙顶圈梁或柱顶垫块,应采用螺栓或焊接连接;柱顶垫块应现浇,其厚度不应小于240 mm,并应配置两层直径不小于8 mm,间距不大于100 mm的钢筋网;墙顶圈梁应与柱顶垫块整浇,9度时在垫块两侧各500 mm范围内,圈梁的箍筋间距不应大于100 mm。

(5)砖柱的构造应符合下列要求。

① 砖的强度等级不应低于MU10,砂浆的强度等级不应低于M5;组合砖柱中的混凝土强度等级应采用C20。

② 砖柱的防潮层应采用防水砂浆。

(6)钢筋混凝土屋盖的砖柱厂房,山墙开洞的水平截面面积不宜超过总截面面积的50%;8度时应在山、横墙两端设置钢筋混凝土构造柱;9度时应在山、横墙两端及高大的门洞两侧设置钢筋混凝土构造柱。钢筋混凝土构造柱的截面尺寸,可采用 240 mm × 240 mm;当为 9 度且山、横墙的厚度为 370 mm 时,其截面宽度宜取 370 mm;构造柱的竖向钢筋,8 度时不应少于 4Φ12,9 度时不应少于 4Φ14,箍筋可采用 Φ6,间距宜为 250~300 mm。

(7)砖砌体墙的构造应符合下列要求。

① 8 度和 9 度时,钢筋混凝土无檩屋盖砖柱厂房,砖围护墙顶部宜沿墙长每隔 1 m 埋入 1Φ8 竖向钢筋,并插入顶部圈梁内。

② 7 度且墙顶高度大于 4.8 m 或 8 度和 9 度时,外墙转角及承重内横墙与外纵墙交接处,当不设置构造柱时,应沿墙高每 500 mm 配置 2Φ6 钢筋,每边伸入墙内不小于 1 m。

③ 出屋面女儿墙的抗震构造措施,应符合有关规定。

习 题

1. 单层厂房在平面布置上有何要求?
2. 单层厂房主要有那些震害现象?
3. 如何进行单层厂房的横向抗震计算?
4. 在什么情况下不考虑吊车桥架的质量?为什么?
5. 单层厂房横向抗震计算应考虑那些因素进行内力调整?
6. 如何进行单层厂房的纵向抗震计算?
7. 简述厂房柱间支撑的设置构造要求。
8. 简述厂房系杆的设置构造要求。
9. 墙与柱如何连接?其中需考虑哪些因素?

第8章 隔震与消能减震设计

学习要点：了解振动控制的基本概念和主要控制措施,理解隔振、消能减震的基本原理、装置的性能特点和设计方法。

8.1 土木工程结构振动控制概述

8.1.1 土木工程结构抗震技术的演变与发展

地震发生时,地面振动引起结构的地震反应。对于基础固结于地面的建筑结构物,其反应沿着高度从下到上逐层放大(见图8.1)。由于结构物某部位的地震反应(加速度、速度或位移)过大,使主体承重结构严重破坏甚至倒塌；或虽然主体结构未破坏,但建筑饰面、装修或其他非结构配件等毁坏而导致严重损失；或室内昂贵仪器、设备破坏导致严重的损失或次生灾害。为了避免上述灾害的发生,人们必须对结构体系的地震反应进行控制,并消除结构体系的"放大器"作用。20世纪初,日本大森房吉教授提出的计算方法以及佐野利器博士提出的地震系数法均没有考虑结构的动力特性,后来人称之为抗震设计的静力理论,为了抗御地震,多倾向于采用刚强的建筑结构,即"刚性结构体系"(见图8.2),但是这种结构体系很难真正实现,也不经济,只有极少数的重要建筑物采用这种结构体系。

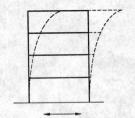
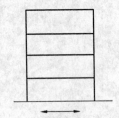
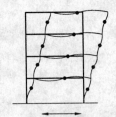

图8.1 结构物放大反应　　图8.2 刚性结构体系　　图8.3 延性结构体系

随着社会的发展,建筑物越来越庞大、复杂,人们对建筑物的安全性有了更高的要求,因此要在合理的经济范围内达到预期的设防目标更加困难,在安全性与经济性之间,人们面临两难选择。其次,人们对地震的认识还不够,预测结构物地震反应与其实际地震反应还有一定距离,因而所采取的抗震措施也不完全合理。抗震理论发展的第一次突破是在20世纪50年代初,美国的M.A.Biot等人提出抗震设计的反应谱理论。这时人们开始考虑地震动和建筑物之间的动力特性关系,提出了"延性结构体系"(见图8.3),这正是目前我国和世界各国普遍采用的抗震设计基本思想。该方法以概率理论为基础,提出三水准的设防要求,即"小震不坏,中震可修,大震不倒"。并通过2个阶段设计来实现,即"小震不坏，大震不倒"。我国设计规范中著名的"强柱弱梁"、"强剪弱弯"和"强节点弱构件"的"三强三弱"原则便是在延性设计的思想下产生的，它们不仅为我国几代结构工作者所熟知，而且在我国结构工程中发挥了重要作用。同最早的设计方法相比，延性设计方法已经带有对能量进行"疏导"的思想，因此它具有一定的科学性。然而，结构物要终止振动反应，必然要进行能量转换或消耗。这种抗震结构体系，容许结构及承重构件（如柱、梁、节点等）在地震中出现损坏，即依靠结构及承重构件的损坏消耗大部分能量，往往导致结构构件在地震中严重破坏甚至倒塌，这在一定程度上是不合理也是不安全的。这种传统结构体系和抗震方法存在下述问题。

(1) 地震影响的不确定性

① 大小的不确定性。编制地震烈度分布图的依据，一是历史地震记录，二是当前的地震地质科学研究水平，三是国家经济实力，由于世界各国地震地质科学的研究水平总体较低，不足以解决预测预报地震的发生。

② 状态的不确定性。每次发生的地震，就是在同一地点，它的频谱组成、加速度峰值与持续时间各不相同，更不用说异地了，因此用本地历史上记录的地震波作为设计依据也是不可靠的。

③ 时间、空间的不确定性。由于当前世界地震地质科研水平还未达到能定时、定点预报地震的发生，因此今后在何时、何地将发生地震还是一个不确定因素。

(2) 设计原理的被动性

传统的建筑结构抗震设计方法，是完全被动地任其地震作用，再通过基础传到上部结构，再通过上部结构的运动和结构材料的变形与破坏，来转换、贮存与消耗所吸收的地震能。因此，地震能越大，就需消耗更多的材料，而材料增多，会增加自重，就越会加大地震作用，这样将使抗震设计走入一个恶性循环的怪圈。

(3) 结构设计分析方法的近似性

首先，常规的结构内力分析与截面设计采用不同理论依据。如一般钢筋混凝土结构内力分析皆采用线弹性理论，而构件截面设计常采用极限状态理论，时程分析法又考虑了构件塑性铰的出现过程，理论不一致就很难求解真实的结果。其次还有内力分析模型选用造成的差异，结构弹性模量与阻尼比变化的影响等等，都会使计算结果产生误差。这样就造成：

① 安全性难以保证。传统的抗震方法以既定的"设防烈度"作为设计依据。然而，很多大地震发生在无须设防地区或 6 度区。如 1966 年的邢台地震、1969 年的阳江地震、1974 年的溧阳地震、1975 年的海城地震、1976 年唐山地震等。这些地区原来都属于非地震区或地震烈度不高的地区。当发生超烈度地震时，结构将难以达到安全性的指标，房屋可能会严重破坏，并且由于地震的随机性，建筑结构的破坏程度及倒塌可能性难以控制，故安全性难以保证。

② 适应性有限制。传统抗震方法容许建筑结构在地震中出现一定程度的损坏，对于某些不容许在地震中出现破坏的建筑结构，或内部有贵重装饰的建筑结构是不适用的。而且地震动具有随机性，但目前还不能准确把握其变化规律。目前的设计方法还不能做到当实际地震发生时，结构根据地震动的特性（强度、频率和持时）进行自我调节，因此其

③ 经济性欠佳。传统抗震方法以"抗"为主要途径,通过加大结构断面,加大配筋来抵抗地震,其结果是断面越大,刚度越大,地震作用也越大,所需断面及配筋也越大。这种恶性循环,不仅难以保证安全,也大大提高"抗震"所需的建筑造价。

随着社会的发展,计算机、通讯、电力及医疗等高、精、尖技术设备进入建筑物中,如何保证地震发生时及发生后这些技术设备仍能正常运行而不至于因建筑结构的振动反应使其破坏,引发或加重次生灾害;随着建筑物高度的增加,如何保证结构因地震作用引起的振动摇晃不超过居住者所能承受的心理压力;在强烈地震作用下如何最大限度确保结构的安全,不至于使人民生命财产遭受重大损失;另外,随着社会的进步和经济的发展,人们对抗震减震、抗风的要求也越来越高,某些重要的建筑物(如纪念性建筑、装饰昂贵的现代建筑和核电站等)不允许结构构件进入非弹性状态,使"延性结构体系"的应用日益受到限制。1972年美藉华裔学者姚治平(J.T.P.Yao)教授第一次明确提出了土木工程结构振动控制的概念。姚认为结构的性能能够通过控制手段加以控制,以使它们在环境荷载作用下,能保持在一个指定的范围内;为确保安全,结构位移需要限制;从居住者的舒适方面考虑,加速度需要限制。近30年来,国内外学者在结构振动控制的理论、方法、试验和工程应用等方面取得大量研究成果,结构振动控制的概念也几经完善,可以简单表述为:通过对结构施加控制机构,包括在结构的特定部位安装某种隔震装置(如隔震橡胶支座)、耗能机构(如耗能支撑、阻尼器)、附加子结构(如调谐质量阻尼器)或施加外力(作动器),由控制机构与结构共同承受振动作用,以调谐和减轻结构的振动反应,使它在外界干扰作用下的各项反应值被控制在允许范围内,确保土木工程结构的安全性、实用性和舒适性。这样抗震理论又进入一个新的发展阶段。

结构振动控制技术是人的主观能动性与自然的高度结合,是结构对策新的里程碑。它是一种积极的抗震手段,具有振动控制效果好、适用范围广的优点,成为当前国内外相关领域研究的前沿课题。结构振动控制的研究从理论、实验到工程应用等方面得到了突飞猛进的发展。可以预计,21世纪将是结构控制在工程领域广泛应用的时代。

8.1.2 土木工程结构振动控制的研究历史与发展

1.中外古代土木工程结构振动控制的成功应用

结构振动控制中的隔震、减震概念由来已久,早在两千年前,我国人民就开始成功应用隔震、消能、减震的概念和技术,建成了遍布全国各地的宫殿、庙宇、楼塔、民居、城墙等。这些古建筑结构物经历多次地震而屹立不毁,完整保持至今者,大都不是采用"硬抗地震,加强结构"的方法,而是采用"以柔克刚,隔振消能"的途径。建于公元497年的四川都江堰的竹索桥为多跨竹编索桥,全桥由20根主索组成,每根主索由3根竹条绞成。由于每根主索的3根竹条之间的磨擦消能,使该桥在强风及人行情况下不产生过大晃动,这是大跨度结构摩擦消能减震被动控制的成功例子。建于公元500年的山西浑源悬空寺(见图8.4),整个建筑物悬支在翠屏峰的半山峭壁上,楼面木梁的一端嵌入山崖壁石内,另一端支承在斜撑立柱上,可以水平晃动,整个建筑物犹如一个"隔震结构"。1406年开始营造的紫禁城不仅是我国也是世界上现存最古老的木结构建筑群,它经历多次地震而未受损坏。这座建筑群的主要建筑都是建在汉白玉筑起的高坛上,但下面却是具有柔性和衰减性能的糯米层,尽管无从了解当时出于何种意图,但是客观上这种地基处理办法起到了隔震效果。

建于公元70年的意大利罗马(Rome)斗兽场,其实体结构由灰华石、凝灰石、浮石砌成,柱子与墙身由大理石砌成,形成一个"消能结构体"。地震时,石块之间错动压密,消耗地震能量,而使结构体更加密实稳定。日本奈良(Nara)法隆寺具备与我国古建筑大致相同的结构特点,即柱基铰接隔震消能,梁柱做成"斗拱"消能节点,塔基建于整片花岗岩石上的隔震消能等,在过去的1200多年中,经历多次强烈地震而完好无损,成为日本现存最大最老的佛教寺院。建于公元500~600年的墨西哥玛雅(Maya)金字塔和神庙,塔身块石在地震中压密,形成"消能结构体",大量消耗地震能量,墙基条石形成"隔震结构",大大衰减地震反应,虽然经过多次强烈地震,但至今仍巍然屹立,成为人类科学文化的一大奇迹。

图8.4 建于公元500年的山西浑源悬空寺

2.当代土木工程结构振动控制技术的发展

传统抗震技术充分发展到某个阶段,遇到某些难以逾越的问题,经过多方面的探索,调查千百年来的成功经验,并借鉴其他领域(如机器隔振、设备阻尼消能等)已经取得的理论和应用成果,大胆地把它应用到土木工程结构上,从而形成土木工程结构振动控制的理论和技术。由于土木工程结构的体积大、重量大,安全性要求高,外部振动冲击有很大的随机性,所以,土木工程结构振动控制的发展应用必然要求建立一套新的理论、设计计算和技术方法。土木工程结构振动控制技术是土木工程、地震工程、材料工程、计算机技术、控制技术等学科的交叉点,并处于当代土木工程结构发展的前沿领域。它将导致结构抗震、抗风技术的革命,并将成为结构抗震技术发展的新趋势。

现代最早的隔震建筑是南斯拉夫(Yugoslavia)的柏斯坦劳奇小学,于1969年建成,采用天然橡胶隔震支座。现在看来,变形过大,且由于水平和竖向刚度比较接近,地震时可能产生较大的摇摆晃动。20世纪70年代起,新西兰(New Zealand)学者 R H Robinson 等率先开发了可靠、经济、实用的隔震元件——铅芯橡胶隔震支座,大大推动了隔震技术的实用化进程。1981年在新西兰完成的 William Clayton 政府办公大楼,是世界上首座采用铅芯橡胶隔震支座的建筑。随着性能可靠的铅芯橡胶隔震支座为代表的隔震元件的诞生,隔震技术已越来越多地应用于实际工程。到20世纪90年代中期,美、日、新、意等国已经建造了400栋左右的采用铅芯橡胶隔震支座的隔震建筑和桥梁。在1994年美国北岭地震和 1995 年日本阪神地震中,采用橡胶支座隔震建筑表现出令人惊叹的减震效果。各国相继推出自己的更加详尽、严格的隔震建筑设计规范和隔震支座的质量和验收标准,以保证其在大规模应用时的可靠性。

1994 年 1 月 17 日,美国的北岭地震,震级为里氏 6.8 级直下型地震,震区内 31 座医院严重破坏,9 座医院局部破坏,而建于 1991 年的一座隔震建筑(中南加州大学医院)(见图 8.5)经受了强地震的考验地面加速度峰值为 490 cm/s^2,而其楼顶加速度反应峰值为 210 cm/s^2。医院内部的各种机器等均未损坏,功能得以维持,并成为防灾中心,起到十分重要的作用。而附近一家严格按新抗震规范设计的 6 层结构非隔震建筑(橄榄景医院)(见图 8.6),地震时地面加速度为 820 cm/s^2,顶层加速度高达 2 310 cm/s^2,放大 2.8 倍,由于结构发生破坏,机器等翻转,并且水管破裂,结构不能使用,完全丧失了医院的功能,震后修复费用约 4 亿美元。

1995 年 1 月 17 日,日本神户发生地震,地震为直下型地震,震级为里氏 7.2 级。采用隔震建筑的松村组技术研究所研究大楼(采用 RC 结构 3 层隔震建筑),左侧是采用非隔震建筑的管理大楼(采用 S 结构 3 层抗震建筑)。在地震发生时,隔震建筑(距震中 35 km)办公室内安装的强震仪记录到的强震观测记录是日本首次记录到大地震发生时隔震建筑的实测加速度反应记录。记录到的东西向地面加速度峰值为 265 cm/s^2,隔震建筑顶层加速度反应峰值为 273 cm/s^2,一层加速度反应峰值为 253 cm/s^2;而非隔震建筑顶层加速度反应峰值为 677 cm/s^2。南北向地面加速度峰值为 272 cm/s^2,隔震建筑顶层加速度反应峰值为 198 cm/s^2,一层加速度反应峰值为 148 cm/s^2;而非隔震建筑顶层加速度反应峰值为 965 cm/s^2。

图 8.5 隔震建筑(中南加州大学医院)

图 8.6 非隔震建筑(橄榄景医院)

8.1.3 土木工程结构振动控制技术分类

土木工程结构振动控制可以有效地减轻结构在地震、风、车辆、浪、流、冰等动力作用下的反应和损伤积累,有效地提高结构的抗震能力和抗灾性能,是土木工程结构防震减灾积极有效的方法和技术。目前,结构振动控制的研究和应用已成为结构工程、地震工程、结构动力学领域的热点和最具前沿性的研究方向之一。结构振动控制是一门新兴学科,是土木工程结构的前沿领域,也是各学科交叉的新技术领域,目前正处于初期发展和初步应用阶段,故对其研究内容及分类未做到明确统一。在一般情况下,可按被控系统是否有外部能源输入分为被动控制、主动控制、半主动控制和混合控制四类(见图 8.7)。

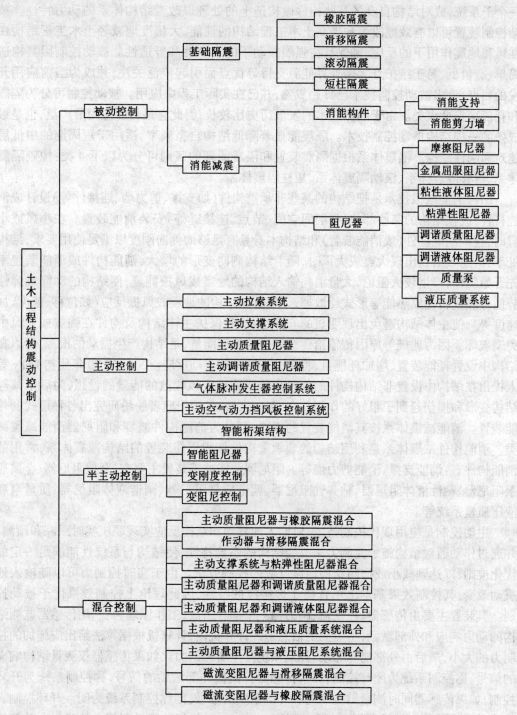

图 8.7 结构振动控制技术分类

被动控制是一种不需要外部能源的结构控制技术,一般是指在结构的某些部位附加一个子系统,或对结构自身的某些构件做构造上的处理以改变结构体系的动力特性。被动控制装置可以有效地改善和提高土木工程结构的性能,大幅度地减轻土木工程结构在强风和地震作用下的反应,确保其在强烈振动下的安全性和舒适性。被动控制因其构造简单、造价低、易于维护且无需外界能源支持等优点而引起广泛关注,并成为当前应用开发的热点,许多被动控制技术已日趋成熟,并已在实际工程中应用。被动控制可分为隔震和耗能减振两大类。由于隔振技术的发展历史比较长,因此它是目前应用最广泛,也是最成熟的一项结构振动控制技术。隔震能显著降低结构自振频率,适用于短周期的中低层建筑和刚性结构。隔震体系根据隔震装置和隔震原理的区别可分为以下 4 类:橡胶隔震体系、滑移隔震体系、滚动隔震体系、短柱隔震体系。

结构消能减振技术是把结构的某些非承重构件(如支撑、剪力墙、连接件等)设计成消能杆件,或在结构的某些部位(如层间空间、节点、连接缝等)安装消能装置。在小风或小震时,这些消能杆件(或消能装置)和结构本身具有足够的侧向刚度以满足使用要求,结构处于弹性状态;当出现大震或大风时,随着结构侧向变形的增大,消能构件或消能装置率先开始工作,产生较大阻尼,大量消耗输入结构的地震或风振能量,使结构的动能或弹性势能等能量转化成热能等形式耗散掉,迅速衰减结构的地震或风振反应(如位移、速度、加速度等),使主体结构避免出现明显的非弹性状态,保护主体结构及构件在强震或大风中免遭破坏。因为地震等原因传输给建筑结构的外部能量,是结构产生振动的根源,所以在结构中设置耗能装置,增加耗能量,将会减少结构的振动反应。20 世纪 70 年代初 Kelly 等人提出在结构中设置非结构构件的装置来分担构件应该耗散的能量的设想,为后来减轻结构变形和损伤起到了很好的作用。在 Kelly 之后,各国研究者纷纷研究出各种形式的耗能装置。消能减震体系按其消能装置的不同,可分为消能构件减震和阻尼器消能减震两类。消能构件减震体系是利用结构的非承重构件作为消能装置的结构减震体系,常用的消能构件有:消能支撑、消能剪力墙等。阻尼器消能减震装置主要有:摩擦阻尼器、金属屈服阻尼器、粘性液体阻尼器、粘弹性阻尼器、调谐质量阻尼器、调谐液体阻尼器、质量泵和液压质量系统等。

主动控制是应用现代控制技术,对输入地震动和结构反应实现联机实时跟踪和预测,并通过作动器对结构施加控制力来改变结构的系统特性,使结构与系统性能满足一定的优化准则,以达到减小或抑制结构地震反应的控制方法。由于实时控制力可以随输入地震动改变,其控制效果基本上不依赖于地震波的特性,因此理论上控制效果优于被动控制。其装置主要由传感器、控制器、施力器三个部分组成,工作原理为:利用传感器监测结构的动力响应和外部激励,将监测的信息送入计算机内,计算机根据算法给出应施加的控制力的大小,最后由外部能源驱动,控制系统产生所需的力。如果传感器仅测量结构响应的信号,称控制系统为闭环控制;如果传感器仅测量外部激励的信号,称控制系统为开环控制;如果传感器同时测量结构响应和外部激励的信号,则称控制系统为闭 - 开环控制。

关于主动控制的早期研究,可追溯到 1954 ~ 1965 年间胜田千利等人的工作。首例应用主动控制系统的实际结构是 1989 年在日本京都(Kyoto)建造的一栋十一层办公楼。由于主动控制系统价格昂贵,因此对其工程应用会产生一定影响。结构主动控制的研究涉及控制理论、随机振动、结构工程、材料科学、生物科学、机械工程、计算机科学、振动测量、数据处理和自动控制技术,是一门交叉学科。因涉及多个技术领域,需要投入许多人力、物力资源,故目前仍处于探索阶段,试验研究尚不多,工程应用更是少见。目前研究开发的主动控制装置主要有:主动拉索系统、主动支撑系统、主动质量阻尼系统、主动调谐质量阻尼系统、气体脉冲发生器控制系统、主动空气动力挡风板控制系统和智能桁架结构等。

半主动控制一般以被动控制为主体,它仅需少量能量用于改变被动控制系统来主动调节结构内部的参数或工作状态,以适应系统对最优状态的跟踪,使结构参数处于最优状态。半主动控制器件不施加机械能到结构系统,因此能保证有界输入与输出的稳定性。它比主动控制容易实施且更经济,具有被动控制的可靠性,又具有主动控制的灵活性,不会出现在主动控制过程中有可能出现的模态溢出和控制发散等情况;振动控制效果明显优于被动控制,而且在某些方面还好于主动控制,需要外加的能源比较小(比主动控制小几个数量级)、装置简单、不易失稳,所以有较大的研究和应用开发价值。目前,较为典型的半主动控制装置有智能阻尼器、变刚度控制和变阻尼控制。

混合控制是指在同一工程结构中可以使用了两种以上的不同减震措施的技术,既从主动控制、被动控制或半主动控制形式中选取两种或两种以上控制技术相结合组成新的控震技术,又使其达到减震效果好、造价经济低、安全可靠、实现可行目的。混合控制的形式很多,只要从各种控制技术的优化组合中合理选取结构振动控制形式,充分发挥被选控制技术的优点,扬长避短,经过反复的理论和实验研究,找出各种优化参数,推广应用,可逐步形成较成熟而先进的实用的组合结构振动控制技术。目前研究开发的混合控制系统主要有:主动质量阻尼器与橡胶隔震混合、作动器与滑移隔震混合、主动支撑系统与粘弹性阻尼器混合、主动质量阻尼器和调谐质量阻尼器混合、主动质量阻尼器和调谐液体阻尼器混合、主动质量阻尼器和液压质量系统混合、主动质量阻尼器与液压阻尼系统混合、磁流变阻尼器与滑移隔震混合和磁流变阻尼器与橡胶隔震混合等。

8.2 隔震设计

8.2.1 隔震原理及设计要求

1.隔震结构与传统抗震结构的区别

传统建筑通常与基础牢牢地连接在一起,地震波携带的能量通过基础直接传递到上部结构,进入到上部结构的能量被转化为结构的动能和变形能。在此过程中,当结构的总变形能超越了结构自身的某种承受极限时,建筑物便发生损坏甚至倒塌。

隔震建筑物是在基础与上部结构之间设置由隔震器、阻尼器等组成的隔震层,隔离地震能量向上部结构的传递,减少输入到上部结构的地震能量,降低上部结构的地震反应,达到预期的防震要求。地震时,隔震结构的震动和变形均可只控制在较轻微的水平,从而使建筑物的安全得到更可靠的保证。表 8.1 列出了隔震设计和传统设计在设计理念上的区别。

表 8.1　隔震房屋与传统抗震房屋设计理念对比

	传统抗震房屋	隔震房屋
结构体系	加强上部结构与基础的连接	削弱上部结构与基础的连接
设计思想	提高结构自身的抗震能力	隔离地震能量的输入
方法措施	强化结构刚度和延性	滤波

由于隔震装置的水平刚度远远小于上部结构的层间水平刚度,所以上部结构在地震中的水平变形,从传统抗震结构的"放大晃动型"变为隔震结构的"整体平动型";从激烈的由下到上不断放大的晃动变为只做长周期的、缓慢的、整体水平平动;从有较大的层间变位变为只有很微小的层间变位,因而上部结构在强地震中仍处于弹性状态。隔震一般可使结构的水平地震作用降低 60% 左右,从而消除或有效地减轻结构和非结构的地震损坏,提高建筑物及其内部设施、人员在地震时的安全性,增强震后建筑物继续使用的能力。

2.隔震的基本原理

隔震结构的基本原理(见图 8.8)是在建筑物的上部结构与地基之间设置隔震系统。它具有水平刚度小而竖向刚度大的特点,可以延长建筑结构的水平自振周期,增大地震波与建筑结构之间的频率比。使上部结构与固结在地基层中的基础分离,阻碍地震波向上部结构传播,减小上部结构的地震反应,使建筑物在地震作用下只是轻微的平动。保证建筑物本身以及内部仪器设备的安全,减轻地震灾害及次生灾害。

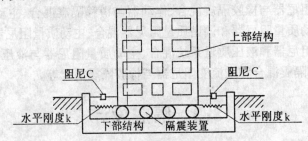

图 8.8　隔震结构的原理图

3.隔震装置的设计要求

为了达到明显的隔震效果,隔震结构和隔震装置必须具备下述特性。

(1)隔震装置必须具有竖向承载能力,在建筑物使用状况下,安全地承载上部结构的所有重量和使用荷载,具备很大的竖向承载力安全系数,确保建筑结构物在使用状况下的绝对安全和满足使用要求。

(2)具有足够的初始刚度,在正常荷载加小地震作用时,隔震装置有足够的动弹性刚度,可满足正常使用要求;在强地震袭击时,结构物的基本周期能够延长,并尽可能避开场地的卓越周期,不致和地震发生共振,保证建筑物的基本周期延长到 1.5~3.0 左右。

(3)在地震中,体系对任何水平方向的地震作用都有隔离作用,并且在其他方向不产生不利影响。

(4)由于隔震装置具有水平弹性恢复力,使隔震结构体系在地震中具有瞬时自动"复

第 8 章　隔震与消能减震设计

位"功能。地震后,上部结构回复到初始状态,满足正常使用要求。

(5) 具有较大的消能能力,尽可能消耗地震能量,从而将上部结构所吸收的地震能量减小。

(6) 隔震机构的使用寿命不应短于建筑物的使用寿命。

(7) 隔震机构应能满足施工生产的偏差要求。

4. 隔震结构的组成

通常隔震系统的组成可分为隔震器、阻尼器、地震微振动与风反应控制装置等。作为隔震系统,它必须具有上述几方面的功能,必要时还须设置安全保险构造。在实际应用中,通常可使几种功能由同一种元件提供。

隔震器的主要作用是一方面在竖向支承建筑物,另一方面提供一定的水平刚度,延长建筑物的基本周期,以避开地震输入的高能量频段,并使其具有大变形的能力和自动复位能力。阻尼器的主要作用是吸收地震能量,抑制结构底层位移反应,防止上部结构与基础顶面位移过大,同时具有帮助隔震器复位的能力。设置地震微振动与风反应控制装置是为了增加隔震系统的早期刚度,使建筑物在风荷载与轻微地震作用下能保持稳定。考虑到万一出现个别隔震器失效的情况,需要立即自动的提供支承以代替失效的隔震器工作,保证建筑物仍处于安全状态,等待替换新的隔震器,可设置安全保险构造。

8.2.2　隔震装置简介

目前隔震装置主要有橡胶隔震支座、滑移隔震、滚动隔震和短柱隔震等。

1. 橡胶隔震支座

橡胶隔震支座竖向承载力高、刚度及阻尼特性稳定并具有良好的弹性复位特性。橡胶隔震支座技术已比较成熟,性能可靠、稳定,已经应用于大量的房屋和桥梁,并在几次大地震中接受了考验。橡胶隔震支座隔震结构的总水平地震作用值可降到传统结构的 1/30~1/4,从而消除或有效地减轻结构和非结构的地震损坏,提高建筑物及其内部设备、人员在地震时的安全性。目前常用的橡胶隔震支座有天然橡胶隔震支座、高阻尼橡胶隔震支座、铅芯橡胶隔震支座和内包阻尼体橡胶隔震支座等。

(1) 如图 8.9 所示,天然橡胶隔震支座由薄橡胶片和薄钢板经硫化交替叠合粘结而成,薄钢板可限制橡胶片的横向变形,但对橡胶片的剪切变形影响很小,因此,橡胶隔震支座的竖向刚度很大,而水平刚度却很小。它只具有弹性性质,本身并无显著的阻尼性能,因此,它通常总是和阻尼器一起并行使用。

(2) 如图 8.10 所示,高阻尼橡胶隔震支座由高阻尼橡胶材料制成,高阻尼材料可通过在天然橡胶中掺入石墨得到,根据石墨的掺入量可调节材料的阻尼特性,也可由高分子合成制得,这种人工合成橡胶不仅性能好,抗劣化性能也极佳,该支座阻尼较大,变形时耗能大。

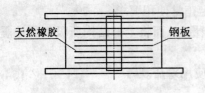
图 8.9 天然橡胶隔震支座

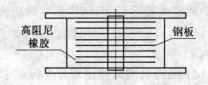
图 8.10 高阻尼橡胶隔震支座

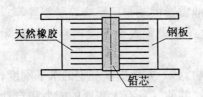
图 8.11 铅芯橡胶隔震支座

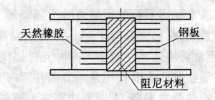
图 8.12 内包阻尼体橡胶隔震支座

(3) 如图 8.11 所示，铅芯橡胶隔震支座由天然橡胶隔震支座中灌入铅棒而成，铅棒可提高支座大变形时的吸能效果，防止过大变形，且可增加支座的早期刚度。灌入铅棒的目的：一是提高支座的吸能效果，确保支座有适度的阻尼；二是增加支座的早期刚度，对控制风反应和抵抗地基的微振动有利。

(4) 如图 8.12 所示，内包阻尼体橡胶隔震支座是在橡胶隔震支座的中央部位设置柱形体的阻尼材料，周边仍由天然橡胶包围约束。

2. 滑移隔震

滑移隔震是把建筑物上部结构做成一个整体，在上部结构和建筑物基础之间设置一个滑移面，允许建筑物在发生地震时相对于基础做整体水平滑动。由于摩擦滑移作用，削弱了地震作用向上部结构的传递，同时，建筑物在滑动过程中，通过摩擦耗散地震能量，从而达到减震的效果。理论分析和试验已经证明，摩擦滑移隔震技术具有明显的隔震效果。滑移隔震结构技术具有简单易行、造价低廉、性能稳定、隔震效果受地面运动频率特性的影响较小，几乎不会出现共振现象等优点，是一种经济实用的隔震体系，特别适用于多层砌体结构，因而在我国有广阔的发展前景。

3. 滚动隔震

滚动隔震是在上部结构之间放置滚球或双层相互垂直的滚轴，能够有效地控制上部结构的地震反应，它主要利用了屏蔽地震能量的隔震方法，使地震能量反馈入土层，减小结构的地震反应。滚动隔震主要双向滚轴加复位消能装置、滚球加复位消能装置、滚球带凹形复位板、碟形和圆锥形支座等几种形式。研究表明，设计合理的滚动支座具有良好的稳定性、限位复位功能和显著的隔震效果。

4. 短柱隔震

短柱隔震是由钢筋混凝土短柱、钢棒短柱或钢管混凝土短柱作为提供恢复力的构件。将这些短柱放入隔震支座下底和上盖中，在地震过程中，通过这些短柱来耗散输入的地震能量，短柱作为隔震支座是罗马尼亚科学家首先提出来的。它是在上部结构与基础之间设一系列钢筋混凝土短柱,短柱与结构之间填充以橡胶,为了增加隔震体系的耗能能力,在上部结构与基础之间还安装了阻尼器。

8.2.3 隔震装置的设计

铅芯橡胶隔震支座是在天然橡胶隔震支座中竖直地灌入铅芯而成。铅芯必须紧固在孔中,并稍微挤进橡胶层中。因此,铅芯的体积往往比中心孔的体积大一些,使铅芯能牢固地压入孔中,当铅芯橡胶隔震支座发生水平变形时,整个铅芯由于被钢板约束而强迫发生剪切变形。由于铅的屈服力(剪切屈服极限)较低,再结晶能力较强,具有较好的耐疲劳特性,当铅芯橡胶隔震支座发生反复水平剪切变形时,铅芯具有稳定的耗能能力,因此铅芯橡胶隔震支座是融隔震、耗能及限位于一体的非线性装置,较之天然橡胶隔震支座有明显的优势。它将竖向刚度、水平柔性和滞回阻尼统一在一个装置中,构造简单、经济有效并具有足够的耐久性,目前应用最广泛,在各国建造的隔震房屋中应用的比例呈逐年增加的趋势。近20年来,铅芯橡胶隔震支座隔震技术的发展很快,由于其构造简单、易于实施、性能可靠,已越来越多地应用于建筑物、桥梁的减隔震及重要设备的防震保护上,并且有些已经过了实际地震的考验,取得了明显的经济效益和社会效益。

隔震层采用了铅芯橡胶隔震支座作为隔震系统,利用了铅芯橡胶隔震支座良好的隔震性能以及铅芯所提供的耗能能力和初始刚度。在设计所允许的范围内,在水平地震作用下,铅芯橡胶隔震支座力学性能是橡胶和铅芯的叠加。为了使铅芯橡胶隔震支座在实际建筑工程中得到广泛运用,不仅需要开发有效易行的隔震装置,还需要提供便于工程设计人员使用、简单可靠的设计方法。将铅芯橡胶隔震支座简化为等效线性模型后进行隔震设计,不仅计算简单,还可避免大量复杂的时域模拟计算,还能与现行的普通建筑结构抗震设计方法保持一致,对于工程使用非常方便。铅芯橡胶隔震支座的铅芯在小应力时为弹性,屈服后为理想塑性,而橡胶具有较理想的弹性,所以在分析中,整个隔震层的反应为非线性,对铅芯橡胶隔震支座恢复力模型较合理的描述是双线性模型,即屈服前为铅和橡胶的刚度,屈服后接近橡胶的刚度。

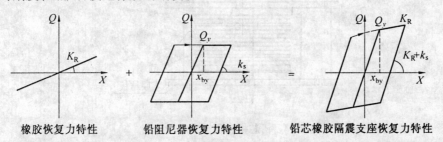

橡胶恢复力特性　　铅阻尼器恢复力特性　　铅芯橡胶隔震支座恢复力特性

图 8.13　铅芯橡胶隔震支座双线性恢复力模型

双线性模型是进行非线性地震反应分析的重要依据,它包含了结构或构件的刚度、强度、延性和耗能等多方面的力学特征,其滞回特性可由图 8.13 所示的双线性恢复力模型来描述。大量的铅芯橡胶隔震支座的拟动力实验表明,由于铅芯的灌入,铅芯橡胶隔震支座的初始刚度较天然橡胶隔震支座的刚度 K_R 有较大的提高。当铅芯屈服后,其屈服刚度 K_{b2} 趋于天然铅芯橡胶隔震支座的刚度 K_R,从而可获得比较饱满的滞回曲线,达到耗能的目的。F_y 为隔震层的屈服力；x_{by} 为隔震层的屈服位移。

1. 设计要求

为使设计的隔震机构能够达到预期的隔震目标，除应满足一般的耐久性要求外，对铅芯橡胶隔震支座尚应进行形态、刚度、强度和水平变位的设计验算和评价。铅芯橡胶隔震支座的设计是隔震结构设计的关键，必须满足以下要求：① 能稳定地支承建筑物。② 水平刚度适中。③ 能适应建筑物与地基之间的相对位移。④ 在强震作用下，当隔震系统发生大变形时不发生失稳。⑤ 水平刚度对压缩载荷变化的敏感性小。⑥ 耐久性达到使用要求。

2. 整体结构设计

铅芯橡胶隔震支座由薄橡胶夹层和薄钢板叠合而成，盖板连接铅芯橡胶隔震支座与建筑物和铅芯橡胶隔震支座与基础，并传递支承力；内部钢板提高铅芯橡胶隔震支座竖向刚度，使之能有效地支承建筑物；钢板间的橡胶夹层赋予铅芯橡胶隔震支座吸收能量、弹性复位和承载功能。因此铅芯橡胶隔震支座既具有较好的承载性能，又具有优良的柔性和抗破坏、抗蠕变与复位功能。天然橡胶隔震支座的阻尼效果并不理想，因此在弹性支承中心部位灌入铅棒作铅芯阻尼器。

3. 形态设计

铅芯橡胶隔震支座由薄橡胶和薄钢板交错叠放若干层而成，上下有翼缘，平面形状多采用圆形，因为圆形与方向无关。铅芯橡胶隔震支座中心为空心孔，虽然从应力分布来考虑最好没有该中心孔，但是在铅芯橡胶隔震支座的加硫过程中，为使从外部加热时能量能均匀分布，保证质量，设置该中心孔是必要的。中心孔另外一个作用是在孔中注入铅芯，提高阻尼。为适应气候变化，在铅芯橡胶隔震支座外部设置保护层，该保护层一般采用橡胶材料制作。

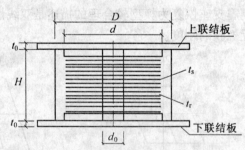

图 8.14　铅芯橡胶隔震支座构造图

铅芯橡胶隔震支座的性能取决于橡胶的特性和铅芯橡胶隔震支座的形态。一般来讲，铅芯橡胶隔震支座的竖向刚度和承载能力与薄钢板对橡胶片的约束作用有着密切关系。确定铅芯橡胶隔震支座形状的主要参数有直径 D、每层橡胶厚度 t_r 和橡胶层数 n，由这些参数可以确定铅芯橡胶隔震支座的形状系数。如图 8.14 所示，d 为橡胶层有效压面的直径；d_0 为橡胶层中间开孔的直径；t_s 为钢板厚度；t_r 为每层橡胶层的厚度。铅芯橡胶隔震支座的形状系数是确保其承载能力和变形能力的重要几何参数。其中第一形状系数 S_1 是

铅芯橡胶隔震支座中每层橡胶层的有效承压面积与其自由表面积之比

$$S_1 = \frac{\pi(d^2 - d_0^2)/4}{\pi(d + d_0)t_r} = \frac{d - d_0}{4t_r} \tag{8.1}$$

通常认为 S_1 与铅芯橡胶隔震支座的竖向性能和支座界限性能有关。铅芯橡胶隔震支座通过钢板层与橡胶层粘结,限制了橡胶层在竖向压力作用时产生的横向变形量,较纯橡胶体显著地提高了支座的竖向刚度。由于橡胶层约束表面积比自由表面积大许多,在橡胶层总厚度相同的条件下,铅芯橡胶隔震支座竖向刚度将随着橡胶层单层厚度的减小而增加。由式(8.1)可知,S_1 表征铅芯橡胶隔震支座中的钢板对橡胶层变形的约束程度,所以 S_1 越大,铅芯橡胶隔震支座的受压承载能力越大,竖向刚度也越大,反之亦然。

为使铅芯橡胶隔震支座在较高的压力和较大的变形的使用环境中不失去稳定性,一般采用铅芯橡胶隔震支座的直径与橡胶总厚度之比,即第二形状系数 S_2 来描述铅芯橡胶隔震支座的稳定性。第二形状系数 S_2 是铅芯橡胶隔震支座有效承压体的直径与橡胶总厚度之比

$$S_2 = \frac{d}{nt_r} \tag{8.2}$$

S_2 表征受压体的高宽比,及反应铅芯橡胶隔震支座受压时的稳定性。S_2 与铅芯橡胶隔震支座的水平性能相关,并与铅芯橡胶隔震支座的稳定性有关。铅芯橡胶隔震支座的水平刚度主要与橡胶材料和橡胶层的总厚度相关,因此在橡胶层总厚度相同的条件下,减少橡胶层单层厚度来增加支座竖向刚度的同时,水平刚度未改变,并且支座仍具有相同的变形能力。由式(8.2)可知,S_2 越大,叠层钢板橡胶越扁平,稳定性越好。

基 S_2 越小,铅芯橡胶隔震支座越矮粗,其受压稳定性越好,受压失稳临界荷载越大。但是 S_2 越大,铅芯橡胶隔震支座的水平刚度越大,水平极限变形能力将越小,所以 S_2 即不能太大,也不能太小。根据铅芯橡胶隔震支座隔震技术规程,于目前的研究成果和经验,当第一形状系数 $S_1 \geq 15$,第二形状系数 $S_2 = 3 \sim 6$,一般能满足稳定的形态设计要求。

4. 刚度系数设计

铅芯橡胶隔震支座是用薄钢板与橡胶层交互重叠,经高温硫化而成的。一般地,橡胶自身的竖向刚度很小,用薄钢板将其分成一个个小薄层,这样一来当橡胶承受竖向荷载时,由于钢板约束了橡胶的横向延伸,橡胶层处于三向压缩应力状态,竖向刚度大大提高,同时减少了橡胶层面的剪应力。水平刚度和竖向刚度对于铅芯橡胶隔震支座来说是非常重要的物理量,竖向刚度系数 $k_{z,b}$ 和水平刚度系数 $k_{x,b}$ 分别按下列公式计算

$$k_{z,b} = \frac{\pi D}{4} E_{cb} S_2 \tag{8.3}$$

$$k_{x,b} = \frac{\pi D}{4} G S_2 \tag{8.4}$$

式中 E_{cb}——表观弹性常数;
     G——剪切模量;
     $k_{z,b}$——受铅芯橡胶隔震支座形态的影响很大,$k_{x,b}$ 除与 D 和 S_2 有关外,与压缩应力还有很强的依赖关系。

而铅芯橡胶隔震支座的平均压缩应力 q_0 可以按下式计算

$$q_0 = \frac{4F_z}{\pi D^2} \tag{8.5}$$

式中　F_z——竖向荷载。一般建筑设计要求 q_0 为 0～15 MPa。

5. 阻尼性能

铅芯橡胶隔震支座的阻尼性能对建筑物和工程设备的隔震抗震有很重要的意义。铅芯橡胶隔震支座提供阻尼一方面能提高支座的耗能效果,确保支座有适度的阻尼;另一方面还能增大支座的早期刚度,对控制风反应和抗地基的微振动有利。

6. 强度验算

铅芯橡胶隔震支座的抗压强度验算,可分为在正常使用荷载下的无侧移和地震作用下有侧移两种情况。实验表明,在无侧移(中心受压)条件下,铅芯橡胶隔震支座抗压极限强度与钢板的抗压极限强度比较接近。据估计,铅芯橡胶隔震支座水平截面的最大压应力约比平均压应力高一倍。根据现有的实验资料,铅芯橡胶隔震支座按平均压应力计算的抗压极限强度可取 120 MPa。考虑到各种随机因素和地震时较大的侧向位移,按上述数据验算铅芯橡胶隔震支座的设计抗压强度承载力时,安全系数一般不小于 6。

另一方面,铅芯橡胶隔震支座的抗压承载能力亦取决于橡胶的抗剪能力,抗压承载力(重力荷载)应与允许的最大剪切变形相协调,并按以下公式确定允许压应力

$$\sigma = \frac{W}{A} \leqslant 6GS_1^2 \frac{\Delta T_R}{T_R} \tag{8.6}$$

式中　ΔT_R——橡胶片的压缩变形量,则 $\frac{\Delta T_R}{T_R}$ 为橡胶片的压缩应变,可取为 0.1,其他符号同前。

按照以上竖向应变小于 0.1 的要求,允许的压应力也可按如下公式计算

$$\sigma = 0.1 \left(\frac{E_C E_B}{E_C + E_B} \right) \tag{8.7}$$

式中　$E_C = E_0(1 + 2kS_1^2)$,一般来讲,以上两个公式都应该满足。

7. 水平位移和侧向变形稳定性评价

当铅芯橡胶隔震支座发生过大的水平变形时,由于 $P-\Delta$ 效应,会出现橡胶层破断或橡胶层与钢板连接处破坏,甚至出现失稳,导致结构倒塌。若以水平变位量除以橡胶层总高度作为剪切变形率,实验表明,破坏时的剪切变形率超过 400%。但考虑到地震作用的复杂性和材料的老化等因素,通常设计用的铅芯橡胶隔震支座的最大水平位移量不超过 250% 的剪切变形率,并且要不大于铅芯橡胶隔震支座的直径。此外,在达到最大容许水平位移时,还应能满足竖向承载力和稳定性的要求。严格来讲,地震时铅芯橡胶隔震支座的极限抗压强度是一个动力学问题。但是,现有的试验结构表明,上下表面与钢板紧密粘结的薄层橡胶片,侧向剪切变形能力可达 200%～600%,因此在地震作用下,铅芯橡胶隔震支座的侧向变形能力不起控制作用,重要的是要验算在水平大变形情况下铅芯橡胶隔震支座是否具有足够的强度和稳定性。验算铅芯橡胶隔震支座在地震作用下的有侧移抗

压强度时,通常的做法是只考虑上下封板搭接面积,铅芯橡胶隔震支座在水平方向的最大侧移不应大于直径的 1/2 ~ 2/3。

8.2.4 隔震结构的设计与计算

1. 隔震结构设计的一般规定

隔震体系通过延长结构的自振周期减小结构的水平地震作用,其隔震效果与结构的高度和体型、结构的刚度与变形情况、场地条件等因素有关。在选择隔震方案时,应考虑以下因素。

(1) 隔震技术对体型基本规则的低层和多层建筑比较有效,对高层建筑的效果不大。隔震经验表明,不隔震时基本周期小于 1.0 s 的建筑采用隔震方案效果最佳。建筑结构的基本周期可按如下估计:普通砌体房屋可取 0.4 s;钢筋混凝土框架房屋可取 $T_1 = 0.075 H^{\frac{3}{4}}$;钢筋混凝土抗震墙房屋可取 $T_1 = 0.05 H^{\frac{3}{4}}$。

(2) 根据橡胶隔震支座抗拉性能差的特点,需限制非地震作用的水平荷载,结构的变形特点需符合剪切变形为主的要求,以利于结构的整体稳定性。对高宽比大的结构,需进行整体倾覆验算,防止支座压屈或出现拉应力。

(3) 选用隔震方案时,建筑场地宜为 Ⅰ、Ⅱ、Ⅲ 类,并应选用稳定性好的基础类型。国外对隔震工程的许多考察发现硬土场地较适合于隔震房屋,软弱场地滤掉了地震波的中高频分量,延长结构的周期,将增大而不是减小其地震反应。

(4) 为保证隔震结构具有可靠的抗倾覆能力,风荷载和其他非地震作用的水平荷载标准值产生的总水平力不宜超过结构总重力的 10%。

(5) 隔震层应提供必要的竖向承载力、侧向刚度和阻尼;穿过隔震层的设备配管、配线,应采用柔性连接或其他有效措施适应隔震层的罕遇地震水平位移。

当不满足上述要求时,应进行详细的结构分析并采取可靠措施。体型复杂或有特殊要求的结构采用隔震方案时,宜通过模型试验后确定。

隔震房屋可根据不同的结构类型,按下列原则调整对应非隔震结构的地震作用计算、抗震验算和抗震措施。

① 上部结构的水平地震作用应根据水平向减震系数确定。
② 竖向地震作用计算和抗震验算,一般采用本地区设防烈度。
③ 丙类建筑中上部结构的抗震措施,当水平向减震系数为 0.75 时不应降低非隔震时的有关要求;当水平向减震系数不大于 0.50 时,可适当降低非隔震时的要求,但与抵抗竖向地震作用有关的抗震构造措施不应降低。

房屋隔震设计应根据预期的水平向减震系数和位移控制要求,选择适当的隔震支座(含阻尼器)及为抵抗地基微振动与风荷载而提供初刚度的部件组成的结构隔震层。隔震支座应进行竖向承载力的验算和罕遇地震下水平位移的验算。隔震房屋两个方向的基本周期相差不宜超过较小值的 30%,隔震层以上的首层梁板应作为隔震房屋的上部结构构件参与结构分析。

体型基本规则的隔震房屋可不设置防震缝。体型复杂的房屋不设防震缝时,应选用符合实际的结构计算模型进行较精确的抗震分析,并根据其局部应力、变形集中及扭转影响,采取措施提高抗震能力。隔震房屋仅在上部结构首层以上设置伸缩缝时,缝的宽度应满足《建筑抗震设计规范》对不同房屋防震缝宽度的要求。隔震房屋上部结构与其他房屋或结构相邻时应设置隔离缝,缝宽不宜小于罕遇地震下隔震层水平位移值的1.2倍。

2. 动力分析模型

隔震结构的动力分析模型可根据具体情况采用单质点模型、多质点模型或空间模型。对隔震体系,其上部结构的层间侧移刚度通常远大于隔震层的水平刚度,地层中结构体系的水平位移主要集中在隔震层,上部结构只作水平整体平动,因此可近似将上部结构看作一个刚体,将隔震结构简化为单质点模型进行分析,此时其动力平衡方程为

$$m\ddot{x} + c_{eq}\dot{x} + k_h x = -m\ddot{x}_g \quad (1.8)$$

式中　　m——上部结构的总质量;

　　　　c_{eq}——隔震层的等效阻尼系数;

　　　　k_h——隔震层水平动刚度;

　　　　x、$\dot{x}$、$\ddot{x}$——分别为上部刚体相对于地面的位移、速度和加速度;

　　　　$\ddot{x}_g$——地面运动加速度。

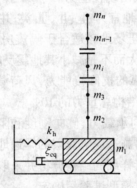

图 8.15　隔震结构计算简图

若要分析上部结构的细部地震反应,可以采用多质点模型或空间分析模型,它们可视为在常规结构分析模型底部加入隔震层简化模型的结果。如图 8.15 所示为隔震结构的多质点模型计算简图,将隔震层等效为具有水平刚度 k_h、等效黏滞阻尼比 ξ_{eq} 的弹簧。k_h、ξ_{eq} 分别由下面公式计算

$$k_h = \sum k_j \quad (8.9)$$

$$\xi_{eq} = \frac{\sum k_j \xi_j}{k_h} \quad (8.10)$$

式中　　k_j——第 j 个隔震支座的水平动刚度;

　　　　ξ_j——第 j 个隔震支座的等效黏滞阻尼比。

当隔震层有单独设置的阻尼器时,式(8.9)、式(8.10)中应包括阻尼器的等效刚度和相应的阻尼比。当上部结构的质心与隔震层的刚度中心不重合时,应计入扭转变形的影响。隔震层顶部的梁板结构,对钢筋混凝土结构应作为其上部结构的一部分进行计算和设

计。

3. 上部结构的抗震计算

上部结构的抗震计算可采用底部剪力法或时程分析法。一般情况下,宜采用时程分析法进行计算,计算简图可采用剪切型结构模型(见图 8.15)。输入地震波的反应谱特性和数量,应符合下列规定。

(1) 对甲、乙类建筑应选用符合工程地震和场地特性的人工模拟地震加速度时程曲线及实际强震记录的地震波。数量不宜少于 4 条,其中至少有 1 条人工模拟地震加速度时程曲线。

(2) 对其他类建筑,应选用符合工程地震和场地特性的人工模拟地震加速度时程曲线及实际强震记录的地震波。数量不宜少于 3 条,其中至少有 1 条人工模拟地震加速度时程曲线。

当采用时程分析法时,计算模型的确定应满足下列条件。

(1) 对甲、乙类建筑,隔震体系的计算模型宜考虑结构杆件的空间分布、隔震支座的位置、隔震房屋的质量偏心、在两个水平方向的平移和扭转、隔震层的非线性阻尼特性以及荷载 - 位移关系特性,并有不少于两个不同力学模型的计算结果进行比较分析。

(2) 对一般建筑,可采用层间剪切模型,考虑隔震层的有效刚度和有效阻尼比。

(3) 隔震房屋上部结构和下部结构的荷载 - 位移关系特性可采用线弹性模型。

计算结果宜取其平均值;当建筑物处于地震断层 10 km 以内时,若输入地震波未计算近场影响,对甲、乙类建筑,计算结果尚应乘以近场影响系数;5 km 以内取 1.5,5 km 以外取 1.25。

采用底部剪力法时,上部结构的水平地震作用沿高度可采用矩形分布,但应对反应谱曲线的水平地震影响系数最大值进行折减,即乘以"水平向减震系数"。由于隔震支座并不隔离竖向地震作用,因此竖向地震影响系数最大值不应折减。确定水平地震作用的水平向减震系数应按下列规定确定。

(1) 一般情况下,水平向减震系数应通过结构隔震与非隔震两种情况下各层最大层间剪力的比值按表 8.2 确定。隔震与非隔震两种情况下的层间剪力计算,宜采用多遇地震作用下的时程分析。

表 8.2 各层层间剪力最大比值与水平向减震系数的对应关系

层间剪力最大比值	0.53	0.35	0.26	0.18
水平向减震系数	0.75	0.50	0.38	0.25

水平向减震系数不宜低于 0.25,且隔震后结构的总水平地震作用不得低于非隔震的结构在 6 度设防时的总水平地震作用。

当 9 度时和 8 度且水平向减震系数为 0.25 时,上部结构应进行竖向地震作用的计算;当 8 度且水平向减震系数不大于 0.5 时,宜进行竖向地震作用的计算。

(2) 对于砌体及与其基本周期相当的结构,水平向减震系数可以采用下述方法简化计算。

① 砌体结构的水平向减震系数,可根据隔震体系的基本周期,按下式确定

$$\Psi = \sqrt{2}\eta_2\left(\frac{T_{gm}}{T_1}\right)^\gamma \tag{8.11}$$

② 与砌体结构周期相当的结构,其水平向减震系数可根据隔震体系的基本周期,按下式确定

$$\Psi = \sqrt{2}\eta_2\left(\frac{T_g}{T_1}\right)^\gamma\left(\frac{T_0}{T_g}\right)^{0.9} \tag{8.12}$$

式中　　Ψ——水平向减震系数;

T_0——非隔震结构的计算周期,当小于特征周期时应采用特征周期的数值;

T_1——隔震体系的基本周期,不应大于 5 倍特征周期值。

③ 砌体结构及与砌体结构周期相当的结构,隔震体系的基本周期可按下式计算

$$T_1 = 2\pi\sqrt{\frac{G}{k_h g}} \tag{8.13}$$

4. 隔震层设计与计算

(1) 设计要求。

隔震层的布置应符合下列要求。

① 隔震层可由隔震支座、阻尼装置和抗风装置组成。阻尼装置和抗风装置可与隔震支座合为一体,亦可单独设置,必要时可设置限位装置。

② 隔震层刚度中心宜与上部结构的质量中心重合。

③ 隔震支座的平面布置宜与上部结构和下部结构中竖向受力构件的平面位置相对应。隔震支座底面宜布置在相同标高位置上,必要时也可布置在不同的标高位置上。

④ 同一房屋选用多种规格的隔震支座时,应注意充分发挥每个隔震支座的承载力和水平变形能力。

⑤ 同一支承处选用多个隔震支座时,隔震支座之间的净距应大于安装和更换时所需的空间尺寸。

⑥ 设置在隔震层的抗风装置宜对称、分散地布置在建筑物的周边。

⑦ 抗震墙下隔震支座的间距不宜大于 2.0 m。

(2) 橡胶隔震支座平均压应力限值和拉应力规定。

橡胶隔震支座的压应力限值是保证隔震层在罕遇地震作用下强度和稳定的重要指标,它是设计或选用隔震支座的关键因素之一。《建筑抗震设计规范》规定,橡胶隔震支座在永久荷载和可变荷载作用下组合的竖向平均压应力设计值,不应超过表 8.3 的规定,且在罕遇地震作用下不宜出现拉应力。

表 8.3　橡胶隔震支座平均压应力限值

建筑类别	甲类	乙类	丙类
平均压应力限值 /MPa	10	12	15

注:① 平均压应力设计值应按永久荷载和可变荷载组合计算,对需验算倾覆的结构应包括水平地震作用效应组合;对需进行竖向地震作用计算的结构,尚应包括竖向地震作用效应组合。

② 当橡胶支座的第二形状系数(有效直径与各橡胶层总厚度之比)小于5.0时,应降低平均压应力限值,小于5不小于4时降低20%,小于4不小于3时降低40%。
③ 外径小于300 mm的橡胶支座,其平均压应力限值对丙类建筑为12 MPa。

规定橡胶隔震支座中不宜出现拉应力,主要是考虑以下因素。
① 橡胶受拉后内部出现损伤,降低了支座的弹性性能。
② 橡胶隔震支座出现拉应力,意味着上部结构存在倾覆危险。
③ 橡胶隔震支座在拉伸应力下滞回特性的实物实验尚不充分。

(3) 橡胶隔震支座的水平剪力。

橡胶隔震支座的水平剪力应根据隔震层在罕遇地震作用下的水平剪力按各橡胶隔震支座的水平刚度分配。当考虑扭转时,尚应计及橡胶隔震支座的扭转刚度。

隔震层在罕遇地震下的水平剪力宜采用时程分析法计算。对砌体结构及与其基本周期相当的结构,可按下式计算

$$v_c = \lambda_s \alpha_1 \xi_{eq} G \tag{8.14}$$

式中 v_c——隔震层在罕遇地震下的水平剪力;
λ_s——近场系数,甲、乙类建筑距发震断层5 km以内取1.5,5~10 km取1.25,10 km以外取1.0,丙类建筑可取1.0。

(4) 橡胶隔震支座在罕遇地震作用下的水平位移验算。

橡胶隔震支座在罕遇地震作用下的水平位移,应符合下列要求

$$u_i < [u_i] \tag{8.15}$$

$$u_i = \beta_i u_c \tag{8.16}$$

式中 u_i——罕遇地震作用下,第i个橡胶隔震支座考虑扭转的水平位移;
$[u_i]$——第i个橡胶隔震支座的水平位移限值,对橡胶隔震支座,不应超过该支座应有效直径的0.55倍和支座各橡胶层总厚度3.0倍二者的较小值;
u_c——罕遇地震下隔震层质心处或不考虑扭转的水平位移;
β_i——第i个橡胶隔震支座扭转影响系数。

罕遇地震下隔震层的水平位移宜采用时程分析法计算。对砌体结构及与其基本周期相当的结构,隔震层质心处在罕遇地震下的水平位移可按下式计算

$$u_c = v_c/k_h \tag{8.17}$$

橡胶隔震支座的扭转影响系数,应取考虑扭转和不考虑扭转时第i支座计算位移的比值。当橡胶隔震支座的平面布置为矩形或接近矩形时,可按下列方法确定。

① 当上部结构的质心与隔震层刚度中心在两个主轴方向均无偏心时,边支座的扭转影响系数不宜小于1.15。

② 仅考虑单向地震作用的扭转时,扭转影响系数可按下式计算(见图8.16)。

$$\beta_i = 1 + \frac{12es_i}{a^2 + b^2} \tag{8.18}$$

式中 e——上部结构质心与隔震层刚度中心在垂直于地震作用方向的偏心距;
s_i——第i个隔震支座与隔震层刚度中心在垂直于地震作用方向的距离;

a、b—— 分别为隔震层平面的两个边长。

对边支座,其扭转影响系数不宜小于 1.15;当隔震层和上部结构采取有效的抗扭措施后或扭转周期小于平动周期的 70%,扭转影响系数可取 1.15。

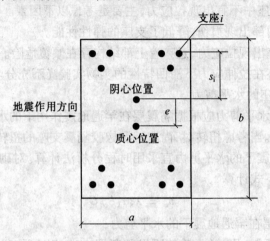

图 8.16　扭转影响系数计算示意图

③ 同时考虑双向地震作用的扭转时,可仍按式(8.18)计算,但式中的偏心距应采用下列公式中的较大值替代

$$e = \sqrt{e_x^2 + (0.85e_y)^2} \tag{8.19}$$

$$e = \sqrt{e_y^2 + (0.85e_x)^2} \tag{8.20}$$

式中　e_x——y 方向地震作用时的偏心距;

　　　e_y——x 方向地震作用时的偏心距。

对边支座,其扭转影响系数不宜小于 1.2。

5.下部结构和地基基础设计与计算

(1) 隔震层以下结构(包括支墩,柱子,墙体,地下室等)的地震作用和抗震验算,应按罕遇地震作用下橡胶隔震支座底部的水平剪力、竖向力及其偏心距进行验算。

(2) 上部结构和隔震层传至下部结构顶面的水平地震作用,可按隔震支座的水平刚度分配;当考虑扭转时,尚应计及隔震层的扭转刚度。

(3) 地基基础的抗震验算和地基处理,可按照《建筑抗震设计规范》规定的设防烈度进行。

(4) 当下部结构或地基基础需要考虑竖向地震作用时,可按照《建筑抗震设计规范》规定的设防烈度进行验算。

(5) 当地基为液化土时,甲、乙类建筑的液化判别和抗液化措施应按提高一个液化等级确定,直至全部消除液化沉陷。

6.竖向地震作用的计算

考虑到隔震层不能隔离结构的竖向地震作用,隔震结构的竖向地震作用可能大于水平地震作用,因此,竖向地震的影响不可忽略。

《建筑抗震设计规范》规定,当抗震设防烈度为9度时或8度且水平向减震系数为0.25时,上部结构应进行竖向地震作用的计算;当抗震设防烈度为8度且水平向减震系数不大0.5时,宜进行竖向地震作用的计算。上部结构竖向地震作用标准值计算时,可将各楼层视为质点,其竖向地震作用标准值,8度和9度时分别不应小于上部结构总重力荷载代表值的20%和40%。

对砌体结构,当墙体截面抗震验算时,其砌体抗震抗剪强度的正应力影响系数,宜按减去竖向地震作用效应后的平均压应力取值。

8.2.5 隔震结构的构造要求

1．上部结构的构造要求

上部结构的构造措施应符合下列要求。

(1) 当上部结构设防烈度为6度及水平向减震系数为0.75时,丙类建筑应按设防烈度采取构造措施,当需要考虑竖向地震作用时,应按设防烈度采取构造措施。

(2) 上部结构的首层楼面宜采用现浇钢筋混凝土楼板,楼板厚度不宜小于140 mm。当采用装配整体式钢筋混凝土楼板时,现浇面层厚度不宜小于50 mm,且应双向配筋,钢筋直径不宜小于6 mm,间距不宜大于250 mm。隔震支座上部的纵横梁应采用现浇钢筋混凝土结构,首层楼面梁板体系的刚度和承载力宜大于一般楼面的刚度和承载力。

(3) 当隔震层上部结构为砌体结构时,首层楼板的纵横梁构造均应符合《建筑抗震设计规范》关于底部框架砖房的钢筋混凝土托墙梁的构造要求。

(4) 砌体结构的构造措施尚应符合下列要求。

承重墙尽端至门窗洞边的最小距离和圈梁的配筋,应符合现行国家标准《建筑抗震设计规范》设防烈度的有关规定。

2．隔震层的构造要求

隔震层的构造应符合下列要求。

(1) 隔震支座与上部结构、下部结构应有可靠的连接。

(2) 与隔震支座连接的梁、柱、墩等应考虑水平受剪和竖向局部承压,并采取可靠的构造措施,如加密箍筋或配置网状钢筋。

(3) 利用构件钢筋作避雷线时,应采用柔性导线连通上部与下部结构的钢筋。

(4) 穿过隔震层的竖向管线应符合下列要求。

① 直径较小的柔性管线在隔震层处应预留伸展长度,其值不应小于隔震层在罕遇地震作用下最大水平位移的1.2倍。

② 直径较大的管道在隔震层处宜采用柔性材料或柔性接头。

③ 重要管道、可能泄漏有害介质或燃介质的管道,在隔震层处应采用柔性接头。

(5) 隔震层设置在有耐火要求的使用空间中时,隔震支座和其他部件应根据使用空间的耐火等级采取相应的防火措施。

(6) 隔震层所形成的缝隙可根据使用功能要求,采用柔性材料封堵、填塞。

(7) 隔震层宜留有便于观测和更换隔震支座的空间。

(8)上部结构及隔震层部件应与周围固定物脱开。与水平方向固定物的脱开距离不宜少于隔震层在罕遇地震作用下最大位移的1.2倍,且不小于200 mm;与竖直方向固定物的脱开距离宜取所采用的隔震支座中橡胶层总厚度最大者的1/25加上10 mm,且不小于15 mm。

3.隔震层与上部结构的构造要求

隔震层与上部结构的构造,应符合下列规定。

(1)隔震层顶部应设置梁板式楼盖,且应符合下列要求。

①应采用现浇或装配整体式混凝土板。现浇板厚度不宜小于140 mm;配筋现浇面层厚度不应小于50 mm。隔震支座上方的纵、横梁应采用现浇钢筋混凝土结构。

②隔震层顶部梁板的刚度和承载力,宜大于一般楼面梁板的刚度和承载力。

③隔震支座附近的梁、柱应计算冲切和局部承压,加密箍筋并根据需要配置网状钢筋。

(2)隔震支座和阻尼器的连接构造,应符合下列要求。

①隔震支座和阻尼器应安装在便于维护人员接近的部位。

②隔震支座与上部结构、基础结构之间的连接件,应能传递罕遇地震下支座的最大水平剪力。

③隔震墙下隔震支座的间距不宜大于2.0 m。

④外露的预埋件应有可靠的防锈措施。预埋件的锚固钢筋应与钢板牢固连接,锚固钢筋的锚固长度宜大于20倍锚固钢筋直径,且不应小于250 mm。

8.3 消能减震设计

8.3.1 消能减震原理及设计要求

1.消能减震的基本原理

结构消能减振技术是把结构的某些非承重构件(如支撑、剪力墙、连接件等)设计成消能杆件,或在结构的某些部位(如层间空间、节点、连接缝等)安装消能装置。在小风或小震时,这些消能杆件(或消能装置)和结构本身具有足够的侧向刚度以满足使用要求,结构处于弹性状态;当出现大震或大风时,随着结构侧向变形的增大,消能构件或消能装置率先开始工作,产生较大阻尼,大量消耗输入结构的地震或风振能量,使结构的动能或弹性势能等能量转化成热能等形式耗散掉,迅速衰减结构的地震或风振反应(如位移、速度、加速度等),使主体结构避免出现明显的非弹性状态,保护主体结构及构件在强震或大风中免遭破坏。因为地震等原因传输给建筑结构的外部能量,是结构产生振动的根源,所以在结构中设置耗能装置,增加耗能量,将会减少结构的振动反应。

消能减震的原理可以从能量的角度来描述,如图8.17所示,结构在地震中任意时刻的能量方程为:

传统抗震结构

$$E_{in} = E_V + E_K + E_C + E_S \tag{8.21}$$

消能减震结构

$$E_{in} = E_V + E_K + E_C + E_S + E_D \tag{8.22}$$

式中 E_{in}——地震过程中输入结构体系的能量;
E_V——结构体系的动能;
E_K——结构体系的弹性应变能(势能);
E_C——结构体系本身的阻尼耗能;
E_S——结构构件的弹塑性变形(或损坏)消耗的能量;
E_D——消能(阻尼)装置或耗能元件耗散或吸收的能量。

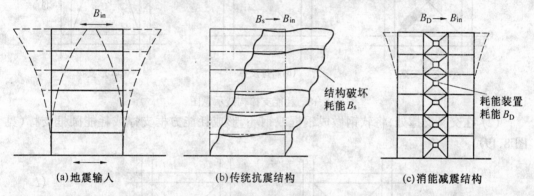

图 8.17 结构能量转换途径对比

在上述能量方程中,E_V 和 E_K 仅仅是能量转换,不产生耗能,E_C 只占总能量的很小部分(约 5% 左右),可以忽略不计。在传统的抗震结构中,主要依靠 E_S 消耗输入结构的地震能量。但结构构件在利用其自身弹塑性变形消耗地震能量的同时,构件本身将遭到损伤甚至破坏,某一结构构件耗能越多,则其破坏越严重。在消能减震结构体系中,消能(阻尼)装置或元件在主体结构进入非弹性状态前率先进入耗能工作状态,充分发挥耗能作用,消耗掉输入结构体系的大量地震能量,使结构本身需消耗的能量很少,这意味着结构反应将大大减小,从而有效地保护了主体结构,使其不再受到损伤或破坏。试验表明,消能装置可消耗地震总输入能量的 90% 以上。

由于消能减震结构具有减震机理明确、减震效果显著、安全可靠、经济合理、适用范围广等特点,目前已被成功用于工程结构的减震控制中。

2. 消能减震结构的设计要求

消能部件可根据需要沿结构的两个主轴方向分别设置。消能部件宜设置在层间变形较大的位置,其数量和分布应通过综合分析合理确定,并有利于提高整个结构的消能减震能力,形成均匀合理的受力体系。

8.3.2 消能减震装置简介

消能减震体系按其消能装置的不同,可分为消能构件减震和阻尼器消能减震两类。

1. 消能构件减震

消能减震设计时,应根据罕遇地震下的预期结构位移控制要求,设置适当的消能构件。消能构件减震体系是利用结构的非承重构件作为消能装置的结构减震体系,常用的消能构件有消能支撑、消能节点和消能墙体等。

(1) 将消能部件用于支撑中可形成各种耗能支撑,如交叉支撑、斜撑支撑、K 形支撑等(见图8.18)。

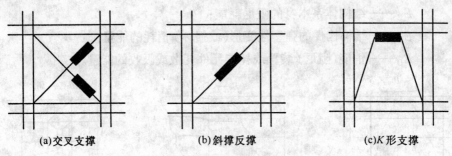

(a)交叉支撑　　　(b)斜撑反撑　　　(c)K形支撑

图8.18　耗能支撑构造示意图

(2) 在交叉支撑处,将软钢做成钢框或钢环,形成耗能方框支撑或耗能圆框支撑(见图8.19)。

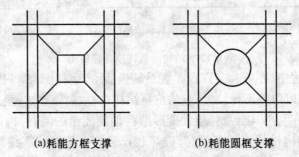

(a)耗能方框支撑　　　(b)耗能圆框支撑

图8.19　耗能框支撑构造示意图

(3) 将高强螺栓－钢板摩擦阻尼器用于支撑构件,形成摩擦耗能支撑(见图8.20)。

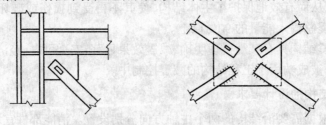

图8.20　摩擦耗能支撑节点构造示意图

(4) 利用支撑与梁段的塑性变形消耗地震能量的耗能偏心支撑(见图8.21)。

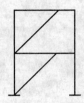 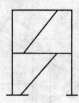 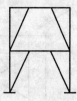 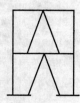

图 8.21　耗能偏心支撑构造示意图

(5) 在耗能偏心支撑基础上发展起来的耗能隅撑(见图 8.22)。

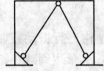 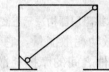 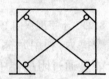 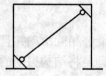

图 8.22　耗能隅撑构造示意图

(6) 在结构的梁柱节点或梁节点处设置耗能减震装置，形成耗能节点(见图 8.23)。

 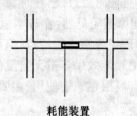

图 8.23　耗能节点构造示意图

(7) 通过在剪力墙中开缝，使用耗能材料等手段形成各种耗能剪力墙(见图 8.24)。

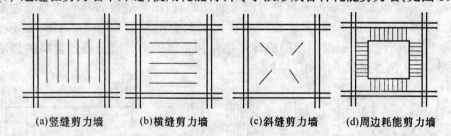

图 8.24　耗能剪力墙构造示意图

2. 阻尼器消能减震

20 世纪 70 年代初 Kelly 等人提出在结构中设置非结构构件的装置来分担构件应该耗散的能量的设想，为后来减轻结构变形和损伤起到了很好的作用。在 Kelly 之后，各国研究者纷纷研究出各种形式的耗能装置。阻尼器可采用速度相关型、位移相关型或其他类型。速度相关型阻尼器指粘滞阻尼器和粘弹性阻尼器等；位移相关型阻尼器指金属屈服阻尼器和摩擦阻尼器等。阻尼器消能减震装置主要有：摩擦阻尼器、金属屈服阻尼器、粘性液体阻尼器、粘弹性阻尼器、调谐质量阻尼器、调谐液体阻尼器和液压质量系统等。

(1) 摩擦阻尼器

摩擦阻尼器(friction damper)的基本组成是金属(或其他固体材料)元件，这些元件之

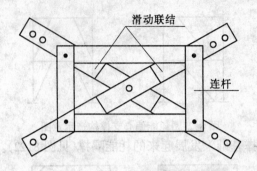

图 8.25 十字型双向 Pall 摩擦阻尼器构造示意图

间能够相互滑动并且产生摩擦力,利用摩擦力做功耗散能量。它对结构进行振动控制的机理是将结构振动的部分能量通过阻尼器中元件之间的摩擦耗散掉,从而达到减小结构反应的目的。摩擦阻尼器的发展始于 20 世纪 70 年代后期,随后为适应不同类型的结构,国内外学者陆续研制开发了多种摩擦阻尼器,如 1982 年 Pall 和 Marsh 提出的十字型双向摩擦阻尼器(见图 8.25),已在加拿大得到应用;1990 年 Aiken 和 Kelly 提出的可复位的 Sumitomo 单向摩擦阻尼器,在日本也已得到应用。摩擦阻尼器的结构和加工工艺比较简单,虽只具有理想弹塑性的特点,但可能通过与主体结构串、并联使用,获得接近双线性滞回特性的阻尼耗能效果。虽无自复位能力,但可依靠结构本身的刚度复位。摩擦阻尼器适合在多层和高层建筑中使用,主要缺点是单一不变的锁紧力有时不能满足不同强度地震的消能要求。

(2)金属屈服阻尼器

金属屈服阻尼器(metallic yielding damper)是用软钢或其他软金属材料做成的各种形式的阻尼耗能器。金属屈服后具有良好的滞回性能,利用某些金属具有的弹塑性滞回变形耗能,包括软钢阻尼器、铅阻尼器和形状记忆合金阻尼器(shape memory alloys,简称 SMA)等。它对结构进行振动控制的机理是将结构振动的部分能量通过金属的屈服滞回耗能耗散掉,从而达到减小结构反应的目的。

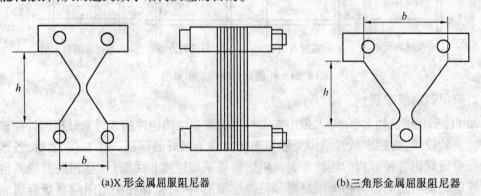

(a)X 形金属屈服阻尼器　　(b)三角形金属屈服阻尼器

图 8.26　X 形和三角形金属屈服阻尼器构造示意图

软钢阻尼器是充分利用软钢进入塑性阶段后具有良好的滞回特性。1972 年,Kelly 和 Skinner 等美国学者首先开始研究利用软钢的这种性能来控制结构的动力反应,并提出软钢阻尼器的几种形式,包括扭转梁、弯曲梁、U 形条耗能器等。随后,其他学者又相继提出许多形式各异的软钢阻尼器,其中比较典型的有 X 形和三角形板软钢阻尼器(见图 8.26)。经过国内外许多学者的理论分析和实验研究,证实软钢阻尼器具有稳定的滞回特性,良好的低周疲劳性能,长期的可靠性和不受环境、温度影响等特点,是一种很有前途的耗能器。

铅阻尼器是充分利用铅具有密度大、熔点低、塑性高、强度低、耐腐强、润滑能力强等特点,同时由于具有较高的延性和柔性,所以在变形过程中可以吸收大量的能量,并具有较强的变形跟踪能力,而且通过动态回复和再结晶过程,其组织和性能还可恢复至变形前的状态,因此铅阻尼器具有使用寿命不受限制、提供的阻尼可靠、对位移变化敏感、构造简单、工作中不需要维护等优点,但是它具有恢复性差及铅污染等缺点。铅挤压阻尼器构造示意图,如图 8.27 所示。

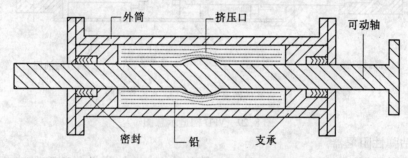

图 8.27 铅挤压阻尼器构造示意图

SMA 是应用较为广泛的智能材料之一,在高于奥氏体相变结束温度时加卸载,可以提供饱满的滞回曲线并且卸载后没有残余变形,这就是相变伪弹性。美国 California 的 Robert 等于 1994 年研制出一种 SMA 中心引线型阻尼器(见图 8.28)。由于智能材料在材料性质上有着普通材料所无法比拟的优点,将其应用到结构振动控制领域会获得优异的控制效果,这也是近年来土木工程中的研究热点。SMA 还具有良好的抗疲劳和耐腐蚀性能,加之金属的耐久性和免维护性,所以是土木工程结构振动控制的理想材料。

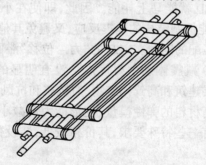

图 8.28 SMA 中心引线型阻尼器构造示意图

(3) 粘性液体阻尼器

粘性液体阻尼器(viscous fluid damper,简称 VFD)(见图 8.29)一般由缸体、活塞和液体所组成。缸体筒内盛满液体,液体常为硅油或其他粘性流体,活塞上开有小孔,当活塞在缸体筒内作往复运动时,液体从活塞上的小孔通过,对活塞和缸体的相对运动产生阻尼。因此 VFD 对结构进行振动控制的机理是将结构振动的部分能量通过阻尼器中流体的粘滞耗能耗散掉,从而达到减小结构反应的目的。VFD 早就广泛应用于军事、航空航天和机械工程的减振中,用于土木工程结构的减振仅是近十几年的事情,但也已经有许多工程应用的实例。如在美国洛杉矶建造的民用住宅,其基础隔振系统就是由螺旋弹簧和 VFD 构成的。在意大利的一座长 1 000 m,重 25 000 t 的桥梁的每一个桥台下都安装了 VFD,每个阻尼器重 2 t,长 2 m,活塞杆的行程为 0.5 m,能抵抗 500 t 的力,同时耗散 2 000 kJ 的能量。

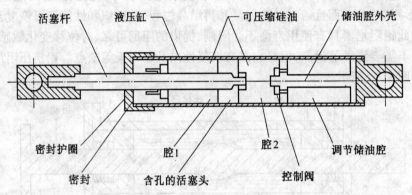

图 8.29 VFD 构造示意图

(4) 粘弹性阻尼器

粘弹性阻尼器(viscous - elastic damper,简称 VED)由粘弹性材料和约束钢板组成。VED 对结构进行振动控制的机理是将结构振动的部分能量通过阻尼器中粘弹性材料的剪切变形耗散掉,从而达到减小结构反应的目的。粘弹性材料用于振动控制可追溯到 20 世纪 50 年代,当时它们被用于控制飞机因振动而引起的疲劳破坏。而被应用于土木工程结构则是始于 1969 年建造的纽约世界贸易大厦,为了减小结构的风振,共安装了近 1 万个 VED(见图 8.30)。近年来,各国学者还广泛开展了用 VED 控制结构地震反应的研究和实验,结果表明,VED 也能有效地抑制结构的地震反应。VED 灵敏度高,结构只要在微小干扰下结构开始振动,VED 就能马上耗能。因此,即使在小幅弹性振动的情况下它也起制振作用。这使 VED 既能抑制结构的地震反应,又避免其他耗能阻尼器存在的初始刚度如何与结构侧移刚度相匹配的问题。VED 的"力-位移"滞回曲线近似于椭圆型,因此 VED 的耗能能力很强。VED 减震体系主要优点是没有明显的阈值,对大震和小震均有效,适用于高层建筑、超高层建筑和高耸构筑物,对抗震和抗风都有效,而且性能可靠。应用中的关键问题是如何提高材料的弹性模量、变形能力和减小温度影响。这种阻尼器在材料和制造工艺等方面均有一些特殊要求,其价格较低,装设数量少时作用不大,数量多时造价显著增加。

(5) 调谐质量阻尼器

调谐质量阻尼器(tuned mass damper,简称 TMD)系统(见图 8.31)是在结构顶层加上惯性质量,并配以弹簧和阻尼器与主结构相连,应用共振原理,对结构的某一振型加以控制。通常惯性质量可以是高层或高耸结构的水箱、机房或旋转餐厅。它对结构进行振动控制的机理是:原结构体系由于加入 TMD,其动力特性发生变化,原结构承受动力作用而剧烈振动时,由于 TMD 质量块的惯性而向原结构施加反方向作用力,其阻尼也发挥耗能作用,从而达到使原结构的振动反应明显衰减的目的。TMD 在土木工程中有较早的应用

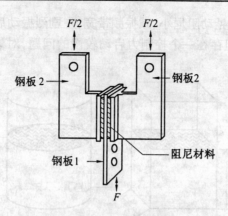

图 8.30 VED 构造示意图

历史,前苏联于 20 世纪 50 年代初就在钢电视塔及烟囱上安装了撞击式摆锤,使得风荷载作用下的振动得到较大的衰减。由于 TMD 能有效地衰减结构的动力反应,安全、经济、对建筑功能影响小、便于安装、维修和更换,已被广泛用作高层建筑、高耸结构及大跨桥梁的抗震抗风装置。TMD 不仅可用于新建建筑,而且通过"加层减震"技术可以改善已有房屋的耐震性能。大量的试验和数值分析研究表明,这种控制装置无论对风振和地震引起的振动都有明显的减振效果。但 TMD 受频率限制比较大,当激励为窄带或结构的响应以基频控制时,其控制效果比较理想,当激振为宽带激励或结构的响应是多个振型都起作用时,控制效果不明显,即 TMD 的控制频域宽度很窄。

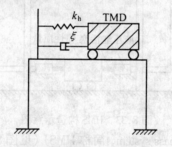

图 8.31 TMD 系统示意图

(6) 调谐液体阻尼器

调谐液体阻尼器(tuned liquid damper,简称 TLD)(见图 8.32)是一种固定在结构上的具有一定形状的盛水容器,采用共振原理,依靠液体的振荡来吸收和消耗主结构的振动能量,减小结构的动力反应。在结构振动的过程中,容器中水的惯性力和波浪对容器壁产生的动压力构成为对结构的控制力,同时结构振动的部分能量也将由于水的粘性而耗散掉,从而达到减小结构反应的目的。TLD 很早就被用于航天和航海技术中,如火箭燃料箱中液体的波动对火箭的影响,轮船的减摇水箱等。从 20 世纪 80 年代末起,TLD 引起了土木工程界的广泛关注。目前,日本的长崎(Nagasaki)机场指挥塔和横宾(Yokohama)海洋塔都已安装了 TLD 装置,我国的南京电视塔也采用了 TLD 进行风振控制。TLD 系统经济、构造简单、适应性强、容易安装、不需要特别的装置,对容器的形状也无特殊的限制,不需要维修,可以方便地设置在已有建筑之上,并可兼作水箱之用,适合于短期和长期使用。自动激活性能好,即 TLD 的晃动阻尼小、减振频带宽,在剧烈振动后 TLD 储液箱中的自由液面破碎后可再度生成。但存在一个控制力启动较慢的问题,对地震动前期输入引起的结构振动的控制不理想。

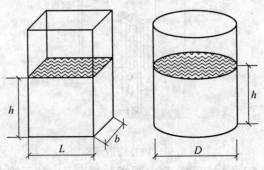

图 8.32 TLD 构造示意图

(7) 液压质量系统

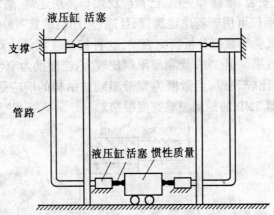

图 8.33 HMS 构造示意图

液压质量系统(hydraulic mass system,简称 HMS)(见图 8.33)由液压缸、活塞、管路、液压油、支撑等组成,该系统是我国学者刘季等人研制的。HMS 对结构进行振动控制的机理是:在结构振动的过程中,活塞将推动管路中的液体,使液体和质量块随之振动,结构的一部分振动能量就传给了液体和质量块,从而达到减小结构振动的目的。HMS 由液压系统和质量块组成,当结构振动时,液体和质量块随之振动,从而吸收和耗散振动能量,实现对结构的减振作用。该系统具有结构简单、造价低廉和易于应用等特点,而且控制效果较好。用 HMS 控制底层柔性结构的地震反应,同时使上部结构的位移反应减小,而且能够满足底层大空间的建筑功能要求。

8.3.3 消能减震结构的设计与计算

1. 消能减震结构设计的一般规定

消能减震设计的计算分析,应符合下列规定。
(1) 消能部件的设置应符合罕遇地震作用下对结构预期位移的控制要求,并根据需要沿结构的两个主轴方向分别设置。消能部件宜设置在层间变形较大的位置,其数量和分布应通过综合分析合理确定,形成均匀合理的受力体系。

(2) 由于加上消能部件后不改变主体承载结构的基本形式,除消能部件外的结构设计仍应符合《建筑抗震设计规范》相应类型结构的要求。因此,计算消能减震结构的关键是确定结构的总刚度和总阻尼。

(3) 一般情况下,宜采用静力非线性分析方法或非线性时程分析方法。

(4) 当主体结构基本处于弹性工作阶段时,可采用线性分析方法作简化估算,并根据结构的变形特征和高度等,按《建筑抗震设计规范》的规定分别采用底部剪力法、振型分解反应谱法和时程分析法。其地震影响系数可根据消能减震结构的总阻尼比按《建筑抗震设计规范》的规定采用。

(5) 消能减震结构的总刚度应为结构刚度和消能部件有效刚度的总和。

(6) 消能减震结构的总阻尼比应为结构阻尼比和消能部件附加给结构的有效阻尼比的总和。

(7) 消能减震结构的层间弹塑性位移角限值,框架结构宜采用1/80。

2. 消能部件的性能要求

消能部件应满足下列要求。

(1) 阻尼器应具有足够的吸收和耗散地震能量的能力和恰当的阻尼,消能部件附加给结构的有效阻尼比宜大于10%,超过20%时宜按20%计算。

(2) 消能部件应具有足够的初始刚度,并满足下列要求。

① 速度相关型阻尼器与斜撑、填充墙或梁组成消能部件时,该部件在阻尼器耗能方向的刚度应符合下式要求

$$K_b \geqslant \frac{6\pi}{T_1} C_v \tag{8.23}$$

式中 K_b—— 支承构件在阻尼器方向的刚度;

T_1—— 消能减震结构的基本自振周期;

C_v—— 阻尼器的线性阻尼系数。

② 位移相关型阻尼器应由往复静力加载确定设计容许位移、极限位移和恢复力模型参数。位移相关型阻尼器与斜撑、墙体或梁等支承构件组成消能部件时,该部件的恢复力模型参数宜符合下列要求

$$\Delta U_{py}/\Delta U_{sy} \leqslant 2/3 \tag{8.24}$$

$$(K_p/K_s)(\Delta U_{py}/\Delta U_{sy}) \geqslant 0.8 \tag{8.25}$$

式中 K_p—— 消能部件在水平方向的初始刚度;

ΔU_{py}—— 消能部件的屈服位移;

K_s—— 设置消能部件的结构楼层侧向刚度;

ΔU_{sy}—— 设置消能部件的结构层间屈服位移。

③ 在最大应允许位移幅值下,按应允许的往复周期循环60圈后,阻尼器的主要性能衰减量不应超过10%,且不应有明显的低周疲劳现象。

④ 阻尼器与斜撑、墙体、梁或节点等支承构件的连接,应符合钢构件连接或钢与钢筋混凝土构件连接的构造要求,并能承担阻尼器施加给连接节点的最大作用力。

⑤ 与消能部件相连的结构构件应计入消能部件传递的附加内力,并将其传递到基础。

⑥ 阻尼器和连接构件应具有耐久性能和较好的易维护性。

3. 消能部件附加给结构的有效阻尼比和有效刚度的确定

消能部件附加给结构的有效阻尼比,可按下列方法确定。

(1) 消能部件附加的有效阻尼比可按下式估算

$$\xi_a = W_c/(4\pi W_s) \tag{8.26}$$

式中 ξ_a——消能减震结构的附加有效阻尼比;

W_c——所有消能部件在结构预期位移下往复一周所消耗的能量;

W_s——设置消能部件的结构在预期位移下的总应变能。

(2) 不计及扭转影响时,消能减震结构在其水平地震作用下的总应变能,可按下式估算

$$W_s = \frac{1}{2}\sum F_i U_i \tag{8.27}$$

式中 F_i——质点 i 的水平地震作用标准值;

U_i——质点 i 对应于水平地震作用标准值的位移。

(3) 速度线性相关型阻尼器在水平地震作用下所消耗的能量,可按下式估算

$$W_c = \frac{2\pi^2}{T_1}\sum C_j \cos^2\theta_j \Delta u_j^2 \tag{8.28}$$

式中 C_j——第 j 个阻尼器由试验确定的线性阻尼系数;

θ_j——第 j 个阻尼器的消能方向与水平面的夹角;

Δu_j——第 j 个阻尼器两端的相对水平位移。

当阻尼器的阻尼系数和有效刚度与结构振动周期有关时,可取相应于消能减震结构基本自振周期的值。

(4) 位移相关型、速度非线性相关型和其他类型阻尼器在水平地震作用下所消耗的能量,可按下式估算

$$W_c = \sum A_j \tag{8.29}$$

式中 A_j——第 j 个阻尼器的恢复力滞回环在相对水平位移 Δu_j 时的面积。

消能器的有效刚度可取消能器的恢复力滞回环在相对水平位移 Δu_j 时的割线刚度。

习 题

1. 什么是土木工程结构振动控制?主要有哪些控制策略?
2. 隔震结构和传统抗震结构有何区别?隔震的主要原理是什么?
3. 常用的隔震装置有哪些?在选择隔震方案时,应注意哪些问题?

4. 隔震支座有哪些技术性能要求、检验要求和构造要求？
5. 隔震结构的隔震层如何设计和计算？
6. 隔震结构的计算模型如何选取？对隔震结构的设计计算主要包括哪些内容？
7. 什么是水平向减震系数？如何取值？
8. 结构消能减震与结构隔震的减震机理和减震效果有何不同？
9. 常用的消能减震装置有哪些类型？在结构中如何布置？
10. 消能减震装置有哪些性能和试验要求？其总刚度和总阻尼如何计算？
11. 消能部件附加给结构的有效刚度和有效阻尼比应如何取值？

附 表

附表1 规则框架承受均布水平力作用时标准反弯点的高度比 y_0 值

m	n \ $\overline{K}$	0.1	0.2	0.3	0.4	0.5	0.6	0.7	0.8	0.9	1.0	2.0	3.0	4.0	5.0
1	1	0.80	0.75	0.70	0.65	0.65	0.60	0.60	0.60	0.60	0.55	0.55	0.55	0.55	0.55
2	2	0.45	0.40	0.35	0.35	0.35	0.35	0.40	0.40	0.40	0.40	0.45	0.45	0.45	0.45
	1	0.95	0.80	0.75	0.70	0.65	0.65	0.65	0.60	0.60	0.60	0.55	0.55	0.55	0.55
3	3	0.15	0.20	0.20	0.25	0.30	0.30	0.30	0.35	0.35	0.35	0.40	0.45	0.45	0.45
	2	0.55	0.50	0.45	0.45	0.45	0.45	0.45	0.45	0.45	0.45	0.50	0.50	0.50	0.50
	1	1.00	0.85	0.80	0.75	0.70	0.70	0.65	0.65	0.65	0.60	0.55	0.55	0.55	0.55
4	4	-0.05	0.05	0.15	0.20	0.25	0.30	0.30	0.35	0.35	0.35	0.40	0.45	0.45	0.45
	3	0.25	0.30	0.30	0.35	0.35	0.40	0.40	0.40	0.40	0.45	0.45	0.50	0.50	0.50
	2	0.65	0.55	0.50	0.50	0.45	0.45	0.45	0.45	0.45	0.45	0.50	0.50	0.50	0.50
	1	1.10	0.90	0.80	0.75	0.70	0.70	0.65	0.65	0.65	0.60	0.55	0.55	0.55	0.55
5	5	-0.20	0.00	0.15	0.20	0.25	0.30	0.30	0.30	0.35	0.35	0.40	0.45	0.45	0.45
	4	0.10	0.20	0.25	0.30	0.35	0.35	0.40	0.40	0.40	0.40	0.45	0.45	0.50	0.50
	3	0.40	0.40	0.40	0.40	0.40	0.45	0.45	0.45	0.45	0.45	0.50	0.50	0.50	0.50
	2	0.65	0.55	0.50	0.50	0.50	0.50	0.50	0.50	0.50	0.50	0.50	0.50	0.50	0.50
	1	1.20	0.95	0.80	0.75	0.75	0.70	0.70	0.65	0.65	0.65	0.55	0.55	0.55	0.55
6	6	-0.30	0.00	0.10	0.20	0.25	0.25	0.30	0.30	0.35	0.35	0.40	0.45	0.45	0.45
	5	0.00	0.20	0.25	0.30	0.35	0.40	0.40	0.40	0.40	0.40	0.45	0.45	0.50	0.50
	4	0.20	0.30	0.35	0.35	0.40	0.40	0.40	0.45	0.45	0.45	0.45	0.50	0.50	0.50
	3	0.40	0.40	0.40	0.45	0.45	0.45	0.45	0.45	0.45	0.45	0.50	0.50	0.50	0.50
	2	0.70	0.60	0.55	0.50	0.50	0.50	0.50	0.50	0.50	0.50	0.50	0.50	0.50	0.50
	1	1.20	0.95	0.85	0.80	0.75	0.70	0.70	0.65	0.65	0.65	0.55	0.55	0.55	0.55
7	7	-0.35	-0.05	0.10	0.20	0.20	0.25	0.30	0.30	0.35	0.35	0.40	0.45	0.45	0.45
	6	-0.10	0.15	0.25	0.30	0.35	0.35	0.40	0.40	0.40	0.45	0.45	0.50	0.50	0.50
	5	0.10	0.25	0.30	0.35	0.40	0.40	0.40	0.45	0.45	0.45	0.50	0.50	0.50	0.50
	4	0.30	0.35	0.40	0.40	0.40	0.45	0.45	0.45	0.45	0.45	0.50	0.50	0.50	0.50
	3	0.50	0.45	0.45	0.45	0.45	0.45	0.45	0.45	0.45	0.45	0.50	0.50	0.50	0.50
	2	0.75	0.60	0.55	0.50	0.50	0.50	0.50	0.50	0.50	0.50	0.50	0.50	0.50	0.50
	1	1.20	0.95	0.85	0.80	0.75	0.70	0.70	0.65	0.65	0.65	0.55	0.55	0.55	0.55

续附表1

m	n \ $\overline{K}$	0.1	0.2	0.3	0.4	0.5	0.6	0.7	0.8	0.9	1.0	2.0	3.0	4.0	5.0
8	8	−0.35	−0.15	0.10	0.15	0.25	0.25	0.30	0.30	0.35	0.35	0.40	0.45	0.45	0.45
	7	−0.10	0.15	0.25	0.30	0.35	0.35	0.40	0.40	0.40	0.40	0.45	0.50	0.50	0.50
	6	0.05	0.25	0.30	0.35	0.40	0.40	0.40	0.45	0.45	0.45	0.45	0.50	0.50	0.50
	5	0.20	0.30	0.35	0.40	0.40	0.45	0.45	0.45	0.45	0.45	0.50	0.50	0.50	0.50
	4	0.35	0.40	0.40	0.45	0.45	0.45	0.45	0.45	0.45	0.45	0.50	0.50	0.50	0.50
	3	0.50	0.45	0.45	0.45	0.45	0.45	0.45	0.45	0.50	0.50	0.50	0.50	0.50	0.50
	2	0.75	0.60	0.55	0.55	0.50	0.50	0.50	0.50	0.50	0.50	0.50	0.50	0.50	0.50
	1	1.20	1.00	0.85	0.80	0.75	0.70	0.70	0.65	0.65	0.65	0.55	0.55	0.55	0.55
9	9	−0.40	−0.05	0.10	0.20	0.25	0.25	0.30	0.30	0.35	0.35	0.45	0.45	0.45	0.45
	8	−0.15	0.15	0.20	0.30	0.35	0.35	0.35	0.40	0.40	0.40	0.45	0.45	0.50	0.50
	7	0.05	0.25	0.30	0.35	0.40	0.40	0.40	0.45	0.45	0.45	0.45	0.50	0.50	0.50
	6	0.15	0.30	0.35	0.40	0.40	0.45	0.45	0.45	0.45	0.45	0.45	0.50	0.50	0.50
	5	0.25	0.35	0.40	0.40	0.45	0.45	0.45	0.45	0.45	0.45	0.50	0.50	0.50	0.50
	4	0.40	0.40	0.40	0.45	0.45	0.45	0.45	0.45	0.45	0.45	0.50	0.50	0.50	0.50
	3	0.55	0.45	0.45	0.45	0.45	0.45	0.45	0.45	0.50	0.50	0.50	0.50	0.50	0.50
	2	0.80	0.65	0.55	0.55	0.50	0.50	0.50	0.50	0.50	0.50	0.50	0.50	0.50	0.50
	1	1.20	1.00	0.85	0.80	0.75	0.70	0.70	0.65	0.65	0.65	0.55	0.55	0.55	0.55
10	10	−0.40	−0.05	0.10	0.20	0.25	0.30	0.30	0.30	0.35	0.35	0.40	0.45	0.45	0.45
	9	−0.15	0.15	0.25	0.30	0.35	0.35	0.40	0.40	0.40	0.40	0.45	0.45	0.50	0.50
	8	0.00	0.25	0.30	0.35	0.40	0.40	0.40	0.45	0.45	0.45	0.45	0.50	0.50	0.50
	7	0.10	0.30	0.35	0.40	0.40	0.45	0.45	0.45	0.45	0.45	0.50	0.50	0.50	0.50
	6	0.20	0.35	0.40	0.40	0.45	0.45	0.45	0.45	0.45	0.45	0.50	0.50	0.50	0.50
	5	0.30	0.40	0.40	0.45	0.45	0.45	0.45	0.45	0.45	0.50	0.50	0.50	0.50	0.50
	4	0.40	0.40	0.45	0.45	0.45	0.45	0.45	0.45	0.45	0.50	0.50	0.50	0.50	0.50
	3	0.55	0.50	0.45	0.45	0.45	0.50	0.50	0.50	0.50	0.50	0.50	0.50	0.50	0.50
	2	0.80	0.65	0.55	0.55	0.55	0.50	0.50	0.50	0.50	0.50	0.50	0.50	0.50	0.50
	1	1.30	1.00	0.85	0.80	0.75	0.70	0.70	0.65	0.65	0.65	0.60	0.55	0.55	0.55
11	11	−0.40	0.05	0.10	0.20	0.25	0.30	0.30	0.30	0.35	0.35	0.40	0.45	0.45	0.45
	10	−0.15	0.15	0.25	0.30	0.35	0.35	0.40	0.40	0.40	0.40	0.45	0.45	0.50	0.50
	9	0.00	0.25	0.30	0.35	0.40	0.40	0.40	0.45	0.45	0.45	0.45	0.50	0.50	0.50
	8	0.10	0.30	0.35	0.40	0.40	0.45	0.45	0.45	0.45	0.45	0.50	0.50	0.50	0.50
	7	0.20	0.35	0.40	0.45	0.45	0.45	0.45	0.45	0.45	0.45	0.50	0.50	0.50	0.50
	6	0.25	0.35	0.40	0.45	0.45	0.45	0.45	0.45	0.45	0.45	0.50	0.50	0.50	0.50
	5	0.35	0.40	0.40	0.45	0.45	0.45	0.45	0.45	0.45	0.50	0.50	0.50	0.50	0.50
	4	0.40	0.40	0.45	0.45	0.45	0.45	0.45	0.50	0.50	0.50	0.50	0.50	0.50	0.50
	3	0.55	0.50	0.50	0.50	0.50	0.50	0.50	0.50	0.50	0.50	0.50	0.50	0.50	0.50
	2	0.80	0.65	0.60	0.55	0.55	0.50	0.50	0.50	0.50	0.50	0.50	0.50	0.50	0.50
	1	1.30	1.00	0.85	0.80	0.75	0.70	0.70	0.65	0.65	0.65	0.60	0.55	0.55	0.55

续附表1

m	n \ $\overline{K}$	0.1	0.2	0.3	0.4	0.5	0.6	0.7	0.8	0.9	1.0	2.0	3.0	4.0	5.0
12以上	↓1	−0.40	−0.05	0.10	0.20	0.25	0.30	0.30	0.30	0.35	0.35	0.45	0.45	0.45	0.45
	2	−0.15	0.15	0.25	0.30	0.35	0.35	0.40	0.40	0.40	0.40	0.45	0.45	0.50	0.50
	3	0.00	0.25	0.30	0.35	0.40	0.40	0.40	0.45	0.45	0.45	0.50	0.50	0.50	0.50
	4	0.10	0.30	0.35	0.40	0.40	0.45	0.45	0.45	0.45	0.45	0.50	0.50	0.50	0.50
	5	0.20	0.35	0.40	0.40	0.45	0.45	0.45	0.45	0.45	0.45	0.50	0.50	0.50	0.50
	6	0.25	0.35	0.40	0.45	0.45	0.45	0.45	0.45	0.45	0.45	0.50	0.50	0.50	0.50
	7	0.30	0.40	0.45	0.45	0.45	0.45	0.45	0.45	0.50	0.50	0.50	0.50	0.50	0.50
	8	0.35	0.40	0.45	0.45	0.45	0.45	0.50	0.50	0.50	0.50	0.50	0.50	0.50	0.50
	中间	0.40	0.40	0.45	0.45	0.45	0.45	0.50	0.50	0.50	0.50	0.50	0.50	0.50	0.50
	4	0.45	0.45	0.45	0.45	0.50	0.50	0.50	0.50	0.50	0.50	0.50	0.50	0.50	0.50
	3	0.60	0.50	0.50	0.50	0.50	0.50	0.50	0.50	0.50	0.50	0.50	0.50	0.50	0.50
	2	0.80	0.65	0.60	0.55	0.55	0.50	0.50	0.50	0.50	0.50	0.50	0.50	0.50	0.50
	↑1	1.30	1.00	0.85	0.80	0.75	0.70	0.70	0.65	0.65	0.65	0.55	0.55	0.55	0.55

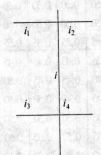

$$\overline{K} = \frac{i_1 + i_2 + i_3 + i_4}{2i}$$

附表2 规则框架承受倒三角形分布水平力作用时标准反弯点的高度比 y_0 值

m	n \ $\overline{K}$	0.1	0.2	0.3	0.4	0.5	0.6	0.7	0.8	0.9	1.0	2.0	3.0	4.0	5.0
1	1	0.80	0.75	0.70	0.65	0.65	0.60	0.60	0.60	0.60	0.55	0.55	0.55	0.55	0.55
2	2	0.50	0.45	0.40	0.40	0.40	0.40	0.40	0.40	0.40	0.45	0.45	0.45	0.45	0.50
	1	1.00	0.85	0.75	0.70	0.70	0.65	0.65	0.65	0.60	0.60	0.55	0.55	0.55	0.55
3	3	0.25	0.25	0.25	0.30	0.30	0.35	0.35	0.35	0.40	0.40	0.45	0.45	0.45	0.50
	2	0.60	0.50	0.50	0.50	0.50	0.45	0.45	0.45	0.45	0.45	0.50	0.50	0.50	0.50
	1	1.15	0.90	0.80	0.75	0.75	0.70	0.70	0.65	0.65	0.65	0.60	0.55	0.55	0.55
4	4	0.10	0.15	0.20	0.25	0.30	0.30	0.35	0.35	0.35	0.40	0.45	0.45	0.45	0.45
	3	0.35	0.35	0.35	0.40	0.40	0.40	0.40	0.45	0.45	0.45	0.45	0.50	0.50	0.50
	2	0.70	0.60	0.55	0.50	0.50	0.50	0.50	0.50	0.50	0.50	0.50	0.50	0.50	0.50
	1	1.20	0.95	0.85	0.80	0.75	0.70	0.70	0.70	0.65	0.65	0.55	0.55	0.55	0.55

续附表 2

m	n \ $\overline{K}$	0.1	0.2	0.3	0.4	0.5	0.6	0.7	0.8	0.9	1.0	2.0	3.0	4.0	5.0
5	5	−0.05	0.10	0.20	0.25	0.30	0.30	0.35	0.35	0.35	0.35	0.40	0.45	0.45	0.45
	4	0.20	0.25	0.35	0.35	0.40	0.40	0.40	0.40	0.40	0.45	0.45	0.50	0.50	0.50
	3	0.45	0.40	0.45	0.45	0.45	0.45	0.45	0.45	0.45	0.45	0.50	0.50	0.50	0.50
	2	0.75	0.60	0.55	0.55	0.50	0.50	0.50	0.50	0.50	0.50	0.50	0.50	0.50	0.50
	1	1.30	1.00	0.85	0.80	0.75	0.70	0.70	0.65	0.65	0.65	0.65	0.55	0.55	0.55
6	6	−0.15	0.05	0.15	0.20	0.25	0.30	0.30	0.35	0.35	0.35	0.40	0.45	0.45	0.45
	5	0.10	0.25	0.30	0.35	0.35	0.40	0.40	0.40	0.45	0.45	0.45	0.50	0.50	0.50
	4	0.30	0.35	0.40	0.40	0.45	0.45	0.45	0.45	0.45	0.45	0.50	0.50	0.50	0.50
	3	0.50	0.45	0.45	0.45	0.45	0.45	0.45	0.45	0.45	0.50	0.50	0.50	0.50	0.50
	2	0.80	0.65	0.55	0.55	0.55	0.50	0.50	0.50	0.50	0.50	0.50	0.50	0.50	0.50
	1	1.30	1.00	0.85	0.80	0.75	0.70	0.70	0.65	0.65	0.65	0.60	0.55	0.55	0.55
7	7	−0.20	0.05	0.15	0.20	0.25	0.30	0.30	0.35	0.35	0.35	0.45	0.45	0.45	0.45
	6	0.05	0.20	0.30	0.35	0.35	0.40	0.40	0.40	0.40	0.45	0.45	0.50	0.50	0.50
	5	0.20	0.30	0.35	0.40	0.40	0.45	0.45	0.45	0.45	0.45	0.50	0.50	0.50	0.50
	4	0.35	0.40	0.40	0.45	0.45	0.45	0.45	0.45	0.45	0.45	0.50	0.50	0.50	0.50
	3	0.55	0.50	0.50	0.50	0.50	0.50	0.50	0.50	0.50	0.50	0.50	0.50	0.50	0.50
	2	0.80	0.65	0.60	0.55	0.55	0.50	0.50	0.50	0.50	0.50	0.50	0.50	0.50	0.50
	1	1.30	1.00	0.90	0.80	0.75	0.70	0.70	0.70	0.65	0.65	0.60	0.55	0.55	0.55
8	8	−0.20	0.05	0.15	0.20	0.25	0.30	0.30	0.35	0.35	0.35	0.45	0.45	0.45	0.45
	7	0.00	0.20	0.30	0.35	0.35	0.40	0.40	0.40	0.40	0.45	0.45	0.50	0.50	0.50
	6	0.15	0.30	0.35	0.40	0.40	0.45	0.45	0.45	0.45	0.45	0.50	0.50	0.50	0.50
	5	0.30	0.40	0.40	0.45	0.45	0.45	0.45	0.45	0.45	0.45	0.50	0.50	0.50	0.50
	4	0.40	0.45	0.45	0.45	0.45	0.45	0.45	0.50	0.50	0.50	0.50	0.50	0.50	0.50
	3	0.60	0.50	0.50	0.50	0.50	0.50	0.50	0.50	0.50	0.50	0.50	0.50	0.50	0.50
	2	0.85	0.65	0.60	0.55	0.55	0.55	0.50	0.50	0.50	0.50	0.50	0.50	0.50	0.50
	1	1.30	1.00	0.90	0.80	0.75	0.70	0.70	0.70	0.65	0.65	0.60	0.55	0.55	0.55
9	9	−0.25	0.00	0.15	0.20	0.25	0.30	0.30	0.35	0.35	0.40	0.45	0.45	0.45	0.45
	8	0.00	0.20	0.30	0.35	0.35	0.40	0.40	0.40	0.40	0.45	0.45	0.50	0.50	0.50
	7	0.15	0.30	0.35	0.40	0.40	0.45	0.45	0.45	0.45	0.45	0.50	0.50	0.50	0.50
	6	0.25	0.35	0.40	0.40	0.45	0.45	0.45	0.45	0.45	0.50	0.50	0.50	0.50	0.50
	5	0.35	0.40	0.45	0.45	0.45	0.45	0.45	0.50	0.50	0.50	0.50	0.50	0.50	0.50
	4	0.45	0.45	0.45	0.45	0.45	0.50	0.50	0.50	0.50	0.50	0.50	0.50	0.50	0.50
	3	0.60	0.50	0.50	0.50	0.50	0.50	0.50	0.50	0.50	0.50	0.50	0.50	0.50	0.50
	2	0.85	0.65	0.60	0.55	0.55	0.55	0.55	0.50	0.50	0.50	0.50	0.50	0.50	0.50
	1	1.35	1.00	0.90	0.80	0.75	0.75	0.70	0.70	0.65	0.65	0.60	0.55	0.55	0.55

续附表 2

m	n \ $\overline{K}$	0.1	0.2	0.3	0.4	0.5	0.6	0.7	0.8	0.9	1.0	2.0	3.0	4.0	5.0
10	10	−0.25	0.00	0.15	0.20	0.25	0.30	0.30	0.35	0.35	0.40	0.45	0.45	0.45	0.45
	9	−0.10	0.20	0.30	0.35	0.35	0.40	0.40	0.40	0.40	0.45	0.45	0.50	0.50	0.50
	8	0.10	0.30	0.35	0.40	0.40	0.40	0.45	0.45	0.45	0.45	0.50	0.50	0.50	0.50
	7	0.20	0.35	0.40	0.40	0.45	0.45	0.45	0.45	0.45	0.50	0.50	0.50	0.50	0.50
	6	0.30	0.40	0.40	0.45	0.45	0.45	0.45	0.45	0.45	0.50	0.50	0.50	0.50	0.50
	5	0.40	0.45	0.45	0.45	0.45	0.45	0.45	0.50	0.50	0.50	0.50	0.50	0.50	0.50
	4	0.50	0.45	0.45	0.45	0.50	0.50	0.50	0.50	0.50	0.50	0.50	0.50	0.50	0.50
	3	0.60	0.55	0.50	0.50	0.50	0.50	0.50	0.50	0.50	0.50	0.50	0.50	0.50	0.50
	2	0.85	0.65	0.60	0.55	0.55	0.55	0.50	0.50	0.50	0.50	0.50	0.50	0.50	0.50
	1	1.35	1.00	0.90	0.80	0.75	0.75	0.70	0.70	0.65	0.65	0.60	0.55	0.55	0.55
11	11	−0.25	0.00	0.15	0.20	0.25	0.30	0.30	0.30	0.35	0.35	0.45	0.45	0.45	0.45
	10	−0.05	0.20	0.25	0.30	0.35	0.40	0.40	0.40	0.40	0.45	0.45	0.50	0.50	0.50
	9	0.10	0.30	0.35	0.40	0.40	0.40	0.45	0.45	0.45	0.45	0.50	0.50	0.50	0.50
	8	0.20	0.35	0.40	0.40	0.45	0.45	0.45	0.45	0.45	0.45	0.50	0.50	0.50	0.50
	7	0.25	0.40	0.40	0.45	0.45	0.45	0.45	0.45	0.45	0.50	0.50	0.50	0.50	0.50
	6	0.35	0.40	0.45	0.45	0.45	0.45	0.45	0.50	0.50	0.50	0.50	0.50	0.50	0.50
	5	0.40	0.45	0.45	0.45	0.45	0.50	0.50	0.50	0.50	0.50	0.50	0.50	0.50	0.50
	4	0.50	0.50	0.50	0.50	0.50	0.50	0.50	0.50	0.50	0.50	0.50	0.50	0.50	0.50
	3	0.65	0.55	0.50	0.50	0.50	0.50	0.50	0.50	0.50	0.50	0.50	0.50	0.50	0.50
	2	0.85	0.65	0.60	0.55	0.55	0.55	0.55	0.50	0.50	0.50	0.50	0.50	0.50	0.50
	1	1.35	1.05	0.90	0.80	0.75	0.75	0.70	0.70	0.65	0.65	0.60	0.55	0.55	0.55
12以上	↓1	−0.30	0.00	0.15	0.20	0.25	0.30	0.30	0.30	0.35	0.35	0.40	0.45	0.45	0.45
	2	−0.10	0.20	0.25	0.30	0.35	0.40	0.40	0.40	0.40	0.45	0.45	0.45	0.50	0.50
	3	0.05	0.25	0.35	0.40	0.40	0.40	0.45	0.45	0.45	0.45	0.45	0.50	0.50	0.50
	4	0.15	0.30	0.40	0.40	0.45	0.45	0.45	0.45	0.45	0.45	0.50	0.50	0.50	0.50
	5	0.25	0.35	0.50	0.45	0.45	0.45	0.45	0.45	0.45	0.50	0.50	0.50	0.50	0.50
	6	0.30	0.40	0.50	0.45	0.45	0.45	0.45	0.50	0.50	0.50	0.50	0.50	0.50	0.50
	7	0.35	0.40	0.55	0.45	0.45	0.50	0.50	0.50	0.50	0.50	0.50	0.50	0.50	0.50
	8	0.35	0.45	0.55	0.45	0.50	0.50	0.50	0.50	0.50	0.50	0.50	0.50	0.50	0.50
	中间	0.45	0.45	0.55	0.45	0.50	0.50	0.50	0.50	0.50	0.50	0.50	0.50	0.50	0.50
	4	0.55	0.50	0.50	0.50	0.50	0.50	0.50	0.50	0.50	0.50	0.50	0.50	0.50	0.50
	3	0.65	0.55	0.50	0.50	0.50	0.50	0.50	0.50	0.50	0.50	0.50	0.50	0.50	0.50
	2	0.70	0.70	0.60	0.55	0.55	0.55	0.50	0.50	0.50	0.50	0.50	0.50	0.50	0.50
	↑1	1.35	1.05	0.90	0.80	0.75	0.70	0.70	0.70	0.65	0.65	0.60	0.55	0.55	0.55

附表3 上下层横梁线刚度比对 y_0 的修正值 y_1

I \ $\overline{K}$	0.1	0.2	0.3	0.4	0.5	0.6	0.7	0.8	0.9	1.0	2.0	3.0	4.0	5.0
0.4	0.55	0.40	0.30	0.25	0.20	0.20	0.20	0.15	0.15	0.15	0.05	0.05	0.05	0.05
0.5	0.45	0.30	0.20	0.20	0.15	0.15	0.15	0.10	0.10	0.10	0.05	0.05	0.05	0.05
0.6	0.30	0.20	0.15	0.15	0.10	0.10	0.10	0.10	0.05	0.05	0.05	0.05	0	0
0.7	0.20	0.15	0.10	0.10	0.10	0.10	0.05	0.05	0.05	0.05	0.05	0	0	0
0.8	0.15	0.10	0.05	0.05	0.05	0.05	0.05	0.05	0.05	0	0	0	0	0
0.9	0.05	0.05	0.05	0.05	0	0	0	0	0	0	0	0	0	0

$$I = \frac{i_1 + i_2}{i_3 + i_4} \text{ 当 } i_1 + i_2 > i_3 + i_4 \text{ 时,则 } I \text{ 取倒数,即}$$

$$\overline{K} = \frac{i_1 + i_2 + i_3 + i_4}{2i}$$

附表4 上下层高变化对 y_0 的修正值 y_2 和 y_3

a_2	a_3	$\overline{K}$ 0.1	0.2	0.3	0.4	0.5	0.6	0.7	0.8	0.9	1.0	2.0	3.0	4.0	5.0
2.0		0.25	0.15	0.15	0.10	0.10	0.10	0.10	0.10	0.05	0.05	0.05	0.05	0.0	0.0
1.8		0.20	0.15	0.10	0.10	0.10	0.05	0.05	0.05	0.05	0.05	0.05	0.0	0.0	0.0
1.6	0.4	0.15	0.10	0.10	0.05	0.05	0.05	0.05	0.05	0.05	0.05	0.0	0.0	0.0	0.0
1.4	0.6	0.10	0.05	0.05	0.05	0.05	0.05	0.05	0.05	0.05	0.0	0.0	0.0	0.0	0.0
1.2	0.8	0.05	0.05	0.05	0.05	0	0	0	0	0	0	0	0.0	0.0	0.0
1.0	1.0	0.0	0.0	0.0	0.0	0	0	0	0	0	0	0	0.0	0.0	0.0
0.8	1.2	−0.05	−0.05	−0.05	0	0	0	0	0	0	0	0	0.0	0.0	0.0
0.6	1.4	−0.10	−0.05	−0.05	−0.05	−0.05	−0.05	−0.05	−0.05	0	0	0	0.0	0.0	0.0
0.4	1.6	−0.15	−0.10	−0.10	−0.05	−0.05	−0.05	−0.05	−0.05	−0.05	2.0	3.0	0.0	0.0	0.0
	1.8	−0.20	−0.15	−0.10	−0.10	−0.10	−0.05	−0.05	−0.05	−0.05	−0.05	0.0	0.0	0.0	0.0
	2.0	−0.25	−0.15	−0.15	−0.10	−0.10	−0.10	−0.10	−0.10	−0.10	−0.05	−0.05	−0.05	0.0	0.0

y_2——按照 $\overline{K}$ 及 a_2 求得，上层较高时为正值；

y_3——按照 $\overline{K}$ 及 a_3 求得。

参考文献

[1] 沈聚敏,周锡元,高小旺.抗震工程学[M].北京:中国建筑工业出版社,2000.
[2] 王光远,程耿东,邵卓民.抗震结构的最优设防烈度与可靠度[M].北京:科学出版社,1999.
[3] 周福霖.工程结构减震控制[M].北京:地震出版社,1997.
[4] 欧进萍.结构振动控制——主动、半主动和智能控制[M].北京:科学出版社.2003.
[5] 李宏男,李忠献,祁皓.结构振动与控制[M].北京:中国建筑工业出版社,2005.
[6] 李国强,李杰,苏小卒.建筑结构抗震设计[M].北京:中国建筑工业出版社,2002.
[7] 朱镜清.结构抗震分析原理[M].北京:地震出版社,2002.
[8] 陈兴冲,韩建平,王琳.工程结构抗震设计[M].重庆:重庆大学出版社,2001.
[9] 薛素铎,赵军,高向宇.建筑抗震设计[M].北京:科学出版社,2007.
[10] 中华人民共和国国家标准.GB50011—2001 建筑抗震设计规范(2008年版)[S].北京:中国建筑工业出版社,2001.
[11] 中华人民共和国国家标准.GB 50010—2002 混凝土结构设计规范[S].北京:中国建筑工业出版社,2002.
[12] 中华人民共和国国家标准.JGJ 3—2002 高层建筑混凝土结构技术规程[S].北京:中国建筑工业出版社,2002.
[13] 中华人民共和国国家标准.GB 50003—2001 砌体结构设计规范[S].北京:中国建筑工业出版社,2002.
[14] 中国工程建设标准化协会标准.叠层橡胶支座隔震技术规程(CECS 126:2001)[S].北京:中国工程建设标准化协会,2001.
[15] 张延年.土木工程结构广义混合振动控制及其优化研究[D].沈阳:东北大学,2005.
[16] 周云.土木工程防灾减灾学[M].广州:华南理工大学出版社,2002.
[17] 张新培.钢筋混凝土抗震结构非线性分析[M].北京:科学出版社,2003.
[18] 徐植信,胡再龙.结构地震反应分析[M].北京:高等教育出版社,1993.
[19] 吕西林,金国芳,吴晓涵.钢筋混凝土非线性有限元理论与应用[M].上海:同济大学出版社,1997.
[20] 叶列平,曲哲,陆新征等.建筑结构的抗倒塌能力——汶川地震建筑震害的教训[J].建筑结构学报,2008,29(4):42-50.
[21] 郭继武.建筑抗震设计[M].北京:中国建筑工业出版社,2002.
[22] 丰定国,王社良.抗震结构设计[M].武汉:武汉工业大学出版社,2001.
[23] 高小旺,龚思礼.建筑抗震设计规范理解与应用[M].北京:中国建筑工业出版社,2002.
[24] 方鄂华,钱稼茹,叶列平.高层建筑结构设计[M].北京:中国建筑工业出版社,2003.

[25] 李宏男.结构多维抗震理论[M].北京:科学出版社,2006.
[26] 叶列平.图解隔震结构入门[M].北京:科学出版社,1998.
[27] 彭刚,张国栋.土木工程结构振动控制[M].武汉:武汉理工大学出版社,2002.
[28] 张延年.耦合地震作用下结构振动控制与优化[M].哈尔滨:哈尔滨工业大学出版社,2008.
[29] 日本建筑学会.隔震结构设计[M].北京:地震出版社.2005.
[30] 范立础,王志强.桥梁减隔震设计[M].北京:人民交通出版社,2001.